Windmühle
GmbH
Verlag und Vertrieb von Medien

JENS UWE MARTENS

VERHALTEN UND EINSTELLUNGEN ÄNDERN

Veränderungen durch gezielte Ansprache des Gefühlsbereiches

EIN LEHRKONZEPT FÜR SEMINARLEITER

4. ÜBERARBEITETE AUFLAGE

WINDMÜHLE GMBH

VERLAG UND VERTRIEB
VON MEDIEN

CIP-Titelaufnahme der Deutschen Bibliothek

Martens, Jens Uwe:
Verhalten und Einstellungen ändern :
Veränderung durch gezielte Ansprache des
Gefühlbereiches ; ein Lehrkonzept für
Seminarleiter / Jens Uwe Martens. – 4. Aufl. –
Hamburg : Windmühle, Verl. und Vertrieb von
Medien, 1998
ISBN 3–922789–71–4

Neuauflage des Titels »Pädagogisch farbenblind?
Vermittlung affektiver Lernziele.«
4. Auflage 1998
Alle Rechte vorbehalten
© 1984 Windmühle GmbH, Verlag und Vertrieb von Medien, Hamburg
Printed in Germany
Druck: Gulde Druck
ISBN 3–922789–71–4

Inhalt

Vorwort 9

1. Einleitung: Wissen ist zuwenig 13

2. Affekte, Emotionen, Gefühle 21
2.1 Trennung von Gefühl und Verstand 22
2.2 Drei Erscheinungsformen des Gefühls 23
2.3 Die anatomischen Grundlagen der Gefühle 26
2.4 Die Emotionstheorien von Schachter und Lazarus 28
2.5 Verwirrende Definitonsversuche 29
2.6 Fühlen, Denken, Tun 31
2.7 Gefühle und audiovisuelle Medien 34
2.8 Kann man Gefühle lernen? 36
2.9 Gefühle und Andragogik 37
2.10 **Testaufgaben zu Kapitel 2** 39

3. Definition affektiver Lernziele 44
3.1 Wie kommt man zu affektiven Lernzielen? 46
3.2 Kann man affektive Lernziele „operational" definieren? 48
3.3 Wie kann man affektive Lernziele definieren? 52
3.4 Die Meßbarkeit von affektiven Lernzielen 55
3.5 Affektive Lernziele und Praxisbezug 56
3.6 Beispiel eines affektiven Lernzielkataloges 57
3.7 Übungsbeispiele zur Formulierung von affektiven Lernzielen 60
3.8 **Testaufgaben zu Kapitel 3** 63

4. Die Klassifikation affektiver Lernziele 66
4.1 Die bekannteste Einteilung von Lernzielen: die Taxonomie der Bloom-Gruppe 68
4.2 Die Unterscheidung verschiedener Lernwege 72
4.3 Die Lerntechniken nach Gagné 74
4.4 Lerntechniken im affektiven Bereich 77
4.4.1 Signallernen, Einstellungslernen und Soziales Lernen 77
4.4.2 Übungsbeispiel zu den drei Lerntechniken im affektiven Bereich 80
4.4.3 Steckbrief der drei affektiven Lerntechniken 81
4.4.4 Formulierungsvorschläge für Lernzieldefinitionen für die drei affektiven Lerntechniken 82
4.4.5 Die affektiven Lerntechniken und Gagné 83
4.4.6 Die Verknüpfung der drei affektiven Lerntechniken 84
4.4.7 Lernexperimente und die Gestaltung von Unterrichtssituationen 89
4.5 **Testaufgaben zu Kapitel 4** 91

5.	**Lerntechnik 1: Signallernen**	**94**
5.1	Die Angst des kleinen Albert	96
5.2	Das klassische Konditionieren	100
5.3	Die Vielfalt von Signalen	101
5.4	Beispiele für Signallernen	106
5.5	Zusammenfassung: Regeln für die Praxis	110
5.6	**Testaufgaben zu Kapitel 5**	111
6.	**Lerntechnik 2: Einstellungslernen**	**114**
6.1	Was sind Einstellungen	116
6.2	Die Funktionen der Einstellungen	120
6.3	Faktoren beim Einstellungslernen	122
6.3.1	Thesen zur Kennzeichnung von Einstellungen	125
6.3.2	Thesen, die die Informationsquelle betreffen	131
6.3.3	Thesen zu den Medien, mit denen Information vermittelt wird	137
6.3.4	Thesen zu Form und Inhalt der dargebotenen Information	141
6.3.5	Thesen zur Situation	158
6.3.6	Thesen zu den Erfahrungen mit der erlernten Einstellung	163
6.4	Zusammenfassung: Regeln für die Praxis	169
6.5	Übungsaufgaben zum Einstellungslernen	170
6.6	**Testaufgaben zu Kapitel 6**	171
7.	**Lerntechnik 3: Soziales Lernen**	**174**
7.1	Lernen für das Zusammenleben, Lernen im Zusammenleben	176
7.2	Soziales Lernen und Emotionen	179
7.3	Ursachen für Fehlverhalten in sozialen Situationen	184
7.4	Modelle des Sozialen Lernens	185
7.4.1	Das Modellernen	185
7.4.2	Das Rollenspiel	188
7.4.3	Themenzentrierte Interaktion	192
7.4.4	Richtiges Feedback beim Sozialen Lernen	195
7.5	Schritte des Sozialen Lernens	201
7.6	Zusammenfassung: Regeln für die Praxis	203
7.7	Fallbeispiel zum Sozialen Lernen	204
7.8	**Testaufgaben zu Kapitel 7**	206
8.	**Praxisbeispiele**	**210**
8.1	Allgemeine Hinweise zum Modellfall Versicherungsvertreter	212
8.2	Ergebnis der Adressatenanalyse und Lernziele	213
8.3	Die für die Vermittlung der affektiven Lernziele wesentlichen Teile des Lehrsystems	214
8.3.1	Einführung in das Lehrsystem	214
8.3.2	Der Beruf des „Versicherungsverkäufers"	215
8.3.3	Der Kunde	216
8.3.4	Der Versicherungsverkauf	217

8.3.5	Die Situation an der Tür	218
8.4	Multimedia und die Vermittlung affektiver Lernziele	220
8.4.1	Multimedia beim Signallernen	220
8.4.2	Multimedia beim Einstellungslernen	221
8.4.3	Multimedia beim Sozialen Lernen	228
9.	**Die Messung affektiver Veränderungen**	**230**
9.1	Einige grundsätzliche Überlegungen zur Erfolgskontrolle von Trainingsmaßnahmen	232
9.1.1	Sinnvolle Erfolgskontrolle setzt umfangreichere Maßnahmen voraus	232
9.1.2	Die drei Ebenen des Trainingserfolgs	233
9.1.3	Ursachen für unterschiedliche Ergebnisse zwischen der Testebene (Ebene 1) und der Verhaltensebene (Ebene 2)	237
9.1.4	Ursachen für unterschiedliche Ergebnisse auf der Verhaltensebene (Ebene 2) und der Leistungsebene (Ebene 3)	237
9.2	Lernerfolgskontrolle bei affektiven Lernzielen	240
9.2.1	Erfolgskontrolle affektiver Lernziele auf der Leistungsebene (Ebene 3)	240
9.2.2	Erfolgskontrolle affektiver Lernziele auf der Verhaltensebene (Ebene 2)	241
9.2.3	Erfolgskontrolle affektiver Lernziele auf der Ebene des unmittelbaren Lernerfolgs (Ebene 1)	243
9.3	Methoden zur Messung affektiver Lernprozesse	249
9.3.1	Das Interview	249
9.3.2	Der Fragebogen	249
9.3.3	Das semantische Differential	258
9.3.4	Das Stimmungsbarometer	259
9.3.5	Projektive Verfahren	264
9.3.6	Verhaltensbeobachtung	266
9.3.7	Zuordnung der Methoden zu den einzelnen Lerntechniken im affektiven Bereich	267
9.4	**Testaufgaben zu Kapitel 9**	268
10	**Affektives Lernen und Manipulation – das ethische Problem**	**278**
10.1	Der ‚heimliche Lehrplan'	280
10.2	Müssen affektive Ziele verschleiert werden?	282
Lösungen zu den Testaufgaben		**284**
Anhang		**287**
1.	Anti-Raucher-Broschüre mit Analyse	289
2.	Affektive Lernziele – Eine programmierte Unterweisung	329
3.	Glossar	379
4.	Literaturverzeichnis	401
5.	Register	407

Vorwort

Das Buch ist aus einer Reihe von über 50 (frei angebotenen und firmeninternen) Seminaren zu diesem Thema entstanden. Es waren dies durchweg Seminare für Praktiker. Eine Reihe von Anregungen dieser Teilnehmer ist auch in die vorliegende Neuauflage mit eingegangen.

Diese Neuauflage wurde an vielen Stellen ergänzt. Es wurden die Erfahrungen des Autors der letzten Jahre und neue Veröffentlichungen, soweit sie für das hier beschriebene Thema relevant sind, mit eingearbeitet. Insbesondere wurde das Buch um ein Kapitel ergänzt, in dem die Vermittlung affektiver Lernziele durch Multimedia an einem konkreten Beispiel behandelt wird (Multimedia als Instrument zur Vermittlung von Einstellungen).

Die Aufbereitung in Form eines Buches eröffnete die Chance, mehr Hintergrundinformation darzustellen, als das in meinen dreitägigen Seminaren möglich war. Wer also das Buch durcharbeitet, erfährt mehr als in diesen Seminaren.

Die Entstehung dieses Buches und sein Aufbau machen es möglich, daß der Leser es in vielfältiger Weise nutzen kann. Man kann grob fünf Formen unterscheiden:

1. Die grobe Orientierung

Wer sich nur einen schnellen Überblick über den Inhalt des Buches verschaffen will, kann sich bei der Lektüre auf die Textpassagen beschränken, die mit einem Balken am Rand gekennzeichnet sind. Man begnügt sich dann mit Abstraktem und verzichtet auf veranschaulichende Beispiele, Erörterungen von Einzelproblemen, Praxisbeispiele und Übungsaufgaben.

2. Das Buch als Lerninstrument

Der Leser, der als Praktiker oder als Student der Pädagogik die in diesem Buch vermittelten Lernziele erreichen will, sollte bei der Lektüre auf die Übungsteile besonderen Wert legen. Die Übungsaufgaben innerhalb der Kapitel und die Testaufgaben am Ende der Kapitel geben dem Leser die Möglichkeit, den Inhalt aktiv zu verarbeiten und sich hinsichtlich Lernfortschritt und möglicher Mißverständnisse und Irrtümer zu überprüfen.

Ein Teil der Übungsaufgaben war ursprünglich daraufhin angelegt, daß sie gemeinsam mit Kollegen bearbeitet werden, die das gleiche Lernziel verfolgen. Ideal wäre es für den Leser, der sich in diese zweite Gruppe einordnet, wenn er einen (oder mehrere) Kollegen fände, der das Buch gleichzeitig durcharbeitet und mit dem er dann Übungsaufgaben, diskussionsfähige Inhalte und vor allem die mögliche Übertragung auf die eigene Praxis besprechen kann.

Das Glossar am Ende des Buches liefert in allgemeinverständlicher Sprache Erklärungen für Fachbegriffe aus dem hier geschilderten Themenkreis. Dies wird vor allem eine Hilfe für den noch weniger Vorgebildeten sein.

3. Das Buch als Praxishilfe

Leser, deren Aufgabe es ist, Aus- und Fortbildungsmaßnahmen zu konzipieren und/oder durchzuführen, werden vor allem anwendbare Hinweise für ihre konkrete Praxis erwarten. Sie sollten sich auf die Kapitel 5, 6, 7, 8 und – soweit sie die Möglichkeit der Erfolgskontrolle haben oder suchen – Kapitel 9 konzentrieren. In diesen Kapiteln werden sie eine Reihe von Regeln oder „Thesen" finden, die aus experimentellen Untersuchungen abgeleitet sind und aus denen sich konkrete Hinweise für die Praxis ergeben.

Zum besseren Verständnis der Thesen und für die unmittelbare Umsetzung sind die vielen Praxisbeispiele hilfreich (vor allem Kapitel 8). Das gilt selbstverständlich auch für Lehrer. Für sie wird es zwar schwierig sein, die Beispiele in die eigene Praxis zu übertragen, da die hier dargestellten Beispiele durchweg aus der Industrie, Wirtschaft oder Öffentlichkeitsarbeit, nicht aus dem Bereich der Schulen stammen. Es gelten jedoch auch für Kinder und Jugendliche weitgehend die gleichen Regeln des affektiven Lernens, so daß sich die meisten Hinweise auch auf die Schulpraxis übertragen lassen.

4. Das Buch als zusätzliche Informationsquelle für den Fachmann

Der Fachmann, dem die hier behandelten Inhalte grundsätzlich bekannt sind, wird sich dafür interessieren, ob ihm dieses Buch etwas Neues bieten kann. Dies wird er für jedes Kapitel schnell beurteilen können, wenn er die zu Beginn eines jeden Kapitels beschriebene Zielsetzung und die Testaufgaben am Ende eines jeden Kapitels als Orientierung nimmt. Ein Stichwortverzeichnis ermöglicht ihm darüber hinaus, schnell Inhalte zu den Themen zu finden, die ihn am meisten interessieren.

5. Das Buch als Beitrag zur „Lebenshilfe"

Durch die Vermittlung affektiver Lernziele kann man das Verhalten beeinflussen, vornehmlich – vor allem im Bereich des Einstellungslernens –, wenn die Adressaten dieses auch selbst wünschen.

Das Besondere des Menschen, das ihn wesentlich gegenüber allen anderen Wesen auf dieser Welt unterscheidet, ist seine Fähigkeit, sich „neben sich selbst zu stellen", sich selbst als Objekt seines Handelns zu betrachten. Sie können daher die hier beschriebenen Regeln auch an sich selbst anwenden. Sie können sich selbst zum Lernenden machen, der ebenfalls durch Sie als Lehrender beeinflußt wird. Auf diese Weise können Sie Ihre Gefühlsreaktionen weitgehend willkürlich gestalten, Sie können die Verantwortung für Ihre Gefühle übernehmen.

Welche Ziele haben Sie im Leben?

- Möchten Sie die Beziehung zu den Menschen verbessern, die für Sie am meisten bedeuten – Ihren Partner, Ihre Eltern, Ihre Kinder, Ihren Chef, Ihre Mitarbeiter oder Ihre Kollegen?

- Möchten Sie etwas für Ihre Gesundheit tun?

- Welches Verhalten möchten Sie sich abgewöhnen oder angewöhnen? Möchten Sie sich z. B. das Rauchen abgewöhnen, oder möchten Sie regelmäßig Körperübungen machen?

- Möchten Sie lernen, eine ausgeglichenere Persönlichkeit zu werden?

Alle diese und ähnliche Ziele kann man auch als affektive Lernziele betrachten, oder zumindest sind es affektive Lernziele, die zu diesen Zielen führen. Alle diese Ziele können Sie erreichen, wenn es Ihnen gelingt, für sich die richtigen (affektiven) Lernziele zu formulieren und diese mit Hilfe der hier beschriebenen Regeln zu erreichen. So gesehen kann dieses Buch helfen, eine entscheidende Wende in Ihrem Leben zu vollziehen: Sie übernehmen Verantwortung für Ihre Gefühlsreaktionen, indem Sie diese gezielt beeinflussen.

Im Anschluß an die „Folgerungen für die Praxis", die wir nach den einzelnen Regeln beschreiben, haben wir auch eine Rubrik „Folgerungen für sich selbst" aufgenommen, in der die möglichen Anwendungen der Regeln auf das Leben des Lesers, auf Ihr Leben, beschrieben werden. Die sollen und können jedoch immer nur Anregungen und Beispiele sein, die im Idealfall und bei Bedarf durch Sie ergänzt und weitergedacht werden.

Vielleicht werden Sie sich keiner der oben aufgezählten Gruppen oder mehreren gleichzeitig zuordnen. Es geht jedoch nicht darum, für jeden Leser den nun für ihn passenden Weg durch dieses Buch zu beschreiben, sondern vielmehr darum, aufzuzeigen, daß die einzige Form der Nutzung dieses Buches nicht darin besteht, es von vorne bis hinten durchzuarbeiten, und man verschiedene Wege gehen kann. Sie werden den für Sie passenden finden.

Noch ein Wort zum Thema **Manipulation**: Vor allem bei der Beschreibung der Techniken zur affektiven Beeinflussung werden Sie vielleicht häufig denken: „Darf man denn das überhaupt?" oder „Kann man denn ein solches Vorgehen überhaupt verantworten?" Damit ist eine Normenfrage angesprochen, der wir das zehnte Kapitel gewidmet haben. Bis dahin halten wir uns an die einfache Regel: Verwerflich sind nicht die Mittel, sondern manche Ziele, die mit den Mitteln erreicht werden. Ein Messer ist nicht deshalb schlecht, weil man damit einen Menschen umbringen kann. Sie werden vielleicht erwidern: „Aber gefährlich ist das Messer". Ja, und gefährlich sind zum Teil auch die hier beschriebenen Techniken. Daher das Kapitel 10.

	1 Einleitung: Wissen ist zuwenig	
	2 Affekte, Emotionen, Gefühle	
Stufe 1	**3** Definition affektiver Lernziele	Problembestimmung Problemformulierung
Stufe 2	**4** Techniken affektiven Lernens	Problemanalyse, Festlegen der Lernziele
Stufe 3	**5** Lerntechnik 1: Signallernen	Planung und Durchführung der Ausbildungs- bzw. der Fortbildungs- maßnahmen
	6 Lerntechnik 2: Einstellungs- lernen	
	7 Lerntechnik 3: Soziales Lernen	
	8 Praxisbeispiele: Versicherungsver- treter/Multimedia	
Stufe 4	**9** Die Messung affektiver Veränderung	Prüfung des Erfolgs der Maßnahmen
	10 Affektives Lernen und Manipulation	

13

1. Einleitung: Wissen ist zuwenig

Aus- und Weiterbildung geschieht immer auf ein Ziel hin. Man will, daß die Teilnehmer aufgrund der Bildungsmaßnahmen lernen und sich später in (von Ihnen oder anderen) gewünschter Weise verhalten. Pädagogik lebt vom Optimismus, daß dies gelingen kann. Die praktischen Erfahrungen machen aber eher zum Pessimisten; das weiß jeder Aus- und Fortbilder. Ski- und Tennislehrer mögen es leichter haben; sie sehen auch manchmal Veränderungen nach dem Training. Wer aber z.B. Verkäufer, Manager, Schalterbeamte und Ausbilder in der Schule schult, wird oft genug bitter enttäuscht: Im Seminar geht alles gut, nach drei Wochen Praxis ist alles beim alten.

Wie für jede Enttäuschung lassen sich auch hierfür Erklärungen anführen, die den Trainer vom Vorwurf entlasten, der geringe Lernerfolg sei auf seine Unfähigkeit zurückzuführen. Die beliebteste Erklärung lautet: Der berufliche Alltag ist so komplex und das Verhalten des einzelnen von so vielen, teils von unbeeinflußbaren Faktoren abhängig, daß man im Training nur wenig erreichen kann. Diese Sicht ist verführerisch und hat zudem im ersten Halbsatz die Realität auf ihrer Seite. Falsch ist aber die pessimistische Schlußfolgerung zur geringen Wirksamkeit von Aus- und Weiterbildung. Wenn nämlich der Alltag und die Bedingungen von Verhalten so komplex sind, muß sich das Training befragen lassen, ob es der Komplexität gerecht wird. Und hier ist meist Pessimismus am Platze. Die meisten Aus- und Weiterbildungsmaßnahmen sind nämlich in einer Art und Weise organisiert, als ob es Komplexität menschlichen Verhaltens und Komplexität von Alltagsumwelt nicht gäbe. Da wird so getan, als ...

...steuere der Verstand das Verhalten, obwohl in Wirklichkeit Denken, Fühlen und Tun sich gegenseitig beeinflussen;

...sei Lernen Erwerb von Wissen, obwohl in Wirklichkeit Lernen Aneignen von Erfahrungen ist, bei denen Denken, Fühlen und Tun zusammenwirken;

...könne ein Trainer das Lernen bei den Teilnehmern förmlich erzwingen, obwohl in Wirklichkeit Lernen in der Verantwortung der Lerner liegt und es von ihnen abhängt, was, wie und wann sie lernen, ja, ob sie **überhaupt lernen**.

Bei allen Irrtümern wird Komplexität auf eine so tiefgreifende und unzulässige Weise zurechtgestutzt, daß man sich manchmal wundern muß, wenn überhaupt Lernen zustande kommt. Simplifiziert wird nämlich:

- die Komplexität menschlichen Verhaltens
- die Komplexität von Lernzielen
- die Komplexität von Lernprozessen.

Wie jeder Irrtum hat auch dieses rigorose Beschneiden von Komplexität Vorteile, die den Irrtum am Leben halten. Leider sind dies nur Vorteile für schlechte Trainer, für solche, denen Komplexität Angst macht, die nur das Unterrichten gelernt haben, die jene Lernarbeit als kontrollierbare Arbeitsteilung begreifen, bei der sie die Rolle des kompetenten Wissensvermittlers und Lehr-'Meisters' genießen.

Wer dies nicht aufgeben möchte, sollte sich die Zeit sparen, dieses Buch zu lesen. Er sollte sich aber auch davor hüten, einmal nachzuprüfen, was die Lerner bei und mit ihm tatsächlich lernen – wenn man unter „Lernen" mehr versteht als „Aneignen von Wissen".

Viele Ausbilder sind pädagogisch 'farbenblind': Lernen reduziert sich für sie auf den Verstand, die Kognition; für Gefühle, Motive, persönliche Erfahrungen der Lernenden sind sie unsensibel. Kein Wunder, wenn die Lernenden ihren Alltag und sich selbst beim Lernen nicht wiedererkennen und solche Pädagogik praktisch folgenlos bleibt.

Beispiele für 'farbenblinde' Ausbildung gibt es überall. Besonders eindrucksvoll sind sie dort, wo wichtige Werte auf dem Spiel stehen, weil das Scheitern von Bildungsmaßnahmen dann besonders schmerzlich ist. Man nehme z. B. den Wert 'Gesundheit'.

Beispiel: Jugendliche Raucher

In den USA, wo man uns im Hinblick auf Nichtraucher-Kampagnen einige Jahre voraus war, startete man verschiedene Programme in Schulen, um Jugendliche vom Rauchen abzuhalten oder wegzubringen.

Dies erfolgte vorwiegend mit Hilfe von Broschüren und Unterrichtseinheiten, in denen man die Gefahren des Rauchens für die Gesundheit mit „modernen" didaktischen Mitteln (verständlich, anschaulich, präzise usw.) darstellte.

Behaltenstests zeigten, daß die Information tatsächlich in hohem Maße verstanden und behalten wurde. Trotzdem haben nur wenige Jugendliche zu rauchen aufgehört. Der Einsatz an Zeit und Geld stand in keinem Verhältnis zur Wirkung.

Auf einem Kongreß des amerikanischen Psychologenverbandes APA konnte dagegen ein Team von Pädagogen und Psychologen mit überraschend positiven Ergebnissen aufwarten. Ihre „Nichtraucher-Kampagne" folgte einer ganz anderen Strategie. Das Forscherteam suchte sich nach Gesprächen mit den Klassenlehrern und nach eigenen Beobachtungen in den Klassen und auf dem Schulhof jeweils einen Meinungsführer heraus, der in hohem Maße als beliebt und kompetent bei seinen Mitschülern galt. Mit der Gruppe von Meinungsführern einer Schulstufe arbeitete das Team dann in mehreren Sitzungen das Problem „Rauchen" durch. Es gelang, einen großen Teil dieser Meinungsführer zur Mitarbeit an der Nichtraucher-Kampagne zu gewinnen. Sie setzten sich bei ihren Klassenkameraden für Nichtrauchen ein. Es zeigte sich, daß in diesen Klassen ein erheblicher Erfolg zu verzeichnen war.

Das Beispiel macht klar, wie begrenzt die Erfolge einer einseitig kognitiven Pädagogik sind, auch wenn die Schulungs-Mittel mit allem erdenklichen Aufwand produziert werden. Die Komplexität des Zieles „Nichtraucher" ließ sich nicht ungestraft auf Wissensvermittlung reduzieren. Das zweite Modell dagegen fing in höherem Maße die Komplexität des jugendlichen Verhaltens und der Alltagswelt ein. Natürlich spielte auch Kognitives eine Rolle, aber ebenso ging es um Rauchen/Nichtrauchen im Zusammenhang mit sozialen Bedürfnissen, Selbstbild, Gruppendruck, Zugehörigkeitswünschen, Erwachsensein-Wollen. Die Pädagogen kümmerten sich darum, was Rauchen für die Teilnehmer bedeutete, welchen Sinn sie diesem Handeln gaben oder welche Bewertungen Rauchen in der Lebenswelt verliehen bekam. Der „Lern"-Erfolg gab ihnen recht.

In diesem Buch geht es um diese nicht-kognitiven, um die **affektiven** Ziele, Inhalte und Formen des Lernens. Damit soll nicht zum Ausdruck kommen, daß es „affektive Lernziele" gibt. Auch das wäre eine unzulässige Vereinfachung. Es gibt rein affektive Lernziele so selten, wie es rein kognitive Ziele gibt, d.h., sie kommen in der Praxis so gut wie nie vor. Was wir vorfinden, sind komplexe Ziele, in denen verschiedene Komponenten miteinander verbunden sind. Wenn wir uns trotzdem in diesem Buch auf die affektiven Ziele beschränken, so tun wir das, um diesem Aspekt mehr Bedeutung zu geben; wir werden aber oft auf die enge Verknüpfung des affektiven mit dem kognitiven oder mit anderen Lernziel-Bereichen eingehen.

Nach diesen Vorüberlegungen kommen wir zu den Fragen des Praktikers, der affektive Lernziele vermitteln will. Wir gehen dabei in den Schritten vor, die auch in einem konkreten Praxisfall durchlaufen werden.

Vier Stufen der Vermittlung und Erprobung affektiver Lernziele

Stufe1: Problembestimmung und Problemformulierung

In dieser Stufe wird das gestellte Problem näher untersucht. Es wird geprüft, ob es sich um ein Problem handelt, das mit Ausbildungsmaßnahmen zu lösen ist, also ob ein Lernziel vorliegt. Dann wird geprüft, welche Anteile des Lernzieles dem affektiven, kognitiven oder psychomotorischen Bereich angehören. Die Feinlernziele werden aufgrund der Problembestimmung formuliert.

16

In diesem Buch wird die Stufe der Problembestimmung nicht im allgemeinen, sondern nur auf die affektiven Lernziele bezogen behandelt. Wir gehen also davon aus, daß die Problembestimmung ergeben hat, das Problem könne durch Vermittlung affektiver Lernziele gelöst werden (oder einen wesentlichen Beitrag dazu leisten).

In Kap. 3 behandeln wir daher, wie man Lernziele und vor allem Lernziele im affektiven Bereich definieren kann.

Stufen	Praxisbeispiel
Stufe 1: Problembestimmung, Problemformulierung	**Problem:** Hohe Fluktuation, kein Erreichen des Mindestumsatzes
Kap. 3 Definition affektiver Lernziele	Nähere Problembestimmung, Lernweg: Beobachtung, Verkaufssituation Lernziel: (Beispiel: Sich nicht seines Berufes schämen)
Stufe 2: Problemanalyse, Festlegen der Lernwege	**Problemanalyse, Lernweg:** (Beispiel: Positive Einstellung zum Beruf des Versicherungsvertreters – Einstellungslernen)
Kap. 4: Typen affektiven Lernens	
Stufe 3: Planung und Durchführung von Aus- und Fortbildungsmaßnahmen etc.)	**Planung und Durchführung:** (Beispiel: Planung der Inhalte und des Ablaufs von Filmen, Gruppen- und Einzelübungen etc.)
Kap. 5–7: Lerntypen	
Kap. 8: Praxisbeispiele	
Stufe 4: Prüfung des Erfolges der Maßnahmen	**Lernerfolgsmessung:** Rückgang der Fluktuation, Steigerung des Verkaufserfolges, Einstellungstest
Kap. 9: Messung affektiver Veränderungen	(Beispiel: Einstellung zum Beruf des Versicherungsvertreters).

Abb. 1: Die vier Stufen bei der Vermittlung und Erprobung affektiver Lernziele

Praxisbeispiel zu Stufe 1:

Ein Unternehmen der Versicherungsbranche beklagte bei den neu eingestellten Versicherungsvertretern im ersten Jahr eine hohe Fluktuation und bei einem hohen Prozentsatz ein Nichterreichen der Mindestverkaufszahlen (Problembestimmung). Zur näheren Problembestimmung wurde der betroffene Personenkreis (die Adressaten), aber auch deren Vorgesetzte und Trainer nach möglichen Ursachen befragt.

Besonders ergiebig erwies sich die „teilnehmende Beobachtung",
d.h., die Adressaten wurden bei den Schulungsmaßnahmen und bei
den Verkaufsbemühungen beobachtet. Als Beispiel für die Aussage-
fähigkeit von Beobachtungen der Praxis seien hier zwei Sätze eines
jungen Vertreters zitiert. Den ersten sagte dieser, als man gemeinsam aus dem Auto ausstieg, um einen Kunden zu besuchen: „Ich lasse meine Tasche lieber im Auto, es muß ja nicht gleich jeder sehen,
daß ich Versicherungsvertreter bin." Etwas später, als auf mehrfa-
ches Klingeln niemand öffnete: „Entweder ist niemand da – oder die
haben mich gesehen." Er war überzeugt davon, daß man ihm dann
nicht aufmachen würde, wenn man z.B. durch den „Spion" in der Tür
seine Erscheinung gesehen hat.

Häufigere Beobachtungen dieser Art führten dann zum Lernziel: „Der
Lernende schämt sich nicht, daß er den Beruf des Versicherungsverkäufers ausübt", oder positiv: „Er ist stolz darauf, Versicherungsvertreter zu sein".

Stufe 2: Problemanalyse, Festlegen der Lernwege

In dieser Stufe wird das jetzt in Form von Lernzielen vorliegende Problem näher analysiert. Ziel ist es, in dieser Stufe die Lernziele so zu
präzisieren, daß sie bestimmten Lernwegen zugeordnet werden können.

In diesem Buch werden in Kap. 4 Möglichkeiten der Klassifikation
affektiver Lernziele aufgezeigt und dabei zuletzt drei Typen des affektiven Lernens beschrieben, die praxisbezogene Hilfestellungen
bei der Vermittlung affektiver Lernziele leisten.

Praxisbeispiel zu Stufe 2:

Aus dem Lernziel „Sich nicht des Berufes schämen" bzw. „Auf seinen Beruf stolz sein" wird das Lernziel: „Eine positive Einstellung zum
Beruf des Versicherungsverkäufers haben." Das Lernziel wurde also
dem Bereich des Einstellungslernens zugeordnet.

Stufe 3: Planung und Durchführung von Aus- und Fort-
bildungsmaßnahmen

In dieser Stufe werden die geeigneten Maßnahmen festgelegt, um
die definierten und klassifizierten Lernziele zu vermitteln. Bei der Auswahl der Maßnahmen hilft die Festlegung, um welchen Lernweg es
sich bei den einzelnen Lernzielen handelt.

In diesem Buch werden in Kap. 5–7 die drei Lerntypen (oder Lernwege) im affektiven Bereich (Signallernen, Einstellungslernen und soziales Lernen) näher beschrieben. Für jeden dieser Lerntypen werden
Regeln erarbeitet und durch Untersuchungen belegt, die dazu geeignet sind, wirksame Lehrstrategien für die einzelnen Lerntypen zu
entwickeln.

In Kap.8 wird an konkreten Praxisbeispielen die Umsetzung zu Maß-nahmen im Bereich der betrieblichen Aus- und Weiterbildung exem-plarisch dargestellt. Dabei wird auch auf die modernen Medien wie CBT und Multimedia eingegangen.

Praxisbeispiel zu Stufe 3:

Für das Lernziel aus dem Bereich des Einstellungslernens (Positive Einstellung zum Beruf des Versicherungsvertreters) wurden einige lernpsychologische Regeln ausgewählt, wie z.B. die, daß man neue Einstellungen selber entdecken muß. Durch einen Film wurde die In-formation vermittelt, aus der die Teilnehmer selbständig in Gruppen- und Einzelarbeit die neue Einstellung entwickelten.

Stufe 4: Prüfung des Erfolgs der Maßnahmen

In dieser Stufe wird der Erfolg der Aus- bzw. Fortbildungsmaßnah-men ermittelt. Dabei ist es für die Beurteilung der angewandten di-daktischen Methoden nicht nur wichtig, den Gesamterfolg zu be-stimmen, sondern auch zu ermitteln, welche der einzelnen Maßnah-men erfolgreich waren.

In diesem Buch wird im Kap. 9 dargestellt, welche Probleme, aber auch Möglichkeiten es gibt, den Lernerfolg im affektiven Bereich zu bestimmen. Es werden verschiedene Testverfahren vorgestellt und ihre Vor- und Nachteile erörtert.

Praxisbeispiel zu Stufe 4:

Der Erfolg der Schulungsmaßnahme insgesamt wurde natürlich da-nach bemessen, inwieweit es gelungen war, das Problem – die hohe Fluktuation und die niedrigen Verkaufszahlen der Versicherungsver-treter im ersten Jahr – zu beseitigen. Ein solcher Gesamterfolg be-zieht sich dabei jedoch auf das gesamte Lernsystem (das in dem be-schriebenen Fall eine Anwendungsdauer von drei Wochen hatte). Um zu ermitteln, ob es gelungen ist, die positive Einstellung zum Beruf des Versicherungsverkäufers zu vermitteln, wurde ein Einstellungs-test entwickelt und eingesetzt.

	1 Einleitung: Wissen ist zuwenig	

	2 Affekte, Emotionen, Gefühle	

Stufe 1	**3** Definition affektiver Lernziele	Problembestimmung Problemformulierung

Stufe 2	**4** Techniken affektiven Lernens	Problemanalyse, Fest- legen der Lernziele

Stufe 3	**5** Lerntechnik 1: Signallernen	Planung und Durchführung
	6 Lerntechnik 2: Einstellungs- lernen	der Ausbildungs- bzw. der
	7 Lerntechnik 3: Soziales Lernen	Fortbildungs- maßnahmen
	8 Praxisbeispiele: Versicherungsver- treter/Multimedia	

Stufe 4	**9** Die Messung affektiver Veränderung	Prüfung des Erfolgs der Maßnahmen

	10 Affektives Lernen und Manipulation	

2. Affekte, Emotionen, Gefühle

Inhaltsangabe und Lesehinweise

In diesem Kapitel erfahren Sie einige grundlegende Erkenntnisse zu dem Bereich der Gefühle:

- über die Trennung von Gefühl und Verstand (2.1)

- wie man an einem anderen Menschen das „Wirken" von Gefühlen erkennen kann (2.2)

- wo im menschlichen Körper die Gefühle ihren Ausgangspunkt haben (2.3)

- welche Bedeutung die verstandesmäßige Bewertung einer Situation bei der Entstehung von Gefühlen hat (2.4)

- wie in diesem Buch die Begriffe „Gefühl" und „affektives Lernziel" gebraucht werden (2.5)

- wie Fühlen, Denken und Handeln zusammenhängen (2.6)

- was der Adressat eigentlich lernt, wenn man bei ihm affektive Lernziele erreicht hat (2.7)

- warum jeder Lernzielkatalog auch affektive Lernziele beinhalten sollte (2.8).

In dem folgenden Abschnitt wird deutlich, daß Gefühle beim Lernen immer eine Rolle spielen (2.9). Das Kapitel wird abgeschlossen mit ein paar Testaufgaben für diejenigen, die sich prüfen wollen, ob sie die wichtigsten Inhalte dieses Kapitels richtig verstanden und behalten haben (2.10).

Das Kapitel bringt Begriffsbestimmungen und Grundlagen. Sie haben nur indirekt mit der konkreten, praxisnahen Fragestellung: „Wie gehe ich vor, wenn ich affektive Lernziele vermitteln will?" zu tun. Der Praktiker kann dieses Kapitel daher überblättern.

2.1 Trennung von Gefühl und Verstand

Die Psychologie hat seit Sigmund Freud immer wieder deutlich gemacht, daß die Ursachen unseres Handelns eher in den – oft unbewußten – Gefühlen und Bedürfnissen liegen als in vernünftigen Überlegungen. Wir machen uns vor, daß wir vom Verstand her gesteuert sind, obwohl doch dieser Verstand meist nur dazu dient, nachträglich Rechtfertigung für emotional bestimmte Entscheidungen zu liefern.

Die Unterscheidung von Gefühl und Verstand, von Emotion und Ratio ist im westlichen Denken tief verwurzelt, gleichzeitig steht aber auch die Ratio in deutlich höherem Ansehen als die Emotion. Wir glauben, rational, verstandesmäßig urteilen und handeln zu müssen, lehnen „irrationale" Beweggründe ab und verleugnen daher oft die emotionalen Grundlagen unseres Verhaltens.

Trotzdem – oder gerade deshalb – wollen wir die Gefühle zum Mittelpunkt der Ausführungen dieses Buches machen. Dabei lassen wir die Frage offen, ob es überhaupt gerechtfertigt ist, Verstand und Gefühl zu trennen, ja sogar als Gegensätze zu sehen. Die Konzentration auf die Gefühle, genauer gesagt: auf die affektiven Lernziele, geschieht aus didaktischen Überlegungen heraus. Es ist einfacher, bei der Beschäftigung mit diesem Thema sich auf einen Bereich – die affektiven Lernziele – zu konzentrieren und die sicher vorhandene Verknüpfung mit den kognitiven (verstandesmäßigen) und den psychomotorischen (bewegungsmäßigen) Lernzielen bis auf wenige Ausnahmen außer acht zu lassen.

2.2 Drei Erscheinungsformen des Gefühls

Bevor wir uns näher mit dem Gefühl beschäftigen und z.B. versuchen, eine Definition für 'Gefühl' zu finden, sollten wir uns fragen, wie wir überhaupt das Vorhandensein von Gefühlen erkennen können.

Gefühle können wir nur in uns selbst wahrnehmen. Ob andere auch solche Gefühle erleben, können wir nur vermuten bzw. ausschließen. Gefühle sind an anderen nicht direkt wahrnehmbar, es sind 'hypothetische Konstrukte', d.h., sie werden verschiedenen Erscheinungen zugrunde gelegt, hypothetisch angenommen, um diese Erscheinungen besser erklären zu können.

Man kann drei Erscheinungsformen oder Äußerungsformen des Gefühls unterscheiden:

- Gefühle äußern sich in Mimik und Gestik. Man spricht vom **Ausdrucksverhalten**. Wenn ein Mensch mit herabgezogenen Mundwinkeln, in gebeugter Haltung vor uns steht, so schließen wir daraus, daß er traurig ist. Ebenso erkennen wir unmittelbar die Bedeutung von Lachen und Weinen oder anderer nonverbaler Gefühlsäußerungen.

  Die Wahrnehmungsfähigkeit solcher Emotionen in Mimik und Gestik ist dabei sehr unterschiedlich, wobei eine erhebliche Schwäche hinsichtlich der Wahrnehmung und Interpretation von Gefühlsäußerungen im sozialen Kontakt ein wesentliches Hindernis sein kann. Hier können unter Umständen Trainingsprogramme Hilfe leisten.

- Wir können Gefühle im Mitmenschen wahrnehmen, indem er uns von solchen Gefühlen erzählt: Er berichtet uns von seinen **subjektiven Erfahrungen**. Aber die Fähigkeit, seine Gefühle in Worte zu kleiden, ist sehr unterschiedlich ausgeprägt, muß gelernt werden. Nicht jeder, der über seine Gefühle keine differenzierte Auskunft gibt, hat keine differenzierten Gefühle oder verdrängt sie oder ist nicht bereit, offen zu sein. Häufig ist er einfach nicht in der Lage, darüber zu reden, weil er es nicht gelernt hat.

Aber nicht nur im Beschreiben von erlebten Gefühlen gibt es Schwierigkeiten und Hindernisse. Auch im Verstehen solcher Beschreibungen gibt es deutliche individuelle Unterschiede. Die Beschreibung eines Gefühls, das ich selbst nie erlebt habe, werde ich nicht – zumindest nicht vollständig – verstehen können. So wie man einem Farbenblinden nicht das Erlebnis der Farbe Rot vermitteln kann, so kann man jemandem, der z.B. Ehrfurcht nie erlebt hat, die Qualität dieses Gefühls nicht vermitteln. Im Unterschied zum Beispiel mit dem Farbenblinden ist die Verständigung über das Gefühl 'Ehrfurcht' jedoch noch viel schwerer, ja letztlich unmöglich. Denn die Farbe Rot läßt sich physikalisch beschreiben und bleibt (z.B. auf einem Bild) über die Zeit hinweg konstant. Ehrfurcht ist lediglich eine Empfindung, die nicht allgemeingültig beschrieben werden kann und in der Regel sehr flüchtig, d.h. schnell vergänglich ist.

In dem Moment, in dem ich versuche, dieses Gefühl in mir zu beobachten und zu beschreiben, verändere ich es auch schon, gerade durch diese Tätigkeit.

● Das Vorhandensein von Gefühlen kann man auch messen: (zumindest starke) Gefühle rufen **physiologische Veränderungen** hervor. An uns und anderen können wir beobachten, daß Gefühle für Herzklopfen, Schwitzen, rote Wangen u. a. verantwortlich sein können. Mit Hilfe von Meßinstrumenten kann man feststellen, daß sich aufgrund von Gefühlsreaktionen verändern:

- die elektrische Aktivität des Herzens (EKG = Elektrokardiogramm)
- die Atemfrequenz
- der elektrische Widerstand der Haut
- die Spannung der Muskeln
- elektrische Spannungen des Gehirns (EEG = Elektroenzephalogramm)
- die Pupillengröße u. a.

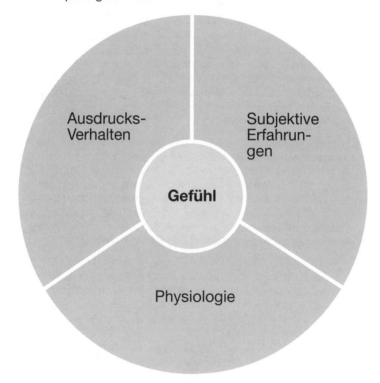

Abb. 2: Erscheinungsformen des Gefühls

Es gibt also drei Erscheinungsformen von Gefühlsreaktionen, d. h. Äußerungsformen, bei deren Auftreten wir auf das Vorhandensein von Gefühlen schließen. Trotzdem gibt es keine sichere Methode, Gefühle nachzuweisen.

24

Zwei Probleme sind dabei zu beobachten:

- Nicht bei jedem Gefühl treten alle drei Erscheinungsformen auf. Es gibt z. B. Gefühle, die subjektiv empfunden werden und von denen eine Person berichtet, ohne daß im Ausdrucksverhalten oder an Meßinstrumenten dieses Gefühl nachzuweisen wäre. Dagegen wird in der Tiefenpsychologie, z. B. aufgrund von Beobachtungen des Analytikers, auf Gefühlsreaktionen geschlossen, ohne daß der Person solche Gefühle bewußt sind. Ähnliche Schlüsse ziehen Werbepsychologen aus gemessenen Veränderungen des Hautwiderstandes. Man spricht von unbewußten Gefühlsreaktionen.

- Das Auftreten einer beschriebenen Erscheinungsform für Gefühlsreaktionen muß nicht zwingend das Vorhandensein eines Gefühls bedeuten. Ausdrucksverhalten kann z. B. gespielt sein ('es kommt nicht von Herzen') oder körperliche Ursachen haben: Weinen beim Schneiden von Zwiebeln, wutverzerrtes Gesicht bei Lähmung von Gesichtsnerven etc. Auch von subjektiven Erfahrungen kann berichtet werden, ohne daß echte Gefühle zugrunde liegen. Die Äußerungen sind einfach gelogen, oder die betreffende Person möchte gerne die Gefühle empfinden, macht sich etwas vor und glaubt bei der Äußerung selbst daran. Fühlt sie dann auch? Selbst physiologische Veränderungen können trügerisch sein, müssen nicht das Vorhandensein von Gefühlsreaktionen bedeuten. Jede der beschriebenen meßbaren Veränderungen kann auch andere Ursachen, z. B. Krankheit, haben oder künstlich hervorgerufen werden, ohne daß von einer Gefühlsreaktion berichtet wird.

Man kann also das Wirksamsein von Gefühlen bei einer anderen Person nur erschließen, nie direkt beobachten und muß auch bei diesem Erschließen mit einer gewissen Fehlerquote rechnen.

2.3 Die anatomischen Grundlagen der Gefühle

Im Volksmund betrachtet man das Herz als Sitz der Gefühle des Menschen. Man weiß jedoch, daß auch die Gefühle, so wie alle zentralen Steuerungen des Menschen, im Gehirn lokalisiert sind. Man hat jedoch kein eng umgrenztes Gebiet ausmachen können. Viele Experimente legen nahe, daß das sogenannte Limbische System Sitz der Gefühle ist. Damit wird eine Reihe von entwicklungsgeschichtlich alten Hirnteilen bezeichnet, die sich wie ein Saum um das Stammhirn legen und damit einen Zwischenbereich zwischen dem 'alten' Stammhirn und dem 'neuen' Großhirn, einschließlich Hirnrinde,

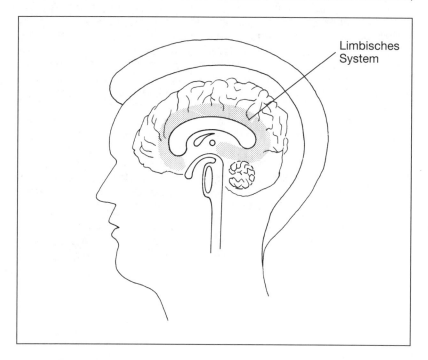

Abb. 3: Großhirn des Menschen mit Limbischem System

bilden. Experimentelle Untersuchungen haben gezeigt, daß das Limbische System zwei für unser Thema wichtige Eigenschaften besitzt:

- Es steuert u. a. Prozesse, die für das Überleben eines Organismus von außerordentlicher Bedeutung sind, wie z.B. Blutdruck oder Hirnfrequenz (hier zeigt sich die Nähe des Limbischen Systems zum Stammhirn).

- Limbische Funktionen sind durch Lernen und Denken beeinflußbar (hier zeigt sich die Beziehung des Limbischen Systems zur Hirnrinde).

26

Wir erleben Gefühle als Bindeglied zwischen dem Bewußtsein, dem logischen Denken (mit Sitz in der Hirnrinde) und der eher unbewußten Steuerung des Körpers, wie der Regulation der Herzfrequenz, des Blutdrucks, der Drüsentätigkeit, Hormonausschüttung (mit dem Sitz im Stammhirn, Hypothalamus). Die Lage des Limbischen Systems im Gehirn scheint diese Erfahrung zu unterstützen. Gefühle beeinflussen unser Denken so sehr wie unsere Körperfunktionen.

Das Limbische System ist somit die Region in unserem Gehirn, die über die Bedeutung der wahrgenommenen Reize entscheidet. Mischkin und Appenzeller (1987) beschrieben das in einem Artikel des Scientific American so: „Das Limbische System arbeitet wie eine Art Schalter zwischen unseren Sinnen und dem Großhirn, indem es hereinkommende Informationen auf ihre Bedeutung untersucht."

Entwicklungsgeschichtlich hat sich das Limbische System aus dem Riechhirn der Reptilien entwickelt. Es gibt auch heute beim Menschen eine direkte Nervenverbindung zwischen den Geruchsnerven und dem Limbischen System, während alle anderen Sinneswahrnehmungen über die Hirnrinde laufen. Der Ausdruck „man kann jemanden nicht riechen" mit der Bedeutung, daß man ihn nicht mag, weist auf diese direkte Verbindung zwischen Riechen und Fühlen hin. Einige Beobachtungen weisen darauf hin, daß wir in diesem Punkt unsere 'Verwandtschaft' zu den Reptilien nicht leugnen können und häufig – wenn auch unbewußt – aufgrund von Geruchswahrnehmung direkt emotional reagieren. (Wir werden darauf im Kapitel 5, Signallernen, noch einmal zurückkommen.)

2.4 Die Emotionstheorien von Schachter und Lazarus

Zwei wichtige Theorien über das Zustandekommen von Emotionen beziehen sich weitgehend auf diese physiologischen Erkenntnisse.

Stanley Schachter (1962, 1978) sieht zwei Faktoren, die für das Entstehen von Gefühlen verantwortlich sind. Er konnte experimentell nachweisen, daß ein Gefühl durch eine unspezifische Erregung ausgelöst werden kann (die aus 'unteren' Hirnregionen stammt). Dadurch entsteht das Bedürfnis, diese Erregung zu begründen, sie einzuordnen. Dieses wird durch kognitive Prozesse geleistet, die in der Hirnrinde ablaufen. In einem Experiment konnte Schachter zeigen, daß bei gleichen physiologischen Begleiterscheinungen je nach kognitiver Bewertung der Situation Freude, Ärger, Furcht oder Eifersucht erlebt wird.

Fehlt jedoch die Erregung (wenn sie z.B. durch sedierende Medikamente unterdrückt wird), so wird selbst in einer gefährlichen Situation (= kognitive Bewertung) keine Angst erlebt.

Liegt eine Erregung vor, die man nicht mit kognitiv-situativen Faktoren „erklären muß" (der Versuchsperson wird gesagt, daß die Erregung auf die Einnahme von Medikamenten zurückzuführen ist), dann bleibt ebenso das Erleben eines Gefühls aus.

Die Theorie von Lazarus (1977) geht ebenfalls davon aus, daß die kognitive Bewertung einer gegebenen Umweltsituation die Qualität und Intensität einer emotionalen Reaktion bestimmt. Er widerspricht Schachter jedoch hinsichtlich der Auffassung, daß die physiologischen Erregungen undifferenziert und unspezifisch seien. Lazarus meint, daß es keine unspezifische Aktivierung, sondern für jedes Gefühl einen spezifischen Reaktionsverlauf gibt. Diese physiologischen Muster sind jedoch eine Funktion der kognitiven Bewertung der Situation, also nicht Ursache für das Gefühl, sondern Folge einer kognitiven Wahrnehmung einer Situation.

Diese Auffassung ist vor allem für die in Kap. 6 beschriebenen Techniken zum Einstellungslernen wichtig. Durch sie wird deutlich, wie es möglich ist, durch eine Neubewertung von Situationen Gefühle zu beeinflussen.

2.5 Verwirrende Definitionsversuche

Izard, einer der führenden Emotionsforscher, meint: „'Gefühl' ist für den Laien und im Alltag etwas Fragloses". Jedermann weiß sofort, was mit 'Gefühl' gemeint ist; jedermann versteht, wenn von Freude, Kummer, Liebe, Haß, Enttäuschung, Aufregung die Rede ist. Wir alle teilen Gefühle mit und sind sensibel dafür, was andere erleben. Die Forschung dagegen tut sich schwer mit dem Gegenstand 'Gefühl'. Das liegt zum großen Teil daran, daß Gefühle nicht objektiv – d.h. von verschiedenen Außenstehenden übereinstimmend – beobachtbar sind (s. o.). Sie lassen sich auch kaum im Labor hervorrufen. Die Versuche, Gefühle durch Messungen von **physiologischen** Größen (Puls, Hautwiderstand, Hormone, Pupillenweite usw.) zu 'objektivieren', sind weitgehend gescheitert. Die körperlichen Reaktionen sind so diffus, daß sich in ihnen die Erlebnisvielfalt nicht adäquat spiegelt. So wird z. B. Adrenalin bei jeder Erregung ausgeschüttet, gleichgültig, ob es sich subjektiv um Angst, Haß oder freudige Erregung handelt.

Ähnlich unzuverlässig und mehrdeutig ist die nonverbale Kommunikation über Gefühle: **die Körpersprache** (Mimik, Gestik) als Indikator für Gefühle. Da wir uns im Alltag vor allem auf Informationen dieser Art stützen, wenn wir uns über die Gefühle anderer ein Urteil bilden, müssen wir auch hier Mißdeutungen in Kauf nehmen.

Bleibt der naheliegende Versuch, Gefühle durch **Sprache** mitzuteilen und damit überprüfbar zu machen. „Dadurch, daß man sie (Gefühle) benennen, klassifizieren kann, versteht man sie, findet sich zurecht und kann sich über sie auch mit anderen verständigen" (Orter in Mandl 1983, S. 286). Tatsächlich basiert die Emotionsforschung großenteils auf solchen Daten. Aus Äußerungen über Gefühle wurde z. B. das Modell entwickelt, jedes Gefühl lasse sich nach seiner Ausprägung auf drei Dimensionen beschreiben: nach dem Grad der **Aktivierung** (aktiv – passiv), nach Ausmaß und Qualität der **Bewertung** (angenehm – unangenehm) und nach Ausmaß und Art der **Zuwendung** (zugewandt – abgewandt) (nach Schloßberg 1954). Ähnlich hatte schon um die Jahrhundertwende Wundt Gefühle nach den Dimensionen Erregung – Beruhigung, Lust – Unlust und Spannung – Lösung gekennzeichnet.

Allerdings haben solche Analysen die Gefühlsforschung kaum weitergebracht. Bei den Experten herrscht nach wie vor ein Durch- und Nebeneinander von Begriffen wie Gefühl, Affekt, Emotion, Stimmung, emotionale Reaktion, affektive Reaktion, Befindlichkeit. Der eine Wissenschaftler versteht unter „Affekt" dasselbe wie unter „Emotion", der andere definiert Affekt als Gefühl, das so stark wird, daß es zu einer meßbaren Erregung führt (z. B. Rohracher).

Wir wollen es uns und Ihnen nicht unnötig schwer machen und daher statt einer Definition eine Sprachregelung für dieses Buch vorschlagen.

Sprachregelung:

- „Gefühl, Affekt, Emotion" werden synonym gebraucht, um Zustände und Abläufe des **Erlebens** zu beschreiben. Dasselbe gilt für die Adjektive „gefühlsmäßig, affektiv, emotional".

- „Affektive Lernziele" liegen vor,
  - wenn das gezeigte Verhalten von Adressaten (Ist-Verhalten) nicht mit einem gewünschten Verhalten (Soll-Verhalten) übereinstimmt und
  - wenn der Grund für die Verhaltensabweichung primär im Gefühlsbereich liegt.

  Dabei müssen wir jedoch einige Einschränkungen machen: Die Verhaltensabweichung darf nicht krankhaft sein (dann wäre es ein Fall für den Therapeuten), sie muß mehrere Personen betreffen (für eine einzige Person wird man kein Lehrkonzept konzipieren), und der Adressatenkreis muß definierbar sein. (Eine ausführliche Erläuterung des Begriffes „affektive Lernziele" finden Sie im Anhang in Form einer verzweigten Programmierten Unterweisung).

- In der pädagogischen Literatur hat sich das Adjektiv „affektiv" durchgesetzt, obwohl in der Psychologie der Begriff „Emotion" heute gängiger ist.

Diese weitgefaßte Sprachregelung zählt zum affektiven Bereich auch Erlebensformen, die manche Psychologen als **Motive** bezeichnen: Neugier, Eifer, aber auch Lustlosigkeit und Widerstand. Dies erscheint pädagogisch sinnvoll und entspricht auch der Verwendung des Terminus „affektive Lernziele" in der Fachliteratur.

So gesehen kann man auch das Ziel, daß die Adressaten motiviert lernen, als ein affektives Lernziel betrachten. Damit ist auch für „rein kognitive" Lernziele der affektive Bereich wichtig, denn: „Ein Hirn, das sich freut, arbeitet besser" (C. Rose u. U. M. Nicholl, 1997, S. 28 f).

Eine in der aktuellen Forschung einflußreiche Unterscheidung von „kalten" Prozessen des Denkens und „heißen" (gefühlshaften) Bewußtseinsinhalten (Kognitionen) stammt von Zajonc, der 1980 eine Theorie vorgelegt hat, die wir Ihnen nicht vorenthalten wollen, weil sie sich mit vielen Untersuchungen und Erfahrungen vereinbaren läßt.

2.6 Fühlen, Denken, Tun

Nach Zajonc sind Affekte einerseits und kognitive (verstandesmäßige) Reaktionen andererseits zwei prinzipiell unterschiedliche Bewertungssysteme, mit denen der Mensch zu seiner Umwelt und zu sich selbst Stellung nimmt. **Affekte** sind unmittelbare, direkte, 'heiße' Stellungnahmen, sie sind unausweichbar und enthalten einen Selbstbezug (z. B.: Das ist positiv oder negativ für mich). Dabei spielen körpernahe Empfindungen eine große Rolle. **Kognitive Urteile** oder 'kalte Kognitionen' dagegen sind eine gedankliche Verarbeitung von Eindrücken oder Bewußtseinsinhalten. Dabei spielen Sprache, Symbole, Abstraktionen usw. eine entscheidende Rolle.

Natürlich beeinflussen sich im Alltag beide Systeme gegenseitig. „Bei vielen Entscheidungen wird vermutet, daß Gefühle eine stärkere Rolle spielen als man zugeben will" (Mandl 1983, S. 42). Man hat z. B. festgestellt, daß Autokäufer nach der Entscheidung für einen bestimmten Wagentyp besonders intensiv die Werbeanzeigen gerade für diesen Typ lesen; hier steuern die Affekte die kognitive Aktivität. Der umgekehrte Fall liegt z. B. dann vor, wenn der Käufer den Benzinverbrauch seines neuen Autos ausrechnet und verägert darüber ist, daß der Prospekt erheblich untertrieben hat. Hier ist das Gefühl eine Folge kognitiver Tätigkeit.

Offensichtlich gibt es bestimmte Reize, die eher eine affektive als eine kognitive Bewertung, also eher „heiße Kognitionen", fördern. Die Verhaltensforscher würden von „Auslösern" sprechen: z. B. ein Gesichtsausdruck, der Mitleid auslöst; eine Stimme, die Vertrauen einflößt; eine Situation, die als bedrohlich erlebt wird und Angst mobilisiert. Es bleibt dabei offen, inwieweit solche Gefühlsreaktionen angeborene Komponenten enthalten. Zweifellos erlernt ist dagegen die Möglichkeit, über Sprache Affekte auszulösen, z. B. beim Lesen eines ergreifenden Romans, einer heiteren Komödie oder beim Hören einer packenden Geschichte. Wer Affekte beeinflussen will, ob in pädagogischer oder in manipulativer Absicht (s. Kap. 9), wird sich diese Zusammenhänge zunutze machen. Ideal läßt sich das vor allem in zwei Branchen studieren, deren Erfolg von ihrer Wirkung gerade auf Affekte abhängt: bei der Unterhaltungsindustrie (Film, Theater) und bei der Werbung. Dort zeigt sich auch die affektive Macht des Bildes, der Bewegung, der Farben, der Musik. Sie mobilisieren das „heiße", affektive Bewertungssystem.

Die enge Verbindung von kognitivem und affektivem Bereich zeigt sich auch da, wo mit (kognitiver) Argumentation und dem eindringlichen Darstellen komplizierter (kognitiver) Zusammenhänge Gefühle ausgelöst werden. Jeder hat sicher z. B. schon erlebt, wie ein in sachlicher Sprache gehaltener Bericht über wirtschaftliche oder steuerliche Ungerechtigkeiten Gefühle wie Ärger, Wut etc. auslöste.

Zur Vermittlung rein affektiver Lernziele (z. B. negative Einstellung zu Kohlekraftwerken) ist es oft notwendig, komplizierte Zusammenhänge (z. B. über die Entstehung und Wirkung des „sauren Regens") deutlich zu machen, d.h. kognitive Lernziele zu vermitteln – wir sprechen von kognitiven Zwischenzielen zur Erreichung des affektiven Lernziels.

Ein sehr schönes Bild gebraucht Bloom, um die Verknüpfung von kognitiven und affektiven Lernzielen deutlich zu machen: Er spricht von zwei Leitern mit sehr weit auseinanderstehenden Sprossen, die kein Mensch ersteigen kann. Stellt man die Leitern so übereinander, daß sich die Sprossen der einen Leiter jeweils in der Mitte des Leerraums der anderen Leiter befinden, so kann man die Leitern leicht erklimmen. Komplexe Lernziele werden also erreicht, indem man in „Wechselschritten" zwischen kognitivem und affektivem Bereich vorgeht.

Abb. 4: Verknüpfung von affektiven und kognitiven Lernzielen (nach Bloom)

Festinger (1957) spricht von einer „cognitive balance" und sagt, daß Veränderungen im affektiven Bereich durch Änderungen im Wissensstand entstehen. Wir werden weiter unten sehen, daß noch andere Bedingungen berücksichtigt werden müssen.

Mit dem Zusammenhang von **Fühlen und Handeln** hat sich vor allem die Motivationspsychologie auseinandergesetzt. Nach dem sogenannten „hedonistischen Prinzip" ist alles Handeln auf das Bedürfnis zurückzuführen, angenehm erlebte Zustände herbeizuführen bzw. zu erhalten und unangenehme zu vermeiden. Praktisch alle Motivationstheorien und auch Lerntheorien lassen sich mit diesem Prinzip vereinbaren. So sind lernfördernde Bedingungen wie Lob, Erfolg, materielle Belohnung usw. durchweg mit angenehmen Emotionen beim Lernen verbunden. Etwas Unangenehmes zu vermeiden kann auch belohnend wirken. So ist das Gefühl der Angst in hohem Maße einflußreich auf das Verhalten. Angst fördert z. B. Konformismus, Unterwerfung, Anpassung. (Man will damit den unangenehmen Gefühlen entgehen, die bei einer Bestrafung zu erwarten wären.)

Die „Hedonismustheorie" ist ein Beispiel für den Versuch, die Wirkung von Affekten auf das Verhalten zu beschreiben. Pädagogisch ist der umgekehrte Zusammenhang ebenso wichtig: Inwieweit wirkt das Tun auf die Affekte?

Dazu drei Beispiele:

Nach der Selbstwahrnehmung von Bern (1965) werden viele Gefühle durch die Beobachtung des eigenen Tuns – quasi durch Selbstdeutung – herbeigeführt, z.B. wenn man Herzklopfen hat und meint „ich habe Angst".

Ein zweites, besonders eindrucksvolles Beispiel dafür, wie Verhalten Emotionen beeinflußt, bietet die Psychotherapie. Hat z.B. ein Klient Angst, vor anderen Menschen zu sprechen (Redeangst), so läßt man ihn eine Entspannungstechnik üben und setzt ihn dann systematisch immer schwierigeren Situationen aus, die er handelnd bewältigen muß. Die Erfolge der Therapie zeigen, daß das Handeln unter solchen Bedingungen eine Emotion wie Angst wirksam reduzieren kann.

Drittens weiß man aus der Einstellungsforschung, daß sich Einstellungen oft dann ändern, wenn man dazu gebracht wird, zuerst sein Verhalten zu verändern. Pädagogisch wird dies z.B. im Rollenspiel oder bei Simulationsspielen genutzt (dazu mehr in den Kap. 6 und 7).

Ein Bild sagt mehr als tausend Worte ...
Im nächsten Abschnitt geht es um Gefühle und die Einflußnahme audiovisueller Medien auf den Menschen.

Abb. 5: Die neunjährige Kim Phuc (rechts) auf der Flucht (Foto ap)

2.7 Gefühle und audiovisuelle Medien

Nicht die Sprache, sondern die Bilder sind Medium der Wahl, wenn es darum geht, Gefühle anzusprechen. Hier gilt wirklich: Ein Bild sagt mehr als tausend Worte. Im Mittelalter dienten Darstellungen von Martyrium und Kreuzigung dazu, ein Ausmaß an Mitleid zu wecken, das mit der „Heiligen Schrift" kaum erreichbar gewesen wäre. Die vielen bildlichen Darstellungen des Teufels weckten Angst und Schrecken vor Sünde und Strafe. In der Neuzeit entdeckte dann die Werbung die Wirkung der Bilder auf die Gefühle. Mit Bildern wurden nun Bedürfnisse geweckt, Produkte als begehrenswert vor Augen geführt und das Glück, sie zu besitzen, mit den strahlenden Mienen von Mannequins und Dressmen „bewiesen". In den letzten Jahren gingen Bilder durch die Massenmedien, die die Massen bewegten, wie es Texte nie hätten erreichen können. Man erinnere sich an das nackte, von Napalm verbrannte vietnamesische Mädchen, das die Schrecken dieses Krieges so eindringlich miterleben ließ. Oder an bewegende Bilder aus Sport, Politik, Kultur, Technik.

Erst recht sind es die bewegten Bilder, also in Film und Fernsehen, mit denen Gefühle beeinflußt werden. Die Unterhaltungsindustrie lebt davon, daß der Zuseher die ganze Skala menschlicher Gefühle erlebt, ohne den Kinosessel oder die heimische Couch verlassen zu haben. Und die Menschen gehen ins Kino oder schalten jeden Abend den Fernsehapparat ein, weil sie erwarten, „gepackt", geschockt, zu Tränen gerührt oder zum Lachen gebracht zu werden.

Die Wissenschaftler haben bisher nur selten versucht herauszubekommen, warum gerade Bilder bzw. audiovisuelle Medien wie Film und Video in diesem Maße Gefühle ansprechen können. Die plausibelste These geht davon aus, daß Gefühle zur ältesten Ausrüstung des Menschen gehören und elementar an die Körpersinne gebunden sind. Gefühle trugen ihr Teil zum Überleben bei, indem sie Situationen, die man wahrnimmt, bewerten. Gefühle können also warnen und zur Vorsicht mahnen, sie können zur Flucht oder zum Angriff bewegen, sie können zur sozialen Bindung anregen. Ausgelöst werden sie aber jeweils durch Gesehenes, Gehörtes oder durch Körperwahrnehmungen. Darum sind Gefühle auch so schwer für unsichtbare, abstrakte Gegenstände zu mobilisieren; wir wissen zum Beispiel, daß pro Tag mehrere zigtausend Menschen verhungern, aber ein einziges Kind, das vor unseren Augen stirbt, rührt uns unendlich mehr als diese schreckliche Statistik. Das könnte auch der Grund sein, warum Bilder und Filme bzw. Videos uns emotional so beeinflussen: sie sprechen unsere Sinne in so realistischer Weise an, daß die Gefühle reagieren, „als ob" die gezeigte Situation echt sei.

Die wenigen wissenschaftlichen Studien, die den Einfluß von Bildern oder Filmen auf die Gefühle untersuchen, haben einige wenige bemerkenswerte Ergebnisse gebracht. So ließ sich schon bei Kindern nachweisen, daß die Emotionen, die sie beim Betrachten eines Filmes erlebt hatten, länger nachwirkten als die Erinnerung an die im Film gezeigten Geschehnisse (Grewe-Partsch, 1986). Ähnlich zu interpretieren sind Daten aus werbepsychologischen Studien, denen zufolge die affektive Einstellung gegenüber einem Produkt durch Werbespot auch dann noch das Kaufverhalten beeinflußt, nachdem der Werbespot selbst bzw. wichtige Informationen über das Produkt vergessen waren.

Weiterhin ist gut dokumentiert, daß es einen großen Unterschied macht, ob man etwa die Rede eines Politikers in der Zeitung liest oder sie im Fernsehen mitverfolgt. Sieht man und hört man den Polittiker quasi von Auge zu Auge, so kommt es sehr rasch zur Aktivierung „sozialer" Emotionen wie Sympathie oder Antipathie, Vertrauen oder Mißtrauen. Der amerikanische Medienforscher Meyrowitz (1987) weist darauf hin, daß 40% der Wahlentscheidungen durch die Persönlichkeitseigenschaften der Kandidaten, nicht durch ihre Sachaussagen bedingt sind. Für ihn ist es nur konsequent, daß ein Schauspieler zum Präsidenten der mächtigsten Nation gewählt wurde. Im Fernsehzeitalter muß ein Politiker „telegen" sein, wenn er Erfolg haben möchte.

Schließlich gibt es manche Forscher, die für die Zukunft einen dramatischen Rückgang der Fähigkeiten voraussagen, die man braucht, um Texte zu verstehen. Sie warnen davor, daß die Bilder bald der geschriebenen und anspruchsvolleren Sprache keine Chance mehr lassen. Die Menschen gewöhnen sich demnach zunehmend an die leichte Verständlichkeit, an den Realismus der Bilder, Filme und Videos sowie an die hohe Emotionalität der Angebote der Unterhaltungsmedien. Einen geschriebenen Text erleben sie als langweilig, unübersichtlich, schwer verständlich. In den USA scheint ein „funktionaler Analphabetismus" derzeit immer mehr zuzunehmen, der darin besteht, daß man zwar lesen und schreiben kann, aber etwa einen längeren Informationstext (Nachrichten, Text in einem Lehrbuch) nicht angemessen erfassen und wiedergeben kann. Wer die direkte emotionale Wirkung von packenden Fernsehsendungen gewohnt ist, erlebt keine Spannung mehr beim Lesen eines Textes. Zumindest ist dies die These (vgl. auch Postman, 1986).

Zusammenfassend läßt sich also festhalten, daß zweifellos Bilder und audiovisuelle Medien wie Film oder Video „Spezialisten" für die Beeinflussung von Gefühlen sind. Andererseits darf der Bildermacher nicht vergessen, daß die jeweiligen Bildangebote mit der Zeit wieder Gewohnheiten und Erwartungen schaffen. Die gotischen Wandbilder zum Sturz der Verdammten in die Hölle, die seinerzeit sicher Angst und Schrecken ausgelöst haben, rühren kaum mehr Jugendliche, die Horrorvideos gewohnt sind. Werbung, die vor dreißig Jahren Bedürfnisse weckte, läßt den Kunden heute höchstens schmunzeln. Wie sehen die Bilder aus, die uns in zwanzig Jahren erregen werden?

2.8 Kann man Gefühle lernen?

Diese pädagogisch so wichtige Frage ist nicht leicht zu beantworten. Einerseits scheint es Gefühle zu geben, die zur Grundausstattung des Menschen gehören, d. h. bei allen Menschen auftreten, ja sogar – vielen Anzeichen zufolge – auch bei den höheren Säugetieren. Darwin hat 1872 z. B. Angst und Aggressionen zu den angeborenen Affekten gezählt. Diese Gefühle müssen offensichtlich nicht gelernt werden.

Nach entwicklungspsychologischen Untersuchungen differenzieren sich aus anfänglich wenigen Gefühlen wie 'Lust' und 'Unlust' mit zunehmendem Lebensalter immer mehr Gefühle heraus, bis zu der Vielfalt emotionaler Zustände, für die es ca. 400 Wörter in unserer Alltagssprache gibt. Ob diese Vielfalt das Ergebnis von Reifung oder von Lernen ist, kann man kaum bestimmen; das eine ist wohl Voraussetzung für das andere. Kein Zweifel besteht jedoch daran, daß Gefühle in mehrerlei Hinsicht mit Lernprozessen verbunden sind. Erlernt, d. h. aufgrund von Erfahrungen erworben, wird z. B. die Verknüpfung von Gefühlen mit Gegenständen, Situationen, Gedanken. Wer zweimal von einem Schäferhund gebissen wurde, wird wahrscheinlich ein drittes Mal beim Anblick eines solchen Tieres Angst erleben. Ebenso ist es mit angenehmen Gefühlen: Wer bei Bildern von Impressionisten Freude erlebt hat, dem wird bei der Ankündigung einer Manet-Ausstellung 'das Herz lachen'.

Über eine solche Verknüpfung von Emotionen mit bestimmten Bewußtseinsinhalten kann man z. B. verstehen, warum viele Menschen Mathematik hassen, Angst vor einem öffentlichen Auftreten haben, sich über Punker aufregen, beim Anblick einer Spritze weich in den Knien werden und über einen Clown lachen müssen. Solche Verknüpfungen lassen sich auch gezielt herstellen, wie z. B. in den genannten Beispielen aus so verschiedenen Bereichen wie Psychotherapie und Werbung.

Erlernt wird auch, mit Gefühlen umzugehen. Die Erfahrungen mit der Umwelt führen z. B. dazu, daß man bestimmte Gefühle nur ungern äußert und sie zu unterdrücken versucht. Das gilt etwa für Angst, Scham, Unsicherheit, Hilflosigkeit und aggressive Gefühle wie Wut, Ärger, Haß. Andere, sozial erwünschte und sozial belohnte Gefühle lernt man auszudrücken; manchmal werden sie sogar aus sozialen Gründen vorgetäuscht. Man denke nur an Zuneigung, Interesse, Mitleid, Mit-Freude, Nächstenliebe, Mut, ruhige Gelassenheit. Zwei Lernformen sind für diesen Umgang mit Gefühlen in erster Linie verantwortlich: das Lernen über Modelle, d. h. Vorbilder (z. B. Eltern, Fernsehfiguren, Gleichaltrige), und das Lernen durch Bekräftigung (d. h. durch die angenehmen oder unangenehmen Konsequenzen von Gefühlsäußerungen).

36

2.9 Gefühle und Andragogik

Im folgenden geht es um Gefühle beim Lernen von meist vorgegebenen Inhalten und Zielen in der Aus- und Weiterbildung. Wir gehen
von zwei Annahmen aus:

- Beim Lernen sind immer Gefühle beteiligt (angenehme oder unangenehme).

- Jeder sinnvolle Lernzielkatalog muß auch affektive Teile enthalten.

Jede Bildungsmaßnahme muß in diesem zweifachen Sinne Gefühle
ernst nehmen, will sie nicht gefühlskalte, „farbenblinde" Pädagogik
bzw. – da es sich um Bildungsmaßnahmen für Erwachsene handelt
– Andragogik sein.

Der folgende Auszug aus dem bekannten Buch von Brocher illustriert,
wie berechtigt die erste Annahme ist, daß beim Lernen immer Gefühle beteiligt sind, auch wenn es um eine auf den ersten Blick so
'kalte' Veranstaltung wie beipielsweise einen Kurs für Informatik oder
Bilanzbewertung geht:

Gefühle in einer Anfangssituation

(Zitat aus Brocher, T.: Gruppendynamik und Erwachsenenbildung.
Braunschweig, Westermann 1967, S. 109)

> Der Kursleiter wird nach einer von ihm ausgesprochenen Anfangs- oder
> Erwartungsfrage unwillkürlich selbst im Kreise der Gruppenmitglieder
> prüfend Umschau halten, wer zu dieser ersten Frage Stellung nehmen will.
> Diesem prüfenden und fragenden Blick entzieht sich ein Teil der Mitglie-
> der durch unbewußte Identifizierung mit dem Kursleiter. Diese Mitglieder
> beginnen nun ihrerseits fragend im Kreis der anderen Umschau zu halten.
> Den auf diese Weise sich summierenden Blicken entzieht sich ein ande-
> rer Teil der Mitglieder, indem er die Augen senkt und vor sich hinblickt,
> oder den Blick gegen die Decke oder auf irgendeinen Gegenstand im
> Raum richtet, während andere Teilnehmer sich intensiv einem mitge-
> brachten Schreibblock widmen, umständlich Zigaretten oder Pfeifen ent-
> zünden oder andere Ausweichbewegungen vollführen. In dieser Zeit wird
> das Schweigen lastender, wenn der Gruppenleiter es stehen läßt. Die un-
> bewußte Kommunikation der Mitglieder hat jedoch inzwischen abgeta-
> stet, welche Teilnehmer den Kursleiter nach wie vor ansehen, nachzu-
> denken scheinen und unwillkürliche, ihnen selbst unbewußte Aktionsbe-
> wegungen aufzuweisen haben, die auf eine direkte Beziehung zum
> Gruppenleiter hindeuten. Jeder nüchterne Beobachter solcher Anfangs-
> situationen wird eine Grundhaltung bestätigt finden, die in der angel-
> sächsischen Gruppendynamik formuliert ist: „Why stick my neck out?"
> (Warum soll ich meinen Kopf hinhalten?). Der Ablauf dieser stillen Se-
> kunden oder Minuten weist aber auch darauf hin, daß ein Kursleiter häu-
> fig ohne jede reale Kenntnis der Teilnehmer über seine Person zunächst
> von vornherein als Autorität betrachtet wird, der genauso mit Vorsicht zu
> begegnen ist, wie den übrigen, unbekannten Gruppenmitgliedern.

Über dieses Thema – die affektive Seite von Lernprozessen – wäre
ein eigenes Buch zu schreiben. Uns geht es im folgenden vorwiegend
um die oben genannte zweite These: Jeder sinnvolle Lernzielkatalog

muß auch **affektive Ziele** enthalten. Dahinter steckt die Forderung nach einem ganzheitlichen Lernen. Lernen soll ja für die Bewältigung konkreter Situationen handlungsfähig machen; konkretes Handeln ist aber nur als Verbindung von Denken und Fühlen denkbar. Also muß jedes sinnvolle Lernen auch die affektive Seite im Blick haben. Bei jeder Aus- und Weiterbildungsmaßnahme muß sich der Ausbilder fragen: Welche kognitiven **und** welche affektiven Bedingungen müssen erfüllt sein, damit die Lerner das angezielte Endverhalten zu leisten imstande sind? Diese affektiven Anteile eines Lernzielkataloges und die Probleme, sie zu definieren und systematisch zu realisieren, sind im folgenden unser Thema.

2.10 Testaufgaben zu Kap. 2:

Hier beginnen erstmals die Testaufgaben zur Selbstkontrolle. Jedes der folgenden Kapitel (bis Kap. 8) zeigt am Ende eine Sammlung von solchen Aufgaben. Sie dienen der Selbstüberprüfung und sollen den Wissensstoff nochmals festigen.

Beantworten Sie für sich oder innerhalb Ihrer Gruppe einzeln die Fragen und steigen Sie nochmals in die Abschnitte ein, bei denen Sie das Gefühl haben, daß noch Verständlichkeitslücken vorhanden sind. All Lösungen finden Sie auf den Seiten 292ff.

Nur zu den Testaufgaben des 2. Kapitels:

Lesen Sie die folgenden Punkte durch, bevor Sie mit der Beantwortung der Aufgaben beginnen:

1. Für jede der folgenden Aufgaben sind mehrere Lösungsmöglichkeiten vorgegeben. Wählen Sie bitte die beste oder besten Lösung/en aus.

2. Notieren Sie den (oder die) Buchstaben, der (oder die) der ausgewählten Antwort voran steht (stehen), zusammen mit der Nummer der Aufgabe.

3. Auf Seite 292ff finden Sie den Lösungsbogen. Vergleichen Sie Ihre Antwort mit der vorgegebenen.

4. Wenn Sie eine Abweichung feststellen, prüfen Sie noch einmal Ihre Wahl.

Lösungen s. S. 284

Aufgabe 1 (Abschnitt 2.1):

Warum haben wir uns auf die Vermittlung **affektiver** Lernziele konzentriert?

A) Das tägliche Verhalten wird immer in erster Linie vom Verstand bestimmt, aber man muß sich auch mit den Beweggründen aus dem affektiven Bereich beschäftigen.

B) Die Konzentration auf den affektiven Lernzielbereich geschieht aus didaktischen Überlegungen: Die zu vermittelnden Inhalte sind leichter verständlich, wenn man sich auf einen Bereich konzentriert.

C) Der affektive und der kognitive Lernzielbereich haben kaum Verbindung miteinander, so daß man sich bei der Darstellung didaktischer Zusammenhänge sinnvollerweise für einen Bereich entscheidet.

D) Die Trennung von Gefühl und Verstand wird in diesem Buch erstmals versuchsweise unternommen.

Aufgabe 2 (Abschnitt 2.2):

Welche der folgenden Aussagen über das „Gefühl" ist richtig?

A) Für jedes Gefühl kann man bestimmte sichtbare Verhaltensweisen beschreiben, so daß bei genauer und sehr feiner Beobachtung die Gefühle eindeutig zu sehen sind.

B) Subjektive Erfahrungen, Ausdrucksverhalten und physiologische Veränderungen stellen drei Erscheinungsformen des einen Phänomens „Gefühl" dar.

C) Für jedes Gefühl kann man einen nervenphysiologisch genau definierten Zustand angeben, der bei Auftreten des betreffenden Gefühls mit geeigneten Meßinstrumenten im Körper nachweisbar ist.

D) Es ist für die Diskussion um „Gefühle" wichtig, ob man unter Gefühlen physiologische Veränderungen oder subjektive Erfahrungen versteht.

E) Subjektive Erfahrungen können keine Grundlage einer objektiven Wissenschaft sein. Die Erforschung der Gefühle und der mit ihnen zusammenhängenden Phänomene beschäftigt sich daher heute nur mit objektiv meßbaren Verhaltensänderungen oder physiologischen Veränderungen.

Aufgabe 3 (Abschnitt 2.3):

Welche Interpretation legt die anatomische Lage des Gehirnteiles (des Limbischen Systems) nahe, den man als Sitz der Gefühle annimmt?

A) Gefühle sind von allen anderen Hirnfunktionen streng getrennt und daher kaum bewußtseinsfähig.

B) Gefühle haben ihren Sitz gemeinsam mit den bewußten Vorstellungen in der Hirnrinde.

C) Gefühle scheinen Bindeglied zwischen bewußtem Denken (Hirnrinde) und der Steuerung der Körperfunktionen (Stammhirn, Hypothalamus) zu sein.

D) Gefühle beeinflussen in gleichem Maße unsere äußere wie innere Wahrnehmung (Körpergefühle), werden jedoch von dieser Wahrnehmung nicht beeinflußt.

E) Gefühle und verstandesmäßige Verarbeitung der Umweltreize sind eng miteinander verflochten, da diese Funktionen auch anatomisch den gleichen Bereichen zugeordnet werden.

Aufgabe 4 (Abschnitt 2.4):

Welches sind die wichtigsten Aussagen der Emotionstheorie von Lazarus?

A) Jedes Gefühl hat eine Erregungskomponente und eine kognitive Komponente.

B) Die kognitive Bewertung einer gegebenen Umweltsituation bestimmt die Qualität und die Intensität der emotionalen Reaktion.

C) Die Wahrnehmung bestimmter, genau identifizierbarer Gefühle ist von der Interpretation der wahrgenommenen Situation unabhängig.

D) Die emotionale Reaktion auf einen bestimmten Reiz ist von der kognitiven Beurteilung dieses Reizes und der ihn umgebenden Situation unabhängig.

Aufgabe 5 (Abschnitt 2.5):

Welche Bedingungen müssen gegeben sein, damit man von einem aktiven Lernziel sprechen kann?

A) Es liegt eine Diskrepanz zwischen einem tatsächlich gezeigten und einem als ideal akzeptierten Verhalten vor.

B) Die Verhaltensabweichung hat ihre Ursachen in der Erziehung der ersten Jahre.

C) Die Ursachen für die Verhaltensabweichung liegen im Gefühlsbereich.

D) Die betreffenden Personen können für ihr Verhalten keine rationalen Gründe angeben.

41

Aufgabe 6 (Abschnitt 2.6):

Welche Funktion hat der Bereich des Wissens und Denkens (kognitiver Bereich) bei der Vermittlung affektiver Lernziele?

A) Der Bereich des Wissens und Denkens und der Bereich des Gefühls stehen im Menschen in einem Widerstreit, so daß bei der Vermittlung affektiver Lernziele der kognitive Bereich immer unbeachtet bleiben kann.

B) Der kognitive Bereich läßt sich ebenso wie der psychomotorische Bereich bei keinem affektiven Lernziel ausklammern, es macht daher keinen Sinn, sich auf die affektiven Lernziele zu konzentrieren.

C) Eine Trennung von kognitivem und affektivem Bereich führt bei der Vermittlung von Lernzielen zu keinen brauchbaren didaktischen Entscheidungen.

D) Zur Vermittlung von affektiven Lernzielen wird häufig auch der Bereich des Wissens und Denkens (z. B. Argumentation) angesprochen.

Aufgabe 7 (Abschnitt 2.8):

Was lernt derjenige, bei dem mit Erfolg affektive Lernziele vermittelt werden?

A) Er lernt neue (positive) Gefühle.

B) Er verlernt negative Gefühle.

C) Er lernt neue Reize kennen, die Gefühle auslösen können.

D) Er lernt die Verknüpfung eines Reizes mit einem anderen Gefühl (neu ist die Verbindung, nicht das Gefühl).

E) Er lernt, wie Gefühle zustande kommen und warum sie in einer bestimmten Situation eine wichtige Rolle spielen.

Aufgabe 8 (Abschnitt 2.9):

Warum sollte fast jeder didaktisch sinnvolle Lernzielkatalog auch affektive Lernziele enthalten?

A) Lernen hat zum Ziel, für die Bewältigung konkreter Situationen handlungsfähig zu machen, und Handeln ist ohne Beteiligung des Fühlens nicht denkbar.

B) Lernen wird durch die Einbeziehung affektiver Lernziele attraktiv, und Lernen sollte immer attraktiv sein.

C) Alle Lernziele sind – wie Untersuchungen von Bloom nachgewiesen haben – zu etwa gleichen Teilen aus affektiven, kognitiven und psychomotorischen Teilzielen zusammengesetzt.

D) Affektive Lernziele sind in ihrer Bedeutung ebenso hoch einzuschätzen wie psychomotorische Lernziele.

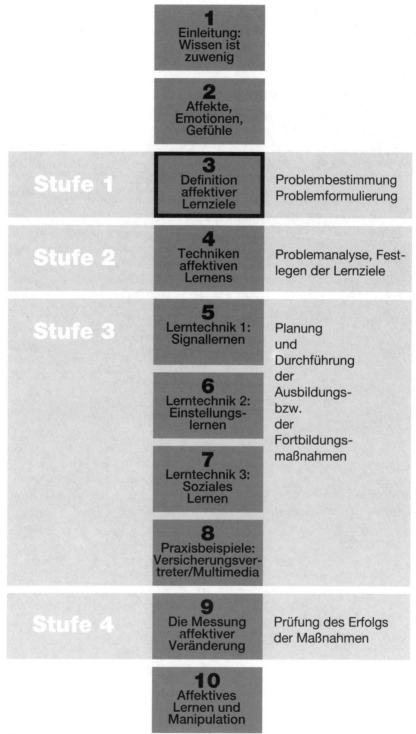

	1 Einleitung: Wissen ist zuwenig	
	2 Affekte, Emotionen, Gefühle	
Stufe 1	**3** Definition affektiver Lernziele	Problembestimmung Problemformulierung
Stufe 2	**4** Techniken affektiven Lernens	Problemanalyse, Fest- legen der Lernziele
Stufe 3	**5** Lerntechnik 1: Signallernen	Planung und Durchführung der Ausbildungs- bzw. der Fortbildungs- maßnahmen
	6 Lerntechnik 2: Einstellungs- lernen	
	7 Lerntechnik 3: Soziales Lernen	
	8 Praxisbeispiele: Versicherungsver- treter/Multimedia	
Stufe 4	**9** Die Messung affektiver Veränderung	Prüfung des Erfolgs der Maßnahmen
	10 Affektives Lernen und Manipulation	

3. Definition affektiver Lernziele

Inhaltsangabe und Lesehinweise

Im ersten Abschnitt dieses Kapitels (3.1) werden zwei Methoden vorgestellt, wie man bei einer Lernzielanalyse im affektiven Bereich vorgehen kann.

Im zweiten Abschnitt (3.2) erfahren Sie, warum es nicht möglich bzw. sinnvoll ist, affektive Lernziele operational, d. h. in Verhaltensbegriffen im Sinne von Mager, zu definieren. Den reinen Praktiker wird diese Diskussion nicht interessieren. Sie ist zum Verständnis des Folgenden nicht nötig und kann daher überblättert werden.

Der dritte Abschnitt (3.3) gibt einige praktische Hinweise, wie man affektive Lernziele einerseits verständlich, andererseits präzise formulieren kann. Eine Reihe von Formulierungsbeispielen wird vor allem für den Leser hilfreich sein, der noch wenig Übung im Formulieren affektiver Lernziele hat.

Im nächsten Abschnitt (3.4) wird ausgeführt, daß auch affektive Lernziele meßbar sein müssen. Es handelt sich hier um einen kurzen Vorgriff auf Kap. 9.

Im darauffolgenden Abschnitt (3.5) wird der Gefahr begegnet, daß Lernzielformulierungen zu theoretisch werden. „Praxisbezug" ist das Thema in diesem Abschnitt für Praktiker.

Im daran anschließenden Abschnitt (3.6) wird ein konkretes Beispiel eines Lernzielkataloges dargestellt. Die Formulierungen können als Anregung für eigene affektive Lernzielkataloge benützt werden.

Zuletzt (3.7) wird dem Leser die Möglichkeit gegeben, drei kurz dargestellte Praxisfälle zu analysieren und Lernziele dafür zu entwickeln. Dieser Abschnitt ist vor allem für die Leser gedacht, die das Buch als Trainingsbuch auffassen.

Wie jedes Kapitel wird auch dieses mit ein paar Testaufgaben abgeschlossen. Sie dienen Ihrer Selbstkontrolle.

3.1 Wie kommt man zu affektiven Lernzielen?

Die Lernzielanalyse ist in vielen Fällen die wichtigste Phase der Entwicklung von Lehrsystemen oder Trainingsmaßnahmen. Das gilt vor allem dann, wenn affektive Lernziele eine wichtige Rolle spielen. Während man jedoch bei kognitiven Lernzielen von Stoffinhalten ausgehen kann, für die meist Vorgaben (Fachbücher, Gliederungen, Inhaltssammlungen) vorliegen, gibt es solche Vorgaben im affektiven Bereich nicht.

Ausgangspunkt der Lernzielanalyse im affektiven Bereich ist in der Regel die Abweichung eines Verhaltens von der Idealvorstellung, etwa, wenn Außendienstmitarbeiter nicht in dem Umfang mit dem ihnen zur Verfügung gestellten EDV-System arbeiten, wie das sinnvoll wäre. Um herauszufinden, ob affektive Lernziele vorliegen, d. h., ob die Verhaltensabweichungen ihre Ursachen primär im Gefühlsbereich haben (s. Definition „affektive Lernziele", Abschnitt 2.5), muß man die Ursachen im einzelnen analysieren.

Zur Analyse der Ursachen von Verhaltensabweichungen eignet sich eine Reihe von Methoden, die in der Regel gemeinsam eingesetzt werden:

– Teilnehmende Beobachtung: Am besten bewährt hat sich in unserer Praxis das „Mäuschenspielen", d. h., daß man eine Anzahl von typischen Adressaten bei ihrer Arbeit beobachtet, wobei man sich so zurückhaltend wie möglich verhalten sollte, um den Adressaten keine Anhaltspunkte dafür zu geben, was man als optimales Verhalten erwartet. Die Adressaten zeigen in ihrem Verhalten und in dem, was sie unaufgefordert erklären, sehr viel über den eigenen Gefühlszustand, sogar einzelne Punkte, die ihnen selbst nicht bewußt sind, die sie zumindest niemals offen aussprechen würden. Der Innendienstmitarbeiter mag z. B. Informationen, die er erhält, zuerst einmal in einer „Privatkartei" festhalten, bevor er sie in den Computer eingibt, und ein fragender Blick läßt ihn erklären: „Wissen Sie, ich fühle mich sicherer, wenn ich die Daten hier schwarz auf weiß besitze. Man weiß nicht, ob man die Daten, die man dem Computer anvertraut, auch auf jeden Fall wiederfindet." Oder etwas später beobachtet man, daß der Mitarbeitet in den Computer andere, vor allem weniger Daten eingibt, als er in seiner Privatkartei vermerkt. Auch hier reicht meist ein fragender Blick, um die Erklärung zu provozieren: „Man weiß ja nie, wer an die Daten im Computer herankommt, trotz der sogenannten Sicherheitsvorkehrungen, ein paar Sachen behalte ich lieber bei mir", und meint damit seine Privatkartei.

Aus diesen zwei Beispielen wird sicher auch für den Leser das Lernziel offensichtlich.

Der Adressat muß ein vertrauensvolles Verhältnis zum Computer aufbauen (Vertrauen in die Funktionsweise, d. h., die Daten gehen nicht verloren, und Vertrauen in dem Sinn, daß der Computer zur „Privatsphäre" gehört).

Die teilnehmende Beobachtung verführt natürlich die Adressaten u. U. dazu, dem Beobachter etwas vorzumachen. Allerdings ist das nicht so einfach, und man muß kein erfahrener Detektiv sein, um zu erkennen, daß z. B. ein Außendienstmitarbeiter, der vorgibt, regelmäßig Fremdkunden zu besuchen, und keinen Stadtplan im Auto hat, zu Zweifeln Anlaß gibt.

Bei der teilnehmenden Beobachtung hat es sich sehr bewährt, sowohl besonders gute als auch besonders schlechte Mitarbeiter in die Analyse einzubeziehen. Nebenbei bemerkt, bringt die teilnehmende Beobachtung auch eine Fülle von Praxisfällen, die für die Entwicklung von Fallbeispielen und Drehbüchern sehr nützlich sind.

– Befragung in Form von Gruppendiskussionen:

Eine sehr rationelle Methode, eine relativ große Zahl von Adressaten nach ihrer Einstellung zum Beruf zu befragen, stellt die Gruppendiskussion (z. B. in Verbindung mit einer Trainingsveranstaltung) dar.

Wenn es gelingt, einige provozierende Thesen zu finden, die die Gruppenteilnehmer engagiert diskutieren, dann wird auch viel von den inneren Einstellungen, den Gefühlen der Teilnehmer deutlich werden. Es besteht allerdings die Gefahr, daß sich die Teilnehmer gegenseitig anstacheln und die Äußerungen vor allem gegenüber Einstellungen, die die Mehrheit vertritt, übertrieben ausfallen, während Einstellungen, die nur die Minderheit der Teilnehmer vertritt, gar nicht zur Sprache kommen.

Um die gegenseitige Beeinflussung der Meinungen vor allem zu Beginn der Diskussion in Grenzen zu halten, kann man mit der Moderationstechnik arbeiten, d. h., man läßt die Teilnehmer auf Karten individuell die Antworten auf bestimmte Fragen schreiben, die dann mit einigen Erklärungen an eine Pinnwand geheftet und diskutiert werden. Als allgemein verwendbare Fragen haben sich bewährt:

„Worin unterscheiden sich die erfolgreichen von den weniger erfolgreichen Vertretern des Berufes xy?"

oder

„Was stört Sie am meisten an dem Beruf des xy?"

Das Ziel der Beobachtung und der Diskussion in Gruppen ist immer, mögliche emotionale Ursachen für das unerwünschte Verhalten herauszufinden, um diese Ursachen dann in Lernziele umzusetzen. Eine direkte Befragung hat sich nicht bewährt. Man kommt dabei sehr schnell in den kognitiven Bereich, da in den seltensten Fällen ein Adressat eigene Gefühle für das Mißlingen eines Verhaltens verantwortlich macht.

3.2 Kann man affektive Lernziele „operational" definieren?

Der erste Schritt zur Entwicklung von Aus- oder Fortbildungsmaßnahmen mit affektiver Zielsetzung muß in der Analyse des gestellten Problems und daran anschließend in der Formulierung von Lernzielen bestehen.

Die Lernziele müssen dabei aus der Sicht des Lernenden formuliert sein, sie müssen die gewünschten (emotionalen) Reaktionen beschreiben, die der Adressat in einer bestimmten Situation zeigen soll. Auch heute findet man noch häufig statt Lernziele Kataloge von Lerninhalten (Curricula) oder ausführliche Gliederungen von Stoffinhalten als Ausgangspunkt von Lehrmaßnahmen. Lernziele werden in einer Art Formulierungsübung daraus abgeleitet. Dieser Weg ist bei der Formulierung affektiver Lernziele ganz besonders abzulehnen. Im affektiven Bereich ist es häufig gar nicht möglich, einen Katalog von Lerninhalten aufzustellen. Entscheidend ist die emotionale Reaktion in bestimmten Situationen, die aber aus didaktischen Gründen häufig selbst nicht zum Thema gemacht werden kann, sondern in Verbindung mit anderen Themen vermittelt wird.

Dazu ein Beispiel:

Wenn ein Verkäufer lernen soll, sich vor allem gegenüber weiblichen Kunden einer bestimmten sozialen Schicht so zu verhalten, daß diese Kundinnen wiederkommen und Stammkunden werden, so könnte das Thema einer solchen Veranstaltung lauten:

„Die Psychologie der Frau in der XY-Schicht"

„Das Verhaltensrepertoire der Verkäufer"

„Wie werden aus Kunden Stammkunden?" usw.

Das eine Mal wird primär von der Frau als Kundin, das andere Mal mehr vom Verkäufer die Rede sein. Entscheidend für den Lernerfolg ist es jedoch, daß die Teilnehmer positive Gefühle gegenüber den Kunden in der konkreten Verkaufssituation zeigen. Dieses Ziel kann verschieden „verpackt" werden. Im affektiven Bereich kommt es also – mehr noch als im kognitiven Bereich – bei der Beschreibung bzw. der Definition von Lernzielen darauf an, die Reaktionen der Adressaten in bestimmten Situationen zu erfassen.

Eine präzise Definition von Lernzielen wird von vielen Pädagogen und Lernpsychologen gefordert. Wie eine solche Definition aber aussehen sollte, darüber gehen die Meinungen weit auseinander.

Einen sehr hohen Anspruch an den Präzisionsgrad einer Lernzieldefinition stellen Forscher, die sich dem Behaviorismus verpflichtet fühlen. Der bekannteste Ansatz stammt von dem amerikanischen Autor Mager (1971), der mit seinem Buch über Lernziele auch bei uns in Deutschland einen Bestseller landete. In behavioristischer Manier zählt für Mager nur eine Definition, die es erlaubt, daß mehrere unabhängige Beobachter im Hinblick auf ein Lernziel zum selben Urteil kämen. Damit ist festgelegt, daß ein Lernziel als Beschreibung von beobachtbarem Verhalten definiert werden muß. Mager verlangt, daß Lernziele **operational** definiert werden, d. h., daß eine Lernzielbeschreibung angeben muß:

– welches **Verhalten** der Lernende demonstrieren muß, um das Erreichen des Lernzieles zu signalisieren,

– die **Bedingungen,** unter denen dieses Verhalten gezeigt werden soll,

– den **Maßstab,** nach dem dieses Verhalten beurteilt werden soll.

Demnach würde es nicht genügen zu formulieren: „Der Lerner soll die unregelmäßigen Verben in Englisch erarbeiten." Präzise wäre vielmehr – im behavioristischen Sinne – die Beschreibung: Der Lerner soll von den englischen unregelmäßigen Verben innerhalb einer Stunde (Bedingung) mindestens 80% fehlerlos (Maßstab) in den drei Formen Infinitiv, Imperfekt, Partizip Perfekt niederschreiben (Verhalten) können.

Lernziele aus dem affektiven Bereich entziehen sich weitgehend der Formulierung in Verhaltensbegriffen. Gefühle sind subjektives Erleben, und dies ist auch der Grund, weshalb die Behavioristen ursprünglich Gefühle als Gegenstand der Psychologie nicht gelten lassen wollten.

„Ob wir es wünschen oder nicht, Gefühle sind ein geistig-seelisches Phänomen. Wenn man den Aspekt der (subjektiven) Erfahrung ausschließt, bleibt nichts übrig, über das man diskutieren könnte" (Encyclopaedia Britannica).

Wenn man trotzdem versuchen will, Lernziele aus dem affektiven Bereich als Verhaltensbegriffe zu formulieren, muß man notgedrungen auf Indizien zurückgreifen, die in der Lage sind, Veränderungen im Gefühlsbereich anzuzeigen.

Wie etwa läßt sich das affektive Lernziel, daß jemand auf seinen Beruf stolz ist, im Verhalten erkennen? Mager zählt dazu folgende Verhaltensweisen auf:

• er führt seine Arbeit exakt aus

• er beendet seine Aufgaben, unabhängig davon, wie lange er dazu braucht

• er erfüllt seine Pflicht, unabhängig davon, ob andere ihre Pflicht erfüllen

• er beendet oder meldet unbeendete Aufgaben anderer

• er spricht im Bekanntenkreis häufig positiv von seinem Beruf

• er versucht, andere vom Wert seines Berufes zu überzeugen.

Jede dieser Verhaltensweisen für sich genommen kann auch andere Gründe haben, muß also nicht unbedingt auf einen Berufsstolz schließen lassen:

- wenn er seine Arbeit exakt ausführt, kann es daran liegen, daß er Angst hat, für eine schlampige Arbeit bestraft zu werden

- wenn er seine Aufgabe beendet, unabhängig davon, wie lange er dazu braucht, kann das beruflicher Ehrgeiz oder Karrieredenken sein

- wenn er seine Pflicht erfüllt, unabhängig davon, ob andere ihre Pflicht erfüllen, kann dies in einer Form der Erziehung begründet sein, die zu einem zwanghaften Charakter geführt hat

- wenn er Aufgaben anderer beendet, kann dies in dem Wunsch liegen, beliebt zu sein

- wenn er in Gesellschaft häufig von seinem Beruf spricht, kann das daran liegen, daß sein Beruf das einzige Thema ist, über das er glaubt sprechen zu können, ohne sich zu blamieren

- wenn er versucht, andere vom Wert seines Berufes zu überzeugen, so stellt das für ihn vielleicht eine gute Möglichkeit dar, sich in den Mittelpunkt zu schieben und gleichzeitig sich selbst zu überzeugen, daß die Berufswahl richtig war, obwohl er daran manchmal zweifelt.

Trotzdem lassen sich sicher auch für affektive Lernziele Verhaltensweisen angeben, die allerdings – jede für sich genommen – nur Symptome sind. Treten alle gemeinsam auf, wird die Wahrscheinlichkeit fast zur Sicherheit, daß nicht nur das Verhalten, sondern die gewünschte Gefühlsgrundlage erreicht worden ist.

Zweifellos ist eine **operationale Definition** (Operation i. S. von Verhaltensbeschreibung) ungemein präzise. Sie erlaubt, zu jedem Zeitpunkt eines Lernprozesses objektiv festzustellen, ob ein Lerner das jeweils definierte Lernziel erreicht hat oder nicht. Bevor wir uns fragen, ob auch affektive Lernziele auf diese Weise zu präzisieren sind, muß aber auf einige teils gravierende Nachteile und Gefahren dieser Lernzieldefinition hingewiesen werden.

Eine operationale Definition bringt z. B. das Problem mit sich, daß ...

- man die Alltagsbedingungen, für die eigentlich gelernt werden soll, zugunsten der kontrollierten Überprüfung vernachlässigt;

- man das Lernen auf Lernziele einengt, die relativ leicht operational zu definieren sind;

- man sich in eine umständliche Formulierungsarbeit verwickelt, die für das konkrete Lehren und Lernen nur wenig hilfreich ist;

- man über der formalistischen Präzision die Inhalte vergißt.

Auch Mager (1970, 1973) betont die Bedeutung affektiver Lernziele: „Wir wollen erreichen, daß der Schüler unseren Einflußbereich mit einer möglichst positiven Einstellung zum Lehrstoff verläßt" (1970, S. 24). Dabei übersieht auch Mager nicht, daß dieses Gebiet bisher wenig beachtet wurde: „Möglicherweise haben Sie bis jetzt nicht einmal den großen Zeh Ihrer Gedanken in die trüben Gewässer der affektiven Lehrziele gesteckt (affektive Lehrziele sind Lehrziele, die sich auf Stimmungen und Einstellungen beziehen)" (ebd., S. 26). Mager wendet sich aber auch gegen den Begriff „Einstellungen", weil er als Verfechter der operationalen Lehrzieldefinition bei Lernzielen keine Begriffe akzeptieren kann, die nicht beobachtbare Verhaltensweisen darstellen. Er versucht daher, die Begriffe „positive Einstellung" oder „negative Einstellung" durch Verhaltensbegriffe zu ersetzen. Magers Vorschlag:

X hat positive Einstellung = X zeigt Annäherungstendenzen.

X hat negative Einstellung = X zeigt Vermeidungstendenzen.

Damit ist nichts gewonnen, der Begriff der Einstellung wird lediglich durch einen anderen, weniger gebräuchlichen, ersetzt; denn unter positiven oder negativen Einstellungen werden Annäherungs- oder Vermeidungstendenzen verstanden, die im Einstellungstest konkretisiert werden.

Die Operationalisierungs-Welle ist heute weitgehend verebbt. Damit sind auch die in ihrer verkrampften Geschraubtheit oft fast komisch wirkenden Lernzielkataloge seltener geworden. Festzuhalten ist aber, daß Lernziele im Interesse der Lehrenden wie der Lernenden sorgfältig zu beschreiben sind. Nur so kann eine Unterrichtsmaßnahme begründet und eine sinnvolle Diskussion über Methodik und Didaktik geführt werden.

Gerade im affektiven Lernzielbereich zeigen sich die behavioristischen Schwächen einer rigoros operationalen Beschreibung. Wie würden Sie als Seminarleiter z. B. reagieren, wenn Sie vor einem Seminar zu Beratungsverhalten ein Teilziel wie folgt definiert sähen:

„Der Teilnehmer soll in einem gespielten Beratungsgespräch von 15 Minuten Dauer mindestens zehnmal Verständigung signalisieren, wobei dies in verbaler Form oder nichtverbal durch Kopfnicken und Lächeln erfolgen kann."

Sehr wahrscheinlich käme es zu Reaktionen wie: Wie soll ich denn hier vorgehen, soll ich Schauspieler ausbilden, die ein marionettenhaftes Verhalten zeigen, soll ich meine Adressaten dressieren?

Die von Mager u. a. aufgestellte Forderung nach operationalen, d. h. in Verhaltensbegriffen definierten Lernzielen läßt sich also nicht für den affektiven Bereich aufrechterhalten. In diesem Sinne äußert sich auch C. Mauermann, wenn er schreibt: „Gerade für den hier zur Diskussion stehenden emotionalen Lernzielbereich haben bislang alle Versuche der Operationalisierung im Sinne von Mager keine Erfolge gezeitigt und es scheint fraglich, ob affektive Lernziele jemals in kontrollierbarem Endverhalten beschreibbar sein werden" (Mauermann, 1975, S. 309f.).

3.3 Wie kann man affektive Lernziele definieren?

Gesucht wird also eine Lernzielbeschreibung, die einerseits farbig genug ist, um den Alltag einzufangen und damit verständlich sein soll, und andererseits präzise genug ist, damit der Lehrende damit planen kann, z. B. Hinweise für den Einsatz von Medien und Methoden erhält, um aus ihnen Maßnahmen zur Lernzielkontrolle abzuleiten.

Es gibt zwei Wege, dieses Ziel zu erreichen:

● Zum einen kann man **mehrere Formulierungen** für ein Lernziel gebrauchen, es quasi von mehreren Seiten eingrenzen. Das führt oft dazu, daß ein Lernzielkatalog zum affektiven Bereich sehr umfangreich ausfällt. So wird die Formulierung: „Der Adressat hat (nach der Ausbildungsveranstaltung) eine positive Einstellung zum Kunden" nicht ausreichen. Statt dessen könnte die Formulierung lauten: „Der Adressat hat eine vertrauensvolle, offene, tolerante usw. Einstellung zum Kunden".

Häufig – vor allem im sozialen Bereich – bieten sich zur Präzisierung des Lernziels auch Formulierungen an, in denen eine Situation und die gewünschte affektive Reaktion auf diese Situation beschrieben werden. Formulierungsbeispiele:

„Der Adressat sucht im Gespräch mit dem Kunden ein vertrauensvolles Verhältnis"

„Der Adressat entwickelt beim Kundengespräch am Schalter auch Kunden gegenüber, die besonders klug erscheinen wollen, keine Aggressionen"

„Der Adressat bemüht sich, sich bei einer Verhandlung (Situationsbeschreibung) in den Gesprächspartner (Mitarbeiter, Kunden etc.) einzufühlen"

„Der Adressat zeigt in der ... (Situation) positive affektive Reaktionen, Zustimmung, Offenheit usw."

In vielen Fällen sind auch Beschreibungen sinnvoll, die das Gefühl bezeichnen, das der Adressat mit einem bestimmten Gegenstand oder einer Situation verbindet.

Formulierungsbeispiele:

Der Adressat verbindet mit der Situation X ein Gefühl der ... (z. B. Erleichterung, Bewährung, Hoffnung, Stärke, Stolz usw.)"

„Der Adressat sieht in der schwierigen Führungssituation Y eine Chance zur Bewährung"

„Der Adressat sieht seinen Beruf als wertvoll, notwendig, sozial erwünscht, prestigebehaftet usw."

● Ein zweiter Weg zur Präzisierung affektiver Lernziele besteht darin, eine möglichst differenzierte Umschreibung der „affektiven Leistung" zu wählen. Dazu sollte jeder Ausbilder über einen **diffe-renzierten Wortschatz** verfügen, den er sich teils aus der All-tagssprache, teils aus der psychologischen Literatur erwerben kann. Sehr anregend sind dabei Arbeiten phänomenologisch ori-entierter Psychologen, selbst wenn man sich mit der wissen-schaftlichen Theorienbildung nicht anfreunden kann (Lersch 1964, Thomae). Man vermeidet damit die Einschränkung seines Lernziel-Vokabulars auf wenige schwammige Modebegriffe wie „identifi-zieren, interessieren, motivieren". Das differenzierte Sprachreper-toire schärft umgekehrt wieder den Blick für Lernziel-Schattierun-gen.

Schattierungen affektiver Lernziele

In der vagen Formulierung ‚Der Teilnehmer soll ein Interesse für seinen Mitarbeiter entwickeln' könnte ‚Interesse' vielfach differen-ziert werden. Erst die Entscheidung für die eine oder andere Schat-tierung macht die Lernzielbeschreibung fruchtbar.

‚Interesse' kann so Unterschiedliches bedeuten wie: sich ein-fühlen, den anderen so verstehen, wie er verstanden werden möchte, den anderen akzeptieren, helfen wollen, erziehen wollen, beeinflussen, steuern, ausnutzen, zuhören, mögen, lieben, die Mit-arbeit des anderen sichern, den anderen kontrollieren und über-wachen usw. ...

Aufgabe des Lehrenden ist es, alle sprachlichen Möglichkeiten zu nutzen, um sich und den Lernern deutlich zu machen, wo er die af-fektiven Ziele sieht. Außer einer differenzierten Wortwahl zur Be-schreibung der ‚affektiven Leistungen' stehen ihm zur Verfügung: **Beispiele, Abgrenzungen,** evtl. auch **Zitate** (aus der Literatur oder aus Äußerungen von Angehörigen der Zielgruppe).

Ein affektives Lernziel wie ‚Kooperationsbereitschaft entwickeln' kann also auch so präzisiert werden:

durch ein Beispiel:

Wenn eine Entscheidung mit Auswirkungen auf den Mitarbeiter ge-troffen wird, soll der Teilnehmer das Bedürfnis haben, dies mit dem Mitarbeiter zu besprechen.

durch Abgrenzung:

Das heißt nicht, daß der Teilnehmer fortan jegliche Einzelentschei-dung nur mit Unbehagen und schlechtem Gewissen treffen soll.

durch Zitat:

Ein bekannter Bergsteiger hat gesagt: „Kooperation heißt, dem an-deren so vertrauen wie sich selbst."

53

An anderer Stelle (Martens 1976) haben wir im Anschluß an Klauer (1974) für die Brauchbarkeit der sogenannten Lernzielmatrix plädiert. Hier werden die Leistungen (aber nicht im streng operationalen Sinne) einerseits und die Inhalte andererseits stichwortartig festgehalten und in einer Matrix dargestellt, die sich wieder sehr gut als Suchraster eignet. Die Lernzielmatrix für den affektiven Bereich einer Maßnahme aus der Verkaufsschulung könnte wie folgt aussehen:

Affektive Leistungen

Inhalte	Affektive »Leistungen«			
	akzeptieren	lernbereit sein	Interessen vertreten	usw.
Produkt	X	X		
Kunde	X	X	X	
eigene Person	X	X		
Firma	X		X	
usw.				

Abb. 6: Beispiel einer Lernzielmatrix

Lesebeispiele:
Der Lernprozeß soll dazu führen, daß ein Teilnehmer lernt, das Produkt zu akzeptieren; daß er bereit ist, sich Informationen über das Produkt anzueignen; daß er die Interessen der Kunden vertreten möchte usw. ...

3.4 Die Meßbarkeit von affektiven Lernzielen

In der Ausbildungspraxis hat die exakte Beschreibung, Definition oder Präzisierung von Lernzielen vor allem zwei Funktionen:

- Der Lehrende soll sein Ziel klar sehen, Mißverständnisse über die Zielsetzung sollten ausgeschlossen werden, und die Planungsarbeit wie z. B. der Einsatz von Medien und Methoden sollte durch die Lernzieldefinition unterstützt und begründbar werden.

- Der Lernerfolg soll objektiv überprüfbar werden, denn nur so läßt sich der Erfolg der Maßnahmen bestimmen und wenn notwendig eine Korrektur des Ausbildungskonzeptes durchführen.

Die Forderung nach einer operationalen Definition von Lernzielen wurde von Mager vor allem auch deshalb so strikt erhoben, da durch eine Formulierung der Lernziele in Verhaltensbegriffen jederzeit durch Beobachtung und damit objektiv feststellbar war, ob das Lernziel erreicht wurde oder nicht.

Bei den affektiven Lernzielen mußten wir auf operationale Definitionen verzichten. Um die entscheidend wichtige Meßbarkeit des Lernerfolgs (und damit die Objektivierbarkeit der Lernziele) auch im affektiven Bereich zu erhalten, ist es notwendig, zu jedem affektiven Lernzielbereich eine Meßvorschrift zu entwickeln. In den meisten Fällen werden das Tests (wie z. B. Einstellungstest) sein. In Kap. 9 werden die verschiedenen Möglichkeiten der Messung von Lernerfolg im affektiven Bereich näher beschrieben.

Wenn man also bei affektiven Lernzielen auf eine operationale Definition verzichtet, so bedeutet das nicht, daß man auf die Meßbarkeit und damit auf die Objektivierbarkeit der Lernziele verzichtet. Man trennt lediglich Beschreibung der Lernziele und Angabe von Meßmethoden in zwei Stufen, während bei einer operationalen Definition der Lernziele die Meßmethoden quasi in der Definition der Lernziele mit enthalten sind.

3.5 Affektive Lernziele und Praxisbezug

Die Erwachsenenbildung orientiert sich meistens an Zielen, die einen direkten Bezug zum Alltag, vor allem zu Problemen und Anforderungen des Alltags, haben. Der Lernzielkanon der Schule besteht dagegen bekanntlich zu großen Teilen aus traditionell überliefertem Lernstoff, der seine Bedeutung für den Alltag zunehmend eingebüßt hat. Eine Leitfrage bei der Lernzielfindung und -beschreibung in der Andragogik sollte daher sein: **Aus welchen Anforderungen der Praxis lassen sich welche affektiven Lernziele entwickeln?** Oder, wenn Lernziele vorliegen: **Auf welche praktischen Anforderungen beziehen sich vorliegende Lernziele?**

Fall 1: Von der Praxis zu Lernzielen

Die Konferenzen in einer Abteilung der Firma X werden zunehmend unergiebiger. Die Redesitten verrohen: Man läßt sich nicht ausreden, die Mehrzahl der Teilnehmer kommt nicht zu Wort, es kommt immer wieder zu aggressiven Ausfällen, man verliert viel Zeit mit Unwichtigem. Dieser Mißstand ist Anlaß für die Gestaltung eines Seminars über Diskussions- und Konferenztechnik.

Der planende Ausbilder wäre sicher blind, wenn er sich dabei nur auf kognitive Lernziele beschränken würde, etwa Wissen um die Planung von Konferenzen, um das ideale Verhalten von Diskussionsleitern und um Gruppenarbeitstechniken. Er wird vielmehr auf eine Fülle von affektiven Teilzielen stoßen und daraus einen differenzierten Katalog entwickeln, dazu gehören Konzepte wie ‚Vertrauen in die Gruppe entwickeln, Gegensätze ertragen, Ärger und Ungeduld auf nicht-destruktive Weise bewältigen‘ usw. ... Bei der Planung wie bei der Durchführung der Bildungsmaßnahmen darf aber der Anlaß nicht aus dem Auge verloren werden. Es geht z. B. nicht darum, ‚generell‘ Vertrauen in eine Gruppe zu entwickeln, oder ‚generell‘ Gegensätze zu ertragen, sondern darum, dies für die spezifische Situation dieser Gruppe und dieser Art von Konferenzen zu lernen. Damit wird auch die Angst mancher Ausbilder gegenstandslos, affektives Lernen liefe früher oder später auf Selbsterfahrungsgruppe oder Psychotherapie hinaus. Dies wird nur dann der Fall sein, wenn die Lernziele sich vom konkreten Alltagsproblem weg verselbständigen.

Fall 2: Von den Lernzielen zur Praxis

Eine andere Version für den eben skizzierten Fall liegt dann vor, wenn durch den Ausbildungsträger bereits Lernziele vorgegeben sind, die der Ausbilder mit immer neuen Gruppen anzugehen hat (z. B. Ausbildung der Ausbilder in einem Großbetrieb). Hier besteht die Aufgabe darin, die (affektiven) Lernziele zusammen mit den Lernern immer wieder auf konkrete Alltagssituationen und ihre Probleme zurückzubeziehen. Das verlangt eine intime Kenntnis der Teilnehmersituation und zugleich die Bereitschaft des Trainers, flexibel auf Äußerungen der Teilnehmer zu ihrem Alltag zu reagieren. Wenn z. B. das Lernziel ‚Auszubildende motivieren können‘ im Katalog einer Maßnahme steht, muß der Lehrende die Teilnehmer fragen, wie sie selbst dieses Ziel aus ihrer Ausbildungspraxis beschreiben würden, wo sie Probleme erleben und was sie dafür lernen wollen.

Erst auf diese Weise kommt teilnehmer- und praxisorientiertes Lernen zustande.

3.6 Beispiel eines affektiven Lernzielkataloges

Ein detaillierter Lernzielkatalog im affektiven Bereich stellt eine große Hilfe für die Gestaltung des Lehrsystems dar. Zum einen gibt die Art der Lernziele Hinweise auf die didaktische Gestaltung, zum anderen liefern die affektiven Feinlernziele eine Vielzahl von Hinweisen, etwa für die Formulierung von Drehbüchern für Filme oder Multimedia-Programme oder für die Entwicklung von Gruppenübungen.

Eine konkrete Vorstellung von einem solchen Lernzielkatalog aus dem affektiven Bereich soll der folgende Auszug (aus einem realisierten Projekt) vermitteln, der nur zwei von insgesamt acht affektiven Grobzielen sowie Feinziele wiedergibt. Dazu wurden zwei Grobziele ausgewählt, die auch auf andere Verkäufergruppen übertragbar sind. Das gesamte Lehrsystem war auf drei Wochen angelegt, wobei etwa ein Drittel dem affektiven Bereich gewidmet war.

Auszug aus einem Lernzielkatalog für ein Lehrsystem eines Versicherungsunternehmens

(affektive Lernziele – Verkauf)

Richtziel:

Der Teilnehmer besitzt die für einen dauernden Erfolg im Verkauf nötigen Grundeinstellungen, Bedürfnisse und Überzeugungen und handelt entsprechend.

Grobziel 1:

Der Teilnehmer besitzt eine dem Verkauf dienliche Einstellung zum **Kunden** und reagiert entsprechend.

Feinziele:

- Der Teilnehmer sieht den Kunden als rat-(hilfs-)bedürftig.

- Der Teilnehmer sieht den Kunden nicht als Bedrohung (hat keine Angst vor dem Kunden).

- Der Teilnehmer sieht den Kunden als Individuum (Einzelperson mit spezifischen Wünschen und Problemen) und nicht als austauschbares Objekt.

- Der Teilnehmer sieht den Kunden nicht als Gegner, sondern als Partner.

- Der Teilnehmer sucht im Gespräch mit dem Kunden ein persönliches, Vertrauen schaffendes, aber nicht kumpelhaftes Verhältnis.

- Der Teilnehmer bemüht sich im Gespräch um den Kunden.

– Der Teilnehmer sieht in dem Kunden einen interessanten Menschen, den es sich lohnt kennenzulernen.

– Der Teilnehmer ist bereit, dem Kunden zuzuhören.

– Der Teilnehmer zeigt in der Gesprächssituation positive affektive Reaktionen.

– Der Teilnehmer entwickelt auch bei abwehrenden Reaktionen des Kunden ihm gegenüber keine Aggressionen.

– Der Teilnehmer sieht Signale der Abwehr beim Kunden als Zeichen der Unsicherheit und des Bedürfnisses nach Information.

– Der Teilnehmer will den Kunden unparteiisch und nicht primär auf seine eigenen Interessen gerichtet beraten (kundenbezogenes Denken).

– Der Teilnehmer ist bereit und in der Lage, gegenüber bestimmten Verhaltensweisen des Kunden positiv anerkennend zu reagieren (Streicheleinheiten).

– Der Teilnehmer besitzt eine hohe Frustrationstoleranz gegenüber abweisenden Kunden.

– Der Teilnehmer hat keine Angst vor aggressiven Reaktionen des Kunden.

– Der Teilnehmer hat Verständnis für ablehnende Kundenreaktionen.

– Der Teilnehmer fühlt sich beim Kontakt mit dem Kunden in einer symmetrischen Situation (reagiert weder unterwürfig noch dominant).

– Der Teilnehmer schafft beim Kunden eine Atmosphäre der Entspannung.

– Der Teilnehmer ist tolerant gegenüber der sozialen Situation des Kunden (er ist nicht kritisch gegenüber dessen Wohnungseinrichtung, Lebensumständen usw. eingestellt).

– Der Teilnehmer ist sich seiner Entscheidung hinsichtlich des Angebotes dem Kunden gegenüber sicher.

– Der Teilnehmer hat das Bedürfnis, sich beim Kunden in jeder Phase des Gespräches verständlich zu machen.

– Der Teilnehmer sieht in Einwänden gegenüber seinem Angebot, der Leistung der Firma usw. keine Angriffe gegen seine Person.

- Der Teilnehmer sieht in Einwänden von seiten des Kunden eine positive Möglichkeit, Bedürfnisse usw. des Kunden zu erkennen.

- Der Teilnehmer will sich in die Ängste, Sorgen, Bedenken und Unsicherheiten des Kunden einfühlen.

Grobziel 2:

Der Teilnehmer besitzt eine positive, dem Verkaufsgespräch förderliche Einstellung zu seinem **Beruf** und zu seiner Arbeit.

Feinziele:

- Der Teilnehmer sieht seinen Beruf als den eines sozial motivierten Fachmannes.

- Der Teilnehmer ist stolz auf seinen Beruf und sein Wissen.

- Der Teilnehmer sieht seinen Beruf als wertvoll, notwendig und wichtig an.

- Der Teilnehmer ist erfolgsmotiviert und sieht bereits in einem guten Beratungsgespräch einen Erfolg, auch wenn es nicht zum Abschluß führt.

- Der Teilnehmer schätzt leistungsbezogene Verdienstchancen.

- Der Teilnehmer läßt sich durch Äußerungen von erfahrenen Kollegen ('alten Hasen') nicht unsicher machen.

- Der Teilnehmer läßt sich durch abfällige Äußerungen von seiten der Kunden nicht verunsichern.

- Der Teilnehmer ist überzeugt, hinsichtlich seines Berufes die richtige Wahl getroffen zu haben. (Er verteidigt diese Wahl auch gegenüber Bekannten und Freunden.)

- Der Teilnehmer sieht in seinem Beruf eine Aufgabe, die durch Fleiß und Organisation der Arbeit, nicht durch 'Genialität' (angeborene Fähigkeiten) zum Erfolg führt.

- Der Teilnehmer lehnt Verkaufstechniken ab, die nicht auf die Bedürfnisse des Kunden ausgerichtet sind und manipulativ genannt werden müssen.

- Der Teilnehmer sieht in der Vorbereitung und Planung der Besuche die Voraussetzung für den dauernden Erfolg beim Verkauf.

3.7 Übungsbeispiele zur Formulierung von affektiven Lernzielen

Die folgende Aufgabe eignet sich vor allem zur Diskussion in Kleingruppen. Vielleicht kennen Sie Kollegen, die sich auch für die Formulierung und Vermittlung affektiver Lernziele interessieren und mit denen Sie gemeinsam diese Aufgabe lösen können.

Stellen Sie sich bei der Beschreibung der folgenden betrieblichen Problemsituation, die eine Verhaltensänderung der beteiligten Personen notwendig macht, vor, Sie seien als Schulungsleiter beauftragt, sich dieser Probleme anzunehmen. Entscheiden Sie, ob zur Lösung des Problems eine affektive Beeinflussung notwendig ist bzw. ob bei einer zur Lösung des Problems konzipierten Lehrveranstaltung Lernziele aus dem affektiven Bereich vermittelt werden sollten. Versuchen Sie gegebenenfalls, diese Lernziele zu definieren (Grobziele).

Problemsituation 1:

Eine Großbank hat sich mit einer großangelegten Werbeaktion vor allem um ältere Kunden bemüht, um deren erspartes Vermögen zu verwalten. Trotz anfänglichem kurzfristigen Erfolg blieb der angesprochene Kundenkreis nach ein- oder zweimaligem Besuch der Bank fern.

Ein beauftragtes Marktforschungsinstitut findet heraus, daß sich die älteren Kunden in der Bank nicht wohlfühlen, daß sie gegenüber den Schalterangestellten zum Teil Aggressionen entwickeln. Es fallen Ausdrücke wie „diese Schnösel", „diese arroganten Besserwisser". Auf die Frage, warum man das Geld keiner Bank anvertraut, antworten viele:

„Da weiß man nicht, wo das Geld bleibt."

„Da muß man sich völlig auf den Bankfachmann verlassen."

„Dazu müßte man mehr von Geldanlage verstehen."

Vor der Werbeaktion hat man die Schalterangestellten einer Schulung unterzogen, bei der man sehr detailliert die Anlageformen behandelte, die für diesen Kundenkreis angemessen erschienen. Der Lernerfolg der Schulung war sehr groß, wie die Ergebnisse eines Schlußtests zeigten.

Problemsituation 2:

Bandleserinnen einer pharmazeutischen Firma, die die Aufgabe haben, fehlerhaft gefertigte Dragees auszusortieren, werden immer wieder dabei beobachtet, wie sie die geforderten Hygienevorschriften nicht ausreichend beachten. Vor allem arbeiten viele Mädchen und

Frauen ohne Mundschutz und Kopftuch. Die Gefahr der Übertragung krankheitserregender Keime in die Dragees wurde schon häufig als Begründung für diese Vorschriften bekanntgemacht.

Die Durchsetzung der Vorschriften mit Androhung von Strafe und häufigen Kontrollen scheut man, um das Betriebsklima nicht zu belasten.

Problemsituation 3:

Ein Automobilkonzern produziert und vertreibt seit kurzer Zeit auch Pkws der gehobenen Preisklasse. Die Produktionspalette der Firma umfaßte bisher nur Pkws der unteren und mittleren Preisklasse, wobei ein besonders sportlich-aggressives Image durch Produkt und Werbung geprägt wurde. Die Kunden waren dementsprechend meist junge, modern eingestellte Angestellte. Die neue Serie der gehobenen Preisklasse wurde jedoch für den Kundenkreis der gehobenen Mittelschicht (Selbständige, Anwälte, Ärzte etc.) entwickelt und in der Werbung entsprechend vorgestellt.

Obwohl die Fahrzeuge eine gute Beurteilung fanden und das Interesse des Kundenkreises durch die Werbung geweckt werden konnte, bleibt der Absatz deutlich hinter den Erwartungen zurück. Nachdem keine äußeren Umstände dafür verantwortlich gemacht werden konnten, sucht man die Gründe beim Verkaufspersonal. Die Pkws der gehobenen Preisklasse wurden durch Unterlagen und Seminare den Verkäufern ausführlich vorgestellt. Obwohl die Provision bei den großen Wagen deutlich höher ist, stellte sich bei einer Untersuchung heraus, daß die Verkäufer lieber einen kleineren als den neuen großen Wagen verkaufen.

Wie würden Sie jeweils Lernziele im affektiven Bereich formulieren?

Lösungen für die Aufgaben zur Definition von affektiven Lernzielen

Zu den folgenden Musterlösungen ist zu sagen, daß die affektiven Lernziele natürlich von der Wertorientierung der jeweiligen sozialen Umgebung abhängen.

Sie hängen z. B. wesentlich von der Firmenpolitik ab. Erst die Diskussion der Lernziele mit der Geschäftsleitung bzw. den dazu beauftragten Mitarbeitern des betreffenden Unternehmens führt in der Praxis zu einem verbindlichen Lernzielkatalog. Eine Diskussion mit der Unternehmensleitung läßt sich aber für unsere Beispiele nicht simulieren. Sicher sind Sie daher zu einer teilweise anderen Lösung gekommen als der hier vorgegebenen. In der Tendenz sollten sich aber Ihre und die vorgeschlagene Lösung zur Deckung bringen lassen. Auf jeden Fall werden auch Sie sich rasch klar darüber geworden sein, daß es sich in allen drei Fällen um Probleme handelt, bei denen die Bestimmung affektiver Lernziele angebracht erscheint.

Zur Problemsituation 1:

Richtziel: Die Bankangestellten verhalten sich zu den älteren Menschen so, daß diese Vertrauen zu ihnen und zur Bank gewinnen.

Affektive Grobziele: Die Bankangestellten haben eine positive, interessierte Einstellung zu älteren Menschen.

Die Bankangestellten sind bereit und in der Lage, sich auf ältere Menschen einzustellen, und sie berücksichtigen bei der Erklärung möglicher Geldanlagen die affektive Grundhaltung gerade älterer Kunden.

Die Bankangestellten sehen in mißtrauischen Äußerungen der älteren Kunden keinen Angriff auf sich selbst.

Zur Problemsituation 2:

Richtziel: Die Bandleserinnen sind bereit, bei ihrer Arbeit einen Mundschutz zu tragen und eine Haube aufzusetzen.

Affektive Grobziele: Die Bandleserinnen haben eine positive Einstellung zu Hygienemaßnahmen, und sie sehen die Möglichkeit der Krankheitsübertragung durch Mikroorganismen als Bedrohung.

Die Bandleserinnen versetzen sich in die Lage der Kranken, für die die Medikamente produziert werden.

Die Bandleserinnen sehen in den Medikamenten, an deren Herstellung sie mitarbeiten, Mittel zur Hilfe in Notsituationen und keine neutralen Objekte.

Die Bandleserinnen verbinden mit dem Aufsetzen einer Haube und dem Anlegen des Mundschutzes Werte wie Verantwortlichkeit, Sorge um kranke Menschen etc. ...

Zur Problemsituation 3:

Richtziel: Die Automobilverkäufer verhalten sich beim Verkauf und bei der Beratung von Kunden aus der gehobenen Mittelschicht den Erwartungen dieser Kunden entsprechend.

Affektive Grobziele: Die Automobilverkäufer sehen in dem Kunden der gehobenen Mittelschicht eine persönliche Herausforderung und Möglichkeit zur Bewährung.

Die Automobilverkäufer haben eine positive Einstellung zu den Kunden der gehobenen Mittelschicht, und sie sind bereit und in der Lage, sich auf die Kunden der gehobenen Mittelschicht einzustellen.

Die Automobilverkäufer sehen in dem Beruf des Automobilverkäufers die Chance zu lernen, sich auf verschiedene soziale Schichten einzustellen.

3.8 Testaufgaben zu Kap. 3

Aufgabe 9 (Abschnitt 3.2):

Das Kundengespräch in Verkauf oder Beratung stellt sich für die Ausbildung als komplexe Sammlung von Lernzielen dar. Unter anderem
sind die im folgenden aufgeführten Punkte wichtig und sollten vermittelt werden. Welche davon gehören in den Bereich affektiver Lernziele?

A) Die logisch richtige Beantwortung von Kundeneinwänden kennen.

B) Techniken des erfolgreichen Gesprächsabschlusses beschreiben.

C) Den Kunden nicht als Gegner, sondern als interessierten Dialog-
partner sehen.

D) Kundenbedürfnisse durch fachlich richtige Fragen aufdecken.

E) Dem Produkt oder Gegenstandsbereich, der verkauft werden soll,
positiv gegenüberstehen.

Aufgabe 10 (Abschnitt 3.2):

Worauf muß man bei der Formulierung affektiver Lernziele achten?

A) Die Definition affektiver Lernziele muß dem Inhaltsverzeichnis des
Lehrsystems entsprechen.

B) Es sollen nur Verhaltensbegriffe verwendet werden (operationale
Definition).

C) Die Lernziele sollten von den Stoffinhalten des Lehrsystems abgeleitet werden.

D) Bei der Formulierung der Lernziele sollten Begriffe wie „innere Einstellung" vermieden werden.

E) Es sollten die affektiven Reaktionen in bestimmten Situationen beschrieben werden.

Lösungen s. S. 284

Aufgabe 11 (Abschnitt 3.2):

Satz 1: Auch bei Lernzielen aus dem affektiven Bereich ist es sinnvoll, sie **immer** operational (in Verhaltensbegriffen) zu definieren,

Begr.: weil ...

Satz 2: diese Lernziele sich auf Gefühle beziehen und der subjektive
Aspekt der Gefühle nicht zu umgehen ist.

A) Beide Sätze sind richtig, und die Begründung stimmt.

B) Beide Sätze sind richtig, aber die Begründung ist falsch.

C) Satz 1 ist falsch, Satz 2 ist richtig.

D) Satz 1 ist richtig, Satz 2 ist falsch.

E) Beide Sätze sind falsch.

Aufgabe 12 (Abschnitt 3.3):

Wodurch kann man erreichen, daß affektive Lernziele (Feinziele) präzise genug formuliert werden?

A) Man gebraucht für einen Lernzielbereich mehrere Formulierungen,
um so das Lernziel von mehreren Seiten einzugrenzen.

B) Man gebraucht Begriffe, die ein Verhalten in bestimmten Situationen beschreiben.

C) Man benützt einen möglichst „differenzierten Wortschatz".

D) Man präzisiert die Lernziele durch Beispiele und Zitate.

E) Man grenzt die Lernziele gegen Reaktionen ab, die man nicht
wünscht.

Aufgabe 13 (Abschnitt 3.4):

Satz 1: Bei affektiven Lernzielen muß man auf die Forderung nach objektiver Überprüfbarkeit des Lernerfolgs verzichten,

Begr.: weil ...

Satz 2: Gefühle ein geistig-seelisches Phänomen sind und man daher den subjektiven Aspekt der Erfahrung nicht ausschließen kann.

A) Beide Sätze sind richtig, und die Begründung stimmt.

B) Beide Sätze sind richtig, aber die Begründung ist falsch.

C) Satz 1 ist richtig, Satz 2 ist falsch.

D) Satz 1 ist falsch, Satz 2 ist richtig.

E) Beide Sätze sind falsch.

Aufgabe 14 (Abschnitt 3.5):

Welche Rolle spielt der Praxisbezug beim Erreichen affektiver Lernziele?

A) Das Erreichen affektiver Lernziele ist von konkreten Praxissituationen unabhängig, die Lernziele müssen sich auf die Psyche des jeweiligen Adressaten beziehen.

B) Affektive Lernziele beziehen sich in der Erwachsenenbildung vor allem auf Probleme und Anforderungen des Alltags und haben daher immer einen klaren Bezug zur Praxis.

C) Affektive Lernziele sind immer abstrakt und von Einzelsituationen losgelöst, sie können erst in der Diskussion mit den Adressaten Praxisbezug bekommen.

D) Affektive Lernziele beziehen sich im Gegensatz zu kognitiven Lernzielen auf Lerninhalte, die nur selten einen konkreten Bezug zur Praxis haben.

1
Einleitung:
Wissen ist
zuwenig

2
Affekte,
Emotionen,
Gefühle

Stufe 1

3
Definition
affektiver
Lernziele

Problembestimmung
Problemformulierung

Stufe 2

4
Techniken
affektiven
Lernens

Problemanalyse, Fest-
legen der Lernziele

Stufe 3

5
Lerntechnik 1:
Signallernen

Planung
und
Durchführung
der
Ausbildungs-
bzw.
der
Fortbildungs-
maßnahmen

6
Lerntechnik 2:
Einstellungs-
lernen

7
Lerntechnik 3:
Soziales
Lernen

8
Praxisbeispiele:
Versicherungsver-
treter/Multimedia

Stufe 4

9
Die Messung
affektiver
Veränderung

Prüfung des Erfolgs
der Maßnahmen

10
Affektives
Lernen und
Manipulation

4. Die Klassifikation affektiver Lernziele

Inhaltsangabe und Lesehinweise

In diesem Kapitel werden Lernzielklassifikationen beschrieben. Insbesondere wird eine Einteilung der affektiven Lernziele vorgestellt, die nach Lernwegen orientiert ist und von der Hinweise für das methodische Vorgehen bei der Vermittlung von Lernzielen abgeleitet werden können.

Im ersten Abschnitt (4.1) wird zunächst die Taxonomie von Bloom und seinen Mitarbeitern dargestellt. Neben der Grobgliederung in kognitive, affektive und psychomotorische Lernziele wird die Taxonomie der affektiven Lernziele von Krathwohl u. a. vorgestellt. Sie läßt sich jedoch nur als Suchraster für Lernziele verwenden und gibt keine Hilfen für die Planung und Durchführung von Ausbildungsmaßnahmen. Der Leser, der nur an dem letzteren Aspekt interessiert ist, kann diesen Abschnitt daher überschlagen.

Der folgende Abschnitt (4.2) leitet zu einer Einteilung nach Lernwegen über.

Anschließend (4.3) werden die Lerntechniken von Gagné vorgestellt, die der Bloomschen Grobgliederung in affektiv, kognitiv und psychomotorisch zugeordnet werden können. Diese beiden Abschnitte liefern Hintergrundinformationen und enthalten wenig praktische Aspekte.

Im letzten Abschnitt (4.4) werden dann die Lerntypen im affektiven Bereich: Signallernen, Einstellungslernen und Soziales Lernen beschrieben. Nach diesen Lerntypen ist der Hauptteil dieses Buches (die Kap. 5, 6 und 7) gegliedert. Dieser Abschnitt ist daher zum Verständnis der folgenden drei Kapitel wichtig.

Auch dieses Kapitel wird mit einigen Testaufgaben abgeschlossen (4.5).

4.1 Die bekannteste Einteilung von Lernzielen: die Taxonomie der Bloom-Gruppe

Der Versuch, Ordnung in das Universum von Lernzielen zu bringen, liegt nahe. Man stelle sich einmal vor, man würde alle Aus- und Weiterbildungsziele von Bildungsveranstaltungen innerhalb eines Jahres sammeln und sie pädagogisch sinnvoll gruppieren wollen. Vieles spräche dafür, daß man – wie ein Team um den amerikanischen Unterrichtsforscher Bloom – drei Hauptgruppen bilden würde:

kognitive Lernziele, die etwas mit Wissen, Denken usw. zu tun haben;

affektive Lernziele, die etwas mit Gefühlen, Einstellungen, Motiven usw. zu tun haben;

psychomotorische Lernziele, die etwas mit Körperbewegungen, also mit Muskelkoordination, körperlichen Fertigkeiten usw. zu tun haben.

Einteilung der Lernziele (nach Bloom)

Bereich des Wissens u. Denkens	Kognitiver Bereich	Wissen – Inellektuelle Operationen
Bereich der Gefühle und Bedürfnisse	Affektiver Bereich	Einstellung Motivation
Bereich der Muskelbewegung	Psychomot. Bereich	Reflexe Automatismen

Abb. 7: Einteilung der Lernziele nach Bloom

Dies ist das bekannteste Ordnungsschema von Lernzielen. Auf der Hand liegt, daß es kaum ein komplexes Lernziel gibt, bei dem nicht Teilziele aus allen Bereichen angestrebt werden müssen. Das läßt sich auch am Beispiel nicht gelungenen Lernens analytisch klarmachen. Wenn jemand ein gewünschtes Verhalten nicht zeigt – z. B. verkehrsgerechtes Autofahren –, dann kann dies drei Gründe haben: Die Person hat nicht ausreichend kognitiv (z. B. kennt sie Verkehrsregeln nicht), affektiv (Rücksichtnahme ist für sie kein Wert) oder psychomotorisch (kann nicht flüssig schalten, Blinker bedienen usw.) gelernt.

Als pädagogisch sinnvoll hat sich diese Klassifikation vor allem deshalb erwiesen, weil jede Lernzielgruppe besondere Lernwege und Lehrmethoden nahelegt (z. B. psychomotorische Lernziele das Vormachen und Selbst-Bewegen). Für konkrete Aus- und Weiterbildung ist diese Klassifikation aber viel zu grob. Die Bloom-Gruppe hat deshalb den kognitiven und affektiven Lernzielbereich weiter spezifiziert. Besonders interessant war dabei das Vorhaben, Lernziele nach verschiedenen Ebenen im Sinne einer Hierarchie oder Taxonomie zu ordnen.

So unterscheidet die Bloomsche Taxonomie der **kognitiven** Lernziele (Bloom 1956, deutsch 1972) die Stufen: Kenntnisse, Verständnis, Anwenden, Analyse, Synthese, Beurteilung. Das Bloom-Team meint damit immer höhere Ebenen kognitiver Tätigkeit: Etwas kennen (Stufe 1) ist kognitiv anspruchsloser als etwas verstehen (Stufe 2). Etwas anwenden (Stufe 3) ist weniger komplex als etwas analysieren (Stufe 4) usw. Für den Ausbilder heißt das z. B.: Wenn ich erreichen will, daß jemand lernt, zwei Organisationspläne zu beurteilen (Stufe 5) dann muß er über Grundkenntnisse verfügen (Stufe 1), sie verstehen (Stufe 2), sie auf innerbetriebliche Organisationsprobleme anwenden können (Stufe 3) usw.

Gibt es auch eine sinnvolle Hierarchie oder Taxonomie der **affektiven** Lernziele? Bloom und seine Mitarbeiter, vor allem Krathwohl (Krathwohl, Bloom und Masia 1964, deutsch 1975), meinen ‚ja'. Ihr Vorschlag sieht wie folgt aus:

Die Hauptkategorien mit ihren Unterteilungen

Bestimmtsein durch Werte	5.	5.2.	Bildung einer Weltanschauung
		5.1.	Verallgemeinertes Wertsystem
Wertordnung	4.	4.2.	Organisation eines Wertsystems
		4.1.	Konzeptbildung für einen Wert
Werten	3.	3.3.	Bindung an einen Wert
		3.2.	Bevorzugung eines Wertes
		3.1.	Annahme eines Wertes
Reagieren	2.	2.3.	Befriedigung beim Reagieren
		2.2.	Bereitschaft zum Reagieren
		2.1.	Einwilligung ins Reagieren
Aufnehmen	1.	1.3.	Gerichtete Aufmerksamkeit
		1.2.	Aufnahmebereitschaft
		1.1.	Bewußtheit
Kategorie	↑		Unterteilung

Abb. 8: Die Hauptkategorien mit ihren Unterteilungen

Auch die Kategorien dieser Taxonomie geben vor, daß die Lernziele von Stufe zu Stufe komplexer werden, daß „Wertordnung" also z. B. anspruchsvollere affektive Lernziele umfaßt als „Aufnehmen".

Da die fünf Stufen-Bezeichnungen recht vage erscheinen, sind einige Erläuterungen notwendig. Wir wollen sie an einem affektiven Grobziel aus dem Führungsbereich entwickeln.

Beispiel:

Affektives Grobziel einer Weiterbildungsmaßnahme sei ‚kooperativ führen wollen'; dann gehören in die fünf Stufen der Taxonomie z. B. folgende affektive Teilziele:

Stufe 1 **Aufnehmen:**
sich mit dem Problem überhaupt befassen, es als Problem wahrnehmen.

Stufe 2 **Reagieren:**
etwas am eigenen Verhalten ändern wollen, kooperatives Führen lernen und sich über Fortschritte freuen.

Stufe 3 **Werten:**
Kooperation als Führungsstil wertschätzen, sich für diesen Stil engagieren und sich dafür verpflichten.

Stufe 4 **Wertordnung:**
vom Prinzip ‚Kooperation' her Führungsverhalten und -entscheidungen bewerten, ‚Kooperation' abwägen mit anderen Führungsprinzipien (z. B. Effektivität, Autorität usw.).

Stufe 5 **Bestimmtsein durch Werte:**
‚kooperativ führen' zur Eigenschaft der Person werden lassen, auch in schwierigen Situationen daran festhalten, den Wert ‚Kooperation' verinnerlicht haben.

Diese Taxonomie von Krathwohl u. a. unterscheidet also die Stufen der Verinnerlichung eines Wertes (im Beispiel: kooperativ führen), von der Wahrnehmung dieses Wertes auf der Stufe ‚Aufnehmen' bis zur völligen Einbeziehung in die persönliche Wertstruktur, die den Wert zum Bestandteil der Persönlichkeit, zu einem Merkmal der jeweiligen Person macht (Stufe 5).

Als Bildungspraktiker kann man diese oder eine ähnliche Lernziel-Taxonomie als **Suchraster** benutzen. Man kann sich z. B. fragen: Sind in meinem Zielbündel affektive Lernziele enthalten? Wenn ja: Ist es sinnvoll, Teilziele innerhalb der fünf Stufen der Krathwohl-Taxonomie (s. o.) zu unterscheiden? Kommt es z. B. darauf an, daß die Teilnehmer an einem Verkäufertraining einen Zielwert (z. B. ‚Selbstvertrauen') ‚bewerten' (Stufe 3) oder ‚einordnen' (Stufe 4)? Wenn ja, dann führt diese Taxonomie zum Nachdenken darüber, ob man diese Ziele methodisch angehen und wie man sie überprüfen kann. So verwendet, ist die Taxonomie affektiver Lernziele von Krathwohl u. a. sicher eine Hilfe. Sie verringert die Gefahr, daß man als Ausbilder affektive Lernziele entweder ganz übersieht oder sie zu grob und einseitig erfaßt.

Obwohl die Krathwohl-Taxonomie bereits 1964 im amerikanischen Original publiziert wurde, gibt es derzeit keine ähnlich bekannte Klassifikation der affektiven Lernziele. Krathwohl u. a. ermutigten übrigens die Leser ausdrücklich, sich über eine mögliche Abänderung oder Ausdifferenzierung eigene Gedanken zu machen. Kritik an diesem System blieb nicht aus. Sie richtete sich z. B. dagegen, daß unklar bliebe, wie denn die Verinnerlichung von Werten stattfinde, oder dagegen, daß der affektive Bereich ausschließlich auf die Wertübernahme durch den Lerner beschränkt werde.

Von einer Lernzieltaxonomie werden auch Hilfen für Planung und Durchführung von Aus- oder Fortbildungsmaßnahmen erwartet. Da jedoch – wie oben ausgeführt – die Taxonomien von Bloom und seinen Mitarbeitern ein Ordnungsschema zur Klassifikation von Lernergebnissen sind und nichts über die zu diesen Leistungen führenden geistig-seelischen Prozesse aussagen, leisten sie keine Hilfe, wenn methodische Entscheidungen getroffen werden müssen (vgl. Messner, 1970).

Auch L. Mauermann zählte eine Reihe von Argumenten gegen die Taxonomien von Bloom und seinen Mitarbeitern auf und erwähnt dabei, daß „die Taxonomien zur methodischen Gestaltung für die Beschreibung von Lernprozessen kaum etwas hergeben" (Mauermann, a.a.O., S. 308).

Wir suchen daher eine Klassifikation, die uns bei der Planung und Durchführung von Lehrsystemen und Lehrveranstaltungen Hilfestellung leistet, da dies vor allem für den affektiven Bereich besonders notwendig erscheint.

71

4.2 Die Unterscheidung verschiedener Lernwege

Für den Praktiker ist es unbegreiflich, daß sich die zahllosen Veröffentlichungen zum Lernen kaum mit dem affektiven Bereich beschäftigt haben. So enthält z. B. die neueste Ausgabe des Standardbuches über Lerntheorien (Bower/Hilgard, 1981) lediglich Theorien zu zwei Bereichen: ‚Behavioristische Theorien‘ und ‚Kognitive Theorien‘. Man wird von den Lerntheoretikern im Stich gelassen, wenn man danach fragt, wie affektives Lernen stattfindet. Diese Frage ist didaktisch deshalb so wichtig, weil man im Anschluß an die Bestimmung affektiver Lern**ziele** verschiedene Lern**wege** kennen und dazu Entscheidungen treffen muß, um Lernen optimal zu ermöglichen. Woher aber soll man dazu wissenschaftlich fundierte Informationen beziehen, wenn die Lerntheorien den affektiven Bereich so stiefmütterlich behandeln?

Zur Beantwortung dieser Fragen gilt es jedoch erst zu klären, ob die Gesetze für kognitives Lernen nicht automatisch auch für den affektiven Bereich gelten. Lewin hat dies als einer der ersten abgelehnt. Ähnlich wie Bloom unterscheidet er drei Komponenten bzw. Bereiche der Erziehung: Denkstrukturen, Valenzen (Werte) und motorische Aktionen. Ihm zufolge ist es ein Irrtum zu glauben, die verschiedenen Erscheinungen, die wir mit Lernen bezeichnen, seien prinzipiell identisch, somit durch die gleiche Theorie erklärbar und, wie man ergänzen muß, mit den gleichen Maßnahmen optimal zu vermitteln. „Haben wir das Recht“, schreibt Lewin, „das Lernen des Hochsprungs, ohne Alkohol auszukommen und mit anderen Leuten freundlich zu sein unter den gleichen Begriff zu klassifizieren und zu erwarten, daß die gleichen Prozesse für jedes dieser Phänomene gelten?“ (Lewin, 1963, S. 107).

Bezogen auf den affektiven Bereich müssen wir fragen, ob wir das Recht haben, z. B. zu lernen, Spinat gerne zu essen, zu anderen Leuten freundlich zu sein oder uns demokratisch zu verhalten – es handelt sich in allen diesen Fällen um affektive Lernziele –, mit den gleichen Begriffen zu erklären und zu erwarten, daß die gleichen didaktischen Maßnahmen zur Vermittlung dieser Lernziele optimal sind.

Wichtig für unsere Fragestellung ist, daß Lewin bei der Unterscheidung verschiedener Lernformen nicht so sehr von den Zielen als vielmehr von den Lernarten, den Lernwegen, ausgeht. Wenn man die Aufgabe hat, Entscheidungen für das didaktische Vorgehen zu treffen, so führt uns die Unterscheidung verschiedener Lernarten schneller zu konkreten Hinweisen für das Unterrichtsgeschehen als die Unterscheidung verschiedener Lernziele. Der Prozeß, also der **Lernweg,** wird hier zum **Ausgangspunkt einer Klassifikation** gemacht, und von diesem Lernweg lassen sich relativ leicht optimale Lernbedingungen herleiten. (s. a. Abb. 9 und 10).

Woher sind nun Hinweise für verschiedene Lernformen im affektiven Bereich zu beziehen? Trotz der bereits beklagten Abstinenz der Lern-

Abb. 9: Didaktik affektiver Lernziele

theorien gibt es in anderen Bereichen der Psychologie wissenschaftlich gestützte Aussagen und Ergebnisse, die u. E. für das affektive Lernen sinnvoll erscheinen. So gibt es in verschiedenen Fel-
dern der Psychologie Fragestellungen, bei denen auch eine affektive
Veränderung von Menschen im Vordergrund steht. Man denke z. B.
an die Werbepsychologie, die Einstellungsforschung, die Gruppen-
psychologie, Sozialpsychologie, die Psychotherapie. Aus diesen Bereichen werden wir im folgenden versuchsweise Erfahrungen auf das
Feld der Aus- und Weiterbildung, speziell das affektive Lernen, übertragen. Vorweg sei eine allgemeine Klassifizierung von Lerntechniken
vorgestellt, die in der Pädagogischen Psychologie große Verbreitung
gefunden hat. Es wird sich zeigen, daß sie für den affektiven Bereich
mit Modifikationen Gültigkeit besitzt.

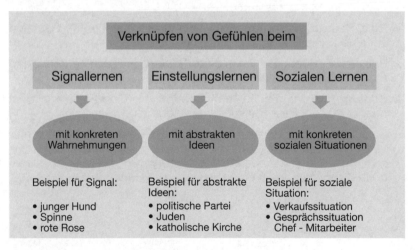

Abb. 10: Lernarten im affektiven Bereich

4.3 Die Lerntechniken nach Gagné

In seinem Buch „Bedingungen des menschlichen Lernens" (1969, Original 1965, überarb. 1970) ordnet Gagné verschiedene Grundformen des Lernens in hierarchischer Form, ähnlich wie dies die Bloom-Gruppe mit den Lernzielen taxonomisch getan hat. Das heißt, die jeweils vorstehende Lerntechnik ist die Voraussetzung für die nächsthöhere, komplexere. Diese Lerntechniken sind wissenschaftlich durch viele Experimente aus der Lernpsychologie sehr gut abgesichert; man kann sogar jeder Lerntechnik eine oder mehrere lernpsychologische Richtungen zuordnen.

Die Einteilung der Lerntechniken vollzieht sich bei Gagné nach folgenden Prinzipien:

- Zu allen Lerntechniken sollten experimentelle Untersuchungen vorliegen, aus denen ideale Bedingungen für den Lernprozeß abgeleitet werden können.

- Die einzelnen Lerntechniken sollten differenzierbare Ziele vermitteln. Ein konkretes Ausbildungsziel sollte den unterscheidbaren Lerntechniken zuzuordnen sein, wobei durchaus unterschiedliche Lerntechniken miteinander kombiniert vorkommen können.

- Die einzelnen Lerntechniken sollten aufeinander aufbauen. Sie sollten in der Weise hierarchisch geordnet sein, daß die jeweils höher geordnete Lerntechnik die davorliegende Lerntechnik mit einschließt.

Im einzelnen unterscheidet Gagné acht Lerntechniken:

1. **Lernen von Signalen:** Man lernt, auf ein Signal eine unwillkürliche Reaktion auszuführen, die eine gefühlshafte Grundlage hat (klassisches Konditionieren).

   Beispiel: Beim Anblick einer begehrten Speise läuft einem das Wasser im Mund zusammen.

2. **Reiz-Reaktions-Lernen:** Man erwirbt eine bestimmte Reaktion auf einen Reiz (instrumentelles Konditionieren).

   Beispiel: Ein Säugling lernt, beim Nähern der Flasche den Mund aufzumachen (einzelne Reaktion).

3. **Bildung motorischer Ketten:** Gelernt wird eine Folge von zwei oder mehreren Reiz-Reaktionsverbindungen.

   Beispiel: Beim Autofahren vom zweiten in den dritten Gang schalten (Verbindung einer Kette von einzelnen Reizen, auf die jeweils eine Reaktion folgt: bestimmtes Motorgeräusch – kuppeln, Fuß fühlt: Kupplungspedal unten – Hand zum Ganghebel usw.).

4. **Bildung sprachlicher Assoziationen** (Assoziations-Bildung): Gelernt werden verbale Reiz-Reaktions-Folgen.

   Beispiel: Einprägen des Alphabets, Benennen fahrbarer Objekte mit vier Rädern als „Auto" (um eine Sprache verfügbar zu haben, kommen noch andere Formen des Lernens hinzu).

5. **Lernen multipler Diskrimination:** Man lernt, unterschiedliche Reaktionen auf die verschiedenen Glieder einer bestimmten Verbindung von Reizen zu vollziehen. Man lernt, zwischen ähnlichen Figuren, ähnlichen Bildern zu unterscheiden und auf sie unterschiedlich zu reagieren.

   Beispiel: Ein zehnjähriger Junge lernt, verschiedene Automarken voneinander zu unterscheiden. Beim Lernen einer Fremdsprache erwirbt man die Fähigkeit, ähnlich lautende Begriffe auseinander zu halten und mit verschiedenen Bedeutungsinhalten zu verbinden.

6. **Begriffslernen:** Man erwirbt die Fähigkeit, Dinge zu Klassen zu ordnen und auf diese Klassen als Ganzes zu reagieren.

   Beispiel: Ein Kind lernt, an einem dreidimensionalen Würfel, an einem Blatt Papier und an einer Zeichnung eine „Kante" zu identifizieren.

7. **Regellernen:** Man lernt, (im einfachsten Fall) zwei Begriffe zu einer Regel zu verbinden.

   Beispiel: Das Kind lernt: „Vögel fliegen".

8. **Problemlösen** (Bildung kognitiver Strukturen): Man lernt, Probleme mit Hilfe einfacher oder komplexer Regeln zu lösen. Man lernt dadurch eine Regel höherer Ordnung.

   Beispiel: Das Lösen einer Dreisatz-Aufgabe.

Gagné selbst ordnet seine Lerntechniken **nicht** der Bloomschen Unterteilung in kognitiv, affektiv und psychomotorisch zu. Wenn wir jedoch die Lerntechniken – vor allem die Beispiele – näher ansehen, erkennen wir, daß „Lernen von Signalen" dem affektiven Bereich zuzuordnen ist. Gagné schreibt: „Die Reaktionen (gemeint: beim Lernen von Signalen) sind allgemein diffus und emotionaler Art" (Gagné 1969, S. 34).

Die anderen von Gagné aufgezählten Lerntechniken gehören dem psychomotorischen (Lerntechnik 2 und 3) und vor allem dem kognitiven Bereich (Lerntechnik 4 bis 8) an.

Lernziele/ Lerntechniken

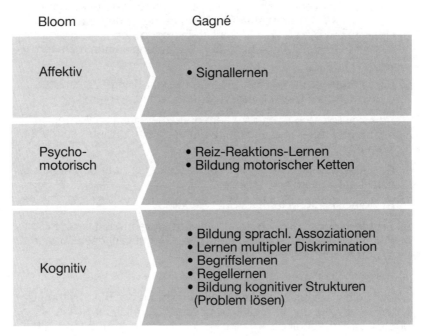

Abb. 11: Lerntechniken nach Gagné, den Bloomschen Lernzielklassen zugeordnet

4.4 Lerntechniken im affektiven Bereich

4.4.1 Signallernen, Einstellungslernen und Soziales Lernen

Unter den Lerntechniken in der Taxonomie von Gagné zeigte lediglich das **„Signallernen"** einen direkten Bezug zum affektiven Bereich (s. Abb. 11, S. 76). Bei dieser Lerntechnik wird ein Zusammenhang hergestellt zwischen affektiven Prozessen und einem sog. „Signal", d. h. einem einfachen Reiz aus der Umgebung. Es sei daran erinnert (vgl. Kap. 2), daß wir den kognitiven und den affektiven Bereich als unterschiedliche Systeme skizziert haben, mit denen der Mensch auf sich und seine Umwelt reagiert. Für das affektive „System" wurden als typisch sog. „heiße" Stellungnahmen genannt, also unmittelbare Bewertungen z. B. nach den Dimensionen „angenehm-unangenehm", „sympathisch-unsympathisch". Dabei kommt es auch zu Begleiterscheinungen im vegetativen Nervensystem (Blutdruck, Hautwiderstand, Puls usw. verändern sich). Beim **Signallernen** lernt also eine Person, mit diesem „heißen" Bewertungssystem auf ein „Signal" in der Umwelt Stellung zu beziehen.

Beispiel:

Die Werbung arbeitet gerne mit ‚Signallernen‘ aus elementaren Bereichen wie Nahrungsaufnahme, Sexualität, Rangordnung. So wird ein überdimensionaler Hamburger abgebildet, um Appetit auszulösen; nackte Haut soll z. B. Zärtlichkeitsgefühle wecken; ein imposantes Auto spricht Überlegenheitswünsche an.

Das Signallernen beschreibt zweifellos einen bestimmten Typ affektiven Lernens; so liegt die Frage nahe, ob es noch komplexere Faktoren als ‚Signale‘ gibt, die eine Stellungnahme des emotionalen Systems auslösen können und sich auf dem Wege des Lernens mit solchen Reaktionen verknüpfen lassen. Unserer Ansicht nach gibt es außer (1) Signalen noch zwei spezifische Klassen von Umwelt-Inhalten, die wiederum auf spezifischen Lernwegen mit dem emotionalen System verknüpft werden. Es handelt sich (2) um Abstraktionen, also kognitive Schöpfungen, und (3) um soziale Situationen. Wir nennen im Fall (2) den Lerntyp **‚Einstellungslernen‘,** im Fall (3) den Lerntyp **‚Soziales Lernen‘.**

Affektives Lernen – also die Verknüpfung des emotionalen Systems mit bestimmten Elementen aus der objektiven oder psychischen Umwelt – läßt sich u. E. mit diesen drei Lerntypen pädagogisch aufgliedern. Die Hierarchie nach Gagné wäre wie folgt zu ergänzen (s. Abb. 12):

Lernziele/ Lerntechniken

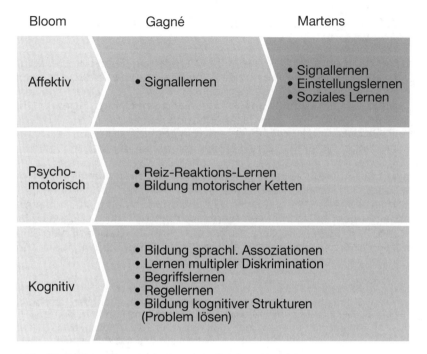

Bloom	Gagné	Martens
Affektiv	• Signallernen	• Signallernen • Einstellungslernen • Soziales Lernen
Psycho- motorisch	• Reiz-Reaktions-Lernen • Bildung motorischer Ketten	
Kognitiv	• Bildung sprachl. Assoziationen • Lernen multipler Diskrimination • Begriffslernen • Regellernen • Bildung kognitiver Strukturen (Problem lösen)	

Abb. 12: Ergänzte Lerntechniken im affektiven Bereich

Affektives Lernen besteht also immer darin, daß eine Person bestimmte emotionale Reaktionen entweder

– mit einem konkret wahrnehmbaren Reiz (Signallernen) oder

– mit einer gedanklichen Abstraktion (Einstellungslernen) oder

– mit einer sozialen Situation (Soziales Lernen)

verknüpft.

Diese Klassifikation nach Lerntechniken im affektiven Bereich richtet sich nach den Reizen, die eine emotionale Reaktion, eine „heiße" Stellungnahme auslösen.

Beim **Signallernen** besteht dieser Reiz aus einer ganz konkreten Wahrnehmung: ein Bild, ein Geräusch, ein Geruch usw. Viele, vor allem ältere Menschen reagieren z. B. auf Sirenengeheul mit Angst. Diese Wahrnehmungen können auch „eingebildet" sein, nur in unserer Vorstellung bestehen, wie z. B. im Traum.

Beim **Einstellungslernen** besteht der Reiz, auf den wir emotional reagieren, aus einer abstrakten Vorstellung, die wir aus einer Reihe von verschiedenen Reizen gebildet haben. Die Reihe Kruzifix, Kirchturm, Kirchenraum, Weihrauch, Soutane eines Priesters usw. verbinden wir zu der Idee „Kirche" und zu dieser Idee haben viele Menschen eine ausgeprägte Einstellung. Ähnlich haben wir auch Einstellungen zu politischen Parteien, Unternehmen, Juden, Halbstarken usw. Jedesmal kann man sagen, daß es z. B. „die" Unternehmer eigentlich nicht gibt; es gibt ja nur einzelne voneinander verschiedene Unternehmer. „Die" Unternehmer gibt es aber in unserer Vorstellung, wir haben eine abstrakte Idee von „den" Unternehmern, und wir haben eine Einstellung zu „den" Unternehmern. „Einstellung" wird in der Sozialpsychologie die Grundlage für ähnliche emotional gefärbte Reaktionen auf unterschiedliche Reize genannt, die durch eine abstrakte Idee verbunden sind.

Beim **Sozialen Lernen** besteht der Reiz, auf den wir emotional reagieren, aus einer konkreten sozialen Situation, z. B. einem Gespräch mit einem Nachbarn, einem Freund, der Ehefrau, einer Rede bei Tisch usw. Dabei spielen meistens konkrete Reize (Signallernen), wie etwa der Bart des Gesprächspartners, sein Lächeln usw. eine Rolle, ebenso wie häufig Einstellungen (z. B. die Einstellung gegenüber Ärzten, wenn der Gesprächspartner Arzt ist) die soziale Situation beeinflussen. Trotzdem spielt sich in den sozialen Situationen etwas ab, was weder beim Signallernen noch beim Einstellungslernen in seiner reinen Form vorkommt, weshalb wir das Soziale Lernen als zusätzliche, getrennte Lernform unterscheiden: Beim Signallernen und beim Einstellungslernen ist der Reiz, auf den wir emotional reagieren (die konkrete Wahrnehmung und die abstrakte Idee), von der Reaktion unabhängig. Der objektive Ton der Sirene oder das Bild der Kirche ändern sich nicht, wenn man positiv oder negativ auf sie reagiert.

Lerntechniken zur Vermittlung von Lernzielen aus dem affektiven Bereich

Lerntechnik	Signallernen	Einstellungslernen	Soziales Lernen
Wissenschaftsbereich:	Lernpsychologie (Konditionierung)	Sozialpsychologie	Soziologie (Sozialpsychologie)
Gewünschte Reaktion bezieht sich auf	Aktuelle Reize aus der Umwelt (Signale)	Abstrakte Ideen	Konkrete soziale Situationen
(Beispiele)	(Junger Hund, das Bild eines Polizisten)	(Kirche, politische Partei usw.)	(Gespräch Mitarbeiter – Chef, Verhalten in Konferenz usw.)

Abb.13: Die drei Lerntechniken des affektiven Bereichs in der schematischen Übersicht

Die soziale Situation ist aber von der Reaktion aller Beteiligten bestimmt. Für sie gilt der Begriff der **Interaktion.** Ob mein Gesprächspartner ein freundliches Gesicht macht, hängt mit davon ab, was für ein Gesicht ich selber mache. Ob sich der Jugendliche als ‚typischer' Halbstarker benimmt, hängt mit davon ab, ob man ihn als Halbstarken behandelt. In einer konkreten sozialen Situation ist also die Reaktion der einzelnen Mitglieder dieser sozialen Situation voneinander abhängig, interdependent.

4.4.2 Übungsbeispiel zu den drei Lerntechniken im affektiven Bereich

Um Ihnen Gelegenheit zu geben, zu prüfen, ob Sie die Unterscheidung der drei Lerntechniken so verstanden haben, wie wir sie gemeint haben, bieten wir Ihnen hier eine Übung an.

Bitte ordnen Sie die folgenden Lernziele den drei Lerntechniken zu:

| Si | **Signallernen** |

| Ei | **Einstellungslernen** |

| So | **Soziales Lernen** |

1. ☐ Verkehrsregeln auch dann beachten, wenn die Möglichkeit einer Bestrafung ausgeschlossen ist

2. ☐ In bestimmten sozialen Kreisen nicht unangenehm auffallen

3. ☐ Hygienevorschriften beachten

4. ☐ Kunden im Verkaufsgespräch positive Beachtung schenken

5. ☐ Bestimmte Signale als gefährlich ansehen und entsprechend reagieren

6. ☐ Sicherheitsvorschriften (Helm aufsetzen etc.) beachten

7. ☐ Mit bestimmten Markenzeichen Gefühle der Sympathie (oder Dynamik, Sicherheit etc.) verbinden

8. ☐ Im Straßenverkehr nicht in allen Fällen auf der Vorfahrt bestehen

Auflösung:

Bitte vergleichen Sie Ihre Zuordnung mit der auf der Lösungsseite (S. 284).

80

Das letzte Beispiel läßt sich sowohl dem Einstellungslernen als auch dem Sozialen Lernen zuordnen, je nachdem, wie Sie das Beispiel aufgefaßt haben: Wenn die zwei Verkehrsteilnehmer, von denen einer dem anderen die Vorfahrt gibt, miteinander in Kommunikation treten, sich z. B. Handzeichen geben, so handelt es sich um eine konkrete soziale Situation und damit um Soziales Lernen. Findet keine Kommunikation statt, beruht die affektive Reaktion auf Einstellungslernen.

4.4.3 Steckbrief der drei affektiven Lerntechniken

Die drei Lerntechniken im affektiven Bereich werden in den folgenden Kapiteln 5, 6 und 7 zusammen mit den dazugehörigen pädagogischen Maßnahmen detailliert beschrieben. Um die Übersicht zu erleichtern, sei jedoch schon an dieser Stelle ein kurzer Steckbrief eingeschoben.

Signallernen:

Über Erfahrungen wird ein einfacher Reiz aus der Umgebung mit Aktionen des emotionalen Systems verknüpft. Bei der ‚klassischen Konditionierung' wird der Reiz gleichzeitig mit einem Reiz dargeboten, der bereits instinktiv (ohne Lernen) eine affektive Reaktion auslöst. Man lernt dann, auch auf den ‚neuen' Reiz in ähnlicher Weise emotional zu reagieren.

Beispiel: Anblick von Essen macht Appetit (affektive Reaktion); gelernt wird durch wiederholte gleichzeitige Darbietung von Essen und Klirren von Tellern, daß Tellerklirren Hunger und Vorfreude auf Essen quasi als Signal auslöst.

Einstellungslernen:

Über Erfahrungen verbindet man mit einer psychischen Repräsentation der Umgebung (z. B. Bild, das man sich von einer Person macht) oder generell mit einem Bewußtseinsinhalt (z. B. die Abstraktion „Friede") eine Aktion des emotionalen Systems. Lernen liegt auch vor, wenn bestehende Verknüpfungen verändert werden.

Bei diesem Lernen geht es um Werthaltungen, um Zuneigung, Abneigung, Interessen und Verhaltensbereitschaften, die vom affektiven System beeinflußt oder gar gesteuert werden.

Über Einstellungslernen hat sich z. B. die Vorliebe für bestimmte Werte, politische Parteien, Lebensformen, Menschentypen entwickelt.

Soziales Lernen:

Soziales Verhalten ohne Beteiligung von Gefühlen ist kaum denkbar. Auch die emotionale Reaktion auf konkrete soziale Situationen wird gelernt, wobei die soziale Situation zugleich Lerngegenstand (Reiz, mit dem man eine neue emotionale Reaktion verknüpft) wie auch Lernbedingung darstellt, denn Soziales Lernen findet immer in sozialen Situationen statt.

Ein Beispiel für Soziales Lernen ist die Übernahme eines bestimmten Verhaltens beim Begrüßen fremder Menschen. Dieses Verhalten ist von Gefühlen wie z. B. Unsicherheit, Neugierde, Stolz usw. begleitet, die durch das Verhalten des Gegenübers mit bestimmt werden. Wesentlich bestimmt wird dieses Verhalten aber auch durch die Bezugspersonen, die „Modelle", von denen man das Verhalten einst übernommen hat.

4.4.4 Formulierungsvorschläge für Lernzieldefinitionen für die drei affektiven Lerntechniken

Im vorhergehenden Kapitel wurden Probleme der Definition affektiver Lernziele diskutiert, aber auch eine Reihe von Vorschlägen für Lernzieldefinitionen gemacht. Nach der Klassifikation des affektiven Lernens in drei Lerntechniken kommen wir noch einmal auf das Thema „Definition von affektiven Lernzielen" zurück. In der Praxis zeigt sich immer wieder, daß die Formulierung affektiver Lernziele sehr ungewohnt ist und daher große Mühe macht, selbst wenn man schon eine Zuordnung zu einer der Lerntechniken vorgenommen hat. Wir geben daher hier noch einige Formulierungsvorschläge, die für die drei affektiven Lerntechniken charakteristisch sind.

Zur Beschreibung affektiver Lernziele eignet sich grundsätzlich jede Formulierung, die eine gefühlshafte Reaktion kennzeichnet.

Beim **Signallernen** handelt es sich um die Beschreibung einer Gefühlsreaktion auf eine konkrete Wahrnehmung, wobei auch in der Formulierung deutlich wird, daß beim Signallernen keine kognitiven Bereiche mit angesprochen sind. Es geht nicht um affektive Beurteilung wie beim Einstellungslernen, sondern um unwillkürliche Reaktionen.

Formulierungsbeispiele:

- Der Teilnehmer verbindet mit der Klingel an der fremden Haustüre ein Gefühl der positiven Erwartung.

- Der Teilnehmer empfindet beim Anblick einer Zigarettenschachtel Gefühle der Abneigung.

- Der Teilnehmer sieht im Schutzhelm an einem Mitarbeiter ein Zeichen der Verantwortlichkeit, Überlegenheit, Sicherheit etc.

82

Beim **Einstellungslernen** wird in vielen Lernzielformulierungen die kognitive Komponente oder die Handlungskomponente erkennbar sein. In jedem Fall muß die Idee (die Abstraktion), gegenüber der die gefühlshafte Reaktion gezeigt wird, bezeichnet sein.

Formulierungsbeispiele:

– Der Teilnehmer hat eine positive Einstellung zum Prinzip der Versicherung (= allgemeine Formulierung, meist Grobziel).

– Der Teilnehmer sieht den Beruf des Versicherungsverkäufers als wertvoll, notwendig und sozial erwünscht.

– Der Teilnehmer ist stolz auf seinen Beruf.

– Der Teilnehmer ist bereit, auch besondere Mühen im Zusammenhang mit seinen Aufgaben als Führungskraft auf sich zu nehmen (Handlungskomponente).

– Der Teilnehmer ist vom Sinn der Sicherheitsvorschriften überzeugt (kognitive Komponente).

Beim **Sozialen Lernen** wird die affektive Reaktion auf eine konkrete soziale Situation beschrieben. Die Lernzielformulierung muß also diese soziale Situation nennen und beschreibt in den meisten Fällen ein emotional gefärbtes Verhalten in dieser Situation.

Formulierungsbeispiele:

– Der Teilnehmer sucht im Gespräch mit dem Kunden ein persönliches, Vertrauen schaffendes Verhältnis.

– Der Teilnehmer entwickelt auch bei abweisenden Reaktionen des Kunden keine Aggression gegen ihn.

– Der Teilnehmer ist bemüht, sich in die Ängste, Sorgen, Bedenken und Unsicherheiten des Kunden einzufühlen.

– Der Teilnehmer zeigt im Gespräch mit dem Kunden positive affektive Reaktionen wie Anlächeln, Kopfnicken etc.

4.4.5 Die affektiven Lerntechniken und Gagné

Der aufmerksame Leser wird erkannt haben, daß die drei skizzierten Lerntechniken im affektiven Bereich zunehmend komplexer werden: Das Signallernen kann beim Lernen von Einstellungen, das Einstellungslernen beim sozialen Lernen mitbeteiligt sein.

Die nächsten Kapitel werden auch zeigen, daß zu jeder Lerntechnik eine Fülle von Erkenntnissen aus der Lernpsychologie (Signallernen), vor allem aber aus der Sozial- und Persönlichkeitspsychologie (Einstellungslernen und Soziales Lernen) vorliegt. Bei der Diskussion von pädagogischen Maßnahmen zu diesen Lernwegen wird sich auch herausstellen,daß man sie erfolgreich bestimmten Lernzielen zuordnen kann. Darin liegt der wichtigste Vorteil für die Unterscheidung verschiedener Lerntechniken im affektiven Bereich: Man kann jeder affektiven Lerntechnik empirische Untersuchungen zuordnen, aus denen man konkrete didaktische Hinweise bzw. pädagogische Maßnahmen ableiten kann.

Abb. 14: Wichtigster Vorteil für die Unterscheidung verschiedener affektiver Lerntechniken

Damit erfüllt diese Einteilung die gleichen Bedingungen wie die übrigen Lerntechniken von Gagné:

– Zu allen drei Lerntechniken liegen experimentelle Untersuchungen vor, aus denen ideale Bedingungen für den Lernprozeß abgeleitet werden können.

– Man kann die drei Lerntechniken konkreten „beruflichen" Lernzielen zuordnen.

– Sie bauen hierarchisch aufeinander auf.

4.4.6 Die Verknüpfung der drei affektiven Lerntechniken

Die drei Lerntechniken im affektiven Bereich kommen nicht nur isoliert voneinander vor, sondern in den meisten Fällen der Praxis überlappen sie sich. Bereits der Punkt „hierarchischer Aufbau" weist darauf hin, daß der Komplexitätsgrad vom Signallernen über das Einstellungslernen bis zum Sozialen Lernen zunimmt.

Das zeigt sich auch in der Anzahl von Mischformen, die durch Überlappung der einzelnen affektiven Lerntechniken zustande kommen.

Insgesamt sind sieben verschiedene Felder zu unterscheiden (s. Abb. 15): Es sind die drei „reinen" Formen und vier Mischformen, in denen mehr als eine Lerntechnik gleichzeitig erkennbar ist, sich also zwei oder – in einem Fall sogar alle drei – affektiven Lerntechniken überschneiden. Wir wollen diese sieben Felder hier einzeln vorstellen, weil dadurch – vor der Detailbeschreibung der drei Lerntechniken – der Zusammenhang dieser Lerntechniken untereinander deutlich wird.

84

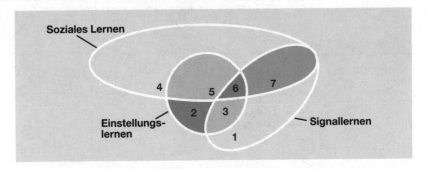

Abb. 15: Klassifikation von affektiven Lernzielen

Die grafische Umsetzung macht sichtbar, daß das **Signallernen** im Einstellungslernen (Feld 3) sowie im Sozialen Lernen (Feld 6 und 7) und das **Einstellungslernen** im Sozialen Lernen (Feld 5 und 6) mit enthalten sein kann (Überlappung der jeweiligen grafischen Muster).

Jedes der sieben Felder bezeichnet eine Lernart im affektiven Bereich oder die Kombination mehrerer Lernarten. Die folgenden Grafiken zeigen den Aufbau bzw. die Überlappung der einzelnen Lernarten. Wir wollen diese Felder kurz beschreiben und anhand von Beispielen näher erläutern:

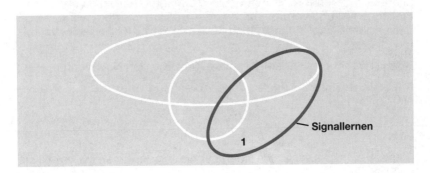

Abb. 16: Signallernen

Feld 1:

Dieses Feld bezeichnet den Bereich des reinen Signallernens, das heißt, die Verknüpfung einer affektiven Reaktion mit einem konkreten Reiz.

Beispiel:

Jemand geht an einem Schaufenster vorbei, sieht eine „leckere" Torte und möchte diese kaufen.

Reiz = Bild der Torte/Affektive Reaktion = Wunsch, sie zu essen

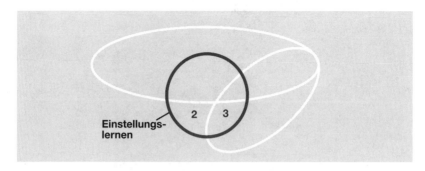

Abb. 17: Einstellungslernen

Feld 2:

Die beiden Felder bezeichnen den Bereich des reinen Einstellungslernens, das heißt, die Verknüpfung einer affektiven Reaktion mit einer kognitiven Konstruktion (Repräsentation von Umwelt, Abstraktion usw.)

Beispiel:

Jemand reagiert auf die gedankliche Vorstellung „katholische Kirche" aggressiv; er lehnt etwa heftig alle Maßnahmen ab, die von der katholischen Kirche vorgenommen oder geplant werden, wenn er von diesen zum Beispiel durch Nachrichten im Radio hört oder in der Zeitung liest.

Reiz = Erwähnung der katholischen Kirche in den Nachrichten

Affektive Reaktion = gedankliche Ablehnung oder auch „Vor-sich-hin-Schimpfen"

Feld 3:

Dieses Feld signalisiert eine Überschneidung des Einstellungslernens und des Signallernens. Es handelt sich um die Verknüpfung einer affektiven Reaktion mit einer Abstraktion, Idee (= Einstellungslernen), bei der ein Signal eine Rolle spielt.

Beispiel:

Jemand reagiert mit positivem Interesse auf ein Schriftstück, auf dem er in der Überschrift die Buchstaben CSU wahrnimmt. Die Reaktion ist bestimmt von der Einstellung zu der bezeichneten politischen Partei; es handelt sich aber gleichzeitig um eine Reaktion auf ein Signal.

Reiz = CSU (als konkretes Signal und als Symbol für eine Abstraktion, das heißt politische Partei)

Affektive Reaktion = Ausdruck positiven Interesses, zum Beispiel Lesenwollen

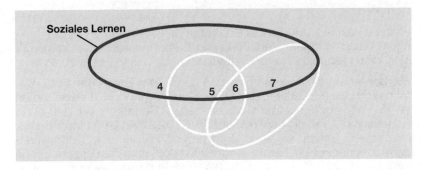

Abb. 18: Soziales Lernen

Feld 4:

Diese Felder bezeichnen den Bereich des reinen Sozialen Lernens, das heißt die Verknüpfung einer affektiven Reaktion mit und in einer sozialen Situation.

Beispiel:

Jemand lehnt die angebotene Hilfe eines Menschen ab.

Reiz = Angebot von Hilfe

Affektive Reaktion = sich zurückziehen (vielleicht aus Angst vor Abhängigkeit)

Feld 5:

Diese Felder bezeichnen die Überschneidung der Reaktionsentwicklung auf Abstraktionen (Einstellungen) und konkrete soziale Situationen. Hierher gehören alle Fälle, bei denen die Verknüpfung affektiver Reaktionen mit sozialen Situationen von Einstellungen zu den betroffenen Menschen beeinflußt wird.

Beispiel:

Jemand reagiert bei einem Treffen positiv auf einen Menschen, weil er weiß, daß er Mitglied einer bestimmten politischen Partei ist.

Reiz = Mitglied einer positiv beurteilten Gruppe

Affektive Reaktion = freundliches Verhalten

Feld 6:

In diesem Feld überschneiden sich alle drei Bereiche. Bei der Entstehung einer affektiven Reaktion spielen ein Signal, eine Einstellung und die soziale Situation eine Rolle.

Beispiel:

Jemand reagiert auf die laute Stimme eines Arztes mit eher kindlichem, unterwürfigem Verhalten: Die Stimme wird höher, er macht sich klein (gebückte Haltung), traut sich nicht, eine Frage zu stellen.

Hierbei wirken die laute Stimme und unter Umständen der weiße Kittel des Arztes (= Signale), das Wissen von Zugehörigkeit der Person zu der als hochqualifiziert angesehenen Berufsgruppe der Ärzte (= Einstellung) und die konkrete soziale Situation Arzt–Patient (= Soziales Lernen). Besonders auffällig wird der affektive (d. h. nicht reflektierte, unüberlegte) Charakter der Reaktion, wenn das beschriebene Verhalten in einer Situation sichtbar wird, in der der Gesprächspartner des Arztes in keinerlei Abhängigkeit vom Arzt steht (er ist nicht krank, möchte nichts von ihm, ist ihm hinsichtlich seiner beruflichen Stellung gleichgestellt).

Reiz = Arzt mit lauter Stimme

Affektive Reaktion = kindliches, unterwürfiges Verhalten

Feld 7:

In diesem Feld überschneiden sich die zwei Bereiche Signallernen und Soziales Lernen. Bei den Reaktionen, die hier gelernt werden, handelt es sich um solche in sozialen Situationen, bei denen ein Signal, nicht aber eine Einstellung eine Rolle spielt. Hierzu gehören vor allem jene Fälle, bei denen wir auf Menschen positiv oder negativ, hilfsbereit oder unterwürfig reagieren, wobei diese Reaktion von bestimmten Signalen wie Gesichtsform, Stimme, Geruch, Haarschnitt usw. abhängt. Dieser Zusammenhang wird häufig nicht bewußt.

Beispiel:

Ein Mann wendet sich einer Frau zu, weil er sich von ihrem Äußeren (zum Beispiel ihrem Gesichtsschnitt) angezogen fühlt.

Reiz = Gesicht einer Frau/Affektive Reaktion = positive Zuwendung

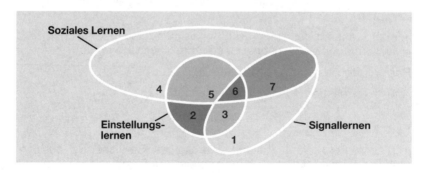

Abb. 19: Klassifikation von affektiven Lernzielen

4.4.7 Lernexperimente und die Gestaltung von Unterrichtssituationen

Die folgenden Kapitel werden auf die drei Lerntypen, nicht aber auf deren Mischformen, näher eingehen. Quasi als Steinbruch benutzen wir dabei Studien aus der empirischen Psychologie, weil – wie oben erwähnt – experimentell begründete Theorien affektiven Lernens noch ausstehen. Diese Studien sind bis auf wenige Ausnahmen in einem Forschungszusammenhang durchgeführt worden, bei dem es nicht um pädagogische Fragestellungen ging. Eine Übertragung der Ergebnisse auf die pädagogische Praxis ist daher u. a. aus folgenden Gründen riskant:

- Die Versuchspersonen unterscheiden sich:

  In den Laboratoriumsexperimenten werden meist Studenten als Probanden genommen. Sie sind vor allem durch eine relativ hohe Intelligenz und ein besonderes Selbstbewußtsein bzw. Rollenverständnis gekennzeichnet. Studenten haben z. B. die Tendenz, primär den Intellekt als Entscheidungskriterium heranzuziehen. Es muß deshalb im Einzelfall geprüft werden, inwieweit die Ergebnisse nur für die spezifischen Versuchspersonen typisch sind und daher nicht auf die pädagogische Praxis übertragen werden können, wenn die Adressaten sich von Studenten wesentlich unterscheiden.

- Die Themen, die zur Vermittlung einer affektiven Beeinflussung gewählt werden, unterscheiden sich:

  Diese Unterscheidung ist weniger bedeutend beim Signallernen, besonders signifikant jedoch beim Einstellungslernen, zum Teil auch beim Sozialen Lernen. In Laboratoriumsversuchen werden zur Demonstration von Einstellungslernen meist Themen mit geringer Ich-Beteiligung gewählt, die für die Versuchspersonen keine besondere Bedeutung haben. In der betrieblichen Praxis besitzen die Lernziele aber fast immer enormen Wert für die Adressaten. Es dürfte deshalb leichter sein, Studenten eine neue Einstellung gegenüber einem unbekannten Politiker oder einer Volksgruppe, die sie nicht kennen, zu vermitteln, als einem Verkäufer eine neue Einstellung gegenüber seinen Kunden.

- Die Motivation der Versuchspersonen unterscheidet sich:

  Die Studenten in den Laboratoriumsexperimenten haben meist die Tendenz, dem Versuchsleiter einen Gefallen zu tun. Sie „spielen mit", weil sie von der Person des Versuchsleiters und seiner Theorie überzeugt sind und außerdem nicht unangenehm auffallen wollen. In der betrieblichen Praxis kann man nicht generell von einem solchen Wohlwollen der Adressaten gegenüber dem Beeinflussenden ausgehen. Im Gegenteil, man muß damit rechnen, daß die Adressaten eher eine ablehnende Haltung gegenüber jeder Art affektiver Beeinflussung einnehmen.

Trotz dieser Vorbehalte sind die experimentellen Ergebnisse zu den einzelnen Lernarten nützlich. Sie helfen, plausible Hypothesen zu entwickeln, deren Übertragbarkeit zwar für jeden konkreten Einzelfall überprüft werden muß, die uns jedoch andererseits viele Hinweise zur Gestaltung der konkreten Unterrichtssituation liefern können. Hinzu kommt, daß sich die meisten Ergebnisse in vielen unterschiedlichen Untersuchungen bestätigt haben und daher mit einer gewissen Berechtigung auch auf weitere Situationen übertragen werden können.

So schildert z. B. Lewin in einer Untersuchung, mit welchen Beeinflussungsmethoden Hausfrauen dazu gebracht werden könnten, beim täglichen Kochen mehr Innereien zu verwenden (in Lewin a.a.O., S. 210ff.). (Dieses Experiment fand während des Krieges in den USA statt, wo selbst dort die Steaks knapp wurden.) Lewin verlangte von den Hausfrauen, sie sollten am Ende eines Vortrages zum Wert von Innereien vor den anderen offen bekennen, daß sie jetzt vom Wert der Innereien überzeugt seien und in den nächsten Tagen einige der vorgeschlagenen Rezepte ausprobieren würden. Hausfrauen, die kein solches Bekenntnis vor der Gruppe ablegten, verwendeten bei einer späteren Kontrolle tatsächlich seltener Innereien, wobei sich die „Bekennergruppe" und die „Nicht-Bekennergruppe", wie Tests zeigten, sonst in keinem Punkt unterschieden.

Wir schließen daraus:

Eine neu erworbene Einstellung vor der Gruppe zu vertreten erhöht die Wahrscheinlichkeit, daß die neue Einstellung das zukünftige Verhalten beeinflußt.

Dieses Ergebnis wurde in einer Reihe weiterer Experimente bestätigt, und es wird auch von Praxiserfahrungen unterstützt (Beispiel: Zeugen Jehovas, Anonyme Alkoholiker).

Die Konsequenz für unsere Praxis lautet: Am Ende eines Seminars – z. B. zum Thema Arbeitstechniken –, bei dem Einstellungen vermittelt wurden, sollten die Teilnehmer vor der Gruppe „bekennen", welche der angebotenen Techniken sie in den nächsten Tagen anwenden werden.

90

4.5 Testaufgaben zu Kap. 4

Aufgabe 15 (Abschnitt 4.1):

Wodurch ist die Taxonomie der affektiven Lernziele von Krathwohl u. a. charakterisiert?

A) Die Lernziele auf den einzelnen Stufen werden immer komplexer.

B) Von den einzelnen Stufen lassen sich leicht Hilfen für das methodische Vorgehen bei der Vermittlung herleiten.

C) Die einzelnen Stufen sind unabhängig voneinander, sie stehen in keiner Beziehung zueinander.

D) Die Lernziel-Taxonomie eignet sich besonders als Suchraster für affektive Lernziele.

Aufgabe 16 (Abschnitt 4.2):

Satz 1: Die verschiedenen Erscheinungen, die wir mit Lernen bezeichnen, sind prinzipiell identisch und daher mit den gleichen Theorien erklärbar,

Begr.: weil ...

Satz 2: die gleichen Prozesse bei jeder dieser Erscheinungen stattfinden.

A) Satz 1 ist richtig, Satz 2 ist falsch.

B) Beide Sätze sind richtig, und die Begründung stimmt.

C) Beide Sätze sind richtig, aber die Begründung stimmt nicht.

D) Beide Sätze sind falsch.

E) Satz 1 ist falsch, Satz 2 ist richtig.

Aufgabe 17 (Abschnitt 4.3):

Welchen drei Prinzipien fühlte sich Gagné bei seiner Einteilung der Lerntechniken verpflichtet?

A) Die Lerntechniken sind der Bloomschen Klassifikation zuzuordnen.

B) Zu allen Lerntechniken liegen experimentelle Untersuchungen vor.

C) Die einzelnen Lerntechniken vermitteln differenzierbare Lernziele.

D) Alle aufgezählten Lerntechniken lassen sich aus der verhaltensorientierten Lerntheorie herleiten.

E) Die einzelnen Lerntechniken bauen aufeinander auf.

(Lösungen s. S. 284)

Aufgabe 18 (Abschnitt 4.4):

In welcher Weise sind die drei Lerntechniken zur Vermittlung von Lernzielen aus dem affektiven Bereich – Signallernen, Einstellungs- lernen, Soziales Lernen – geordnet?

A) Die drei Lerntechniken sind voneinander abhängig und bedingen sich gegenseitig. Eine hierarchische Ordnung läßt sich jedoch nicht angeben.

B) Alle drei Lerntechniken sind voneinander völlig unabhängig.

C) Die drei Lerntechniken bauen aufeinander auf: Soziales Lernen schließt u. U. Einstellungslernen mit ein, Einstellungslernen schließt u. U. Signallernen mit ein.

D) Einstellungslernen ist die übergeordnete Lerntechnik. Signallernen und Soziales Lernen sind zwei Unterformen des Einstellungslernens.

E) Die drei Lerntechniken bauen aufeinander auf: Signallernen schließt u. U. Einstellungslernen mit ein, Einstellungslernen schließt u. U. Soziales Lernen mit ein.

Aufgabe 19–21 (Abschnitt 4.4):

Es wurden drei Arten des Lernens im affektiven Bereich unterschie- den. Die Klassifikation richtet sich nach den Reizen, die eine emotio- nale Reaktion auslösen.

Aufgabe 19:

Beim **Signallernen** besteht dieser Reiz

A) nur aus einer inneren Wahrnehmung,

B) aus einer abstrakten Idee,

C) aus einer konkreten Wahrnehmung,

D) aus einer sozialen Situation,

E) aus keinem der oben genannten Reize.

Aufgabe 20:

Beim **Einstellungslernen** besteht dieser Reiz

A) nur aus einer inneren Wahrnehmung,

B) aus einer abstrakten Idee,

C) aus einer konkreten Wahrnehmung,

D) aus einer sozialen Situation,

E) aus keinem der oben genannten Reize.

Aufgabe 21:

Beim **Sozialen Lernen** besteht dieser Reiz

A) nur aus einer inneren Wahrnehmung,

B) aus einer abstrakten Idee,

C) aus einer konkreten Wahrnehmung,

D) aus einer sozialen Situation,

E) aus keinem der oben genannten Reize.

Aufgabe 22 (Abschnitt 4.4):

Welcher ist der wichtigste Grund, der für eine Trennung verschiedener Lerntechniken zur Vermittlung von Lernzielen aus dem affektiven Bereich spricht?

A) Die Unterscheidung verschiedener Lerntechniken ermöglicht es, eine Verbindung zu den kognitiven Lernzielen herzustellen.

B) Den Lerntechniken entsprechen empirische Untersuchungen, aus denen sich didaktische Hinweise ableiten lassen.

C) Konkrete Ausbildungsziele lassen sich immer einer einzelnen Lerntechnik zuordnen.

D) Die Kosten für die Entwicklung von Lehrsystemen werden wesentlich gesenkt.

E) Die experimentelle Erprobung des Lernerfolgs ist leichter.

Aufgabe 23 (Abschnitt 4.4):

Bei einer feineren Differenzierung lassen sich mehrere Formen bzw. Mischformen affektiven Lernens unterscheiden. Wie viele Formen lassen sich beim Sozialen Lernen unterscheiden?

A) 3 verschiedene Formen

B) 4 verschiedene Formen

C) 5 verschiedene Formen

D) 6 verschiedene Formen

E) 7 verschiedene Formen

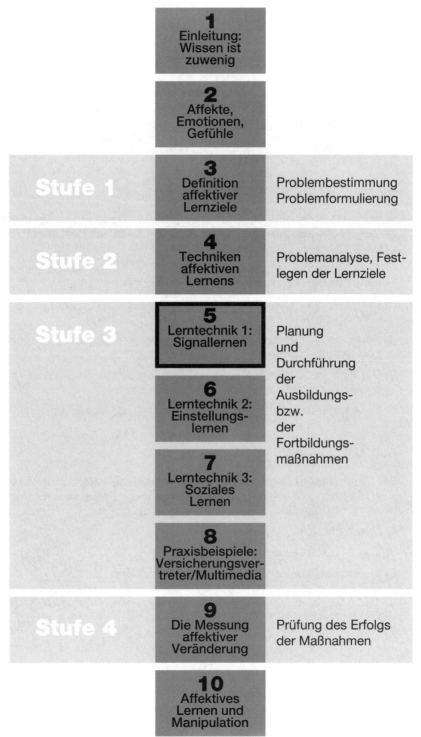

	1 Einleitung: Wissen ist zuwenig	
	2 Affekte, Emotionen, Gefühle	
Stufe 1	**3** Definition affektiver Lernziele	Problembestimmung Problemformulierung
Stufe 2	**4** Techniken affektiven Lernens	Problemanalyse, Fest- legen der Lernziele
Stufe 3	**5** Lerntechnik 1: Signallernen	Planung und Durchführung der Ausbildungs- bzw. der Fortbildungs- maßnahmen
	6 Lerntechnik 2: Einstellungs- lernen	
	7 Lerntechnik 3: Soziales Lernen	
	8 Praxisbeispiele: Versicherungsver- treter/Multimedia	
Stufe 4	**9** Die Messung affektiver Veränderung	Prüfung des Erfolgs der Maßnahmen
	10 Affektives Lernen und Manipulation	

5. Lerntechnik 1: Signallernen

Inhaltsangabe und Lesehinweise

Im 5. Kapitel wird das Signallernen im einzelnen beschrieben und durch eine Reihe von Beispielen verdeutlicht. Ziel ist es, die Bedingungen für den Lernprozeß herauszuschälen, die für das Signallernen besonders günstig oder sogar Voraussetzung sind.

Im ersten Abschnitt (5.1) wird dargestellt, welche Bedingungen gegeben sein mußten, damit der kleine Albert Angst vor weißen Ratten bekam, die er doch vorher so gern mochte. Dieses Beispiel ist wegen seiner Anschaulichkeit auch für den Praktiker nützlich, auch wenn er es nicht mit kleinen Kindern und weißen Ratten zu tun hat.

Es folgt Abschnitt 5.2 mit der Beschreibung von klassischem Konditionieren. Als Beispiel wurde Pawlows Experiment mit dem Hund gewählt.

Im dritten Abschnitt (5.3) werden eine Reihe weiterer Versuche und Beispiele für Signallernen dargestellt. Es zeigt sich dabei die Vielfalt der Signale, die mit emotionalen Reaktionen gekoppelt werden können.

Im vierten Abschnitt (5.4) werden zwei Beispiele für Signallernen aus der Praxis der betrieblichen Aus- und Weiterbildung aufgezeigt.

Im fünften Abschnitt (5.5) sind dann die notwendigen Bedingungen für das Lernarrangement zusammengefaßt, in dem Signallernen stattfinden soll. Dieser und der vorhergehende Abschnitt ist ganz besonders für den Praktiker der betrieblichen Aus- und Weiterbildung gedacht.

Der letzte Abschnitt (5.6) enthält wieder einige Textaufgaben.

5.1 Die Angst des kleinen Albert

Im Jahre 1920 publizierte der amerikanische Psychologe John B. Watson, ein führender Behaviorist, zusammen mit seiner Kollegin R. Rayner einen Artikel mit dem Thema „Konditionierte emotionale Reaktionen". Geschildert wurde eine Studie mit dem zehn Monate alten Albert, den die beiden Wissenschaftler experimentell Angst vor einer weißen Ratte lernen ließen.

Diese Veröffentlichung hat Geschichte gemacht. Zum einen, weil hier zum erstenmal affektives Lernen experimentell herbeigeführt wurde. Zum anderen aber, weil diese Studie als Musterbeispiel für ethische Probleme psychologischer Forschung angesehen wird. Diese Studie soll zuerst kommentarlos vorgestellt werden, weil man an ihr sehr gut verdeutlichen kann, was für **Signallernen im affektiven Bereich** typisch ist.

> Albert spielte furchtlos mit einer weißen Ratte, die in seinem Kinderzimmer umherlief. Er zeigte keinerlei negative Emotionen gegenüber Pelztieren oder fellartigen Dingen.
>
> Watson und Rayner ließen nun plötzlich, als Albert sich mit der Ratte beschäftigen wollte, einen lauten Gong hinter dem Kind ertönen. Dieser Ton erschreckte das Kind sehr. Als nach einer gewissen Zeit der Beruhigung die Ratte wieder gezeigt wurde, zeigte Albert bereits Anzeichen von Angst. Als er zögernd die Ratte berühren wollte, erschallte der Gong erneut. Das Kind zeigte nun eine starke Angstreaktion. Nachdem Albert zur Beruhigung eine Zeit gespielt hatte, zeigte man ihm die Ratte wieder. Diesmal wandte sich das Kind ab und begann zu weinen, ohne daß der Gong geschlagen worden war.
>
> Es zeigte sich, daß Albert fortan nicht nur Ratten scheute, sondern auch Hunde, Katzen, Kaninchen, ja sogar Pelzmäntel.

Versuchen wir, diesen Vorgang systematisch im Hinblick auf affektives Signallernen zu analysieren.

– Es gab einen Reiz (lauter Ton), der eine unangenehme affektive Reaktion auslöste. Diese Reiz-Reaktionsverbindung ist offensichtlich **ungelernt** oder **unbedingt.**

– **Erlernt** oder **bedingt** (im Fachjargon ‚konditioniert') wurde eine neue Reiz-Reaktionsverbindung zwischen der weißen Ratte und dem Angstverhalten. (Vor dem Versuch löste der Reiz ‚weiße Ratte' ja eine neutrale oder positive affektive Reaktion aus, kein Angstverhalten.)

– Der Lernprozeß – die neue Koppelung der affektiven Angstreaktion mit der weißen Ratte – erfolgte über eine Koppelung des Reizes ‚weiße Ratte' mit dem unbedingten (ungelernten) Angstreiz ‚lauter Ton'.

> Für diese Koppelung war die **gleichzeitige Darbietung** der beiden Reize (Ton und Ratte) entscheidend. Über die Gleichzeitigkeit wurde der Reiz ‚weiße Ratte' psychologisch mit der ungelernten Verbindung ‚lauter Ton = Angstreaktion' verknüpft.

- Diese gleichzeitige Darbietung von ungelerntem und ‚bedingtem‘ Angstreiz (Signal) mußte **mehrmals wiederholt** werden, bis der ‚bedingte‘ Angstreiz ‚weiße Ratte‘ tatsächlich allein Angst auslöste.

- Albert zeigte nach dem Lernen dieselbe affektive Reaktion auch auf Reize (z. B. Pelzmäntel), die dem ursprünglich neutralen Reiz ähnlich waren. Der Fachausdruck hierfür ist **Generalisierung oder Transfer.**

Alle diese Punkte sind wesentlich für Signallernen. Sie sind auch als Rezepte zu lesen für jeden, der für bestimmte (unbedingte) Reize ‚neue‘ Verbindungen mit affektiven Reaktionen herstellen will.

Das Rezept verlangt:

- Man suche einen Reiz, der die gewünschte affektive Reaktion bereits auslöst (‚unbedingter Reiz‘);

- man biete diesen unbedingten Reiz gleichzeitig mit dem ‚neuen‘ Reiz dar, den man mit der affektiven Reaktion neu koppeln möchte (Signal);

- man wiederhole diese gemeinsame Darbietung, bis der ‚neue‘ (bedingte) Reiz die affektive Reaktion auch allein auslöst.

Genau dies tut zum Beispiel Tante Klara, wenn sie ihrer kleinen Nichte jedesmal die Lieblingsschokolade mitbringt. Sie koppelt damit bei der Kleinen an die bestehende Verbindung ‚Schokolade (Reiz) – Wohlbefinden (affektive Reaktion)‘ ihr Erscheinungsbild (Tante Klara als ‚bedingter Reiz‘). Wenn sie dies mehrmals tut, genügt der kleinen Nichte bereits der Anblick von Tante Klara, um ein positives Gefühl zu erleben. Tante Klara ist das **Signal** für diese Emotion geworden. Offensichtlich in Anlehnung an das Experiment von Watson hat A. Huxley in seinem berühmten futuristischen Roman „Schöne neue Welt" 1932 beschrieben, wie das Signallernen von autoritären Regimen zur Manipulation eingesetzt werden kann. Dieses Beispiel wird so eindringlich geschildert, daß wir es hier ungekürzt wiedergeben wollen (A. Huxley 1953, S. 28ff):

„Große Schalen, dicht gefüllt, Tausende von Rosen, vollerblüht und seidenglatt wie die Pausbäckchen unzähliger Englein, aber nicht lauter rosig arischer, sondern auch mattgelb mongolischer und mexikanischer, vom vielen Blasen der himmlischen Posaunen apoplektisch purpurn angelaufener und andrer totenblaß, fahl wie Friedhofsmarmor. Die Pflegerinnen standen stramm, als der BUND eintrat. ‚Stellen Sie die Bücher auf!‘ befahl er kurz. Schweigend gehorchten sie. Zwischen die Rosenschalen wurden Bücher gestellt, eine Reihe Kinderbücher in Quarto, jedes einladend beim bunten Bild eines Vierfüßlers, Fisches oder Vogels aufgeschlagen.

‚Nun bringen Sie die Kinder!‘

Die Pflegerinnen eilten hinaus und kehrten nach ein paar Minuten zurück; jede schob so etwas wie einen hohen Stummen Diener vor sich her, dessen vier drahtvergitterte Fächer mit acht Monate alten Kindern beladen waren, alle einander genau gleich (eine Bokanowskygruppe offenbar) und alle, da sie der Deltakaste angehörten, in Khaki gekleidet.

‚Setzen Sie sie auf den Boden!“

Die Kinder wurden abgeladen.

‚Nun wenden Sie sie so, daß sie die Blumen und Bücher sehen können!‘

Kaum war das geschehen, als die Kinder verstummten und auf die seidig schimmernden Farbklumpen, die bunt leuchtenden Bilder auf den weißen Buchseiten loszukrabbeln begannen. Die Sonne, einen Augenblick lang verdunkelt, kam hinter einer Wolke hervor. Die Rosen flammten auf, wie von jäh erwachter Leidenschaft durchglüht; neue, tiefere Bedeutsamkeit schien die leuchtenden Bildseiten zu erfüllen. Aus den Reihen der krabbelnden Kinder ertönten kleine aufgeregte Schreie, freudiges Lallen und Zwitschern.

Der Direktor rieb sich die Hände. ‚Großartig!‘ sagte er. ‚Fast wie auf Bestellung!‘

Die Flinksten unter den Krabblern waren schon am Ziel. Zaghafte Händchen streckten sich aus, berührten, erfaßten und entblätterten die vom Sonnenlicht verklärten Rosen, zerknitterten die bebilderten Buchseiten. Der Direktor wartete, bis alle seelenvergnügt beschäftigt waren. ‚Und nun passen Sie auf!‘ sagte er und gab mit erhobener Hand ein Zeichen.

Die Oberpflegerin, die am anderen Ende des Saals vor einem Schaltbrett stand, drückte einen kleinen Hebel nieder. Ein heftiger Knall. Gellendes und immer gellenderes Sirenengeheul. Rasendes Schrillen von Alarmklingeln. Die Kinder erschraken und schrien auf, die Gesichtchen von Entsetzen verzerrt.

‚Und jetzt‘, brüllte der Direktor, denn der Lärm war ohrenbetäubend, ‚werden wir die Lektion mittels eines elektrischen Schlägelchens einbleuen.‘

Er winkte abermals, die Oberpflegerin drückte einen zweiten Hebel nieder. Das Plärren der Kinder hörte sich plötzlich anders an. Verzweiflung, fast Wahnsinn klang aus diesen durchdringenden Schreikrämpfen. Ihre Körperchen wanden und steiften sich, ihre Glieder zuckten wie von unsichtbaren Drähten gezogen.

‚Wir können durch diesen ganzen Streifen des Fußbodens elektrischen Strom schicken‘, brüllte der Direktor erklärend. ‚Aber jetzt genug!‘ bedeutete er der Pflegerin. Die Detonationen hörten auf, die Klingeln verstummten, das Sirenengeheul erstarb Ton für Ton. Die zuckenden Kinderleiber lösten sich aus ihrem Krampf, das irre Stöhnen und Schreien ebbte zu einem gewöhnlichen Angstgeplärr ab.

‚Geben Sie ihnen nochmals die Blumen und Bücher!‘

Die Pflegerinnen gehorchten, aber bei der leisesten Annäherung der Rosen, beim bloßen Anblick der bunten Miezekatzen, Hottehüpfpferdchen und Bählämmer wichen die Kinder schaudernd zurück; ihr Geplärr schwoll sogleich wieder zu Entsetzensgeschrei an.

‚Beachten Sie das, meine Herren‘, sagte der Direktor triumphierend, ‚beachten Sie das wohl!‘ Bücher und Getöse, Blumen und elektrische Schläge – schon im kindlichen Geist waren diese Begriffspaare nun zwanghaft verknüpft, und nach zweihundert Wiederholungen dieser oder ähnlicher Lektionen waren sie untrennbar. Was der Mensch zusammengefügt, das kann Natur nicht scheiden.

So wachsen sie mit einem, wie die Psychologen zu sagen pflegten, ‚instinktiven‘ Haß gegen Bücher und Blumen auf. Wir normen ihnen unausrottbare Reflexe an. Ihr ganzes Leben lang sind sie gegen Druckerschwärze und Wiesengrün gefeit.“

In der Aus- und Weiterbildungspraxis hat man es allerdings nicht mit kleinen Kindern zu tun, sondern mit Personen, die aufgrund der bisherigen Erfahrungen schon zahlreiche Reiz-Reaktionsverbindungen im affektiven Bereich erworben haben. So will man hier oft eine bestehende Verbindung nicht einfach erweitern, sondern völlig verändern. Denken Sie z. B. an die Absicht, bei Jugendlichen den Reiz ‚Zigarette' mit negativen Gefühlen zu verbinden. Bei jugendlichen Rauchern gibt es nun aber bereits aufgrund der allgegenwärtigen Zigarettenwerbung die erlernte Koppelung des Signals ‚Zigarette' mit positiven Affekten. Das Erlernen ist hier also ein **Um-**Lernen. Hierzu ist ein Experiment im Anschluß an das Watson-Rayner-Experiment aufschlußreich (Jones 1924). Man versuchte, die Angst eines Kindes vor Kaninchen durch eine Um-Konditionierung rückgängig zu machen.

> Es genügte nicht, das Kaninchen längere Zeit nicht zu zeigen. Man ging dazu über, das Tier zuerst aus großer Entfernung zu zeigen und gleichzeitig dem Kind etwas zu essen zu geben, was es gerne mochte. Als die Angstreaktion nachließ, wurde das Kaninchen unter denselben Bedingungen näher herangebracht. Es gelang schließlich, das Kind zum Spielen mit dem Kaninchen zu bringen.

Hier wurde dem Angstsignal ‚Kaninchen' ein gleichzeitig dargebotener Reiz für eine positive affektive Reaktion entgegengesetzt. Solche **Gegenkonditionierung reziproker Emotionon** spielt eine besondere Rolle bei der sogenannten Verhaltenstherapie. Klienten mit Phobien (Redeangst, Spinnenangst, Flugangst, Platzangst usw.) lernen, den angstbesetzten Reiz nach und nach ohne Angst zu ertragen, indem sie sich ihm unter entspannenden Bedingungen (reziproke Emotion zu Angst) stufenweise intensiver aussetzen.

Die einfachste Methode, eine durch Signallernen entstandene Koppelung von Signal und affektiver Reaktion wieder zum Verschwinden zu bringen, ist die **Extinktion oder Löschung.** Man zeigt dabei das Signal öfter ohne den ‚unbedingten Reiz'. Wenn z. B. Tante Klara nach einiger Zeit ihre Nichte jedesmal ohne Schokolade (unbedingter Reiz) besucht, wird die Freude der Nichte auf Tante Klara (Signal) nachlassen, wenn nicht ganz verschwinden. Die Löschung ist allerdings beim Signallernen im affektiven Bereich selten erfolgreich. Offensichtlich sind affektive Koppelungen mit bestimmten Signalen psychisch sehr dauerhaft. Das ‚Gedächtnis' im Bereich der Emotionen scheint äußerst intensiv zu sein. Sicher trägt die Tatsache das ihre dazu bei, daß die meisten Signalverbindungen im affektiven Bereich in früher Kindheit – schon vor dem Entwickeln von Sprache und Vernunft – stattfinden. In den meisten Fällen wird man sich also nicht auf die Löschung verlassen können, sondern zum Umkonditionieren (s. o.) Zuflucht nehmen müssen.

Wenn der Reiz, mit dem wir eine bestimmte emotionale Reaktion verbunden haben, lange Zeit nicht wahrgenommen wird (Extinktion) und daher auch nicht mit einer neuen Gefühlsreaktion gekoppelt wird (Umkonditionieren), so bleibt die Verknüpfung jahrelang erhalten. Erinnerungen, die manchmal, z. B. bei einem Geruch auftauchen, den wir jahrelang nicht gerochen haben, zeigen das deutlich.

Auch dazu ein Beispiel aus einem Roman. In der Literatur findet man nicht nur so abschreckende Beispiele für Signallernen, wie es das Beispiel von Huxley gezeigt hat. Marcel Proust beschreibt in seinem Roman „A la recherche du temps perdu" (Auf der Suche nach der verlorenen Zeit), wie er verlorene Gefühls-Erinnerungen aus der Kindheit durch sinnliche Reize – etwa den Geruch eines in Tee getauchten „Madeleine"-Gebäcks – wiederfinden konnte (Seite 63).

> „Sie ließ darauf eines jener dicken ovalen Sandtörtchen holen, die man ‚Madeleine' nennt ... Gleich darauf führte ich, bedrückt durch den trüben Tag und die Aussicht auf den traurigen folgenden, einen Löffel Tee mit dem aufgeweichten kleinen Stück Madeleine darin an die Lippen. In der Sekunde nun, als dieser mit dem Kuchengeschmack gemischte Schluck Tee meinen Gaumen berührte, zuckte ich zusammen und war wie gebannt durch etwas Ungewöhnliches, das sich in mir vollzog. Ein unerhörtes Glücksgefühl, das ganz für sich allein bestand und dessen Grund mir unbekannt blieb, hatte mich durchströmt ... gleichzeitig aber fühlte ich mich von einer köstlichen Substanz erfüllt: oder diese Substanz war vielmehr nicht in mir, sondern ich war sie selbst. Ich hatte aufgehört, mich mittelmäßig, zufallsbedingt, sterblich zu fühlen. Woher strömt diese mächtige Freude mir zu? ... Ich trinke einen zweiten Schluck und finde nichts anderes darin als im ersten, dann einen dritten, der mir sogar etwas weniger davon schenkt als der vorige. Ich muß aufhören, denn die geheime Kraft des Trankes scheint nachzulassen. Es ist ganz offenbar, daß die Wahrheit, die ich suche, nicht in ihm ist, sondern in mir. Er hat sie dort geweckt ... Ich setze die Tasse nieder und wende mich meinem Geiste zu. Er muß die Wahrheit finden ... ich stelle ihm den noch ganz frischen Geschmack jenes ersten Schlucks gegenüber und spüre, wie etwas in mir sich zitternd regt ... Und dann mit einem Male war die Erinnerung da. Der Geschmack war der jener Madeleine, die mir am Sonntagmorgen ... meine Tante Léonie anbot, nachdem sie sie in ihren Schwarzen oder Lindenblütentee getaucht hatte ... (obgleich ich noch immer nicht wußte und auch erst späterhin würde ergründen können, weshalb die Erinnerung mich so glücklich machte) ..."

5.2 Das klassische Konditionieren

Die in diesem Kapitel dargestellten Erfahrungen und dichterischen Beschreibungen von Vorgängen gehen auf ein Experiment zurück, das Pawlow mit einem Hund durchgeführt hat. Es gehört sicher zu den bekanntesten Experimenten der Psychologie überhaupt und zeigt auf, wie neutrale, belanglose Reize für das betreffende Wesen große Bedeutung gewinnen können:

Pawlow läutete immer eine Glocke, kurz bevor er seinem Hund etwas zu fressen gab. Vor dem Experiment zeigte der Hund auf den Glockenton keine Reaktion. Nachdem er jedoch einige Male mit dem Anblick des Futters gekoppelt worden war, löste der Glockenton allein den Speichelfluß aus. Man kann annehmen, daß der Glockenton nicht nur den Speichelfluß auslöste, sondern auch bei dem Hund positive Gefühle hervorrief. Der Glockenton hat für den Hund eine positive emotionale Bedeutung gewonnen.

5.3 Die Vielfalt von Signalen

Die bisher genannten Beispiele zeigen, daß – angeboren oder erlernt – Reize zu Signalen für angenehme wie unangenehme Gefühle werden können. Der Emotionsforscher Millenson (1967) hat dies in einem Schema anschaulich gemacht (s. Abb.):

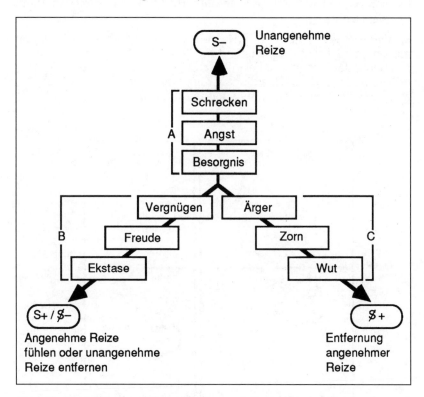

Abb. 20: Reize führen zu einer Vielfalt von Gefühlen (nach Millenson)

Demzufolge können Gefühle durch folgende Reize ausgelöst werden:

A) Besorgnis, Angst, Schrecken (je nach Intensität) durch die Präsentation von unangenehmen Reizen S –

B) Vergnügen, Freude, Ekstase (je nach Intensität) entweder durch die Anwesenheit angenehmer Reize S +

oder

durch die Entfernung unangenehmer Reize $ –

C) Ärger, Zorn, Wut (je nach Intensität) durch die Entfernung angenehmer Reize $ +

Alle diese Reize können durch Lernen zu Signalen werden. Bemerkenswert ist neben den Klassen ‚angenehm' und ‚unangenehm' die dritte Kategorie ‚Ärger'. Ein ‚Ärger-Signal' ist ein Reiz, der den Entzug eines angenehmen Reizes ankündigt. Das ist z. B. bei einem Verbotsschild der Fall, das uns von einem angenehm besetzten Reiz abhält. Für die Kategorie (A) haben wir das Beispiel der weißen Ratte im Experiment ‚Albert', für die Kategorie (B) die Schokolade von Tante Klara erwähnt.

Im Versuch von Watson und Rayner wurde eine affektive Reaktion mit einem konkreten Gegenstand (weiße Ratte) gelernt. Der Lernprozeß baute dabei immer auf elementaren, teils angeborenen, teils sehr früh vermittelten Reiz-Reaktionsverbindungen (im affektiven Bereich) auf. Sehen Sie sich z. B. die folgende Abb. an:

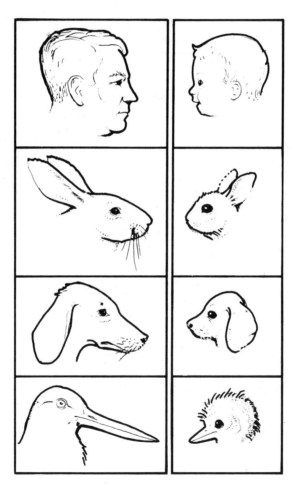

Abb. 21: Beispiele für Reiz-Reaktionsverbindungen im affektiven Bereich

Alle Bilder der rechten Hälfte lösen unmittelbar eine affektive Reaktion aus. Nach Auffassung der Verhaltensforscher ist das „Kindchenschema" ein angeborenes Signal, welches Pflegeverhalten einschließlich der damit verbundenen Gefühle auslöst. Gemeinsam mit höheren Säugetieren haben wir noch andere Signale aus dem Bereich der Körpersprache. So signalisiert z. B. höhere Körpergröße auch eine höhere Rangordnung und löst beim Kleineren Gefühle von Unterlegenheit aus: Der hohe Chefsessel – früher der Thron – sorgt für die Wirksamkeit dieses Signals.

Andere Körpersprachensignale werden offensichtlich erst erlernt. So erhalten wohl mimische (Stirnrunzeln, Lächeln) und gestische Ausdrucksformen (erhobener Zeigefinger, verschränkte Arme) erst dadurch ihre Signalwirkung, daß sie nach Prinzipien des Signallernens in früher Kindheit mit sozialen Grunderfahrungen verbunden werden. Wenn das Kind z. B. Lächeln immer gleichzeitig mit Zuwendung erlebt, wird diese Mimik zum Zuwendungssignal. Ist dieses Signallernen einmal erfolgt, so löst das Signal unmittelbar und direkt eine bestimmte affektive Reaktion aus. Gute Schauspieler in allen Berufen nutzen das.

Positive emotionale Reaktionen auf Signale kennen wohl alle Verliebten, die ihre meist geheimen Signale für ihre Liebe haben: z. B. einen bestimmten Schlager, eine bestimmte Blume etc. Ein Beispiel für ein ähnliches Signallernen beschreibt auch Saint-Exupéry in seinem Buch „Le petit prince" (Der kleine Prinz). Es handelt sich um die Szene, in der der kleine Prinz von seinem Freund, dem Fuchs, Abschied nehmen muß.

> Der Fuchs weint und der kleine Prinz sagt: „Zuerst möchtest du, daß ich dich zähme und dann weinst du, wenn ich dich verlassen muß." Darauf erwidert der Fuchs: „Das macht doch nichts. Auch wenn ich jetzt traurig bin, so habe ich doch die Farbe des Weizens gewonnen. Sie wird mich immer an deine Haare erinnern." Der Fuchs will damit sagen, daß die gelbe Farbe des Weizens für ihn zum Signal für all die angenehmen Gefühle geworden ist, die er zusammen mit dem kleinen Prinzen erlebt hat.

Aber auch Wörter können zu affektiven Signalen werden. Ein Kosewort löst – nach vorherigem Signallernen in angenehmen Situationen – positive Gefühle aus; ein Schimpfwort – nach Signallernen in aggressiven Situationen – weckt sofort aggressive Emotionen (s. a. Stachiw, Spiel 1984, S. 66).

Staats und Staats (1958) zeigten in einem Experiment, daß wertende Begriffe geeignet sind, als unkoordinierter Reiz die Bedeutung anderer Begriffe beeinflussen zu können. Sie verwendeten Begriffe wie „Geschenk", „heilig" oder „glücklich", um positive Effekte auszulösen, und „bitter", „häßlich" oder „Mißerfolg", um negative Gefühle zu provozieren. Diese Wörter wurden jeweils unmittelbar nach der visuellen Präsentation einer Nationalitätsbezeichnung akustisch dargeboten. Der eigentliche Zweck des Experimentes wurde verschleiert, um einen Widerstand der Versuchspersonen, es handelte sich um amerikanische Collegestudenten, gegen die Beeinflussung zu vermeiden. Man gab vor, das Experiment untersuche die Frage, ob die Teilnehmer in der Lage seien, gleichzeitig dargebotene akustische und visuelle Reize getrennt zu lernen. Für die Hälfte der Versuchspersonen wurde „Holländisch" stets mit positiven und „Schwedisch" stets mit negativ bewerteten Begriffen gekoppelt, für die andere Hälfte wurde die Zuordnung umgekehrt getroffen. Als die Versuchspersonen „Holländisch" und „Schwedisch" später auf semantischen Differentialen einstuften, lösten diese Wörter positivere Beurteilungen aus, wenn sie mit positiv bewerteten Adjektiven gekoppelt worden waren, als wenn sie zusammen mit negativ bewerteten Adjektiven dargeboten worden waren.

Solche erlernten Signale beeinflussen unser Verhalten anderen gegenüber ebenso wie das gesprochene Wort. Da Signale aber reflexartig wirken und der bewußten Kontrolle weitgehend entzogen sind, üben sie ihre Wirkung meist außerhalb unserer Aufmerksamkeit aus.

Daß Signale sogar unterhalb der bewußten Wahrnehmungsschwelle wirken, zeigt ein aufregendes Experiment von Lazarus und McCleary (1951):

> Man schloß die Versuchspersonen einerseits an einen elektrischen Schockgeber an, andererseits an ein Meßgerät zur Bestimmung des elektrischen Hautwiderstandes (er steigt bei emotionaler Erregung an).
>
> Die Versuchspersonen bekamen dann auf einem Bildschirm eine Serie von Wörtern nacheinander zu Gesicht. Ganz bestimmte ‚kritische' Wörter wurden immer von einem Elektroschock gefolgt. Nach dieser Lernphase (Wörter wurden zu Signalen für eine Angstreaktion) zeigte man den Personen diese Wörter – ohne Schock – bei schlechter Beleuchtung und nur für Sekundenbruchteile. Es stellte sich heraus, daß bei ‚kritischen' Wörtern eine Veränderung des Hautwiderstandes auch dann auftrat, wenn die Versuchsperson das Wort nicht (bewußt) erkennen und vorlesen konnte! Es kam also bei manchen Signalen zu einer vorher erlernten emotionalen Reaktion, ohne daß die Versuchsperson das Signal ‚bewußt' registriert und erkannt hatte.

Auch in der emotionalen Reaktion auf andere Menschen spielen Signale eine große Rolle, häufig ohne daß uns das bewußt wird. Wie klein die Reize sein können, auf die wir reagieren, zeigt ein Experiment von Hess (1975, vgl. a. Morris 1978):

> Hess zeigte seinen Versuchspersonen zwei Porträtaufnahmen einer hübschen jungen Dame. Die Bilder waren identisch, doch bei einem Bild waren die Pupillen durch Retuschieren vergrößert worden. Die Reaktion der Versuchspersonen auf das Gesicht mit den größeren Pupillen war mehr als doppelt so stark wie die Reaktion auf das andere Bild. In der anschließenden Besprechung gaben die meisten Versuchspersonen aber an, daß die beiden Bilder identisch seien. Einige bemerkten allerdings, daß die eine Aufnahme (die mit den größeren Pupillen) „fraulicher", „hübscher" oder „weiblicher" war. Keine der Versuchspersonen entdeckte, daß das eine Gesicht größere Pupillen hatte als das andere. Schon im Mittelalter erweiterten Frauen sich ihre Pupillen mit Belladonna (was auf italienisch „schöne Frau" bedeutet). Offenbar wirken große Pupillen auf Männer anziehend.

Oft genug kommt es vor, daß die Ebene des Gesprächs den Signalen widerspricht, die gleichzeitig auf der Körpersprachen-Ebene ausgetauscht werden. So kommt es, daß man z. B. ‚das Gefühl hat', jemand meine etwas nicht ernst, jemand könne einen nicht leiden, obwohl er verbal das Gegenteil sagt, oder jemand sei unsicher, obwohl er sich als sicher darstellt.

Daß Signallernen wenig mit Denken und Vernunft zu tun hat, kann man auch an dem vergeblichen Versuch erkennen, jemand per Vernunft zu einer anderen affektiven Reaktion auf ein Signal zu bewegen. Je nach konkretem Fall wird man zu hören bekommen: ‚Ich kann dieses Grinsen einfach nicht leiden!' oder ‚Ich hab' nun mal Angst vor Spinnen' oder ‚Wenn mich einer anschreit, werde ich einfach aggressiv!'. Man wird zwar mit dem Verstand beeinflussen können, wie die durch ein Signal ausgelöste Emotion geäußert wird oder inwieweit sie das Handeln beeinflußt; daß die Emotion durch das Signal ausgelöst wird, entzieht sich aber dem rationalen Einfluß.

Ein rationaler Einfluß kann jedoch u. U. das Erlernen einer emotionalen Reaktion auf einen Reiz behindern. Wenn die zu lernende emotionale Reaktion und das auslösende Signal, vom kritischen Intellekt aus betrachtet, eher widersprüchlich sind (eine logische Verbindung zwischen Signal und Reaktion ist – wie schon erwähnt – nicht erforderlich), wie z. B. das Gefühl „Freiheit" und das Signal „Zigarette", so ist es nützlich, wenn der kritische Intellekt der lernenden Person während des Lernens ausgeschaltet oder abgelenkt wird. Denn wenn eine Person bewußt versucht, die Verbindung von Reiz und Reaktion zu kontrollieren, werden dadurch andere zusätzliche Gefühle ausgelöst, wodurch die intendierte Verbindung überlagert wird und nicht – oder nur in abgeschwächter Form – zustande kommt. In der Werbung lassen sich einige Gestaltungsmerkmale als Ablenkung des kritischen Intellekts interpretieren, z. B. das Loch im Schuh bei der Camel-Reklame. Diese Ablenkung soll verhindern, daß über die „abenteuerliche" Verknüpfung von Gefühlen wie Abenteuer, Freiheit usw. mit einer Zigarette nachgedacht wird. Eine solche kritische Auseinandersetzung würde das Zustandekommen der Verbindung behindern.

Die Ablenkung der Aufmerksamkeit kann auch bei der Einstellungsänderung (s. nächstes Kapitel) wirksam sein.

Die untersuchte Frage lautete: Wird durch Ablenkung der Aufmerksamkeit die Wirksamkeit einer Botschaft erhöht oder gesenkt?

Dazu gibt es widersprüchliche experimentelle Ergebnisse: Während Festinger u. Maccoby (1964) und Osterhouse u. Brock (1970) in ihren Experimenten eine Zunahme der Wirksamkeit der Beeinflussung unter Ablenkungsbedingungen fanden, registrierten Haaland u. Venkatesan (1968) eine entgegengesetzte Beziehung. Eine nähere Analyse der Ergebnisse legt den Schluß nahe, daß ein niedriger bis mittelhoher Grad an Ablenkung die Beeinflussung erleichtert und dadurch die Tendenz der Gegenargumentation reduziert wird, ohne daß das die Aufnahme der Information wesentlich beeinträchtigt. Wird die Ablenkung allerdings zu stark, dann wird durch sie die Informationsaufnahme selbst beeinträchtigt und damit auch die Beeinflussung gestört. Diese Interpretation stimmt mit den Ergebnissen von Haaland u. Venkatesan (1968) und Romer (1979) überein.

5.4 Beispiele für Signallernen

Sicherheitstraining

Das Problem bestand darin, daß in einem gefährdeten Arbeitsbereich die Angestellten nicht im vorgeschriebenen Maße den Sicherheitshelm aufsetzten. Eine Untersuchung ergab, daß die Mitarbeiter mit dem Helm Gefühle der Ängstlichkeit verbanden. Man drehte daraufhin Filme zur Bedienung der Sicherheitsvorkehrungen der neuen Maschinen, in denen man Gefühle des Stolzes und der Macht (vermittelt durch die neuen Maschinen) auf den Helm bzw. das Tragen des Helmes übertrug. Diese Verbindung von Helm mit Gefühlen wie Macht und Stolz wurde durch entsprechende Plakate und Aktionen unterstützt. Wurde vorher das Tragen des Helmes als Zeichen für Ängstlichkeit angesehen, galt es jetzt als Zeichen der Kompetenz bei der Bedienung der neuen wirkungsvollen Maschinen.

Verkäuferschulung

Eine Untersuchung bei Haus-zu-Haus-Verkäufern ergab, daß selbst erfolgreiche Mitarbeiter eine ausgeprägte, aber nicht immer bewußte Angst vor dem Klingelknopf an der fremden Haustüre hatten. Sie hatten durch Signallernen eine Verbindung von Klingeln mit unangenehmen Gefühlen erworben, die durch abweisende Kundenreaktionen ausgelöst wurden. Ziel war also, daß die Verkäufer mit der Klingel an der fremden Haustüre positive Gefühle verbinden sollten.

Das Lernziel lautete: Die Adressaten sehen in der Klingel an der fremden Haustüre eine Chance zur Bewährung.

Man mußte also versuchen, durch Gegenkonditionierung eine neue Signalwirkung herzustellen.

Dazu schuf man eine Trainingssituation, die eine Reihe von positiven Emotionen jeweils in direktem Zusammenhang mit dem Verkaufsalltag auslöste. Man sorgte z. B. für eine anregende, aber zugleich humorvolle Wettbewerbssituation mit relativ leichten Aufgaben, also mit einer hohen Wahrscheinlichkeit für Erfolgserlebnisse. Als Medium wurden kurze Farb-Videospots eingesetzt, die humorvoll und zugleich realistisch ‚Türöffner-Szenen‘ darstellten.

Jede Szene begann mit einem Klingeln; der Verkäufer drückte gleichzeitig auf einen klingelähnlichen Bedienungsknopf am Videogerät. Er stand dabei unmittelbar vor dem Bildschirm des Fernsehapparates, auf dem die Türszene aus dem subjektiven Blickwinkel gezeigt wurde.

Abb. 22: Video-Übung „Verkäuferschulung"

Nach dem Klingeln erschien auf dem Bildschirm ein Kunde und reagierte ablehnend. Der Verkäufer sollte darauf richtig reagieren. Das (kognitive) Wissen, wie man auf abweisende Reaktionen der Kunden reagiert, wurde vorher vermittelt und geübt.

Der Erfolg dieses Arrangements zeigte sich u. a. in einer häufigen Reaktion der Teilnehmer am Ende dieser Übung: Sie meinten, diese Übung sei so wichtig und würde ihnen so viel Spaß machen, daß man viel mehr solcher Türszenen hätte drehen sollen. Die Antwort des Ausbilders: „In der Praxis können Sie so viele Reaktionen erleben, wie Sie wollen; Sie müssen nur zur nächsten Tür gehen und klingeln – und Sie erleben alle Reaktionen, die wir hier gar nicht zeigen dürfen."

107

Folgerungen für sich selbst

Das Signallernen kann man sehr wirksam auch für sich selbst nutzen:

Eine Methode ist vom NLP (neurolinguistischem Programmieren) abgeleitet und wird u. a. von Sportlern genutzt, um sich emotional auf Sieg zu „programmieren": Es geht darum, sich unter Nutzung der Wirkung von Signalen willkürlich – wenn man es gerade für nützlich hält – in einen gewünschten Gefühlszustand zu bringen. Auch das kann man lernen:

Der Lernprozeß besteht aus sieben Stufen, die man öfter durchlaufen muß, um die Wirkung zu intensivieren.

1. Erinnern Sie sich an ein Erlebnis, bei dem Sie die Gefühle hatten, die Sie willkürlich mit einem bestimmten Ereignis koppeln wollen, z. B. Augenblicke des Erfolgs.

2. Intensivieren Sie diese Gefühle, indem Sie das Erlebnis ganz genau in Ihr Gedächtnis zurückrufen. Versuchen Sie sich in allen Einzelheiten an das zu erinnern, was zu dieser Situation gehört, was Sie damals gesehen und gespürt haben, gehen Sie den Gefühlen nach, die sie damals gehabt haben.

3. Denken Sie an einen Begriff, an ein Wort, das alle die Gefühle und Erlebnisse, die Sie jetzt wiedererleben, zusammenfassen und charakterisieren. Dieses Wort soll das Schlüsselwort zu diesen Gefühlen sein.

4. Suchen Sie sich eine Bewegung oder eine Geste, die mit diesem Gefühl gekoppelt werden könnte, und führen Sie diese bewußt und sehr deutlich aus. Dies könnte z. B. das Ballen einer Faust als Ausdruck des Gefühls, einen Sieg errungen zu haben, sein, oder Sie klopfen sich auf die Oberschenkel als Ausdruck von intensiver Freude.

5. Schließen Sie die Augen und denken Sie noch einmal ganz intensiv an das Erlebnis, und versenken Sie sich in das entsprechende Gefühl.

6. Entspannen Sie sich, lösen Sie die Faust oder die Muskeln, die die Gestik oder die Bewegung ausgelöst haben, und öffnen Sie die Augen.

Letztlich sind es unsere Vorstellungen, die die meisten Gefühle in uns wachrufen, und diese Vorstellungen können wir kontrollieren, wir können sie willkürlich herbeirufen, je öfter wir das tun, desto besser gelingt es uns. Die Vorstellungen wirken deshalb so gut, weil unser Körper nicht zwischen einem tatsächlichen Ereignis und einem, das wir uns nur vorstellen, unterscheiden kann, wenn die Vorstellung nur intensiv genug ist.

Die Signalwirkung von bestimmten Gegenständen oder Bildern läßt sich auch dadurch nutzen, daß man gezielt ein bestimmtes Zimmer mit solchen Gegenständen und Bildern ausstattet, die einen bestimmten Bedeutungsgehalt haben. Dadurch „transportiert" man den emotionalen Gehalt dieser Dinge in dieses Zimmer. Man sollte sich jedoch bewußt machen, daß das dann ein sehr persönliches Zimmer ist, denn andere werden nicht die gleichen Gefühle mit den Signalen verbinden und somit Ihre Emotionen nicht nachvollziehen können. Sie müssen sogar damit rechnen, daß andere Besucher des Zimmers mit Unverständnis reagieren und so bei Ihnen negative Gefühle auslösen. Dadurch könnte sich die Signalwirkung der Gegenstände verändern, sie werden mit neuen Gefühlen gekoppelt. Die Wirkung bleibt also nur dann erhalten, wenn Sie sich primär alleine (oder mit dem Partner, der ähnliche oder gleiche Gefühle mit den Gegenständen verbindet) in diesem Zimmer aufhalten und sich die Erlebnisse wieder in das Gedächtnis rufen, die zu den positiven Gefühlen geführt haben, die Sie mit den Gegenständen verbinden.

5.5 Zusammenfassung: Regeln für die Praxis

Hier sind noch einmal die wichtigsten Bedingungen für den Lernprozeß zusammengefaßt, die man beim Signallernen beachten muß. In Klammern stehen die Seiten, auf denen die Bedingung näher erläutert wurde oder Beispiele ausgeführt wurden.

1. Gleichzeitigkeit oder zeitliche Nähe von „altem" und „neuem" Reiz:

   Der „neue" Reiz (das Signal), auf den eine emotionale Reaktion gelernt werden soll, muß gleichzeitig (oder in zeitlicher Nähe) mit dem „alten" Reiz geboten werden, der bereits die gewünschte emotionale Reaktion auslöst. (S. 96)

2. Wiederholung:

   „Alter" und „neuer" Reiz (Signal) müssen mehrere Male geboten werden, um ein Lernen sicherzustellen. (S. 97f.)

3. Extinktion:

   Wird ein Signal häufig geboten, ohne daß die gewünschte emotionale Reaktion auftritt (wenn die Person z. B. an der gelernten Reaktion gehindert wird), so verschwindet die emotionale Bedeutung des Signals. (S. 99)

4. Kaum „Vergessen":

   Die einmal gelernte Verbindung zwischen einem Signal und einer emotionalen Reaktion ist gegenüber „Vergessen" (Auslöschen der Reaktion in Zeiten, in denen das Signal nicht wahrgenommen wird) sehr resistent. (S. 99)

5. Reizgeneralisierung – Reizdiskriminierung:

   Eine gelernte emotionale Reaktion kann auch von Signalen („neuer" Reiz) ausgelöst werden, die dem ursprünglichen Reiz ähnlich sind (Reizgeneralisierung). (S. 97)

   Durch bestimmte Anordnung der Lernbedingungen läßt sich dieser Effekt aufheben. Dazu ist es notwendig, daß bestimmte Signale mit der gewünschten emotionalen Reaktion (z. B. Freude), ähnliche Signale aber mit gegenteiligen Reaktionen (z. B. Angst) verbunden werden (Reizdiskrimination).

6. Ablenken des kritischen Intellekts:

   Für das Zustandekommen von Signallernen ist es in einigen Fällen sinnvoll, den kritischen Intellekt abzulenken. (S. 105)

5.6 Testaufgaben zu Kap. 5:

Aufgabe 24 (Abschnitt 5.1)

Welche der folgenden Beispiele gehören zum Signallernen (affektiver Bereich)?

A) Ein laute, dunkle Stimme löst in dem Verkäufer X Unsicherheit und Angst aus.

B) Herr A scheut keine Anstrengungen, um ein gesetztes Bildungs-ziel zu erreichen.

C) Sowie dem Studenten B Testaufgaben mit Antwortalternativen vorgelegt werden, kann er sich nicht mehr richtig konzentrieren.

D) Beim Anblick eines schön angerichteten Menüs bekommt man Appetit.

E) Beim Aufleuchten eines dreieckig geformten Symbols schaltet der Kontrolleur einen zusätzlichen Generator an.

Aufgabe 25 (Abschnitt 5.1)

Welche der folgenden Bedingungen muß für das Signallernen gege-ben sein?

A) Die gewünschte Reaktion muß mit innersekretorischen Vorgängen (z. B. Ausschüttung von Hormonen) verbunden sein.

B) Der Signalreiz und der Reiz, der die beabsichtigte Reaktion her-vorruft, müssen gleichzeitig oder in zeitlicher Nähe auftreten.

C) Der Signalreiz muß für den Adressaten bereits eine bestimmte Be-deutung besitzen.

D) Die gewünschte Reaktion muß belohnt werden (verstärkt werden).

E) Der Signalreiz und die Reaktion müssen in einem sinnvollen Zu-sammenhang stehen.

Lösungen s. S. 284

Aufgabe 26 (Abschnitt 5.1 und 5.4)

Bei welchen der folgenden Behauptungen handelt es sich um „Regeln" für das Signallernen?

A) „Alter" und „neuer" Reiz müssen gleichzeitig oder in zeitlicher Nähe geboten werden.

B) Das Ergebnis von Signallernen ist gegenüber „Vergessen" sehr resistent.

C) Beim Signallernen ist es wichtig, den Intellekt des Lernenden mit anzusprechen.

D) „Alter" und „neuer" Reiz müssen mehrere Male geboten werden (Wiederholung).

E) Die emotionale Reaktion und das Signal, auf das diese Reaktion gelernt werden soll, müssen in einer erfaßbaren (kognitiven) Verbindung stehen.

Aufgabe 27 (Abschnitt 5.1):

Was versteht man unter Reizgeneralisierung?

A) Die emotionale Reaktion wird im Laufe der Lernerfahrungen immer umfangreicher.

B) Eine gelernte emotionale Reaktion wird durch besondere Lernerfahrungen auf ein spezifisches, eng umgrenztes Signal eingeengt.

C) Eine gelernte emotionale Reaktion wird von Signalen ausgelöst, die dem ursprünglichen Signal ähnlich sind.

D) Die Zahl der Wiederholungen beim Signallernen.

E) Die Anwendung des Signallernens beim Militär.

Aufgabe 28 (Abschnitt 5.1):

Wie verlernt (vergißt) man am ehesten die affektive Reaktion auf ein Signal?

A) Wird der Reiz (das Signal), auf den eine affektive Reaktion gelernt wurde, häufig wahrgenommen und dabei die gelernte affektive Reaktion ausgelöst, so verliert sich die Wirksamkeit des Reizes (Signals), bis sie völlig verschwindet.

B) Wird der Reiz (das Signal), auf den eine affektive Reaktion gelernt wurde, häufig wahrgenommen, während die gelernte affektive Reaktion verhindert wird (unterbleibt), so verliert sich die gelernte affektive Reaktion oder wird durch eine neue ersetzt.

C) Man verlernt sie, indem sie im Laufe der Zeit verschwindet.

D) Die gelernten affektiven Reaktionen werden vergessen, wenn man die kognitive Bedeutung des Signals vergißt.

E) Das „Vergessen" im Bereich des Signallernens verläuft ähnlich wie das Vergessen im Bereich des kognitiven Lernens.

Aufgabe 29 (Abschnitt 5.2):

Auch wenn sich zwei Personen begegnen, spielen in der Regel Signale eine bedeutende Rolle. Welche der folgenden Aussagen ist für eine solche Situation richtig?

A) Die Bedeutung von Signalen muß von der Person, die auf sie reagiert, erklärbar sein, sonst ist das Signal wirkungslos.

B) Die Signale müssen in jedem Fall bewußt an der anderen Person wahrgenommen werden, sonst kann keine emotionale Reaktion erfolgen.

C) Wir reagieren nur auf Signale am anderen Menschen emotional, die uns bewußt auffallen.

D) Es ist möglich, daß man auf Signale emotional reagiert, ohne daß es einem bewußt ist.

E) Keine der obigen Antworten ist richtig.

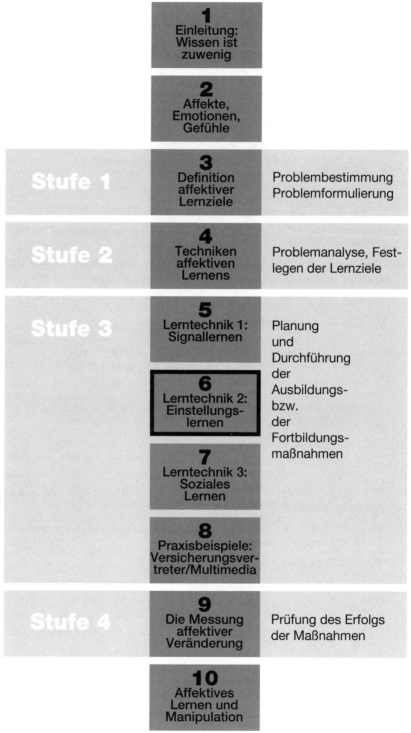

1
Einleitung:
Wissen ist
zuwenig

2
Affekte,
Emotionen,
Gefühle

Stufe 1

3
Definition
affektiver
Lernziele

Problembestimmung
Problemformulierung

Stufe 2

4
Techniken
affektiven
Lernens

Problemanalyse, Fest-
legen der Lernziele

Stufe 3

5
Lerntechnik 1:
Signallernen

6
Lerntechnik 2:
Einstellungs-
lernen

7
Lerntechnik 3:
Soziales
Lernen

8
Praxisbeispiele:
Versicherungsver-
treter/Multimedia

Planung
und
Durchführung
der
Ausbildungs-
bzw.
der
Fortbildungs-
maßnahmen

Stufe 4

9
Die Messung
affektiver
Veränderung

Prüfung des Erfolgs
der Maßnahmen

10
Affektives
Lernen und
Manipulation

114

6. Lerntechnik 2: Einstellungslernen

Inhaltsangabe und Lesehinweise

Im 6. Kapitel werden vor allem die notwendigen Bedingungen zum Einstellungslernen aufgezählt und an Hand von Beispielen erläutert.

Im ersten Abschnitt (6.1) wird der Begriff „Einstellung" definiert und in seiner Komplexität dargestellt.

Anschließend (6.2) wird gezeigt, warum Einstellungen für uns so wichtig sind und wir daher dem Versuch, diese zu ändern, so großen Widerstand entgegensetzen. Beide Abschnitte sind mehr von theoretischem Interesse und können vom Praktiker überschlagen werden.

Im Hauptabschnitt (6.3) werden dann Hinweise für die Vermittlung von neuen Einstellungen oder die Veränderung vorhandener Einstellungen gegeben. Die einzelnen Regeln sind dabei in Form von Thesen formuliert, wobei jede These erläutert und – wenn möglich – durch experimentelle Untersuchungen belegt wird.

Daran anschließend werden die Folgerungen aus der These für die Praxis dargestellt und mit Beispielen verdeutlicht. Eine Reihe von Beispiel-Hinweisen bezieht sich dabei auf die im Anhang wiedergegebene Anti-Raucher-Broschüre. Für den Praktiker ist dieser Abschnitt besonders wichtig, wobei er jedoch auf die experimentellen Untersuchungen weniger Gewicht zu legen braucht.

Anschließend werden im Abschnitt 6.4 die Thesen noch einmal in Form einer Checkliste zusammengefaßt.

Der Abschnitt 6.5 enthält Übungsaufgaben für den, der den praktischen Umgang mit den Hinweisen und Regeln zum Einstellungslernen erproben will.

Das Kapitel wird wieder mit einigen Testaufgaben abgeschlossen (6.6).

6.1 Was sind Einstellungen?

Das affektive System des Menschen reagiert nicht nur auf einfache Reize, wie wir es beim Signallernen dargestellt haben, sondern auch auf Bilder, die wir uns von der Umwelt machen, also auf kognitive Konstruktionen. Bilder machen wir uns von anderen Menschen, von uns selbst, von Institutionen, von Werten und sogar vom Leben insgesamt. Emotional gefärbte Stellungnahmen zu solchen Bildern nennt man Einstellungen. Man erfährt Einstellungen z. B. auf Fragen wie: ‚Was halten Sie von ...?', ‚Wie stehen Sie zu ...?'.

Die Antworten zeigen, daß Einstellungen keineswegs nur affektive Stellungnahmen sind. Allerdings gehört die affektive Komponente (neben der kognitiven und der Handlungskomponente) zum Einstellungsbegriff aufgrund seiner Definition.

Deutlich wird das in den Antworten auf die eben genannten Fragen, die zum einen verdeutlichen, wozu man Einstellungen entwickeln kann, zum anderen, welche Komponenten bei Einstellungen beteiligt sind:

- ‚Ich kann diese faulen Südländer nicht ausstehen' (affektive Komponente).

- ‚Man sollte die Atomkraftwerke abschaffen' (Handlungskomponente).

- ‚Ich lese Hemingway für mein Leben gern. Er schreibt so präzise und treffend, und doch geht er so ans Gefühl' (affektive, kognitive, Handlungskomponente).

- ‚Diese Partei werde ich nicht wählen. Die sind mir viel zu unberechenbar' (affektive und Handlungskomponente).

Schon wenige Informationen prägen die Einstellung

In einem berühmten Experiment (Asch 1946) las der Versuchsleiter Studenten eine Liste mit sieben Merkmalen einer unbekannten Person vor. Anschließend sollten die Versuchspersonen eine kurze Charakteristik dieser Person in Prosa aufschreiben.

Die Merkmale waren: ‚energisch, sicher, gesprächig, kalt, ironisch, bohrend, überzeugend'.

Hier ein Ausschnitt aus einer Beschreibung: ‚Er beeindruckt Leute und macht sie glauben, er sei fähiger, als er in Wirklichkeit ist. Er ist fast immer der Mittelpunkt, ein Hans-Dampf-in-allen-Gassen. Er hat viele Interessen, aber ist nirgends sehr gut. Er hat einen Sinn für Humor.'

Diese Studie zeigt, wie man aus einzelnen, voneinander unabhängigen Merkmalen ein recht abgerundetes Bild ‚konstruiert' sowie dazu dann meist auch affektiv Stellung bezieht, d. h. eine Einstellung bildet.

Einstellungen sind in der Regel also recht komplexe Bewertungen, bei denen Fühlen, **affektive Komponente,** Denken und Wissen, **kognitive Komponente,** sowie Verhalten, **Handlungskomponente,** beteiligt sind. Uns interessiert im folgenden natürlich vor allem die affektive Komponente. Es wird sich aber zeigen, daß man dabei kognitive Aspekte ebenso berücksichtigen muß wie das Verhalten und Handeln.

Eine exakte Definition des Begriffes „Einstellungen" lautet demnach:

Einstellungen sind gefolgerte Grundlagen von beobachteter Gleichförmigkeit des Verhaltens eines Individuums. Man sieht in den Einstellungen überdauernde Systeme positiver oder negativer Wertschätzungen, Gefühle und Handlungs- und Wahrnehmungstendenzen gegenüber Objekten.

Folgende Merkmale der Einstellungen kann man demnach festhalten:

- Einstellungen führen zu einer bestimmten Art des Fühlens, Wahrnehmens und Handelns.

- Einstellungen sind relativ dauerhaft.

- Einstellungen sind wertorientiert oder affektiv.

- Einstellungen variieren zwischen Individuen, Gruppen und zwischen Kulturen.

- Einstellungen sind hypothetische Konstrukte, sie sind nicht direkt beobachtbar, sondern nur zu erschließen.

Einstellungen unterscheiden sich – außer durch die Gewichtung der drei Komponenten – in ihrer Differenziertheit, im Ausmaß der Vernetzung mit anderen Einstellungen sowie in Intensität und Ausprägungsgrad. Weil diese Aspekte für das praktische Einstellungslernen von großer Bedeutung sind, wollen wir darauf näher eingehen. Vorweg kann man sagen, daß Einstellungen um so leichter durch Lernen zu beeinflussen sind,

– je geringer die **affektive Komponente** ausgeprägt ist,

– je geringer die **Differenziertheit** ist,

– je weniger **Vernetzung** mit anderen Einstellungen vorliegt,

– je weniger **intensiv und ausgeprägt** die Einstellung ist.

Die **Differenziertheit** einer Einstellung kann sehr unterschiedlich ausgeprägt sein. Extrem undifferenzierte Einstellungen sind Vorurteile und Stereotype, also simple Schwarzweiß-Stellungnahmen. Eine hochdifferenzierte Einstellung dagegen liegt z. B. dann vor, wenn man an einer Sache oder Person bestimmte Dinge mag und andere ablehnt, und wenn man auf die Frage „Was halten sie von ...?" eine vielfach schattierte begründete Antwort zu geben vermag. Je mehr man sich mit einem Einstellungsobjekt beschäftigt, je mehr Kontakte und Erfahrungen man mit ihm gehabt hat, desto differenzierter wird die Einstellung sein. Allerdings haben Stellungnahmen die Tendenz, sich zunehmend zu festigen. Ab einem bestimmten Zeitpunkt des Kontaktes mit einem Einstellungsobjekt wirkt die bereits bestehende Einstellung wie ein Filter, der widersprechende Erfahrungen nicht mehr durchläßt bzw. nur solche Merkmale registriert, die bestätigend wirken. So ist es psychologisch für die Einstellungsbildung wichtig, was man **zuerst** über eine Sache oder Person erfährt, welche Erfahrungen man zuerst mit ihr macht. Damit läßt sich auch der für die Einstellungsbildung so wichtige Einfluß der Eltern oder anderer Sozialisationsagenten (z. B. Fernsehen) auf Kinder ermessen. Das Kind erfährt über die Sprache oder durch Beobachten der elterlichen Verhaltensweisen oft schon einstellungsprägende Eindrücke, bevor es selbst Erfahrungen mit dem Einstellungsobjekt machen kann. Kommt es dann zum direkten Kontakt, sind die Weichen bereits gestellt.

Aus Gründen der Ökonomie versucht man, Informationen möglichst zu einem geschlossenen einheitlichen Ganzen zusammenzufassen. Dies bedeutet eine automatische Tendenz zur Undifferenziertheit.

Tendenz zur Undifferenziertheit

Gollin (1954) zeigte seinen Versuchspersonen einen Film, der in fünf Szenen eine Frau porträtierte. Die Szenen sollten widersprüchliche Informationen über die Persönlichkeit vermitteln. So hilft die Frau in einer Szene einer verunglückten Dame, in einer anderen gibt sie einem Bettler Geld, dann wird sie vor einem schäbigen Hotel abgeholt, ein andermal betritt sie eine Bar und verläßt sie nach kurzer Zeit mit einem Mann (einem anderen als vor dem Hotel). Schließlich gab es eine neutrale Szene, in der sie sich beim Spazierengehen mit einer anderen Frau unterhält.

Es zeigte sich, daß nur ein Viertel der Versuchspersonen eine Beschreibung der Frau lieferte, die alle Charakteristika enthielt und sinnvoll zu einem differenzierten Ganzen verband. Die Mehrzahl entschied sich für eine Merkmalsklasse und verleugnete die andere (‚freigebig, hilfsbereit‘ oder ‚unseriös, leichtlebig‘) bzw. schilderte beide Aspekte, jedoch unverbunden nebeneinander.

Widersprüchliche Informationen werden als unangenehm erlebt, sie stellen einen emotionalen Konflikt oder eine **kognitive Dissonanz** (Festinger 1957, Irle 1975, Dissonanztheorie) dar. Unter kognitiver Dissonanz versteht man die Unvereinbarkeit von zwei kognitiven Elementen (Wissen, Meinung oder Einstellung gegenüber beliebigen Gegenständen, sich selbst oder anderen Personen und deren oder dem eigenen Verhalten), z. B. „Ich rauche" und „Rauchen verursacht Krebs". Die Theorie der kognitiven Dissonanz besagt, daß Dissonanz eine Bedingung ist, die von den Personen entweder gemieden oder beseitigt wird. Nehmen wir an, eine Person hat eine starke negative Einstellung gegenüber Ausländern und hört im Radio einen Vortrag, in dem die positiven Seiten der Anwesenheit der Ausländer im eigenen Land dargestellt und an Beispielen belegt werden. Folgt die Person diesen Argumenten, so sind sie nicht mit der negativen Einstellung vereinbar; die Person wird eine kognitive Dissonanz erleben. Sie ließe sich auf verschiedene Weise verhindern:

118

- Man geht der Information aus dem Wege, schaltet z. B. das Radio ab.

- Man tut die Argumente als „Unsinn" ab, sieht die Beispiele als „Ausnahmen".

- Man ändert seine Einstellung gegenüber den Ausländern.

(Eine differenzierte Beschreibung der Dissonanztheorie findet man bei Stroebe (S. 192ff.).

Die **Vernetzung von Einstellungen** mit anderen Denkweisen, Werten usw. ist ein wichtiger Faktor, wenn man Einstellungen verändern will. Ein solcher Versuch schlägt nämlich um so eher fehl, je mehr die Einstellung Bestandteil eines umfassenden Systems der Persönlichkeit ist. Ein überzeugendes Beispiel lieferte die Forschung zur sogenannten „Autoritären Persönlichkeit" (Adorno u. a. 1950). Diese Forschergruppe beschreibt einen Persönlichkeits-Typus, bei dem Weltbild, Einstellungen gegen Mitmenschen, Ängste und Wünsche sowie Erziehungserfahrungen eine brisante Mischung von Gehorsamsbereitschaft, Aggressivität und Bereitschaft zum Faschismus eingegangen sind. Eine solche Persönlichkeit neigt z. B. dazu, Schwächen bei sich zu unterdrücken und in andere zu projizieren; die Welt besteht ihrer Ansicht nach aus Starken und Schwachen; sie hängt rigide an einfachen moralischen Normen und Sanktionen; sie „unterwirft sich willig und unkritisch den Autoritäten der eigenen Gruppe. Sie sucht sich Andersartige, die sie verurteilen, verteufeln und beschimpfen kann. Sie schätzt Machtdenken und Kraftmeierei" (Zimmer, S. 215). Sie fühlt sich und den Staat permanent von Andersdenkenden bedroht und fordert starke Kontrollen. Innerhalb eines solchen Systems ist eine einzelne Einstellung – z. B. Haß auf Schwarze – so eingebunden, daß sie kaum verändert werden kann.

Die **Intensität von Einstellungen** erfaßt man auf Einstellungsfragebogen meistens dadurch, daß die Versuchsperson zu einer bestimmten Meinung nicht nur ihre Zustimmung oder Ablehnung ankreuzen soll, sondern darüber hinaus auch den Ausprägungsgrad dieser Reaktion. So gibt es Einstellungen, die eher neutral sind, und andere, die eine extreme Ausprägung aufweisen. Eine neutrale Einstellung ist übrigens nicht gleichzusetzen mit 'keine Einstellung haben'. Man kann z. B. gegenüber der Frage der Todesstrafe eine sehr durchdachte und außerordentlich differenzierte 'neutrale' Einstellung haben; ein anderer aber hat sich vielleicht noch nie Gedanken darüber gemacht und hat überhaupt keine Einstellung dazu.

Aus dem Gesagten wird klar, daß Einstellungslernen ein wesentlich komplizierterer Vorgang ist als Signallernen. Da man es mit affektiven Stellungnahmen zu psychischen „Konstruktionen" zu tun hat, sind die Bedingungen des Lernens viel schwieriger zu kontrollieren als beim Lernen von Signalen. Deshalb können wir im folgenden auch nur Merkmale einer optimalen Lehrstrategie additiv aneinanderreihen. Sie erhöhen insgesamt die Wahrscheinlichkeit, daß Einstellungslernen stattfindet; eine Garantie dafür gibt es nicht.

6.2 Die Funktionen der Einstellungen

Einstellungen sind Stellungnahmen, die „viel tiefer in der Persönlichkeit des Menschen verankert und in hohem Maße mit anderen Teilbereichen der Persönlichkeit verbunden sind" (Maletzke 1976, S. 213). Die Einstellungen eines Individuums sind daher relativ dauerhaft und nur schwer zu ändern. Viele Experimente, die zum Ziel hatten, Einstellungen zu ändern, haben keine oder wenig aussagekräftige Ergebnisse gebracht. Der Grund dafür liegt vor allem darin, daß die Einstellungen für das Individuum eine Reihe von positiven Funktionen erfüllen. Die Einstellungen helfen dem Menschen, sich in der Welt zurechtzufinden, er braucht sie zum Teil, um vor sich zu bestehen, um eine einheitliche, in sich geschlossene Person zu bleiben.

Bevor man eine bestimmte Einstellung einer Person ändern kann, muß man herausfinden, welche Funktionen diese Einstellung für die betreffende Person erfüllt, denn man kann diese Einstellung nur dann ändern, wenn man eine neue Einstellung (als Ersatz) anbietet, die die gleichen positiven Funktionen, wenn möglich noch einige zusätzliche, erfüllt.

Die wichtigsten Funktionen, die Einstellungen im psychischen Haushalt einer Person haben können, sind die folgenden:

1. Die Ich-Verteidigungs-Funktion

Jeder Mensch hat ein bestimmtes Bild von sich selbst. Dieses Bild besteht zu wesentlichen Teilen aus Einstellungen. Zum Beispiel: Ich bin ein Demokrat (= ich habe eine positive Einstellung zur Demokratie), ich bin frei, lasse mir keine Vorschriften machen (= ich habe eine positive Einstellung zur Freiheit und eine negative Einstellung zu jeder Art von Zwang) usw.

Die Werbung nutzt diese Bilder aus: z. B. Gauloise = unabhängig, unkonventionell; Pfeifenraucher = ruhige Überlegenheit, seriös, solide, gefestigt usw.

Je fester eine Einstellung mit dem Bild, das man von sich selbst hat (dem Selbstkonzept), verbunden ist, desto schwieriger ist es, sie zu ändern. Angriffe auf unser Selbstbild wehren wir ab. Wir wirken dann nach außen stolz oder trotzig.

2. Die ökonomische Funktion

Einstellungen helfen, die Umwelt zu interpretieren, zu ordnen, sich auf sie einzustellen, zu reagieren und sich Klarheit und Konsistenz zu verschaffen. („Wenn man auf der Straße einen Mann trifft, der lange Haare und eine schwarze glänzende Lederjacke an hat, weiß man doch gleich, was man von ihm zu halten hat.")

Mit Hilfe der Einstellungen ordnen wir die täglichen Erfahrungen und Eindrücke. Ohne sie wäre das Leben eine ununterbrochene Folge von neuen Problemen und schwierigen Entscheidungen.

3. Die instrumentelle Funktion

Einstellungen helfen uns, bestimmte Ziele zu erreichen. Wir übernehmen z. B. Einstellungen einer bestimmten Gruppe, um von ihr geachtet und anerkannt zu werden. Wir haben dabei das Bedürfnis, daß unser Handeln und unsere Einstellungen bzw. unsere Ziele und unsere Einstellungen oder auch verschiedene Einstellungen miteinander in Einklang stehen, konsistent sind (Theorie der kognitiven Dissonanz).

Wenn z. B. ein Student, der in seiner Studentenzeit hinsichtlich seiner Einstellungen politisch links gerichtet war, bei einem konservativ ausgerichteten Konzern Karriere machen will, so wird er entweder den Wunsch oder die Einstellung ändern (auch wenn er die Einstellung verheimlichen könnte), weil er beides als unvereinbar, als dissonant empfindet.

4. Die expressive Funktion

Einstellungen als Mittel zur emotionalen Entspannung und als Ausdruck innerer Befriedigung: Das Ausleben von Einstellungen, u. U. in der Phantasie oder aber in heftigen Diskussionen am Stammtisch, hilft Spannungen lösen und betont die Selbst-Entscheidung und -Verwirklichung.

6.3 Faktoren beim Einstellungslernen

Um Einstellungen und in ihrer Folge Verhalten zu ändern, kann man verschiedene Strategien entwickeln:

Als besonders wirksam hat es sich erwiesen, das gewünschte Verhalten durch Androhung von Sanktionen zu erzwingen. Beispielsweise hat eine Informationskampagne, die auf den hohen Sicherheitsvorteil bei der Benutzung von Sicherheitsgurten hingewiesen hat, wenig an Verhaltensänderung gebracht. Als dann in Schweden und in der Bundesrepublik das Anlegen der Gurte durch Gesetze zur Pflicht wurde, stieg die Häufigkeit der Gurtbenutzer innerhalb weniger Monate beträchtlich. Außerdem zeigte sich an einer Stichprobe schwedischer Kfz-Fahrer vor und nach Inkrafttreten der Gesetze, daß diese eine positive Einstellung zur Nutzung von Sicherheitsgurten mit sich gebracht haben. Im Training haben wir in der Regel keine Möglichkeit, mit Sanktionen zu arbeiten, weshalb wir auf diese Form der Beeinflussung hier nicht näher eingehen.

Eine andere sehr wirksame Form, neue Einstellungen zu erwerben, besteht darin, konkrete unmittelbare Erfahrungen mit den Personen oder Dingen zu machen, gegenüber denen wir neue Einstellungen entwickeln sollen. Es wäre allerdings ein äußerst aufwendiges und z. T. auch gefährliches Unterfangen, wollten wir alle Einstellungen auf persönliche Erfahrung gründen. Die meisten Einstellungen haben wir daher durch „vermittelte Erfahrungen" übernommen, d. h. auf Grund von Informationen, die wir aufgenommen haben.

Nahezu jedes Einstellungslernen in der Aus- und Weiterbildung stützt sich auf solche Informationen, die man in einer bestimmten Form an die Adressaten heranträgt und von denen man sich eine Wirkung in der gewünschten Richtung verspricht. Der andere Weg: Einstellungen durch Erfahrungen mit dem Einstellungsobjekt zu vermitteln, z. B. indem man Personen mit Farbigen zusammenleben läßt, um ihnen eine positive Einstellung zu Farbigen zu vermitteln, ist in der Andragogik meist nicht möglich oder zu umständlich.

Das Prozeßmodell der Überredung

Wenn wir davon ausgehen, daß man mit Informationen Einstellungen verändern kann, und wenn diese Informationen mit dem Zweck der Einstellungsänderung vermittelt werden (man kann das auch Überredung nennen), so spricht man von „persuasiver Kommunikation".

McGuire (1969, 1985) hat ein Prozeßmodell geliefert, das die einzelnen Stufen beschreibt, in denen eine solche persuasive Kommunikation, die Überredungswirkung einer Botschaft, erfolgt:

1. Aufmerksamkeit,
2. Verstehen des Inhalts der Botschaft,
3. Akzeptieren der Argumente und Änderung der Einstellung,
4. Beibehalten der geänderten Einstellung und
5. Verhalten entsprechend der geänderten Einstellung.

122

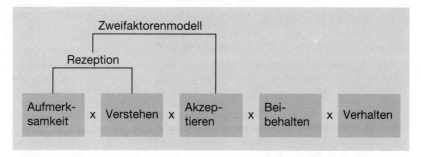

Abb. 23: Schritte des Überredungsprozesses nach McGuire

Dieses Konzept von McGuire impliziert, daß „der Rezipient jeden dieser Schritte durchlaufen muß, wenn die Kommunikation letztlich eine persuasive Wirkung haben soll, und daß jeder Schritt erst dann möglich ist, wenn der vorangegangene erfolgt ist" (McGuire 1969, S. 173). Der gesamte Vorgang einer Einstellungsänderung läßt sich demnach als komplexer Prozeß beschreiben, deren Wahrscheinlichkeit für einen Erfolg so groß ist wie das Produkt der Einzelwahrscheinlichkeit, daß die einzelnen Schritte erfolgreich absolviert wurden.

Aus diesem Konzept lassen sich zwei Beobachtungen aus der Praxis ableiten: zum einen, warum es so schwer ist, Verhaltensänderungen zu erreichen, da nämlich die einzelnen Schritte niemals den Wert Eins besitzen, zum anderen, daß man immer mehrere Schritte und damit mehrere Faktoren der Einstellungsveränderung beachten muß, wenn man letztlich erfolgreich sein will.

Im folgenden stellen wir die vielfältigen und unterschiedlichen Ergebnisse zum Einstellungslernen in Form von einzelnen Faktoren zusammen. Jeder dieser „Faktoren" beschreibt Bedingungen, die man bei der Vermittlung von Einstellungen berücksichtigen muß.

Wenn aber Informationen so wichtige Lernfaktoren sind, muß nicht nur die Art der Informationsaufbereitung, sondern bereits die Auswahl der Informationsquelle sorgfältig überlegt sein. Darüber hinaus müssen wir auch einige Faktoren beachten, die sich aus der Kennzeichnung von Einstellungen ergeben.

Wir gliedern die Thesen daher in sechs Gruppen:

6.3.1 Thesen die sich aus der Kennzeichnung von Einstellungen ergeben: Hiervon ist häufig abhängig, ob die erste Stufe (Aufmerksamkeit) erfolgreich durchlaufen wird.

6.3.2 Thesen, die die Informationsquelle betreffen: Von der Befolgung dieser Faktoren ist abhängig, ob die Stufen „Verstehen" und „Akzeptieren" erfolgreich abgeschlossen werden.

6.3.3 Thesen zu den Medien, mit denen die Information vermittelt wird: Hierbei entscheidet sich, ob die ersten drei Stufen („Aufmerksamkeit", „Verstehen" und „Akzeptieren") erfolgreich durchlaufen werden.

6.3.4 Thesen zu Form und Inhalt der dargebotenen Information: Von diesen Thesen ist abhängig, ob die Stufen „Verstehen" und „Akzeptieren" mit Erfolg abgeschlossen werden.

6.3.5 Thesen zur Situation, in der sich die Lernenden bei der Informationsvermittlung befinden: Hiervon ist vor allem abhängig, ob die Adressaten die Information akzeptieren (Stufe 4).

6.3.6 Thesen zu den Erfahrungen, die die Adressaten mit den neu erlernten Einstellungen machen: Sie entscheiden darüber, ob die letzte Stufe, „Behalten", erfolgreich ist.

Wie bereits oben angedeutet, gliedern wir die Ausführungen zu jeder These folgendermaßen:

- Die **These** wird in einem Kasten vorangestellt und anschließend erläutert;

- wenn möglich, wird die These durch **experimentelle Untersuchungen** belegt;

- es werden dann **Folgerungen für die Praxis** abgeleitet und

- diese durch **Beispiele** veranschaulicht.

6.3.1 Thesen zur Kennzeichnung von Einstellungen

These 1.1:

Einstellungen, die eng mit dem Selbstbild verbunden sind, kann man nicht oder nur sehr schwer ändern (hohe Ich-Beteiligung).

(vgl. Ich-Verteidigungsfunktion von Einstellungen S. 120)

Wie schon oben ausgeführt, besitzt jeder Mensch ein Bild von sich selbst (s. a. 7.2). Er sieht sich selbst z. B. mehr als Opfer eines Schicksals oder mehr als Macher, der sein Schicksal selbst in die Hand nimmt, als erfolgreicher Geschäftsmann, als hilfsbereit usw. Dieses Selbstbild scheint für jeden Menschen eine besondere Bedeutung zu haben. Ohne Selbstbild (Selbstkonzept) würden wir die Orientierung in unserer Welt verlieren.

Einige Formen der Schizophrenie lassen sich als Störungen beschreiben, bei denen der Betroffene kein eigenes Selbstbild hat. Er „leiht" sich daher ein Selbstbild einer berühmten, ihm bekannten Person. Er bildet sich ein, er sei Napoleon, Jesus usw.

Wenn man bei der Veränderung von Einstellungen die Erfahrung macht, daß sich die Adressaten sehr intensiv gegen die Beeinflussung wehren, wenn sie verbockt, trotzig oder auch besonders stolz erscheinen, so kann man vermuten, daß die Einstellung, die man verändern will, eng mit dem Selbstbild verbunden ist. Die abwehrende Reaktion hat also den Schutz des Selbstkonzeptes zum Ziel. So gesehen ist es eine Funktion des Stolzes, die Einheit und Konstanz der Person zu wahren, indem man sich gegenüber tiefgreifenden Änderungen des Wertekonzeptes schützt, das mit der Wahrnehmung der eigenen Person in Verbindung gebracht wird.

Wenn man solche Einstellungen ändern will, so wird man sich darauf einrichten müssen, daß eine nachweisbare Wirksamkeit seiner Maßnahmen selten und, wenn überhaupt, nur in geringem Ausmaß zu erwarten ist. Um überhaupt die Chance eines Erfolges zu haben, muß man sehr überlegt und vorsichtig vorgehen. Man sollte die vorhandenen Einstellungen nicht direkt angehen, wenn diese tiefgreifend und zentral sind, sondern man muß neue Einstellungen vermitteln, die mit den vorhandenen in Widerstreit stehen (kognitive Dissonanz), und diese neuen Einstellungen so darstellen, daß sie mit dem vorhandenen Selbstbild in Übereinstimmung gebracht werden können. Der Adressat muß die neue Sichtweise in sein Selbstbild integrieren können und als Bestätigung dieses Selbstbildes erleben.

Hat die beeinflußte Person dagegen den Eindruck, daß der vorgenommene Einfluß direkt darauf gerichtet ist, ihr Selbstbild zu beeinflussen, so wird der Widerstand gegen eine Beeinflussung sehr groß sein – wobei es sich hier meist um unbewußte Reaktionen handelt. Eine solche Person erscheint uns dann stolz oder auch stur. Je größer dann der Druck zur Veränderung wird, je mehr Einfluß man auf diese Person zu nehmen versucht, desto größer wird der Gegendruck.

Wenn man z. B. in einer politischen Diskussion den anderen in seiner tief verwurzelten Einstellung ändern will, so wird der Druck des „Gegners" immer größer werden, je mehr „Waffen" man einsetzt. Vor allem, wenn man den „Gegner" klein und schwach zu machen versucht, ihn etwa so hinstellt, als ob er nicht genügend Wissen und Einsicht besitze, so ist das der sicherste Weg, den Kontakt zu ihm zu unterbrechen und ihn damit für eine Beeinflussung unerreichbar zu machen. Man kann das in vielen Stammtischrunden – besonders in der Zeit vor Wahlen – beobachten.

Eine radikale Änderung von Einstellungen, die das Selbstbild betreffen, bezeichnet man als **„Gehirnwäsche".** Man versteht darunter Methoden und Techniken, mit deren Hilfe Menschen gezwungen werden, z. B. ihre loyale Einstellung gegenüber Personen und Ideen aufzugeben und neue gewünschte Einstellungen und damit Verhaltensweisen anzunehmen. Methoden der Gehirnwäsche wurden vor allem nach dem 2. Weltkrieg aus China berichtet. Kriegsgefangene aus China, die in die Vereinigten Staaten zurückkehrten, zeigten zum Teil eine überraschende Änderung ihrer Grundeinstellungen. Man fragte sich, wie aus einem überzeugten Demokraten ein überzeugter Kommunist werden konnte. Erstmals war die Rede von Gehirnwäsche; man ging dabei offensichtlich von dem Bild aus, daß vorhandene Werte, Einstellungen und Grundnormen aus dem Gehirn „gewaschen" wurden, um neue Normen und Wertvorstellungen hineinzupflanzen.

Methoden der Gehirnwäsche

Obwohl die Methoden, von denen die Kriegsgefangenen berichteten, unterschiedlicher Art waren, kann man folgende Gemeinsamkeiten festhalten:

– totale Isolation gegenüber vertrauten Informationsquellen und Ausschaltung der gewohnten täglichen Routine;

– eine strenge Herrschaft während der Gefangenschaft, wobei von den Aufsehern absoluter Gehorsam und Erniedrigung gefordert wurden. (Essen, Schlafen, Waschen usw. mußten nach einem strengen Fahrplan geschehen, nichts durfte ohne Erlaubnis der Wächter getan werden; in Anwesenheit der Wächter mußten der Kopf gesenkt und die Augen auf den Boden gerichtet werden);

– physischer Zwang, der im Entzug von Essen und Schlaf oder im Fesseln als Strafe für mangelnde Kooperation bestand;

– Bindung von Erleichterungen oder Belohnungen an Kooperationswilligkeit und die Übernahme von vorgeschriebenen Einstellungen;

– sozialer Druck wie z. B. ausgedehnte Verhöre oder Gespräche mit bereits indoktrinierten Gefangenen, wobei alle Formen des Druckes und der Erniedrigung eingesetzt wurden;

– tägliche Studiengruppen, in denen man die kommunistische Doktrin lernen mußte.

Während dieser Beeinflussung wurde auf den Gefangenen sowohl von den Wärtern als auch von den bereits überzeugten Kameraden ohne Unterbrechung Druck ausgeübt, mit dem Ziel, die eigene Vergangenheit von der kommunistischen Sicht aus neu zu bewerten. Es wurde von ihm verlangt, seine Schuld einzusehen, d. h. die kommunistische Interpretation seiner Handlungen zu akzeptieren und die Änderung seiner Einstellungen zu demonstrieren. Zuletzt wurden die Gefangenen vor Gericht gebracht und für die gestandenen „Verbrechen" bestraft; der Urteilsspruch fiel mild aus, da die Gefangenen ja Einsicht zeigten. Die gesamte Prozedur der Gehirnwäsche dauerte von sechs Monaten bis zu vier oder mehr Jahren.

Das Wesentliche der Gehirnwäsche bestand darin, daß der Gefangene durch nichts (keine Information, kein Gespräch mit Bekannten usw.) die bisherigen Einstellungen bestätigen konnte. Er wurde unter massiven psychischen und physischen Druck gesetzt, dem er nur entgehen konnte, wenn er in seinen Handlungen die bisherigen Einstellungen „verriet". Dieser Diskrepanz zwischen dem erzwungenen Verhalten und seinen bestehenden Einstellungen (kognitive Dissonanz, s. S. 118) konnte der Gefangene unter den gegebenen Bedingungen nur eine gewisse Zeit standhalten.

Die Methoden der Gehirnwäsche interessieren uns hier nur zur Demonstration, wie tief verwurzelt Einstellungen sein können, d. h., welche intensiven Mittel der Beeinflussung notwendig wären, um persönlichkeitsbildende Einstellungen zu ändern. In solchen Fällen sind die Möglichkeiten der Andragogik wirkungslos.

Sollen tiefliegende Einstellungen verändert werden, so muß für den Adressaten nicht nur die Möglichkeit gegeben sein, die neue Einstellung in sein Selbstbild zu integrieren. Um Abwehrreaktionen zur Verteidigung des Selbstbildes von vornherein zu vermeiden, sollten die betroffenen Einstellungen nicht direkt angesprochen werden. Günstiger ist es, diese Einstellungen zuerst gelten zu lassen und nur periphere Einstellungen zu ändern und ein entsprechendes Verhalten zu belohnen, d. h. zu verstärken. Die geänderten peripheren Einstellungen sollten dabei mit den zu ändernden zentralen Einstellungen logisch verknüpft sein. Der Widerspruch zwischen den veränderten peripheren Einstellungen und der noch nicht geänderten zentralen Einstellung führt dann im günstigen Falle dazu, daß auch die zentrale Einstellung geändert wird (kognitive Dissonanz).

Nach diesem Modell könnte man das Vorgehen von Antonius in seiner berühmten Rede nach dem Mord an Cäsar (in Shakespeares Stück) interpretieren; er betont gegenüber dem Volk zuerst immer wieder, daß Brutus ein ehrenwerter Mann sei (zentrale Einstellung). Er erwähnt dann jedoch Fakten, die der Einstellung, Brutus sei ein ehrenwerter Mann, widersprechen, und löst so bei den Zuhörern einen dramatischen Einstellungswechsel gegen Brutus aus.

Experimentelle Untersuchung zur These:

Der Zusammenhang zwischen der **persönlichen Bedeutung einer Einstellung** (Verknüpfung mit dem Selbstbild, Ich-Beteiligung) und dem Versuch einer Einstellungsänderung wurde in einer Studie von McGinnies und Rosenbaum (1965) nachgewiesen. In einem Experiment an 768 japanischen Studenten untersuchten sie die Frage, wie sich hohe Ich-Beteiligung und großer Gegensatz zum Beeinflusser auf die Einstellungsänderung auswirken.

Thema war das Engagement der USA in Südvietnam. McGinnies benützte einen Text, der die Auseinandersetzung als „Weg zum Frieden" darstellte, und legte ihn verschiedenen Gruppen von Studenten vor. Diese unterschieden sich sowohl hinsichtlich der Richtung ihrer Einstellung zur Vietnampolitik als auch hinsichtlich der Intensität dieser Einstellung. Der Einfluß des Textes auf die Einstellungen der Versuchspersonen läßt sich so zusammenfassen: Der Effekt des Textes war um so geringer, je tiefer die Einstellung gegen das US-Engagement in den Personen verwurzelt war und je größer die Diskrepanz zwischen vorhandener Einstellung und Beeinflussung durch den Text war. Derselbe Text hatte also bei den Personen, die stark gegen das US-Engagement eingestellt waren und bei denen diese Einstellung eine hohe Ich-Beteiligung besaß, die geringste, bei nur schwach gegen das Engagement Eingestellten mit schwacher Ich-Beteiligung die größte Wirkung.

Folgerungen für die Praxis:

Sollen Adressaten neue Einstellungen lernen, so sollte man – wenn möglich – die Verbindung dieser neuen Einstellungen mit dem Selbstbild der Adressaten aufzeigen.

Dieser Hinweis setzt voraus, daß die Adressatengruppe, die man hinsichtlich ihrer Einstellung beeinflussen will, ein einigermaßen einheitliches Selbstbild hat.

Beispiel:

Jugendliche sollten eine negative Einstellung zum Rauchen bzw. eine positive Einstellung zum Nichtrauchen erwerben. Es handelte sich um 14- bis 18jährige, in deren Selbstbild Begriffe wie Selbständigkeit, Unabhängigkeit eine große Rolle spielten.

Die positive Einstellung zum Nichtrauchen wurde nun als selbständige, von der Werbung unabhängige Einstellung dargestellt. „Die Raucher lassen sich gängeln, die Nichtraucher sind diejenigen, die frei entscheiden können."

Sollen Einstellungen verändert werden, die eng mit dem Selbstbild verbunden sind, so ist es wirkungsvoller, diese Einstellung nicht direkt anzusprechen, um keine zu starke Abwehrhaltung zu provozieren.

Beispiel:

In dem angesprochenen Anti-Raucher-Programm mußte man davon ausgehen, daß bei einigen Jugendlichen die positive Einstellung zum Rauchen mit dem Selbstbildbestandteil „Unabhängigkeit von den Eltern" (Protest gegen das Rauch-Verbot der Eltern) verknüpft war. Es bot sich daher an, das Rauchen nicht von Anfang an zu verteufeln, sondern die Informationen in dem Tenor darzustellen:

128

„An sich ist das Rauchen eine gute Sache, man hat manche Vorteile davon, nur der Preis, den man dafür bezahlen muß, ist sehr hoch: die Gesundheit."

Folgerungen für sich selbst:

Wenn man seine eigenen Einstellungen beeinflussen will, z. B. wenn man entdeckt hat, daß bestimmte Einstellungen den angestrebten Zielen entgegenstehen, so muß man sein eigenes Selbstbild unter die Lupe nehmen. Das wird deutlich, wenn Sie z. B. erfolgreich in Ihrem Beruf sein wollen und eine negative Einstellung zum Fleiß haben: „Fleißig sein ist spießig". Hier widersprechen sich (bei den meisten Berufen) Ziel und Einstellung, und um diesen Widerspruch aufzuheben, müssen Sie entweder das Ziel oder die Einstellung verändern.

Sein Selbstbild objektiv zu betrachten ist sehr schwer und in der Regel nur mit Hilfe eines Therapeuten, eines Coach oder eines sehr guten, verständigen und mit psychologischen Mechanismen vertrauten Freundes erreichbar. Andererseits muß man davon ausgehen, daß man keine Ziele erreichen kann, die den eigenen Grundeinstellungen widersprechen, solange diese mit dem Selbstbild verbundenen Einstellungen nicht verändert wurden.

These 1.2:

Einstellungslernen baut häufig auf Signallernen auf, d. h.:

Signallernen ist häufig eine Vorstufe für den Erwerb von Einstellungen, und

Einstellungen beinhalten häufig spezifisch emotionale Reaktionen auf Signale.

Bei der Planung eines didaktischen Vorgehens zur Vermittlung neuer Einstellungen oder zur Veränderung bestehender Einstellungen muß immer mit untersucht werden, inwieweit spezifische Signale bei der gewünschten Reaktion auch eine Rolle spielen.

Beispiele:

Eine positive Einstellung zur Firma beinhaltet eine positive affektive Reaktion gegenüber dem Firmenzeichen (Signal).

Eine positive Einstellung zum Beruf des Versicherungsverkäufers beinhaltet eine positive affektive Reaktion gegenüber dem für den Versicherungsverkäufer typischen Aktenkoffer.

Eine positive Einstellung zur Bundeswehr beinhaltet eine positive affektive Reaktion gegenüber der Uniform usw.

Experimentelle Untersuchungen zur These:

Unsympathische Nationalitäten

Berkowitz u. Knurek (1969) zeigten, daß Namen, die durch Signallernen mit negativen oder positiven Bedeutungen belegt wurden, auch das Verhalten beeinflussen können. In einem als Lernexperiment getarnten Versuch wurden bestimmte Namen mit negativen oder positiven Gefühlen gekoppelt, indem man gemeinsam mit diesen Namen negative oder positive Begriffe darbot. Diese Begriffe waren z. B. „bitter", „häßlich" oder „Mißerfolg" bzw. „Geschenk", „heilig" oder „glücklich". (S. a. Experiment von Staats und Staats 1958, S. 103 in diesem Buch.)

Nach dieser Konditionierung ließ man die Versuchspersonen in einem davon angeblich unabhängigen Experiment an einer Diskussion mit zwei Mitstudenten teilnehmen, von denen einer den kritischen Namen trug. Die Versuchspersonen verhielten sich tatsächlich nachweisbar unfreundlicher gegenüber der Person mit dem „negativen" Namen als gegenüber dem Diskussionspartner, der einen „neutralen" Namen trug.

Folgerungen für die Praxis:

Häufig ist es sinnvoll (wenn nicht notwendig), die positive affektive Reaktion gegenüber dem Signal in gesonderten Maßnahmen zu vermitteln. Bei der emotionalen Reaktion auf das Signal handelt es sich um eine vorbewußte, häufig unbewußte Reaktion. Das didaktische Vorgehen bei der Vermittlung der neuen Reaktion auf das Signal muß darauf Rücksicht nehmen. Bei der Vermittlung der neuen Einstellung dagegen spielt die Argumentation (kognitives Element) eine wesentliche Rolle.

Allein die Koppelung dieser Signale mit negativen affektiven Reaktionen kann schon zu einer negativen Einstellung zum Rauchen führen; eine gleichförmige affektive Reaktion gegenüber einer Vielzahl von Signalen kann also eine Einstellung bewirken.

Beispiel:

Eine negative Einstellung zum Rauchen sollte, wenn sie dauerhaft vermittelt werden soll, negative emotionale Reaktionen gegenüber Bildern der Zigarettenwerbung, dem Bild der Zigarette, dem Geruch von Zigarettenrauch und anderes mit beinhalten.

6.3.2 Thesen, die die Informationsquelle betreffen

Man weiß aus eigener Erfahrung, daß man von manchen Personen viel eher eine Meinung übernimmt als von anderen. Die Kommunikationsforscher haben festgestellt, daß es in jeder Gruppe bestimmte „Meinungsmacher" (opinion leaders) gibt, und aus der Soziologie wissen wir, daß wir uns an „Bezugspersonen" orientieren, die einen starken Einfluß auf unser Denken, Bewerten und Handeln ausüben. Welche Merkmale erleichtern es nun einer Person oder Personengruppe, unsere Einstellungen zu beeinflussen?

Eine Information ist besonders wirksam, wenn ihr **Urheber** (der Kommunikator) vom Adressaten

- als ähnlich, u. U. als Mitglied der eigenen Gruppe (bzw. Bezugsgruppe) empfunden wird (These 2.1),

- als sympathisch erlebt wird (These 2.2),

- mit hohem Prestige und Glaubwürdigkeit versehen wird (These 2.3).

These 2.1:

Eine Information ist dann besonders wirkungsvoll, wenn ihr Urheber (der Kommunikator) von den Adressaten als ihnen ähnlich, u. U. sogar als Mitglied der eigenen Gruppe (bzw. Bezugsgruppe) empfunden wird.

Es gibt eine Reihe von Strategien, mit denen man Ähnlichkeitsgefühle auslösen kann.

- Man spricht von gemeinsamen Erfahrungen (Schule, Beruf, Freizeit),

- man zeigt ähnliche Eigenschaften, Reaktionsweisen, Meinungen,

- man betont gemeinsame Interessen und Probleme,

- man spricht die „Sprache" des Adressaten (Dialekt, Wortwahl).

Mit diesem Mittel arbeitet z. B. der Vorstandsvorsitzende, wenn er seinen Betriebsratsmitgliedern mitteilt, er habe kein Abitur, oder wenn der Pharmavertreter nach einem Rundblick auf die Regatta-Bilder in der Praxis dem Arzt von seiner Liebe zum Segeln vorschwärmt.

Experimentelle Untersuchung zur These:

Einer von uns

Mills und Jellision (1968) prüften an 218 Studentinnen, ob ein Kommunikator wirksamer ist, wenn die angesprochenen Personen glauben, er **gehöre ihrer Gruppe an.** Zu diesem Zwecke legten die Autoren vier verschiedenen Gruppen einen Text vor, der neue Aspekte in Erziehungsfragen behandelte. Die vier Gruppen wurden durch Vorinformation dahingehend beeinflußt, daß sie sich vorstellen sollten, Ingenieur (zwei Gruppen) oder Musiker (ebenfalls zwei Gruppen) zu sein. Der Kommunikator wurde nun ebenfalls entweder als Ingenieur oder als Musiker vorgestellt. Er sprach somit entweder zu Hörern seiner eigenen Berufsgruppe (Ingenieur zu Ingenieuren oder Musiker zu Musikern) oder zu Hörern der fremden Gruppe (Ingenieur zu Musikern oder Musiker zu Ingenieuren). Mills und Jellision maßen zwei verschiedene Ergebnisse: die Erinnerung der Versuchspersonen an den Text und die Änderung der Einstellungen auf Grund des Textes im Vergleich zur Einstellung vor dem Experiment.

Die Autoren fanden heraus, daß sich alle Gruppen etwa gleich gut an den Inhalt der Information erinnern konnten. Unterschiede gab es aber in den Einstellungen: Wenn die Versuchspersonen glaubten, der Text sei von einem Kommunikator aus der eigenen Berufsgruppe, änderten sie ihre Einstellung signifikant in Richtung der Meinung des Kommunikators. Glaubten die Zuhörer, einer anderen Gruppe anzugehören als der Kommunikator, war der Effekt deutlich geringer. Dieser Unterschied kam nur auf Grund der Größen „Beruf des Kommunikators" und „Beruf des Zuhörers" zustande. Eine statische Analyse zeigte, daß der Beruf allein ohne den Gegensatz zu dem anderen Beruf keinen Einfluß auf die Einstellungsänderung ausgeübt hatte. Dadurch konnten die Autoren ihre Annahme, ein Kommunikator sei wirksamer, wenn die angesprochenen Personen glauben, er gehöre zur selben Gruppe, bestätigen.

Beispiel aus der „Propaganda" der jüngsten Zeit

Der Verteidigungsminister hat es in einer Zeit (1997), in der die Feindbilder von früher verschwunden sind, nicht leicht, die Wehrpflichtigen zu motivieren. Laut einer Notiz aus dem Handelsblatt vom 12. 8. 1997 räumt er ein, daß die Wehrpflicht „aus der Sicht der jungen Leute heute nicht mehr so selbstverständlich" sei. Der Staat müsse deshalb den Bürger von der Pflicht überzeugen, die er ihm auferlege. (Wenn hier auch von „überzeugen" gesprochen wird, so handelt es sich eindeutig um ein affektives Lernziel, in dem Argumente allein sicher nicht ausreichen.) Die neue Werbeaktion der Bundeswehr solle deshalb „noch stärker als bisher und mit jugendgerechten Informationsmitteln darauf hinweisen, daß der Dienst in der Bundeswehr notwendig und sinnvoll ist".

Letztlich geht es dabei um die Vermittlung einer positiven Einstellung zur Bundeswehr. Der Begriff „Werbeaktion" macht das auch deutlich, während der Ausdruck „jugendgerechte Informationsmittel" den affektiven Gehalt der Botschaft (und damit den Verdacht der Manipulation) eher verschleiert.

Die Wahl der Mittel berücksichtigt den Charakter des „Lernziels" jedoch: In einer 10,5 Millionen DM teuren Kampagne werden Wehrpflichtige in den Mittelpunkt gestellt, die jungen Männer sollen mit Aussagen über ihren Dienst ihre Altersgenossen ansprechen und vermitteln, daß der Wehrdienst keine verlorene Zeit ist. (Sicher müssen allerdings noch weitere Regeln der Einstellungsvermittlung beachtet werden, wenn man mit der Kampagne erfolgreich sein will.)

Folgerungen für die Praxis:

Entsprechend den oben dargestellten Ergebnissen ist es also wirkungsvoll, wenn der Kommunikator den Eindruck erweckt, er gehöre zu der Bezugsgruppe der Adressaten, oder, wenn das nicht glaubhaft gemacht werden kann, seine Ähnlichkeit mit den Adressaten hervorhebt.

Beispiel:

Bei der Einführung einer neuen EDV-Technik zeigte es sich, daß die betroffenen Mitarbeiter eine negative Einstellung zur Datenverarbeitung hatten. Bei den Einführungsveranstaltungen wurde ein Film gezeigt, in dem Kollegen der Adressaten interviewt wurden. Bei diesen Kollegen war die neue EDV-Technik schon einige Zeit im Betrieb, da sie zum Testfeld gehörten. Sie äußerten in den Interviews, welche Probleme sie hatten (es waren dies Probleme, die fast alle in ihrer Berufsgruppe hatten) und daß sie dem neuen EDV-System sehr kritisch gegenüberstanden. Dann zeigten sie auf, welche Vorteile das neue System allerdings für sie gebracht hat, und bekannten, daß sie heute von dem Wert dieses neuen Systems vollkommen überzeugt sind.

Folgerungen für sich selbst:

Wenn wir von anderen Menschen beeinflußt werden und wir erkennen, daß diese Beeinflussung unseren gesetzten Zielen widerspricht, dann kann man sich diesem Einfluß erfolgreich widersetzen, indem man sich klarmacht, in welchen Punkten die Beeinflusser sich von uns selbst unterscheiden. Wenn wir uns z. B. vorgenommen haben, nicht mehr so viel Alkohol zu trinken, und unsere Bekannten im Lokal wollen uns dazu verleiten, statt der „Babygetränke" etwas „Richtiges" für harte Männer oder emanzipierte Frauen zu bestellen, dann hilft es oft schon, sich deutlich vor Augen zu führen, daß man selbst am nächsten Tag arbeiten muß und den Alkohol nicht so gut verträgt. Vielleicht findet man allerdings auch andere tiefgreifende Unterschiede zu den Bekannten. Je mehr Unterschiede wir finden, desto weniger Chancen der Beeinflussung werden die Bekannten haben – und es gibt immer Unterschiede, so wie es immer Gemeinsamkeiten gibt, es kommt nur darauf an, worauf man seine Aufmerksamkeit lenkt.

Das Gegenteil tun Verliebte oder Paare, die miteinander flirten: Sie suchen nach Gemeinsamkeiten und sind in der Regel „überrascht", wie viele Übereinstimmungen sie finden, woraus sie ableiten, daß sie füreinander bestimmt sind (um dann nach einiger Zeit festzustellen, daß man doch gar keine Gemeinsamkeiten besitzt, und sich wieder trennt).

Wahrgenommene Ähnlichkeit löst sehr wahrscheinlich Sympathie aus. Sympathie kann allerdings auch auf andere Weise entstehen, z. B. aus Dankbarkeit für erwiesene Wohltaten oder aus Bewunderung. Wir haben die Wirkung der Sympathie daher in eine gesonderte These gefaßt:

These 2.2:
Eine Information ist besonders wirksam, wenn ihr Urheber von den Adressaten als sympathisch erlebt wird.

Gezielt Sympathie herstellen ist daher die Absicht all jener Personen, die berufsmäßig darauf angewiesen sind, Einstellungen zu beeinflussen. Der Spitzenpolitiker läßt seine Frisur verschönern und macht durch Stimmtraining seine Stimme runder; der Vertreter zieht sich gepflegt an; die Werbung arbeitet mit ‚sympathischen' Fotomodellen.

Experimentelle Untersuchung zur These:

Die Macht der Sympathie

Die Autoren (Jones und Brehm 1967) untersuchten an 60 weiblichen Studenten die **Wirksamkeit einer Information,** die sich für die Abschaffung von Sportwettkämpfen zwischen Colleges aussprach. Die Studentinnen waren dabei der Meinung, es handle sich um einen wichtigen Aspekt des Lebens am College. Die Autoren bildeten zwei Versuchsgruppen. Sie stellten einen sehr glaubwürdigen Kommunikator als führendes Mitglied der Vereinigung für Collegesport vor. Die Sympathie wurde für die beiden Gruppen dadurch beeinflußt, daß der Kommunikator sich in der Einleitung einmal sehr lobend, das andere Mal sehr abfällig über die Brauchbarkeit von Studenten für Untersuchungen dieser Art aussprach. Zugleich testeten die Autoren auch den Effekt, der erreicht wurde, wenn die Versuchspersonen dem Kommunikator absichtlich zuhörten oder ihm quasi zufällig ausgesetzt waren.

Jones und Brehm ermittelten die Resultate ihres Experimentes durch Messung der Einstellung der Versuchspersonen zum genannten Thema. Sie fanden heraus, daß die Gruppe, die dem „sympathischen" Kommunikator „zufällig" zugehört hatte, ihre Einstellung so weit der Meinung des Kommunikators annäherte, daß sie sich statistisch gesichert von einer Kontrollgruppe unterschied. Für die Personen, die der Nachricht absichtlich zuhörten, ergaben sich keine statistisch gesicherten Ergebnisse.

Attraktivität des Versuchsleiters

In einem Experiment von Schlenker (1975) (s. a. Forsyth, Riess und Schlenker 1977) wurde deutlich, daß die Attraktivität des Versuchsleiters die Einstellungsänderung erheblich modifiziert (Frey u. Irle 1985).

Folgerungen für die Praxis:

Die angeführten Untersuchungsergebnisse zeigen, daß es für den Kommunikator, der Einstellungen bilden oder verändern will, sehr wichtig ist, von den Adressaten als sympathisch empfunden zu werden. Hierbei muß auf die Vorlieben der Adressatengruppe Rücksicht genommen werden. Es lohnt sich, in einer gesonderten Untersuchung festzustellen, welche Personen von den Adressaten als sympathisch empfunden werden.

Beispiel:

Es wurde eine Fernsehsendereihe erstellt, in der Jugendlichen u. a. eine positive Einstellung zu den Verkehrsregeln und eine partnerschaftliche Einstellung zu den anderen Verkehrsteilnehmern vermittelt wurde. In einer aufwendigen Voruntersuchung wurde ermittelt, welche der in Frage kommenden Moderatoren von den Adressaten als besonders sympathisch beurteilt wurden. Darüber hinaus traten in der Sendereihe Jugendliche auf, mit denen sich die Adressaten identifizieren konnten.

These 2.3:

Eine Information ist dann besonders wirkungsvoll, wenn sie aus einer Quelle stammt, der vom Zuhörer ein hohes Prestige und hohe Glaubwürdigkeit zugeschrieben wird.

Eine Information, von der man glaubt, daß sie von einem Fachmann, von einem Wissenschaftler, von einem „Insider" usw. stammt, besitzt für die Zuhörer eine hohe Glaubwürdigkeit und ein höheres Gewicht. Die Beeinflussung aus einer solchen Quelle ist daher stärker, als wenn die Quelle der Information unbekannt ist („Papier ist geduldig") oder wenn die Information einem weniger glaubhaften Autor zugeschrieben wird.

Die Forscher Hovland und Weiß (1951) haben diese Wirkung experimentell untersucht. Sie stellten fest, daß Studenten ihre Meinung häufiger aufgrund von Informationen änderten, die sie einer ihnen glaubwürdiger scheinenden Informationsquelle zuschrieben, als aufgrund von Informationen, die aus wenig vertrauenswürdiger Quelle stammten. (In Wirklichkeit waren die Texte vom Versuchsleiter hergestellt worden.)

Bei dieser Studie stellte sich zur Überraschung der Forscher ein Effekt heraus, der für Einstellungslernen typisch ist. Hovland und Weiß prüften nämlich in regelmäßigen Abständen nach dem Experiment das Ausmaß der Meinungsänderung nach und stellten fest, daß die Wirkung der als ‚glaubwürdig' bezeichneten Informationsquelle sukzessiv nachließ, während die Wirkung der vermeintlich ‚unglaubwürdigen' Quelle zunahm. Nach vier Wochen hatten die Informationen der ‚unglaubwürdigen' Quelle denselben Effekt. Die Forscher nannten diesen Effekt **‚sleeper effect'** und vermuten, daß im Gedächtnis zwar die aufgenommenen Informationen behalten, ihre Verbindung mit der Informationsquelle aber zunehmend vergessen wird (‚einschläft'), so daß die Wirkung des Faktors ‚Glaubwürdigkeit' immer unwichtiger wird.

Experimentelle Untersuchung zur These:

Oppenheimer gegen Prawda

In einem Experiment (Maletzke 1976, S. 142) wurde einer Gruppe amerikanischer Studenten ein Aufsatz vorgelegt, in dem die Frage erörtert wurde, ob es sinnvoll ist, Atom-Unterseeboote zu bauen. Einem Teil der Gruppe wurde gesagt, der Aufsatz sei von dem berühmten amerikanischen Atomphysiker Robert J. Oppenheimer geschrieben. Dem anderen Teil der Studenten wurde gesagt, der Aufsatz stamme aus der sowjetischen „Prawda". Der Einfluß der Angabe der Quelle konnte eindeutig nachgewiesen werden, und zwar sowohl der positive Einfluß der Angabe „Oppenheimer" als auch der negative Einfluß der Angabe „Prawda".

Medizinische Kapazität gegen Quacksalber

Den Einfluß der **Glaubwürdigkeit eines Informanten** (Kommunikators), der die Einstellung der Zuhörer verändern will, untersuchten Johnson und Scileppi (1969). Ihre Versuchspersonen waren 250 Studenten. Gegenstand ihres Experimentes war eine Information zu der Frage, in welchem Maße man Röntgenstrahlen zur Diagnose von Tbc-Erkrankungen verwenden solle. Zu den Größen, die im Experiment verändert wurden, gehörten die persönliche Beteiligung der Studenten und Glaubwürdigkeit des Kommunikators. Darüber hinaus benutzten die Autoren unterschiedlich plausible Fassungen des Textes.

Die persönliche Beteiligung der Studenten versuchten die Autoren dadurch zu beeinflussen, daß sie einem Teil der Studenten sagten, es sei dies eine Studie, in der herausgefunden werden solle, ob Studenten sich ebensogut wie Erwachsene dazu eigneten, Texte zu beurteilen (hohe Beteiligung); dem anderen Teil der Studenten wurde gesagt, es handle sich um eine bloße Vorstudie zu einer größeren Untersuchung (niedrigere Beteiligung). Die Glaubwürdigkeit des Kommunikators wurde verändert, indem der Autor des Textes einmal als medizinische Kapazität, das andere Mal als Quacksalber hingestellt wurde, der wegen Betrugs schon eingesessen habe. Die Versuchspersonen wurden vor und nach der Präsentation des Textes einer Einstellungsmessung unterzogen. Die Differenz zwischen Vor- und Nachtest ergab, daß der glaubwürdige Kommunikator (die medizinische Kapazität) die Studenten, die eine geringe persönliche Beteiligung besaßen, zu einer signifikanten Einstellungsän-

136

derung veranlassen konnte, alle anderen Bedingungen und experimentellen Beeinflussungen keinen statistisch signifikanten Effekt erzielten.

Mit diesem Experiment konnte zum einen die Wichtigkeit der Glaubwürdigkeit eines Kommunikators, ebenso jedoch der Einfluß der Ich-Beteiligung (These 1.1) demonstriert werden.

Folgerungen für die Praxis:

Die oben dargestellte These bzw. die zitierten Experimente legen nahe, daß man eine Information zur Einstellungsänderung einem glaubhaften, prestigebehafteten Kommunikator „in den Mund legt". Dies wird im allgemeinen durch Zitieren erreicht. Bei Filmen gibt es die Möglichkeit, prestigebehaftete Kommunikatoren direkt, also auch im Bild auftreten zu lassen. Dabei muß man jedoch sicherstellen, daß keine anderen Thesen gegen das Auftreten der Prestigeperson im Bild sprechen, z. B., daß die Person als unsympathisch empfunden wird.

Beispiel:

1. In der bereits häufiger angesprochenen Anti-Raucher-Broschüre wurden an vielen Stellen Professoren oder andere Prestigeträger zitiert, und es wurden – in ähnlichen Broschüren oft nicht üblich – genaue Literaturangaben gemacht.

2. In einem Film, der zur Einführung einer neuen Vertriebsmethode gedreht wurde, trat der Vertriebsvorstand auf und erläuterte wichtige Konsequenzen dieser neuen Methode. Es handelte sich dabei um ein Vorstandsmitglied, das auch von der „Basis" als sympathisch empfunden wurde.

6.3.3 Thesen zu den Medien, mit denen Information vermittelt wird

Bei diesen Thesen zeigt sich eine enge Beziehung zu den oben besprochenen. Denn nicht nur Personen, sondern auch **Medien** allgemein können als zugehörig (ähnlich, vertraut), sympathisch oder glaubwürdig erlebt werden und sind damit gut geeignet, auf Einstellungen verändernd zu wirken. Für die meisten Menschen hat z. B. das Fernsehen eine außerordentlich hohe Glaubwürdigkeit, also einen Vertrauenskredit, der mit der Qualität der Informationen nichts zu tun hat. Das meinte u. a. McLuhan (1967) mit dem bekannten Satz: „Das Medium ist die Botschaft".

Manchmal steht jedoch das Medium, das zur Beeinflussung der Adressaten eingesetzt wird, aufgrund anderer, z. B. organisatorischer Bedingungen fest. Will man z. B. mehrere Personen an verschiedenen Orten zu verschiedener Zeit unabhängig voneinander erreichen und steht diesen Personen keine Technik zur Verfügung, so

137

ist als geeignetes Medium lediglich eine schriftliche Information möglich, unabhängig davon, ob aus Gründen der Wirksamkeit ein anderes Medium günstiger wäre. Häufig kann man das Beeinflussungsmedium aus einer größeren Zahl von Möglichkeiten auswählen. Wir werden daher hier auf die Kriterien eingehen, nach denen man die Auswahl des Mediums treffen muß, wenn auch die Frage nach der Wirksamkeit im Vordergrund steht.

These 3.1:

Die persönliche Informationsübermittlung von Bekannten und Freunden, vor allem, wenn sie sogenannte Meinungsführer sind, ist besonders wirkungsvoll.

Im allgemeinen läuft der Prozeß der Beeinflussung, vor allem, wenn die betroffene Einstellung eine hohe Ich-Beteiligung besitzt, in einem zweistufigen Prozeß ab. Zunächst beeinflussen die Medien die sogenannten Meinungsführer, während dann die Meinungsführer ihrerseits durch persönliche Kontakte eine weitere größere Zahl von Personen beeinflussen. Man kann davon ausgehen, daß vor allem politische Wahlen, aber auch das Konsumverhalten sehr stark durch persönliche Kontakte beeinflußt werden (Triaridis 1975, S. 237; Katz und Lazarsfeld 1955; Berelson u. a. 1954).

Experimentelle Untersuchung zur These:

Beeinflussung von Ärzten

Menzel und Katz (1956) konnten zeigen, daß selbst in gebildeteren Gruppen, wie z. B. bei Ärzten, **persönliche Kontakte** eine größere Bedeutung haben als die formalen Informationswege der Arzneimittelhersteller. (Eine weitere Untersuchung zu dieser These wird auf Seite 151 dargestellt.)

Folgerungen für die Praxis:

Im allgemeinen ist es nicht möglich, die Meinungsführer einer Gruppe in gezielten Aktionen direkt zu beeinflussen. In einigen Seminaren bietet sich jedoch dem Seminarleiter unter Umständen die Möglichkeit, in einem geschickt geführten privaten Gespräch, z. B. in einer der Pausen, die Meinungsführer der Seminargruppe direkt in der gewünschten Weise zu beeinflussen. Dies geschieht häufig – bewußt oder unbewußt – vor allem mit dem Ziel, eine positive Gesamtbeurteilung des Seminars, d. h. eine positive Einstellung der Seminarteilnehmer zum Seminarleiter und zum Seminar, zu erreichen.

Folgerungen für sich selbst:

Bei der Beeinflussung unserer eigenen Einstellung müssen wir die Vorlieben beachten, die unsere „Bezugsgruppe" hat; das sind die Personen, mit denen wir vor allem in der Freizeit zusammen sind, mit denen wir uns identifizieren. Wenn wir feststellen, daß diese Bezugsgruppe andere Grundwerte hat, als wir haben wollen (um bestimmte Ziele zu erreichen), so müssen wir u. U. die Bezugsgruppe ändern.

Es wird uns z. B. sehr schwer fallen, unter Freunden, die alle selbst intensiv rauchen, das Rauchen aufzugeben.

These 3.2:

Adressaten übernehmen Einstellungen der von Medien wie Film und Fernsehen dargestellten Personen, wenn sie sich mit diesen Personen identifizieren.

Die Frage, ob sich die Zuschauer mit den dargestellten Personen identifizieren, hängt vor allem davon ab, inwieweit es gelingt, die dargestellte Person als sympathisch und der Zuschauergruppe ähnlich zu zeigen. Hier zeigt sich die Ähnlichkeit dieser These mit den oben dargestellten Thesen (2.1 und 2.2).

Durch die größere Aufmerksamkeit und Realitätsnähe, die durch das bewegte Bild bei Film und Fernsehen erzeugt werden, ist dieses Medium mehr als andere objektivierte (multiplizierbare) Medien (z. B. Texte) zur Beeinflussung von Einstellungen geeignet.

Das gilt besonders, wenn das bewegte Bild – wie das bei Multimedia-Programmen der Fall ist – mit Aktivitäten des Lernenden gekoppelt werden kann (vgl. Kap. 8.4 „Multimedia als Instrument zur Vermittlung affektiver Lernziele").

Experimentelle Untersuchungen zur These:

1. Abbau von Rassenvorurteilen

Den Effekt der Imitation eines im Film gezeigten Verhaltens aufgrund der Übernahme der dargestellten Einstellungen konnten Krämer, Bercini und Harris in einer Studie gleich doppelt aufzeigen. Sie untersuchten die Möglichkeiten, mit Hilfe eines Filmes die Rassenvorurteile von Weißen den Schwarzen gegenüber abzubauen.

Um dies zu untersuchen, teilten sie knapp 2000 Soldaten der US-Army mit weißer Hautfarbe in vier Gruppen und versuchten, sie auf unterschiedliche Weise zu beeinflussen.

- Eine Kontrollgruppe wurde nur zu Vor- und Nachtest herangezogen.

- Die Experimentalgruppe (A) sah den Film „Black and White: Uptight", der von der US-Army entwickelt worden war, um Rassenvorurteile abzubauen und die Kooperation von schwarzen und weißen Soldaten zu verbessern.

- Eine zweite Gruppe (B) sah ein Videoband, auf welchem dargestellt wurde, wie ein weißer Soldat sich den Film „Black and White: Uptight" ansah und dadurch in seinem Verhältnis zu Kameraden mit anderer Hautfarbe positiv beeinflußt wurde.

- Die dritte Experimentalgruppe (C) sah ebenfalls auf Videoband, wie ein weißer Soldat den Film sah. Dieser Soldat wurde jedoch von dem Film nicht beeinflußt.

Ergebnisse:

Die Autoren werteten die Fragebogen des Nachtests aus und kamen zu dem Ergebnis, daß die Gruppe, die das neutrale Modell gesehen hatte (Versuchsgruppe C), ihre Vorurteile ebensowenig geändert hatte wie die Kontrollgruppe, die keinen Film gesehen hatte. Dagegen zeigten sowohl der Film selbst (Experimentalgruppe A) und die Demonstration des positiven Modells (Experimentalgruppe B) einen signifikanten Abbau der Rassenvorurteile bei den Versuchspersonen. Die Gruppe, die durch Identifikationen mit dem Vorbild lernen konnte, zeigte also eine Einstellungsentwicklung im Sinne des Vorbilds, ebenso wie auch das Beispiel der Personen im Originalfilm zu einem Abbau der Vorurteile führte.

Auch Informationsfilme haben eine starke Wirkung auf die Einstellung der Zuschauer. Das Bild scheint die ausgesprochene Meinung des Kommentators zu „beweisen". Daraus ergibt sich, daß die Glaubwürdigkeit eines Kommentators in einem Film sehr viel höher erscheint, als wenn nur die Stimme wahrgenommen wurde.

2. Kommentare eines Unterrichtsfilms

Adelhoch und Diekmeyer (1968) konnten zeigen, daß **ein wertender Kommentar** einem objektiven Kommentar bei einem Unterrichtsfilm unterlegen sein kann.

In einer Untersuchung wurden zwei Fassungen eines Unterrichtsfilmes miteinander verglichen. In der einen Fassung hatte der Film einen informativen Kommentar, in der anderen Fassung einen „Motivationskommentar", d. h. einen Kommentar mit vielen wertenden Adjektiven und Suggestivfragen. Es zeigte sich, daß der informative Kommentar nicht nur in bezug auf die Wissensvermittlung, sondern auch in bezug auf die Vermittlung einer positiven Einstellung zum Thema überlegen war.

Diese Ergebnisse lassen sich erklären, wenn man sich deutlich macht, daß ein Adressat dann Widerstand entwickeln kann, wenn er einen Kommentar als wertend empfindet. Ein solcher Widerstand entwickelt sich vor allem dann, wenn die Wertmaßstäbe des wertenden Kommentars denen der Adressatengruppe widersprechen.

Folgerungen für die Praxis:

Der Einsatz von Film, Fernsehsendungen und Multimedia zur Einstellungsänderung bzw. Einstellungsbildung ist besonders wirksam. Für diese Wirksamkeit bieten sich zwei Erklärungen an:

● Durch Identifikation mit einer der dargestellten Personen übernehmen die Zuschauer auch deren Einstellungen (vor allem bei Filmen mit Spielhandlung).

● Der Zuschauer hat den Eindruck, die Bilder würden den Kommentar beweisen (bei Kommentarfilmen).

Beispiele:

1. Um bei Teilnehmern an einem Trainingskurs die Skepsis gegenüber diesem Kurs zu überwinden und eine positive Einstellung zu vermitteln, wurden in einem Film von einem Kommentator die Ziele und die positiven Ergebnisse der Veranstaltung erläutert. Im Bild sah man, wie ein Schauspieler zuerst sehr schlecht und nach dem Kurs sehr geschickt reagierte. Durch diese Bilder wurde quasi bewiesen, wie wirksam der Kurs war.

2. In einem Film, der als Bestandteil eines Verkehrserziehungsprogramms eine positive Einstellung zum Sicherheitsgurt vermitteln sollte, wurde im Bild die Wirksamkeit des Sicherheitsgurtes in (gestellten) Verkehrsunfällen gezeigt, während der Kommentator die positive Wirkung des Sicherheitsgurtes erläuterte. Auch hier wurde durch die gezeigten Bilder die Wirksamkeit der Information des Kommentators durch den „Beweis" der Bilder erhöht.

6.3.4 Thesen zu Form und Inhalt der dargebotenen Information

Die uralte Kunst der Rhetorik ist eine Fundgrube für Methoden zum Einstellungslernen, vor allem im Hinblick auf die wirkungsvolle Art der Informationsdarbietung. Man findet eine Unzahl von Ratschlägen, die ganz gezielt die verschiedenen Komponenten von Einstellungen beeinflussen sollen. So gibt es rhetorische Techniken zur kognitiven Beeinflussung, vor allem Methoden der exakten Beweisführung und Methoden der Entkräftung von Gegenargumenten (z. B. Sokrates, Aristoteles, Schopenhauer). Alle großen Rhetoriker haben auch die affektive Komponente betont, also z. B. wie wichtig es sei, ‚Herz' und ‚Gemüt' der Zuhörer zu ergreifen. Techniken des Emotionalisierens finden sich vor allem in überlieferten politischen Reden. Aus der jüngsten Vergangenheit liefern die Goebbels- und Hitlerreden beängstigende Beispiele für die Macht der Rhetorik auf den (vor allem affektiven) Bereich der Einstellungen.

Insgesamt sind rhetorisch vermittelte Informationen immer dann besonders wirksam, wenn sie

- verständlich sind und schlüssig erscheinen (kognitiver Bereich),

- eigene Erfahrungen, Meinungen u. a. bestätigen oder weiterführen (kognitiver und affektiver Bereich),

- gefühlsmäßig positiv bewertet werden (affektiver Bereich).

Die in diesem Abschnitt dargestellten Thesen zur Gestaltung von Informationen sind für die Praxis besonders wichtig, denn der häufigste Weg zur Änderung von Einstellungen in der betrieblichen Praxis stellt die geschickte Vermittlung von Information dar. Dabei wird hier grundsätzlich nicht unterschieden, ob diese Informationsvermittlung auf schriftlichem Wege (Broschüre, Plakat, Programmierte Unterweisung usw.) oder auf mündlichem Wege (Vortrag) vermittelt wird.

These 4.1:

Informationen zur Änderung von Einstellungen sollten so dargestellt werden, daß die Schlußfolgerungen für die eigenen Wertvorstellungen von den Adressaten selbst gezogen (entdeckt) werden.

Wie bereits oben dargestellt, widersetzt sich jeder Mensch einem Versuch, seine Einstellungen zu ändern. Der dabei auftauchende Widerstand ist um so größer, je mehr Funktionen eine Einstellung für die Person erfüllt bzw. je enger die betreffende Einstellung mit dem Selbstbild der Person verbunden ist. Alle hier dargestellten Thesen haben zum Ziel, daß dieser Widerstand nicht geweckt wird. Die gedankliche Aktivität der Adressaten darf also nicht darauf gerichtet sein, Argumente gegen die vorgebrachte Einstellung zu suchen, sondern darauf, die neu vorgebrachte Einstellung in die vorhandenen Einstellungen bzw. das vorhandene Selbstbild zu integrieren.

Eine Möglichkeit, die gedankliche Aktivität des Adressaten auf die Übernahme der neuen Einstellung auszurichten, besteht darin, ihn selbst an der Entwicklung dieser neuen Einstellung zu beteiligen. Dazu ist es notwendig, sozusagen „objektive" Informationen darzustellen, aus denen sich für den Adressaten Folgerungen ergeben, die zu der neuen Einstellung führen. Die dargestellte Information hat damit nicht mehr den Charakter einer Predigt („Ihr sollt, ihr müßt, ihr müßtet, man müßte usw."), sondern den eines interessanten Tatsachenberichtes, der sich jedoch mit dem Gegenstand in einer Form beschäftigt, die eine Stellungnahme herausfordert. Um diese Stellungnahme geht es, denn in ihr zeigt sich die neue Einstellung. Sie stellt das Ziel der Information dar. Das Herausfragen von Informationen stellt nicht nur eine günstige Technik zur Beeinflussung von Einstellungen dar. Es handelt sich um eine besonders wirksame didaktische Methode, die bereits seit Jahrtausenden bekannt ist (Sokrates nannte die Methode „Mäeutik"= „Hebammenkunst"). Die Wirksamkeit dieser Methode bei der Einstellungsänderung erklärt sich daher sicher auch nur zum Teil aus der Tatsache, daß mit dieser Methode weniger Widerstände aktiviert werden. Zum anderen Teil kann man die Wirksamkeit auch mit der besseren Informationsaufnahme (der wirksameren intellektuellen Darbietung des Stoffes) erklären.

Experimentelle Untersuchungen zur These:

1. Beeinflussung durch Fragen

Kirfel und Denig (1973) untersuchten die Frage, ob **die Aktivität des Adressaten** bei der Einstellungsänderung eine Rolle spielt. Sie wählten die sogenannte **Sokratische Methode,** bei der die Gesprächspartner durch das Stellen von geschickten Fragen in ihrer Meinung beeinflußt werden. Sie untersuchten die Wirkung zweier verschiedener Überredungstechniken dieser Art auf die Einstellung zu einer Werbeanzeige einer Zigarettenmarke. Sie beeinflußten in ihren Untersuchungen die Aktivität der Versuchspersonen. Das Ziel der Beeinflussung im Experiment war es, die Einstellung der Versuchspersonen – es handelte sich um 66 Studenten – zu dieser Anzeige negativ zu beeinflussen.

● Einer Gruppe der Studenten gaben die Autoren die Aufgabe, die Anzeige zu analysieren. Zu diesem Zweck legten sie ihnen einen Fragebogen vor, auf dem die Versuchspersonen Antworten ankreuzen konnten (Mehrfachwahl-Bedingung).

● Eine zweite Gruppe erhielt für die Analyse einen Fragebogen mit offener Antwortmöglichkeit (Open-end-Bedingung). Diese Personen waren gegenüber der ersten Gruppe bei der Analyse aktiver, weil sie die Antworten selbst finden und formulieren mußten.

Bei beiden Formen des Fragebogens wurden die Studenten durch die Art der Fragestellung in einer bestimmten Richtung beeinflußt: Im Falle der Mehrfachwahl-Bedingung sollte durch die Art der Fragen und die Vorgabe der Antworten, im Falle der Open-end-Bedingung durch die suggestive Formulierung der Fragen erreicht werden, daß die Einstellung zu der Anzeige negativ wird.

Die Autoren berichten, daß Messungen der Einstellung folgende Resultate ergaben: Die Gruppe der aktiven Studenten in der Open-end-Bedingung wies eine signifikant schlechtere Einstellung zur Werbeanzeige auf als die Gruppe der weniger aktiven Versuchspersonen in der Mehrfachwahl-Bedingung. Ein Vergleich beider Gruppen mit einer Kontrollgruppe, die keiner Beeinflussung unterworfen war, war signifikant.

Die Autoren ziehen aus den Ergebnissen den Schluß, daß der Anteil der Improvisation in der Fragetechnik, also der Anteil der Eigenaktivität in der Situation der Einstellungsänderung, für den Erfolg einer Einstellungsänderung von entscheidender Bedeutung ist.

2. Selber Argumente finden

Eine ähnliche Studie, die den Einfluß der **Aktivität des Adressaten** bei der Änderung von Einstellungen untersuchte, führte Watts (1967) durch. Er untersuchte 140 Studenten in zwei Gruppen. Eine Gruppe wurde aufgefordert, nach einem kurzen Text selbst Argumente zu finden, die die im Text angedeutete Auffassung unterstützten. Eine andere Gruppe erhielt zu dem gleichen einleitenden Text eine weitere Information, die sie von der dargelegten Auffassung überzeugen sollte. Watts ließ seine Versuchspersonen über drei verschiedene Themen arbeiten:

- Für die Aufnahme von Puerto Rico in die USA

- Für größere Nachsicht der Gerichtshöfe gegenüber jugendlichen Delinquenten

- Für die Wahl des Secretary of State („Außenministers") anstelle der Ernennung durch den Präsidenten der USA.

Die Auswahl der verschiedenen Themen wurde vorgenommen, um eine möglichst breite Aussage zu gewinnen. Zur Messung der Resultate erhob Watts verschiedene Daten,

- die Auskunft über die Einstellungsänderung der Versuchspersonen gaben,

- die aufzeigten, wie gut sich die Versuchspersonen an die Gegenstände und Argumente erinnern konnten, und

- die erkennen ließen, wie sehr der Gegenstand die Versuchspersonen angesprochen hatte.

Diese Messungen wurden unmittelbar nach dem Experiment und sechs Wochen später vorgenommen.

Die Auswertung der Daten ergab, daß sich zwischen den Bedingungen der aktiven und passiven Beteiligung unmittelbar nach dem Experiment keine Unterschiede bei den Versuchspersonen zeigten. Auf längere Sicht war jedoch die aktive Beteiligung klar überlegen: Die Versuchspersonen dieser Gruppe zeigten eine größere Beständigkeit in der neuen Einstellung, mehr Interesse und mehr Beschäftigung mit dem Gegenstand (sie hatten öfter darüber diskutiert), und sie konnten sich besser an Gegenstand und Argumente erinnern. Dabei fand Watts zusätzlich heraus, daß die größere Beständigkeit der Einstellungsänderung damit zusammenhing, daß die Studenten in der Gruppe der aktiven Teilnahme mehr persönliche Beteiligung und Interesse am Gegenstand entwickelten und sich deshalb mehr mit dem Gegenstand der Einstellung beschäftigten.

Folgerungen für die Praxis:

Die aktive Beteiligung der Adressaten bei der Vermittlung neuer Einstellungen scheint eine wichtige Bedingung zur wirksamen Beeinflussung zu sein. Dabei scheint eine improvisierende Beteiligung, bei der die Adressaten Argumente selbst formulieren, besonders wirksam zu sein.

Beispiel:

1. In der Anti-Raucher-Broschüre „Spielen Sie mit?" wurde das Prinzip des Selberfindens durch die vielen Fragen (z. B. Seite 5, 11, 21, 27, 29 usw.) realisiert. Um auf die Antworten reagieren zu können, war es notwendig (von einigen Ausnahmen abgesehen), vor allem Mehrfachwahl-Aufgaben zu stellen. Dadurch war die Zahl der Antworten limitiert, und es konnte auf jede Antwort separat eingegangen werden. Wie die Broschüre zeigt, eignet sich die Methode der Programmierten Unterweisung vor allem für diese Sokratische Methode der Beeinflussung von Einstellungen.

144

2. Zur Vermittlung einer positiven Einstellung zum eigenen Beruf, vor allem aber zu einer systematischen Arbeitsweise bei Versicherungsvertretern, zeigte man den Adressaten einen Film, in dem ein Tag eines erfolgreichen und eines weniger erfolgreichen Versicherungsvertreters in einer möglichst praxisnahen, realistischen Form dargestellt wurde. In Kleingruppenarbeit beantworteten die Teilnehmer die Frage, in welchen Grundeinstellungen sich beide Vertreter voneinander unterscheiden. Nachdem die Ergebnisse dieser Gruppenarbeit im Plenum gesammelt wurden und, soweit notwendig, vom Referenten ergänzt waren, erarbeiteten die Teilnehmer in einer zweiten Gruppenarbeit Möglichkeiten zur Beeinflussung der eigenen Einstellung. Beide Gruppenarbeiten ergaben sehr positive Ergebnisse. Auch die Einstellungsmessungen am Ende der dreiwöchigen Schulung konnten zeigen, daß durch diese und andere Maßnahmen sich die Einstellung zum Beruf des Versicherungsvertreters signifikant positiv verändert hatte gegenüber einer anderen Gruppe von Ausbildungsteilnehmern, die auf konventionellem Weg unterrichtet wurden.

Folgerungen für sich selbst:

Wer sich selbst beeinflussen will, muß also Argumente suchen, die für die neue Einstellung sprechen. Besonders wirksam ist das, wenn diese Argumente schriftlich festgehalten werden.

Wenn Sie sich z. B. vorgenommen haben, eine optimistischere Haltung zu Ihrem Leben zu gewinnen, so hilft es Ihnen sicher, wenn Sie jeden Abend in einem Tagebuch festhalten, was sich für Sie an diesem Tag Positives ereignet hat. Dabei kommt es nicht darauf an, daß diese positiven Ereignisse „weltbewegend" sind; Kleinigkeiten reichen aus: Sie haben einen Parkplatz gefunden in einer Straße, in der das schwierig ist, die Straßenbahn ist gleich gekommen, es war schönes Wetter usw. Wichtig ist, daß Sie lernen, das Positive im Vordergrund zu sehen. (Schlechtes Wetter ist der Normalzustand, schönes Wetter ist der „Beweis" dafür, wie gut es das Schicksal mit Ihnen meint.)

Natürlich wird es eine Stimme in Ihnen geben, die das als „Blödsinn" abtut – und dann funktioniert es auch sicher nicht. Sie bleiben dann in der eher pessimistischen Haltung, was Sie offensichtlich wollten; denn wenn Sie wirklich zu einer optimistischeren Einstellung finden wollen, werden Sie mit dieser Stimme („Blödsinn") fertig werden, indem Sie einfach in der hier vorgeschlagenen Weise handeln. Sie werden sehen: es funktioniert. – Es funktioniert natürlich auch, wenn Sie Ihre positiven Erlebnisse nicht aufschreiben, sondern sich bewußt machen. Aufschreiben ist allerdings wirkungsvoller. Wichtig ist, daß diese Sichtweise zur Gewohnheit wird. Sie müssen also einige Zeit durchhalten.

These 4.2:

Eine zweiseitige Darstellung der Information ist wirkungsvoller als eine einseitige. Dies gilt vor allem bei intelligenteren Adressaten.

Eine Information, in der auch die Argumente der Gegenseite dargestellt sind, ist besonders bei intellektuellen Adressaten deutlich wirkungsvoller. Sie macht vor allem gegenüber einer späteren Beeinflussung der „Gegenseite" immun. Die Wirkung einer zweiseitigen Informationsdarstellung läßt sich zum Teil aus der oben dargestellten These (2.3, S. 135) zur Glaubhaftigkeit einer Information erklären. Eine zweiseitige Information erscheint den Adressaten glaubhafter und wird allein aus diesem Grunde eine größere Wirksamkeit besitzen. Besonders wirksam ist eine Kombination der oben dargestellten These (Sokratische Methode) mit einer zweiseitigen Informationsdarstellung, wobei man dann von den Adressaten selbständig eine Widerlegung der „gegnerischen" Argumente verlangt. Eine solche Aktivität bereitet den Adressaten gleichsam auf eine spätere Argumentation mit Vertretern einer anderen Einstellung vor.

Die Argumente der Gegenseite sollten bei der Informationsdarbietung, wenn möglich, einer konkreten (unsympathischen) Person (dem Gegner) in den Mund gelegt werden. Auf der einen Seite wird dadurch erreicht, daß der Adressat sofort erkennt, wann Argumente der Gegenseite gebracht werden, und sie somit einseitig, d. h. in der gewünschten Weise, wahrnimmt. Andererseits wird durch diese Form der Darstellung erreicht, daß die Adressaten die aus den Argumenten eventuell sich ergebenden Emotionen, etwa den Ärger („Wie kann man nur eine solche Meinung haben!"), an ein bestimmtes, konkretes Objekt binden.

Experimentelle Untersuchungen zur These:

1. Umstimmen von Personen

Hovland, Lumsdaine und Sheffield (1949) verglichen z. B. die Wirksamkeit von **einseitiger Argumentation gegenüber zweiseitiger Argumentation.** Sie fanden, daß die einseitige Argumentation bei solchen Personen wirksamer war, die bereits diese Argumentation teilten. Bei Personen, die umzustimmen waren, erwies sich dagegen die zweiseitige Argumentation (Gegenüberstellung und Entkräftung der Information der Gegenseite) als effektiver.

Es zeigte sich noch ein weiterer Vorteil der zweiseitigen Argumentation: Sie „immunisiert" in gewissem Ausmaß gegen spätere Einflüsse auf die gewonnene Einstellung.

2. Atom-U-Boote in Japan?

In einer Reihe von Untersuchungen beschäftigte sich McGinnies (1966) unter anderem mit der Frage, ob **einseitige oder zweiseitige Informati-**

on wirkungsvoller für die Beeinflussung von Einstellungen ist. Er versuchte, die Einstellung von 58 japanischen Studenten zur Anwesenheit US-amerikanischer Atom-U-Boote in japanischen Häfen zu ändern. Alle untersuchten Studenten waren gegen die Präsenz der Atom-U-Boote eingestellt. McGinnies legte den Studenten zwei Versionen einer Information vor, die zum Ziel hatte, den Versuchspersonen die amerikanische Auffassung nahezubringen. Beide Versionen waren aus offiziellen Verlautbarungen zusammengestellt. Die eine Version legte einseitig den Standpunkt der US-Regierung dar, wogegen die zweite Version auch auf die Einwände der Japaner einging.

McGinnies stellte mit Hilfe von Einstellungsmeßskalen fest, daß die zweiseitige Argumentation die Einstellung der Studenten signifikant höher beeinflußte als die einseitige: Die Personen, die die zweiseitige Information geboten bekommen hatten, waren nach dem Experiment deutlich näher an die amerikanische Auffassung zu dem Problem herangerückt als die Gruppe, die nur die einseitige Information geboten bekommen hatte. Darüber hinaus zeigte sich, daß die zweiseitige Argumentation von den Versuchspersonen als „überzeugend" beurteilt wurde, während die einseitige Information „nicht überzeugend" genannt wurde.

Folgerungen für die Praxis:

Die Einbeziehung der Gegenargumente bei der Darstellung von Information zur Beeinflussung von Einstellungen läßt sich relativ leicht und unabhängig vom gewählten Medium oder der gewählten Methode realisieren.

Beispiel:

1. In der erwähnten Anti-Raucher-Broschüre wurden die Gegenargumente einem schwarzen Männchen in den Mund gelegt, wobei die Widerlegung dieser Argumente in den meisten Fällen dem Leser selbst überlassen blieb. Durch die Kennzeichnung der Gegenargumente in Form eines schwarzen Männchens wurde eine leichtere Orientierung des Lesers erreicht.

2. Den Vorteil einer zweiseitigen Information hat auch das oben bereits erwähnte Filmbeispiel zur Beeinflussung der Einstellung zum Beruf des Versicherungsverkäufers (erfolgreicher und nicht erfolgreicher Verkäufer). Durch diese Form der Darstellung hatte man die Möglichkeit, dem schlechten Verkäufer (einer konkreten Figur) alle (fadenscheinigen) Argumente in den Mund zu legen, mit denen er seine mangelnde Aktivität, seinen mangelnden Erfolg, seine Faulheit, seine mangelnde Systematik usw. entschuldigte. Die Widerlegung dieser Argumente wurde auch in diesem Fall den Teilnehmern selbst überlassen. Nicht der Seminarleiter hatte die Aufgabe, die Argumente des schlechten Verkäufers als Scheinargumente zu entlarven, sondern die Teilnehmer in ihren Gruppenarbeiten. Hierin kann man gleichzeitig ein Training zur Vorbereitung auf die Argumente der „alten Hasen" sehen, mit denen die Versicherungsverkäufer nach den Schulungsmaßnahmen voraussichtlich konfrontiert werden.

These 4.3:

Eine Information ist dann besonders wirkungsvoll, wenn die Vorteile für den Adressaten dargestellt werden.

Jede Information, die den Adressaten dazu veranlassen soll, ein neues Verhalten zu zeigen, muß aufzeigen, welche Vorteile für ihn dieses neue Verhalten hat.

Um beurteilen zu können, welche Vorteile für den Adressaten tatsächlich attraktiv sind, sind die Ergebnisse einer vorhergehenden Adressatenanalyse sehr wichtig. Im allgemeinen werden die Bedürfnisse, die man für die Einstellungsbildung nützen kann, weniger auf materielle Dinge gerichtet sein als vielmehr das Wunschselbstbild betreffen. Vereinfacht lautet dann die Information, die zur Einstellungsänderung führen soll: Wenn du dieses oder jenes Verhalten zeigst, dann bist du der, der du sein willst.

Experimentelle Untersuchung zur These:

Zahnputzverhalten bei Jugendlichen

Welche Form der Darstellung zur Einstellungsänderung besonders günstig ist und welche Rolle dabei **die Darstellung möglichst positiver Folgen** für den Adressaten spielt, zeigen Evans, Rozelle, Lasater, Dembroski und Allen (1970) am Beispiel des Zahnputzverhaltens von 394 Jugendlichen in einer High School. Sie untersuchten dabei sowohl die Einstellungsänderungen als auch das tatsächlich erreichte veränderte Verhalten. Gegenstand ihrer Untersuchung war der Einfluß fünf verschiedener Verfahren, die Einstellung zum Zähneputzen und das tatsächliche Verhalten zu ändern.

Die Experimentatoren teilten die Versuchspersonen in fünf Gruppen. Jede dieser Gruppen erhielt Berichte, die als objektive Information über den Effekt des Zähneputzens auf die Zahngesundheit (jedoch mit unterschiedlicher emotionaler Färbung), dargestellt waren. So riefen drei der Nachrichten verschiedene Affekte hervor: Eine erzeugte durch drastische Schilderung möglicher Folgen hohe Angst (Gruppe 1), eine andere durch mäßige Schilderung dieser Folgen entsprechend mäßig Angst (Gruppe 2), eine dritte hob die positiven Aspekte des Zähneputzens hervor und weckte dadurch positive Affekte (Gruppe 3). Die beiden anderen Nachrichten enthielten Empfehlungen, aus Rücksicht auf die Gesundheit der Zähne, diese öfter zu putzen, wobei diese Empfehlungen ausführlich (Gruppe 4) oder knapp (Gruppe 5) gestaltet waren.

Den Effekt dieser verschieden gestalteten Informationen auf die Versuchspersonen überprüften die Autoren fünf Tage und sechs Wochen nach dem Experiment. Sie unterschieden also kurz- und langfristige Wirkungen.

Zur Messung der Einstellung der Versuchspersonen diente den Autoren die Befragung der Personen über ihr Verhalten zum Zähneputzen, also ein subjektiver Bericht. Für die Feststellung, ob sich die Versuchspersonen auch tatsächlich die Zähne geputzt hatten, dienten verschiedene, u. a. auch chemische Indikatoren.

148

Die Auswertung der Daten ergab, daß die Einstellung zum Zähneputzen kurz- und langfristig durch die Erzeugung hoher Angst (Gruppe 1) am wirksamsten geändert werden konnte. An zweiter Stelle rangierte die kurze Empfehlung (Gruppe 5). An dritter Stelle war für den kurzfristigen Effekt die mäßige Angst (Gruppe 2) wirksam, für die langfristige Wirkung die Erzeugung positiver Affekte (Gruppe 3) effektiv.

Ein anderes Bild ergab sich allerdings für die tatsächliche Änderung des Verhaltens:

Hier wurde die größte Änderung sowohl kurz- wie auch langfristig in der Gruppe erreicht, die eine ausführliche Empfehlung erhalten hatte (Gruppe 4). Die Erzeugung von positiven Affekten (Gruppe 3) war hier kurzfristig fast ebenso wirksam, fiel aber langfristig in ihrer Wirksamkeit stark ab. Die Erzeugung hoher Angst rangierte bei der Beeinflussung des tatsächlichen Verhaltens erst an dritter Stelle, während mäßige Angst (Gruppe 2) auf lange Sicht überhaupt keinen Effekt auf das Verhalten hatte.

Das Experiment zeigt, daß die Darstellung von Vorteilen für den Adressaten (sowohl Gruppe 3 als auch vor allem Gruppe 4) zur Veränderung des tatsächlichen Verhaltens besonders günstig war. Auf den Einfluß der Erzeugung von Angst kommen wir weiter unten (These 4.6) noch zu sprechen. Hier ist eine detaillierte Analyse mehrerer Ergebnisse notwendig.

Auch auf den Unterschied zwischen Einstellung und Verhalten oder, präziser gesagt, zwischen den Ergebnissen von Einstellungsmessungen und Verhalten kommen wir noch später zu sprechen. Bezogen auf dieses Experiment läßt sich sagen, daß die mündliche Befragung der Versuchsperson hinsichtlich einer Einstellung, für die es in der Gesellschaft definitive Normen gibt, eine problematische Methode darstellt. Sie führt häufig zu Ergebnissen, die mit dem tatsächlichen Verhalten nur selten in Einklang zu bringen sind.

Folgerungen für die Praxis:

Die Darstellung der Vorteile für den Adressaten, sei sie nun konkret oder abstrakt in Form der Verbesserung des Selbstbildes, stellt einen wichtigen Punkt bei den Bemühungen um Einstellungsveränderung dar.

Beispiel:

Auch die schon erwähnte Anti-Raucher-Broschüre gibt hierfür eine Reihe von Beispielen. Ganz allgemein ist der Inhalt der Information der Anti-Raucher-Broschüre zusammengefaßt folgender: „Nichtrauchen wird mit besserer Gesundheit belohnt." Aber auch weniger offensichtlich wird an einigen Stellen der Broschüre die Information vermittelt, daß Nichtrauchen zu Belohnungen führt. Ein Beispiel dafür bietet die Zeichnung auf S. 40 der Anti-Raucher-Broschüre (s. Anhang): Der Nichtraucher ist bei den Frauen beliebt, der Raucher isoliert.

Folgerungen für sich selbst:

Die Untersuchungen machen deutlich, wie wichtig es ist, sich immer wieder die Vorteile vor Augen zu führen, die ein neues, verändertes Verhalten hat, um die Einstellungsänderung ausreichend zu unterstützen.

Wenn Sie sich z. B. vorgenommen haben, regelmäßig etwas für Ihre körperliche Fitneß zu tun, so ist es ganz wichtig, sich intensiv mit den vielen Vorteilen auseinanderzusetzen, die ein regelmäßiges Fitneßtraining hat: bessere Gesundheit, besseres Aussehen, mehr Kondition, verbesserte Aufmerksamkeit bei langen Konferenzen und damit mehr beruflichen Erfolg, verbesserte Stimmungslage usw.
Um sich diese Vorteile wirklich deutlich vor Augen zu führen, ist eine Doppelstrategie besonders wirksam: Zum einen setzt man sich mit mehreren Büchern und Zeitschriften auseinander, in denen die Vorteile des Fitneßtrainings beschrieben sind. Zum anderen erläutert man die Vorteile einem Freund, um durch diese Wiederholung und die aktive Umsetzung (s. These 4.2 und 5.3) den „Lerneffekt" der Information noch besonders zu vertiefen. (Man muß allerdings aufpassen, daß man das Überzeugen seiner Umgebung nicht übertreibt, da man sich dabei leicht unbeliebt macht und dann keinen Zuhörer mehr findet.)

> **These 4.4:**
>
> Durch das Einsichtigmachen von Zusammenhängen zwischen der gewünschten neuen Einstellung und der in den Adressaten bereits vorhandenen Einstellung (kognitives Lernziel) lassen sich Einstellungen beeinflussen.

Eine Argumentation und damit die Darstellung kognitiver Information ist bei der Einstellungsänderung dann wirksam, wenn es gelingt aufzuzeigen, daß die vorhandene Einstellung, die geändert werden soll, in Widerspruch zu anderen gewichtigeren Einstellungen der Person steht. Häufiges Beispiel: Es ist nicht vernünftig, wenn man ..., man sollte daher ..., denn du bist doch vernünftig (vgl. Ausführungen zur kognitiven Dissonanz S. 118).

Das kognitive Lernziel, das Verständlichmachen der rationalen Inhalte, ist dabei nur ein Zwischenziel auf dem Weg zur Veränderung der Einstellung. Es handelt sich hierbei um ein einsichtiges Lernen mit affektiver Zielsetzung. Dies ist möglich und notwendig, da zwischen der Kognition und der Emotion enge Zusammenhänge bestehen und sich beide Bereiche wechselseitig beeinflussen. Einerseits unterliegen kognitive Prozesse emotionalen Einflüssen, die sich z. B. förderlich oder störend auswirken können. Andererseits lassen sich Emotionen durch kognitive Prozesse beeinflussen, eine Möglichkeit, die bei der Bildung oder Veränderung von Einstellungen von zentraler Bedeutung ist (Reykowski 1973, S. 158).

Folgerungen für die Praxis:

Das Einsichtigmachen von Zusammenhängen auch im affektiven Bereich geschieht besonders eindringlich in Form des schrittweisen Selbstentdeckens (siehe These 4.1, S. 142). Die Programmierte Unterweisung ist daher eine Form der Darstellung von Information, die der hier dargestellten These besonders nahekommt. In jüngster Zeit läßt sich diese Forderung mit dem CBT (Computer Based Training) oder mit Multimedia ideal verwirklichen.

Beispiel:

In der hier bereits häufig zitierten Anti-Raucher-Broschüre zeigt sich die Form der argumentativen Überzeugung vor allem im Widerlegen von unrichtigen Denkinhalten, die von den Adressaten zur Lösung der kognitiven Dissonanz „Ich rauche, obwohl ich weiß, daß Rauchen ungesund ist" aufrechterhalten werden. Eine Reihe von Beispielen hierfür ist vor allem in der ersten Hälfte der Anti-Raucher-Broschüre zu finden.

These 4.5:

Bei der Änderung von Einstellungen, vor allem solcher mit hoher Ich-Beteiligung, ist es notwendig, auch das Gefühl anzusprechen. Dies kann man z. B. erreichen durch die wertbehaftete Darstellung der Information, intensive Bildreize, laute mitreißende Musik oder intensive Gruppenerlebnisse.

Die Emotionalisierung geschieht im allgemeinen durch eine besondere Form der Darstellung der Information. Die Überschriften der Boulevardpresse bieten dafür ein deutliches Beispiel. Hierher gehört auch die Verbindung der Informationen mit Furchtappellen. (Auf diesen Punkt wird in der nächsten These noch näher eingegangen.) Die folgenden Untersuchungen zeigen, daß es noch andere Möglichkeiten gibt: Eine Emotionalisierung ist auch dann wirksam, wenn sie mit der dargestellten Information in keinem Zusammenhang steht.

Experimentelle Untersuchungen zur These:

1. **Durch Beanspruchung der Aufmerksamkeit Gegenargumente unterstreichen**

   Die Übernahme von neuen Einstellungen erfolgt leichter, wenn sich die betroffenen Personen in einem **emotional erregten Zustand** befinden. Dies demonstrieren Osterhouse und Brock (1970) in einem typischen Ablenkungsexperiment.

   Sie wollten wissen, ob höhere Erregung es möglich macht, Studenten so zu beeinflussen, daß sie einer Erhöhung der Hörgelder ihrer Universität um 100% zustimmen würden. Sie untersuchten insgesamt 246 Studenten, die in zwei Gruppen aufgeteilt wurden: Die eine Gruppe ließen sie eine Erklärung des Universitätspräsidenten hören, der die geplante Erhöhung der Studiengebühren mit sieben verschiedenen Argumenten rechtfertigte (z. B. allgemeine Kostensteigerung, Anstellung qualifizierteren Lehrpersonals usw.). Dabei versuchten die Experimentatoren den Eindruck zu erwecken, es handle sich bei diesem Experiment um eine Vorstudie zu einer größeren Untersuchung über das Problem, wie viele Dinge ein Mensch gleichzeitig tun könne, und daß die Versuchspersonen zunächst einmal auf ihre Verarbeitungskapazität für verschiedene sprachliche Nachrichten getestet würden.

Einer zweiten Gruppe wurde gesagt, es sei dies eine Untersuchung, die im Zusammenhang mit größeren Projekten der US-Army und US-Navy stehe und die sich mit der Frage beschäftige, wie viele Dinge man gleichzeitig tun könne. Diese Gruppe hörte die erwähnte Erklärung ebenso, wurde aber in einen Zustand hoher Erregung versetzt, indem man die Zuhörer nebenbei auf eine Reihe von Lichtreizen reagieren ließ.

Die Resultate der Untersuchung zeigten klar, daß die Erklärung des Präsidenten bei den Personen der zweiten Gruppe, die durch höhere Beanspruchung in einem Zustand hoher Erregung waren, mehr Einstellungsänderungen erzielte als bei den Personen, die nur die Erklärung hörten.

Als Erklärung dieser Ergebnisse bietet sich eine Hypothese an, die auch durch andere Experimente und durch eine intensivere Analyse experimenteller Daten bestätigt werden kann: Die höhere Beanspruchung der Versuchspersonen in der zweiten Gruppe verhinderte, daß die Versuchspersonen Gegenargumente gegen die Erklärung des Universitätspräsidenten finden konnten und wirksam werden ließen.

2. Ablenkung durch Film

Die Frage der emotionalen Erregung bei der Übernahme neuer Einstellungen untersuchten auch Festinger und Maccoby (1964) in einer Studie an 457 Studenten. Sie konnten zeigen, daß emotionale Erregung vor allem für die Änderung von Einstellungen mit hoher persönlicher Bedeutung (hohe Ich-Beteiligung) ein wichtiger Faktor ist.

Festinger und Maccobby stellten zwei Fassungen eines Filmes her, der nach einer Einleitung einen langen Vortrag eines Professors gegen studentische Verbindungen enthielt. In der ersten Fassung sah man im Film diesen Professor sprechen. In der zweiten Fassung hörte man nur seine Stimme, sah aber einen Farbkurzfilm mit dem Titel „Day of the Painter", den die Autoren als „völlig irrelevant, aber sehr interessant" bezeichneten. Die Experimentatoren untersuchten die unterschiedliche Auswirkung dieser beiden Fassungen des Filmes auf die Einstellung zu studentischen Verbindungen.

Sie konnten feststellen, daß bei Studenten, die keiner Verbindung angehörten und zu ihnen recht unterschiedliche Einstellungen hatten, keine Unterschiede erzielt wurden. Beide Fassungen hatten etwa den gleichen Effekt.

Anders sah das Bild bei Studenten aus, die selbst einer Verbindung angehörten. Die Argumente des Professors: Verbindungen führten zu Snobismus, Diskriminierung anderer usw., hatten kaum Einfluß auf die Studenten, wenn sie vom Bild des Professors begleitet waren. Im emotional gehobenen Zustand, der durch die zweite Fassung des Filmes hervorgerufen wurde (Ablenkungsbedingung), zeigte sich jedoch eine durchgehende signifikante Einstellungsänderung in die Richtung, die vom Film intendiert war. Die Studenten, die den Film in der zweiten Fassung gezeigt bekamen, beurteilten außerdem den Sprecher deutlich positiver. Auch hier zeigte sich das positive Reagieren auf die Kommunikation von den Studenten, die abgelenkt wurden.

Auch dieses Experiment läßt sich mit der Annahme erklären, daß die Studenten in der Ablenkungsbedingung weniger Möglichkeiten hatten, Gegenargumente gegen die vorgebrachten Informationen zu finden.

3. Erregung durch Ängstigen

Helmreich und Collins (1968) führten mehrere Studien durch, die Aufschluß über den **Einfluß von Angst** auf Kommunikation zu geben versuchten, welche die Einstellung der Adressaten verändern sollte.

Die Autoren benutzten eine Versuchsanordnung, in der die erzeugte Angst vom Inhalt der Kommunikation unabhängig war: Sie sagten einem Teil der Versuchspersonen (Studenten und Soldaten der US-Army), sie wollten den Effekt kleiner Elektroschocks untersuchen. Eine andere Gruppe bereiteten sie unter Hinweis auf physiologische Experimente auf stärkere Schocks, Entnahme von Blutproben und Tränengas vor. Sie erzeugten so höhere Ausmaße von Angst als in der ersten Gruppe.

Während nun die Versuchspersonen warten mußten, „bis die Apparaturen bereit sind", hörten sie die vorbereiteten Vorträge und füllten anschließend einen Einstellungsfragebogen aus. Den Effekt der Angsterzeugung kontrollierten die Autoren durch physiologische Messungen und verglichen die dabei erhaltenen Daten mit den Resultaten der Einstellungsmessung.

Sie fanden heraus, daß die Vorträge um so wirkungsvoller waren, je mehr Angst die Personen vor dem physiologischen Experiment hatten. Damit konnten sie bestätigen, daß Angst und der damit verbundene Zustand physiologischer Erregung ein wichtiger Begleitfaktor für die Wirksamkeit von Information zur Einstellungsänderung sein kann.

Folgerungen für die Praxis:

Die Wirksamkeit emotionaler Erregung bei der Bildung oder Änderung von Einstellungen ist durch viele Untersuchungen nachgewiesen. Die Berücksichtigung dieser Erkenntnis in der Praxis hängt mehr davon ab, inwieweit eine Emotionalisierung möglich und moralisch vertretbar ist.

Beispiele:

1. Berücksichtigung findet diese Erkenntnis vor allem bei politischen Veranstaltungen. Hier wird durch rhythmische, laute Musik, durch die Ausschmückung des Saales und durch das Erlebnis der Masse eine Emotionalisierung erreicht, die sicher einen bedeutsamen Einfluß auf die Wirkung der vorgetragenen Information hat.

2. Ebenso werden diese Erkenntnisse bei vielen Filmen berücksichtigt, mit denen Einstellungen verändert werden sollen. In dem kubanischen Film „Now" z. B. soll eine negative Einstellung zu den

153

Amerikanern erreicht werden, die die Farbigen unterdrücken. Als Stilmittel dient eine in Rhythmus und Lautstärke sich stetig steigernde Musik und als visuelle Information filmisch aufgelöste Zeitungsbilder, auf denen zu sehen ist, wie demonstrierende Farbige von weißen Polizisten abgeführt, geschlagen oder von den Hunden der Polizisten angegriffen werden.

3. Auch in der Anti-Raucher-Broschüre wird für eine Emotionalisierung gesorgt. Dies geschieht vor allem auf den Seiten 45 bis 49 der Broschüre, auf denen in einer sehr eindringlichen Form die Erlebnisse eines Betroffenen in Ich-Form geschildert werden.

4. In der Seminarpraxis erreicht man eine Emotionalisierung der Teilnehmer vor allem durch Gruppenerlebnisse. Das gemeinsam erlebte Erfolgserlebnis, etwa bei der Lösung komplizierter Aufgaben, hat auch eine Emotionalisierung zur Folge, die sich bei der Einstellungsänderung positiv auswirken kann.

Folgerungen für sich selbst:

Die „Emotionalisierung" wirkt auch beim kognitiven Lernen: Lernen mit positiven Emotionen zu verknüpfen ist generell von großer Bedeutung. Es geht darum, motiviert zu lernen, und um die Motivation zum Lernen kann man sich auch als Lernender selbst kümmern, wenn dies der Lehrende bzw. das Lernmaterial zu wenig tut. Wenn es gelingt, beim Lernen sein emotionales Hirn (oder das seiner Adressaten) zu aktivieren, so lernt man sehr viel erfolgreicher.

Man kann das z. B. erreichen, indem man sich deutlich macht:

● Warum ist das für mich wichtig?

● Wie kann ich diese Ideen nutzen?

● Welche Bedeutung hat das Erreichen dieses Lernziels für mich?

Es kann helfen, wenn man ein Tagebuch führt, in dem man auch die positiven Gefühle festhält, die man beim Lernen entwickelt hat. Dies gilt vor allem, wenn man ein größeres Pensum mit Selbstlernen bewältigen will.

Positive Gefühle beim Lernen lassen sich auch durch Musik auslösen. Musik hat einen direkten und mächtigen Einfluß auf das Limbische System. Wenn man das Lernen (z. B. Sprachenlernen) mit Musik verbindet (z. B. mit Barockmusik, wie das Lazanov vorschlägt, um den Zustand der entspannten Aufmerksamkeit zu erreichen), so macht man die Sprachen emotional erinnerungsfähig und damit leichter für das Langzeitgedächtnis zugänglich.

In Untersuchungen fand man heraus, daß das Hören klassischer Musik die Fähigkeit verbessert, geistige Vorstellungen in konkrete Dinge umzusetzen, oder man fand, daß das Hören klassischer Musik den Intelligenzquotienten für kurze Zeit um 9 Punkte verbessert.

154

These 4.6:

Es kann unter Umständen nützlich sein, zur Einstellungsänderung bei den Adressaten Furcht zu erregen, wobei diese Furcht
jedoch nicht zu intensiv sein sollte.

Zu der Frage, inwieweit durch Erregung von Furcht die Einstellungsänderung erleichtert wird, gibt es eine Vielzahl sich im Ergebnis zum
Teil widersprechender Untersuchungen. Prinzipiell läßt sich der Zusammenhang zwischen Furcht-Erregen und Einstellungsänderung
von zwei Seiten sehen. Einerseits ist es einsichtig, daß man durch
Drohen, also durch Erregung von Furcht, die Möglichkeit vergrößert,
daß sich die Versuchsperson den Empfehlungen des Kommunikators
anschließt. Andererseits ist Furcht ein Zustand, der Vermeidungs-
verhalten gegenüber der Information und/oder der Informationsquelle auslöst und dadurch zu Verdrängung und Nichtbeachtung führt.

Die Kombination beider Sichtweisen legt nahe, daß die tatsächliche
Beziehung zwischen Furcht und Einstellungsänderung einer umge-
kehrten U-Kurve entspricht. Wird Furcht nur in geringem Ausmaß erregt, so werden sich die Adressaten für die Information kaum interessieren, ihr keine Aufmerksamkeit schenken, und die Information
wird wirkungslos bleiben. Steigt die Furcht an, werden Aufnahmebe-
reitschaft und Interesse und damit die Beeinflussung der Adressaten
zunehmen. Wird Furcht in hohem Ausmaß erzeugt, so nimmt die Auf-
nahmebereitschaft für die Information bei den Versuchspersonen
wieder ab. Sie nehmen die Furcht als bedrohlichen Reiz wahr und
wehren sie ab, lassen sie nicht an sich herankommen, da Furcht Unlust hervorruft und zu Konflikten führen kann.

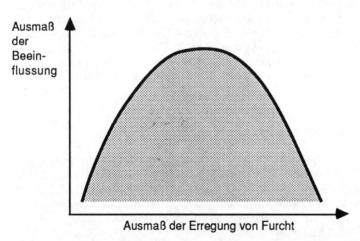

Abb. 24: Zusammenhang zwischen Furcht und Einstellungsänderung

Für die Praxis wichtig ist die Frage, wie weit man gehen sollte, wenn man durch Erzeugen von Furcht Einstellungen verändern möchte: z. B. indem man die gesundheitlichen Gefahren von Rauchen oder mangelnder Zahnhygiene darstellt. Ab wann wehrt der Adressat die Information ab, so daß sie wirkungslos wird? Diese Frage läßt sich nicht allgemeingültig beantworten. Ob eine Abwehrhaltung entsteht, hängt nicht nur von dem Ausmaß der erregten Furcht ab, sondern auch davon, wie der Adressat mit dieser Furcht umgehen kann. Es kommt darauf an, ob und in welchem Ausmaß die Furchtappelle Konflikte in dem Angesprochenen auslösen:

Wird einem starken Raucher z. B. ein Plakat eines frisch operierten Krebskranken gezeigt, dem einige Teile im Halsbereich entfernt wurden (Kehlkopf, Speiseröhre u. a.), so wird dieser Raucher sich der Konfrontation mit dem Plakat entziehen, es als geschmacklos bezeichnen und die damit verbundene Information nicht aufnehmen. Ein solches Plakat stellt für ihn eine starke Bedrohung dar, die er nicht ertragen kann. Der Entschluß eines Rauchers, nach dem Betrachten des Plakates mit dem Rauchen aufzuhören, wäre ein Zeichen dafür, daß er die Bedrohung als real akzeptiert hat. In einem solchen Moment wäre jedoch ein Scheitern des Versuchs, mit dem Rauchen aufzuhören, eine „Katastrophe". Unerträgliche Ängste würden entstehen, da die Bedrohung „Krebs" ja als auf die eigene Person gerichtete Bedrohung akzeptiert wurde. Es ist daher leichter und insgesamt zunächst weniger risikoreich, diese Bedrohung überhaupt zu verleugnen.

Anders verläuft der Prozeß bei dem Furchtappell, der in der Anti-Raucher-Broschüre in der Geschichte „Was die Zigarettenreklame nicht zeigt" auf den Seiten 45 bis 49 enthalten ist. Den Personen, die die Broschüre bis zu dieser Seite gelesen haben, wurde bereits ein „Sündenbock" vorgestellt, auf den sie alle Aggressionen abladen können, die durch Emotionalisierung bzw. durch dadurch entstehende Konflikte hervorgerufen werden. Durch diese vorhergehende Information ist die Zielrichtung der angesprochenen Bedrohung nicht mehr nur die eigene Person, sondern die für das Problem Verantwortlichen, d. h. in dem Fall die Zigarettenindustrie. Die Information wird nicht mehr abgewehrt, denn sie führt zu emotionalen Äußerungen gegen die Zigarettenindustrie und damit zur Befriedigung von Bedürfnissen (expressive Funktion der Einstellungen).

Folgerungen für die Praxis:

Es ist sinnvoll, bei der Beeinflussung von Einstellungen zu drohen, indem man auf die realistischen negativen Auswirkungen hinweist und damit in dem Adressaten Furcht auslöst. Die Drohung darf jedoch nicht zu starken Konflikten führen, d. h., sie darf nicht zu einer Abwehrhaltung führen, die die Aufnahme oder Akzeptanz der Information verhindert.

Beispiel:

In einem Film sollte eine positive Einstellung zur Unfallversicherung vermittelt werden. Bei dem in dem Film gezeigten Unfall verzichtete man auf alle drastischen Bilder von Verletzungen (z. B. abgerissener Arm), man zeigte kein Blut. Die Darstellung ließ daher eine Identifizierung der Adressaten mit dem Unfallopfer zu (Abwehr wurde verhindert), und so führte das Zeigen relativ geringer Beeinträchtigungen durch den Unfall (der Verletzte kann nicht ohne Hilfe ins Bett, erreicht ein Buch nicht) doch zu großer emotionaler Erregung und zu der gewünschten Einstellungsbildung.

Folgerungen für sich selbst:

Auch Sie können die Tatsache für sich nutzen, daß es durchaus hilfreich sein kann, wenn man bei sich selbst Furcht auslöst. Wenn Sie bei sich selbst eine Einstellungsänderung erreichen wollen, so wird es Ihnen helfen, wenn Sie sich vor Augen führen, welche negativen Folgen es haben wird, wenn Sie die vorhandene Einstellung beibehalten. Typische Beispiele sind auch hier wieder alle Einstellungen bzw. Verhaltensweisen, die unsere Gesundheit gefährden: zuviel essen, zuviel trinken, Rauchen usw. Die Gefahr, daß wir das Risiko verdrängen, ist dann, wenn wir uns selbst aus freien Stücken ohne Druck von außen uns selbst die Gefahren vor Augen führen, nicht gegeben.

Ein Trick mit dem man bei sich selbst viel erreichen kann, besteht darin, daß man versucht, andere von den Gefahren ihres Handelns zu überzeugen, wenn das ein Verhalten ist, das man selbst ausübt. „Nichts lernt man intensiver als das, was man anderen beizubringen versucht."

These 4.7:

Die Information zur Einstellungsänderung (oder Bildung neuer Einstellungen) muß so dargestellt werden, daß sich der Adressat persönlich davon angesprochen fühlt.

Informationen, die uns persönlich angehen, von denen wir uns persönlich angesprochen fühlen, die für uns persönlich geschrieben wurden, haben für uns eine größere Chance, unsere Einstellungen zu beeinflussen, als allgemein gehaltene, abstrakte Informationen. Texte sollten daher so gestaltet werden, daß der Adressat sich von ihnen persönlich betroffen fühlt.

Experimentelle Untersuchungen zur These:

Prüfungsrichtlinien

Die Auswirkung der persönlichen Betroffenheit der Adressaten bezüglich einer Information wurde von Petty, Cacioppo u. Goldman

157

(1981) untersucht. Sie versuchten, Collegestudenten von der Bedeutung der Veränderung des gängigen Prüfungsverfahrens zu überzeugen. Die persönliche Betroffenheit wurde variiert, indem man den Studenten entweder die Information gab, die Änderungen würden im darauffolgenden Jahr in Kraft treten und sie daher selbst betreffen (hohe Betroffenheit), oder man sagte ihnen, die Änderungen würden erst in zehn Jahren vorgesehen sein (geringe Betroffenheit). Die Vorhersage, daß die Argumente bei hoher Betroffenheit eine stärkere Wirkung auf die Versuchspersonen haben würden als bei geringer Betroffenheit, wurde voll bestätigt.

Folgerungen für die Praxis:

Den Eindruck, daß sie persönlich angesprochen sind, erhalten die Adressaten vor allem dann, wenn sie zu persönlichen Stellungnahmen oder Reaktionen aufgefordert werden. Eine andere Möglichkeit besteht darin, die Erfahrungen und Reaktionen einer Person zu schildern, die die gleichen Probleme, Ängste, Sorgen etc. wie die Adressaten hat und mit der sich die Adressaten daher identifizieren. Diese Person reagiert und erlebt dann stellvertretend (Modell) für die Adressaten.

In CBT- oder Multimedia-Programmen gibt es vielfältige Möglichkeiten, eine persönliche Ansprache zu realisieren:

Zum einen kann der Lernende seinen Namen in den Computer eingeben, worauf er vom Computer mit diesem Namen angeredet wird; zum anderen kann der Computer sich auf frühere Reaktionen oder Testergebnisse beziehen („nachdem Sie in dem Test X Punkte erreicht haben, können wir Ihnen nur Y empfehlen"). Es entsteht für den Adressaten der Eindruck, die Information passe ganz besonders für ihn persönlich.

Beispiel:

Zur Vermittlung einer kooperativen Einstellung gegenüber den Mitarbeitern wurde den Adressaten ein Film gezeigt, in dem eine Führungskraft alle ihre Probleme, Bedenken und Hemmungen gegenüber dieser neuen Einstellung zum Ausdruck brachte, die auch bei den Adressaten vorhanden waren, wie man in einer Voruntersuchung (Adressatenanalyse) festgestellt hatte. Auf diese Weise identifizierten sich die Adressaten eher mit der Führungskraft und folgten der Einstellungsänderung, die diese Führungskraft im Film vollzog.

6.3.5 Thesen zur Situation

Es mag überraschen, aber es macht einen Unterschied beim Einstellungslernen, ob man in der Gruppe lernt oder allein. Zwar ist eine verbreitete Meinung nicht erwiesen: daß nämlich eine Einstellungsänderung immer leichter erreichbar sei, wenn das Individuum in einer Gruppe der Information ausgesetzt wäre. Aber es steht fest, daß die Gruppe eine sehr große Wirkung beim Einstellungslernen ausüben kann. Diese Wirkung kann erwünscht wie unerwünscht sein.

These 5.1:

Die Gruppensituation ist bei der Änderung von Einstellungen gegenüber der Einzelsituation wirksamer, wenn es gelingt, dem einzelnen den Eindruck zu vermitteln, daß die Mehrheit der Gruppe der neu vermittelten Einstellung zustimmt.

Diesen Eindruck kann der Teilnehmer an der Informationsveranstaltung dadurch gewinnen, daß es z. B. dem Redner gelingt, an verschiedenen Stellen Applaus oder andere Reaktionen der Zustimmung bei den Zuhörern hervorzurufen. Es kommt dabei im Zweifelsfall nicht darauf an, ob wirklich die Mehrheit der Zuhörer dem Redner zustimmt oder ob nur durch geschicktes Arrangement bei den Teilnehmern dieser Eindruck entsteht. Während des Dritten Reiches war es z. B. üblich, daß in den politischen Versammlungen an verschiedenen Stellen des Saales sogenannte Claqueure verteilt waren, die an bestimmten Punkten der Ansprache „spontan" zu klatschen begannen. Für den einzelnen wurde dadurch der Eindruck erweckt, daß er, wenn er der Information nicht zustimme, sich in der Minderheit befände. Dieser Eindruck führt im allgemeinen dazu, daß man seine Einstellung zugunsten der Einstellung der Gruppe verändert. Dies vor allem deshalb, um nicht in eine Außenseiterposition zu geraten.

In einer kleinen, für den einzelnen überschaubaren Gruppe wie z. B. einer Seminargruppe, die bereits eine deutliche Struktur herausgebildet hat, gibt es fast immer eine oder mehrere Personen, die bei den anderen ein besonderes, hohes Prestige genießen und dadurch mehr oder weniger als Vorbild gelten. In einer solchen Gruppe ist es nicht notwendig, daß die Mehrheit der Veränderung von Einstellungen zustimmt, sondern es ist fast immer wichtiger, daß für den einzelnen der Eindruck entsteht, daß die sogenannten Meinungsführer der Einstellungsänderung zustimmen.

Experimentelle Untersuchungen zur These:

Die Gruppensituation kann die Änderung von Einstellungen positiv beeinflussen. Dies gilt sowohl für Gruppen, die nicht unmittelbar untereinander in Kontakt stehen, als auch für solche Gruppen, die für den einzelnen überschaubar sind und eine Person mit besonderem Prestige (Meinungsführer) besitzen.

1. Die Gruppe beeinflußt den einzelnen

Für eine große Gruppe ohne unmittelbaren Kontakt untereinander untersuchte Ford (1973) den **Einfluß der Gruppe auf die Individuen.** Ford brachte mehrere Versuchspersonen zusammen, die sich einer Gruppe zugehörig fühlten, und ließ diese über verschiedene Themen diskutieren.

Durch Vorher-Nachher-Messungen der Einstellungen der Individuen konnte Ford zeigen, daß die Diskussion von Themen in der Gruppe die Einstellungen der Mitglieder in vielen Bereichen beeinflussen kann, und zwar nicht nur in einzelnen Bereichen, sondern auch in bezug auf größere Komplexe von Einstellungen. Ford fand eine signifikante Vereinheitlichung der Einstellungen der Gruppenmitglieder, verglichen mit der Einstellung vor den Diskussionen.

Für Gruppen mit einer deutlich ausgeprägten Struktur spielt beim Einstellungsänderungsprozeß **die Prestigeperson** eine entscheidende Rolle. Dies geht aus einem Experiment von Endler (1965) hervor:

2. Prestigepersonen sind wichtiger

Endler setzte seine Versuchspersonen einzeln in Gruppen von fünf Personen, die sich folgendermaßen zusammensetzten: jeweils eine Versuchsperson, drei Mitarbeiter des Experimentators und der Experimentator selber. Der Experimentator war den Versuchspersonen, es handelte sich insgesamt um 80 Studenten, bekannt und besaß ein **hohes Prestige.** Die Versuchspersonen mußten in diesem Experiment verschiedene Aufgaben bewältigen, unter anderem ihre Meinung zu verschiedenen Behauptungen sagen, die bestimmte Einstellungen zu unterschiedlichen Bereichen zum Ausdruck brachten. Die Versuchspersonen hatten dabei die Möglichkeit, den anderen Gruppenmitgliedern beizupflichten oder die gegenteilige Meinung zu vertreten. Sie konnten sich auch neutral äußern. Hier zeigte es sich nun, daß die Zustimmung der Prestigeperson, d. h. des Versuchsleiters, zu den Äußerungen der Versuchspersonen bei weitem den stärksten Einfluß auf die Einstellung hatte. Sogar in den Fällen, in denen die anderen Mitglieder der Gruppe (Mitarbeiter des Versuchsleiters) gegenteilig, d. h. entgegen der vom Versuchsleiter geäußerten Meinung, reagierten, wurde die Einstellung der Versuchsperson mehr vom Versuchsleiter beeinflußt. Die Reaktion der Gruppe spielte also, gemessen an der Reaktion der Prestigeperson, nur eine untergeordnete Rolle.

Folgerungen für die Praxis:

Die oben angeführte These bzw. die hier dargestellten Untersuchungen zeigen deutlich, daß es bei der Gestaltung der Information zur Einstellungsänderung wichtig ist, den Adressaten folgenden Eindruck zu vermitteln:

- Die Mehrheit der Gruppenmitglieder stimmt der dargestellten Einstellung zu.

- Die Personen, denen man besonders viel Prestige zumißt, stimmen der dargestellten Meinung zu.

Dieser Effekt ist unabhängig davon, ob die Information in Filmen, in einem mündlichen Vortrag, in schriftlichen Unterlagen oder anders dargeboten wird. Im allgemeinen wird der oben erwähnte Eindruck auch vermittelt, indem man Prestigepersonen oder Gruppenmitglieder zitiert oder Befragungsergebnisse anführt, in denen sich der gewünschte Effekt ausdrückt.

Beispiel:

In der Anti-Raucher-Broschüre wird z. B. auf Seite 54 erwähnt, daß die Zahl der jugendlichen Raucher deutlich zurückgeht. Darüber hinaus wird auf Seite 25 die von J. F. Kennedy initiierte Untersuchung „Der Terry-Report"

160

erwähnt, wobei man davon ausgeht, daß bei den angesprochenen Jugendlichen Kennedy eine Prestigeperson darstellt.

These 5.2:

Der Effekt einer Information (z. B. Vortrag oder Film) kann durch eine Diskussion nach der Informationsvermittlung rückgängig gemacht werden, wenn nur etwa 50% der Adressaten die neue Einstellung übernommen haben.

In einer der oben zitierten Untersuchungen wurde bereits auf die Wirkung von Diskussionen unter den Gruppenmitgliedern auf deren Einstellungen eingegangen. Eine solche Diskussion ist vor allem dann für die gewünschte Einstellungsänderung sehr nützlich, wenn in der Diskussion deutlich wird, daß die Mehrheit der Gruppenmitglieder die neue Einstellung angenommen hat. Bilden sich während der Diskussion jedoch zwei deutlich gegeneinander abgegrenzte Gruppen ungefähr gleicher Stärke, von denen die eine Gruppe die neue Einstellung übernimmt, die andere die alte beibehält, so führt die Diskussion dazu, daß sich beide Gruppen deutlich voneinander abheben. Dann sucht jede Gruppe für sich Argumente, um die eingenommene Position zu bekräftigen, wobei dieser Prozeß zu einer Verfestigung der Einstellung führt, d. h. auch zu einer Verfestigung der Einstellung des Teiles der Gruppe, die sich nicht beeinflussen ließ.

Einen besonders negativen Effekt hat eine solche Diskussion, wenn man nur weniger als die Hälfte der Adressaten von der neuen Einstellung überzeugen konnte. Man muß dann davon ausgehen, daß auch dieser kleinere Teil der Gruppe wieder die alte Einstellung übernimmt.

Experimentelle Untersuchungen zur These:

Toleranz durch Diskussion von Filmen

Mitnick und McGinnies (1958) zeigten Studenten einen Film zur Toleranz gegenüber anderen Rassen. Die Hälfte der Versuchspersonen konnte anschließend darüber in Gruppen **diskutieren,** die andere nicht. Es gab Gruppen mit ausschließlich vorurteilsbehafteten Studenten und solche mit Studenten, die hohe Toleranzwerte aufwiesen. Gemessen wurde die Wirkung des Filmes auf die Einstellung gegenüber anderen Rassen.

Die Bedingung ‚Nur Film' erwies sich bei den Studenten mit hohen Vorurteilswerten als wirksamer gegenüber der Bedingung ‚Film und Diskussion'. In der Diskussion – egal ob mit Gleichgesinnten oder Andersdenkenden – äußerten diese Studenten extrem rassistische Ansichten und wurden entweder belohnt oder durch das Gefühl, isoliert zu sein, erst recht in ihre Extremrolle gedrängt. Hier wirkte also die Gruppendiskussion dem Film entgegen. Bei den Studenten mit geringen Vorurteilswerten dagegen verstärkte die Gruppendiskussion die antirassistische Wirkung des Filmes.

Folgerungen für die Praxis:

Bevor man im Anschluß an eine Informationsvermittlung die Gruppe über den Inhalt der Information diskutieren läßt, sollte man sichergehen, daß die Mehrzahl der Gruppenmitglieder tatsächlich die vermittelte Einstellung übernommen hat. Dies läßt sich manchmal auch durch die Gruppenzusammensetzung erreichen. In jedem Fall sollte man keine Diskussion vorsehen, wenn man damit rechnen muß, daß unter den Adressaten solche mit extremen gegenteiligen Einstellungen sind.

These 5.3:

Wird der Adressat nach einer erfolgreichen Beeinflussung veranlaßt, die neue Einstellung öffentlich zu vertreten, so sind spätere Änderungen der Einstellung („Rückfall") weniger wahrscheinlich.

Als besonders wirkungsvoll beim Einstellungslernen hat sich die **öffentliche Verpflichtung** auf die Einstellung erwiesen (in der amerikanischen Fachliteratur „commitment") (z. B. Lewin 1958). Von Lewin u. a. wurde belegt, daß eine öffentliche Bekanntgabe der eigenen Überzeugung eine festere Verpflichtung entstehen läßt als ein privater Entscheidungsprozeß. Mit diesem Effekt kalkulieren z. B. die religiösen Bekehrungsveranstaltungen in den USA ebenso wie die Schauprozesse mit Selbstbezichtigung in China und der UdSSR. An Formen der öffentlichen Verpflichtung wurden z. B. untersucht: Unterschreiben, eine Einstellung vor einer Gruppe äußern, die Ankündigung, daß die Stellungnahme publiziert werde usw. Es wurde jeweils eine stärkere Einstellungsänderung nach solchen Maßnahmen festgestellt als ohne sie bzw. als bei einer „privaten" Verpflichtung (z. B. zu Hause unterschreiben). Offensichtlich erhält ein öffentliches Bekenntnis für den Bekenner eine größere Bedeutung und immunisiert außerdem gegen spätere gegenteilige Einflüsse.

Experimentelle Untersuchung zur These:

Geschichte gemacht haben Untersuchungen von Lewin und seinen Mitarbeitern (a.a.O.). Daraus ein Beispiel, das wir schon an anderer Stelle besprochen haben:

Innereien kann man auch essen

Das Lewin-Team beabsichtigte ein **Einstellungslernen bei Hausfrauen**, weg von eingefleischten Koch- und Eßgewohnheiten hin zu einem höheren Verbrauch von Innereien (Herz, Leber, Nieren). Man benutzte dazu zwei Methoden. Im einen Fall hielt ein Fachmann einen interessanten Vortrag über den Ernährungswert und die Preisgünstigkeit von Innereien. Außerdem stellte er Rezepte vor. Im anderen Fall vermittelte man dieselben Informationen in Form einer Gruppendiskussion mit den Hausfrauen. Nach der Diskussion sollten die Hausfrauen durch Handzeichen zu erkennen geben, ob sie nun ihre Kochgewohnheiten umstellen würden. Eine Nachuntersuchung zeigte, daß bei der Vortragsgruppe nur 3% der Frauen einmal Innereien gekocht hatten, während es in der Diskussionsgruppe 32% der Hausfrauen waren.

Noch deutlicher wirken sich eine Gruppendiskussion und öffentliche Verpflichtung dann auf eine Einstellungsänderung aus, wenn die Gruppe sich auf eine Meinung einigen mußte, wenn also ein **Gruppenkonsens** hergestellt werden sollte. Wohlgemerkt: Bei all diesen Studien zeigte sich nicht nur eine Einstellungsänderung in der Situation selbst, sondern auch danach, d. h. auch außerhalb des direkten Einflusses der Gruppe.

Folgerungen für die Praxis:

In Seminaren ist es nützlich, einzelne Teilnehmer vor der Gruppe die neue Einstellung zum Ausdruck bringen zu lassen. Dies geschieht entweder, indem man sie direkt nach der neuen Einstellung fragt, oder aber, indem man Kleingruppen oder Einzelpersonen an bestimmten Aufgaben arbeiten läßt, die als Ergebnis die neue Einstellung mit beinhalten. Beim Vortrag der Gruppenergebnisse bzw. der Ergebnisse der Einzelarbeit kommt dann auch die neue Einstellung mit zum Ausdruck.

Folgerungen für sich selbst:

Diesen Effekt kann man sich zunutze machen, wenn man z. B. beschlossen hat, nicht mehr zu rauchen, und Angst davor hat, man könnte rückfällig werden. Wenn man allen seinen Freunden und Bekannten von dem Entschluß erzählt (vielleicht auch noch eine Reihe von Begründungen hinzufügt, s. These 4.6), so wird man mit einer deutlich geringeren Wahrscheinlichkeit rückfällig, als wenn man diesen Entschluß für sich behält, zu seiner Privatsache macht.

6.3.6 Thesen zu den Erfahrungen mit der erlernten Einstellung

Für die Frage, ob eine dauerhafte Einstellungsänderung realisiert wurde, ist nicht nur wichtig, wie und unter welchen Bedingungen die Einstellungsänderung zustande kommt, sondern auch, welche Erfahrungen der Adressat mit diesen Einstellungen nach der Beeinflussung macht.

These 6.1:

Wird eine neue Einstellung erworben, so verliert sich diese wieder, wenn sie bzw. das auf ihr beruhende Verhalten nicht belohnt wird.

Nach dem Verständnis aller Lerntheoretiker ist die mächtigste Erfahrung zur Stabilisierung von etwas Erlerntem die **Belohnung** (Bestätigung). Belohnung heißt angenehme Erfahrungen mit dem Erlernten machen. Diese Belohnung kann von außen erfolgen; sie kann aber auch selbst gegeben werden, z. B., wenn man stolz auf sich ist. Für die Beibehaltung einer Einstellung ist aber besonders wichtig, ob die wichtigen Bezugspersonen in der Umgebung belohnend oder durch Entzug von Belohnung reagieren.

Ein großes Problem in der betrieblichen Ausbildungspraxis besteht darin, sicherzustellen, daß eine neu erworbene Einstellung auch nach der Beeinflussung belohnt wird. Häufig ist es aus verschiedenen Gründen üblich, Trainingsmaßnahmen bezogen auf die Hierarchie eines Unternehmens von „unten" nach „oben" durchzuführen, d. h., daß z. B. eine Einstellung, die ein größeres Vertrauen in den Mitarbeiter beinhaltet, zuerst dem Meister und Vorarbeiter vermittelt wird, bevor sie – wenn überhaupt – auch dem Mittelmanagement angetragen wird. Ein solches Vorgehen führt dazu, daß der Meister oder Vorarbeiter, der durch die Schulungsmaßnahmen ein größeres Vertrauen in seine Mitarbeiter praktiziert, in der täglichen Praxis hierfür von seinen Vorgesetzten nicht nur nicht belohnt, sondern häufig getadelt wird bzw. für anfängliche Schwierigkeiten verantwortlich gemacht wird. Solche Erfahrungen der Adressaten führen natürlich dazu, daß bereits nach relativ kurzer Zeit die Wirksamkeit der durchgeführten Ausbildungsmaßnahmen aufgehoben ist.

Es gibt jedoch Einstellungen, die – wenn sie einmal erworben sind – aus sich selbst heraus zu Belohnungen führen. Dazu gehört z. B. eine positive, d. h. aufgeschlossene und offene Einstellung gegenüber dem Kunden von seiten eines Verkäufers im Außendienst. Eine solche Einstellung führt im günstigen Fall zu einem freundlichen, aufgeschlossenen Verhalten, das im allgemeinen auch in der Verkaufssituation durch ein entgegenkommendes Vertrauen des Kunden belohnt wird.

Anders verhält es sich jedoch auch hier mit der Reaktion, die der Verkäufer mit der neuen Einstellung von seinen Kollegen, besonders von den „alten Hasen" erfährt. Jedes Verhalten, das ein Neuling zeigt und das sich von dem althergebrachten, bisher üblichen Verhalten unterscheidet, wird mit Argwohn betrachtet. Es verursacht bei den „alten Hasen" Unsicherheit und führt dazu, daß diese zum Teil einen erheblichen Druck auf die Neuen ausüben. Auf solche negativen, d. h. nicht belohnenden, sondern eher bestrafenden Reaktionen der Kollegen muß der Verkäufer schon im Seminar vorbereitet werden, und es müssen die Ursachen für ein solches Verhalten der Kollegen offengelegt werden. Nur so ist es dem Verkäufer mit den neuen Einstellungen möglich, diese entgegen den Reaktionen seiner Kollegen aufrechtzuerhalten.

Experimentelle Untersuchung zur These:

Belohnung macht Einstellung beständiger

Kerpelman und Himmelfarb (1971) untersuchten die Frage, inwieweit sich die **Belohnung beim Erwerb von Einstellungen** auf ihre Beständigkeit auswirkt. Die Beständigkeit der neuerworbenen Einstellungen wurde gemessen, indem man prüfte, wieviel Aufwand erforderlich war, um die Einstellung wieder zu ändern. Bei den Versuchspersonen handelte es sich um 160 Studenten. Die Experimentatoren versuchten, ihnen eine Einstellung zu einem imaginären Volksstamm zu vermitteln, indem sie ihnen Eigenschaften dieses Volksstammes vorlegten und bestimmte Beurteilungen durch die Studenten verstärkten. Nach einiger Zeit wurde versucht, bei einem Teil der Versuchspersonen die so erworbenen Einstellungen wieder zu ändern. Die Beständigkeit der alten Einstellung wurde daran abgelesen, wie viele Prozeduren erforderlich waren, bis die neue Einstellung etabliert und die alte damit gelöscht war. In diesem Experiment gelang es den Autoren zu zeigen, daß höhere Belohnung unmittelbaren Einfluß auf die Beständigkeit von Einstellungen hat: Je öfter die Versuchspersonen beim Erwerb der ersten Einstellung verstärkt worden waren, desto schwieriger war es, später eine Änderung dieser Einstellung zu erzielen.

Man weiß aus eigener Erfahrung, daß es oft nicht leicht ist, eine Einstellung zu vertreten, wenn nahestehende Bezugspersonen darauf mit negativen Reaktionen antworten. Es kostet Kraft, „gegen den Strom zu schwimmen", und nur zu oft ändert man dann eine Einstellung in eine Richtung, die entweder belohnt wird oder bei der die sozialen Widerstände geringer sind. Ein solcher Einstellungswandel ist z. B. deutlich beim Übertritt vom Studium in den Beruf nachzuweisen. So hat man bei Lehrern (Müller-Fohrbrodt 1973) festgestellt, daß während des Studiums Einstellungen zum Erziehen liberaler ausfallen, sich aber nach dem Studium rasch in eine konservativere Richtung verändern. Ganz sicher ist dies auch mit den Belohnungen zu erklären, die die konservative Haltung in der konkreten Unterrichtssituation bietet.

Für das Lernen von Einstellungen ist auch eine interessante indirekte Form der Belohnung besonders im Kindesalter wichtig: die sogenannte **stellvertretende Belohnung.** Ein Kind kann eine bestimmte Einstellung, z. B. zur Arbeit, auch dadurch erwerben, daß es sieht, wie seine Geschwister für Fleiß belohnt werden. Für stellvertretende Belohnung sind natürlich Medien (Film, Buch, Comic, Hörspiel) hervorragend geeignet. Das Werbefernsehen arbeitet gezielt mit diesem Modellernen, indem z. B. eine Frau mit einem „schlechten Gewissen" gezeigt wird (affektives Lernen), wenn sie ein bestimmtes Waschmittel nicht benutzt, und anschließend davon befreit wird (Belohnung), wenn sie das Produkt benutzt.

Folgerungen für die Praxis:

Will man sichergehen, daß neuerworbene Einstellungen von den Adressaten auch nach der Beeinflussung erhalten bleiben, so muß man dafür sorgen, daß diese neuen Einstellungen bzw. ein daraus resultierendes Verhalten in der Praxis zu positiven Ergebnissen führen, d. h. belohnt werden.

Dazu sind folgende Maßnahmen erforderlich:

- Die Personen, mit denen die Adressaten in der Praxis umgehen (vor allem die Führungskräfte), sollten die gleichen Einstellungen erworben haben bzw. besitzen.

- Die Adressaten sollten durch geeignete Maßnahmen soweit wie möglich gegenüber der gegenteiligen Beeinflussung „alter Hasen" mit anderen Einstellungen immun gemacht werden.

- Die Adressaten sollten sich in regelmäßigen Abständen nach der Beinflussung in Gruppen treffen, in denen Informationen über den Erfolg, der durch die neuen Einstellungen zustande gekommen ist, untereinander ausgetauscht werden.

- Schon während der Beeinflussung, d. h. also bei der Vermittlung der neuen Einstellung, sollte darauf geachtet werden, daß die Belohnung der neuen Einstellung mit „gelernt" wird. Bei der Vermittlung einer positiven Einstellung gegenüber dem Kunden wurde z. B. Außendienstmitarbeitern in einer Versicherungsfirma während der Schulung vermittelt, daß nicht nur der Abschluß einer Versicherung, sondern bereits ein gutes Gespräch mit dem Kunden ein Erfolg und damit eine Belohnung darstellt. Darüber hinaus wurden die Führungskräfte dieser Versicherungsmitarbeiter im Außendienst dahingehend beeinflußt, daß sie beim täglichen Rapport der Versicherungsverkäufer ein Gespräch auch dann positiv beurteilten, wenn es nicht zum Abschluß führte.

Folgerungen für sich selbst:

Die Bedeutung der Belohnung bei der Übernahme neuer, vor allem unbequemer Einstellungen und Verhaltensweisen kann nicht deutlich genug gemacht werden.

Wer sich vorgenommen hat, das Rauchen aufzugeben und sich nicht – vor allem in den ersten Wochen – immer wieder für das „Durchhalten" belohnt, der wird bald wieder damit anfangen. Das Belohnen kann materieller Natur sein: Man legt z. B. jeden Tag, an dem man nicht raucht, eine Summe Geld zurück (die man sonst für Zigaretten ausgegeben hätte – oder auch etwas mehr) und erfüllt sich in vorher festgelegten Abständen damit einen Wunsch. Die Belohnung kann aber auch ideeller Natur sein: Man stellt sich vor, was für ein toller Mensch man doch ist, weil es einem gelungen ist, so lange durchzuhalten.

166

Hierzu eine persönliche Erfahrung des Autors:

Mir ist es gelungen, das selbst gesetzte Fitneßprogramm durchzu-halten, weil ich mich nach jeder Übungszeit beim Ausruhen mit mei-ner Lieblingsmusik „belohnt" habe. Die Aussicht, sich entspannt nach der „erfolgreichen" Anstrengung mit schöner Musik (und einem gu-ten Gefühl, etwas geleistet zu haben) hinlegen zu können, hat mich manches Mal das Programm machen lassen, obwohl ich eigentlich gar keine Lust hatte.

These 6.2:

Es ist wirksam, die Information zur Einstellungsänderung in größer werdenden Abständen zu wiederholen.

Der Lernerfolg bei Einstellungsänderungen unterliegt einem Prozeß des Vergessens. Die Wirksamkeit der Informationen nimmt ab, wenn sie nicht immer wieder aufgefrischt werden, wobei jedoch die Ver-gessenskurve nicht so steil nach unten verläuft wie beim kognitiven Lernen.

Eine Reihe von Hinweisen spricht dafür, daß dieses Phänomen des Vergessens beim Einstellungslernen mit den kognitiven Elementen der Einstellungen in Zusammenhang steht. Eine Wiederholung der In-formation empfiehlt sich daher vor allem dann, wenn der kognitive Gehalt bei den Maßnahmen zur Einstellungsänderung im Vorder-grund steht (kognitive Dissonanz).

Zajonc (1968) fand heraus, daß die bloße Wiederholung eines Reizes dazu führt, daß dieser positiv bewertet wird. Er argumentiert, daß „es ausreicht, einer Person einen Stimulus lediglich wiederholt darzubie-ten, um bei ihm eine positive Einstellung zu dem Stimulus zu bewir-ken". (Zajonc 1968, S. 1, zitiert nach Stroebe u. a. 1996)

Experimentelle Untersuchung zur These:

Einstellung zu Rasierwasser

McCullough und Ostrom untersuchten in einer Studie an 57 Studenten den Effekt, den die **Wiederholung von Nachrichten** auf die Änderung von Einstellungen hat. Sie präsentierten ihren Versuchspersonen je fünf verschiedene Werbeanzeigen für „Yardley After-Shave" oder die „United Service Organisations". Alle Anzeigen waren verschieden gestaltet, ent-hielten aber jeweils vier identische Argumente, die für den präsentierten Gegenstand sprachen. Ein Effekt der Reihenfolge, in der die Anzeigen den Versuchspersonen geboten wurden, wurde durch Wechsel der Reihen-folge ausgeschaltet. Alle Versuchspersonen erhielten zu einem der bei-den Gegenstände hintereinander die fünf Anzeigen präsentiert und soll-ten zu den vier verschiedenen Argumenten in den Anzeigen jeweils eine kurze Meinungsäußerung abgeben. Diese Äußerungen ließen die Autoren von verschiedenen Beurteilern auswerten hinsichtlich der Einstellung, die sich in ihnen zeigte.

Die Übereinstimmung der Beurteiler war ziemlich hoch, so daß man von einer guten Messung sprechen kann. Die so erzielten Daten über den Verlauf des Einstellungsänderungsprozesses ergaben einen deutlichen Trend der Einstellungsänderung in die Richtung, die von den Anzeigen angestrebt wurden: Mit wachsender Zahl der Wiederholungen der vier gleichbleibenden Argumente, und zwar sowohl für die insgesamt negativer bewertete Yardley- wie auch für die schon anfänglich deutlich besser bewertete USO-Serie. Eine weitergehende Auswertung des Datenmaterials erbrachte außerdem, daß der Effekt der Wiederholung auf die Einstellungsänderung nicht auf die Unterdrückung negativer Reaktionen der Versuchspersonen im Laufe des Versuchs zurückgeführt werden könnte, sondern eher darauf, daß die positiven Reaktionen mit wachsender Anzahl der Wiederholungen zunahmen.

Folgerungen für die Praxis:

Auch erfolgreiche Maßnahmen zur Einstellungsänderung sollten, um den Effekt beizubehalten, nach einiger Zeit wiederholt werden. Dies ist jedoch nur dann nötig, wenn die neu erworbene Einstellung in der täglichen Praxis der Adressaten nicht von sich aus belohnt wird. Zu beachten ist, daß es bei der Wiederholung der Maßnahmen zur Einstellungsänderung zu keinem Sättigungseffekt kommen darf. Werden die Maßnahmen zur Einstellungsänderung nämlich als monoton empfunden, so wird der Widerstand gegen die Einstellungen zunehmen und damit der Effekt eher negativ sein.

Besonders wirksam sind Wiederholungen, wenn sie über verschiedene Medien erfolgen. Eine positive Einstellung zu einem kundenorientierten Verhalten von Mitarbeitern eines Kaufhauses könnte z. B. zunächst im Rahmen eines Seminares durch schriftliche Informationen (Programmierte Unterweisung), durch Referate, durch Gruppenübungen, durch eine Tonbildschau oder einen Film vermittelt werden. Nach dem Seminar können Plakate an die Maßnahmen erinnern und den Effekt auffrischen. Ebenso sollte diese Einstellung zu dem neuen kundenorientierten Verhalten in verschiedenen Ansprachen zu unterschiedlicher Gelegenheit mit aufgenommen werden.

Folgerungen für sich selbst:

Wenn es einem gelungen ist, eine neue Einstellung und damit ein neues Verhalten anzunehmen, das der eigenen Zielsetzung entspricht, so ist es wichtig, daß man sich immer wieder einer positiven Beeinflussung aussetzt.

Nützlich kann z. B. ein Abonnement einer Zeitschrift sein, die einem immer wieder die Vorteile von Fitneßtraining vor Augen hält und immer wieder aus neuer Sicht deutlich macht, warum eine gute Kondition so wichtig ist, wenn es das Ziel war, regelmäßig sein Training zu absolvieren.

6.4 Zusammenfassung: Regeln für die Praxis

Auch am Ende dieses Kapitels finden Sie noch einmal die wichtigsten Bedingungen für den Lernprozeß zusammengefaßt. Anhand dieser Checkliste kann man so prüfen, ob man bei der Vermittlung von neuen Einstellungen an alle in diesem Buch dargestellten Punkte gedacht hat. In Klammern stehen die Nummern der Thesen, in denen die Bedingung näher erläutert wurde.

Bei der Vermittlung neuer Einstellungen oder Änderung vorhandener Einstellungen ist es nützlich,

1. auf das Selbstbild der Adressaten Rücksicht zu nehmen und die neuen Einstellungen mit vorhandenen zu verknüpfen (These 1.1);

2. auch entsprechende affektive Reaktionen auf die mit der neuen Einstellung verbundenen Signale zu vermitteln (1.2);

3. den Urheber der Information (zur Veränderung vorhandener Einstellungen) als den Adressaten ähnlich (2.1) und sympathisch (2.2) und mit hohem Prestige (2.3) darzustellen;

4. vor allem Bekannte, Freunde und die Meinungsführer innerhalb der Gruppe der Adressaten zu beeinflussen (3.1);

5. unter objektivierten Medien das bewegte Bild (Film und Fernsehen) auszuwählen (3.2);

6. die Information so darzustellen, daß die Adressaten Schlußfolgerungen selbst ziehen (entdecken) können (4.1);

7. eine zweiseitige Darstellung zu wählen (4.2);

8. Vorteile für die Adressaten darzustellen (4.3);

9. (kognitive) Zusammenhänge einsichtig zu machen (4.4);

10. die Adressaten in einen (emotional) erregten Zustand zu versetzen (4.5);

11. bei den Adressaten (nicht zu intensive) Furcht zu erregen (4.6);

12. den Adressaten persönlich anzusprechen (4.7);

13. die Adressaten in der Gruppe zu beeinflussen und den Eindruck zu vermitteln, daß die Mehrheit die neue Einstellung übernommen hat (5.1);

14. die Adressaten nicht diskutieren zu lassen, wenn nur etwa 50% überzeugt sind oder Adressaten mit extremer Anti-Einstellung in der Gruppe sind (5.2);

15. die neuen Einstellungen vor der Gruppe (öffentlich) vertreten zu lassen (5.3);

16. das Verhalten, das auf den neuen Einstellungen beruht, später zu belohnen (6.1);

17. die Beeinflussung in größeren Abständen zu wiederholen (6.2).

6.5 Übungsaufgaben zum Einstellungslernen

Um Erfahrungen im Umsetzen der hier dargestellten Hinweise zur Vermittlung von Einstellungen zu bekommen, schlagen wir zwei Übungsaufgaben vor:

1. Untersuchen Sie die im Anhang wiedergegebene Anti-Raucher-Broschüre Seite für Seite daraufhin, welche der in der Zusammenfassung aufgezählten Regeln beachtet wurden und in welcher Form das geschehen ist. Einige Male wurde bereits bei der Erläuterung der Thesen auf die Broschüre verwiesen. Sie werden diese Aufgabe daher leichter lösen, wenn Sie diese Hinweise noch in Erinnerung haben. Darüber hinaus werden Sie aber eine Reihe weiterer Thesen beachtet finden, bei denen kein Hinweis auf die Broschüre gegeben wurde.

   Um sich zu prüfen, schlagen wir vor, die Hinweise jeweils so lange abzudecken, bis man selbst alle Regeln gefunden hat, die bei der Gestaltung der Seite beachtet wurden.

2. Entwickeln Sie selbst eine Konzeption für die Veränderung von Einstellungen (oder die Vermittlung neuer Einstellungen). Das Thema sollten Sie aus Ihrem Praxisbereich wählen, wobei auch die Wahl der eingesetzten Medien den Möglichkeiten der Praxis entsprechen sollte.

   Beipiele für mögliche Lernziele:

   Vermittlung einer positiven Einstellung zu Maßnahmen der Sicherheit beim Autofahren (Sicherheitsgurt anlegen, defensives Fahren etc.).

   Vermittlung einer positiven Einstellung zum Einsatz unterschiedlicher (auch technischer) Medien und moderner Methoden beim Lehren im Betrieb (oder in der Volkshochschule, Universität, Schule).

Leider können wir Ihnen für diese Aufgabe keine Musterlösung anbieten, da wir nicht wissen, welches Lernziel Sie wählen und welche Praxisbedingungen Sie zugrunde legen. Wir schlagen vor, daß Sie zur Kontrolle Ihrer Lösung die Zusammenfassung („Regeln für die Praxis") verwenden.

6.6 Testaufgaben zu Kap. 6

Aufgabe 30 (Abschnitt 6.1):

Welche Merkmale kennzeichnen Einstellungen?

A) Einstellungen sind dauerhaft.

B) Einstellungen können kurzzeitig oder dauerhaft sein.

C) Einstellungen bestimmen Handlungstendenzen.

D) Einstellungen führen zu bestimmten Formen der Wahrnehmung.

E) Einstellungen sind instinkthaft.

F) Einstellungen sind affektiv.

G) Einstellungen variieren zwischen Individuen.

H) Einstellungen sind hypothetische Konstrukte.

I) Einstellungen sind Gewohnheiten.

Aufgabe 31 (Abschnitt 6.1):

Einstellungen haben drei Komponenten. Welche sind das?

A) Glaubenskomponente

B) Affektive Komponente

C) Kognitive Komponente

D) Meinungskomponente

E) Handlungskomponente

Aufgabe 32 (Abschnitt 6.2):

Einstellungen können für die Person, die die Einstellung besitzt, eine bestimmte Funktion erfüllen. Welcher der folgenden Begriffe kennzeichnet **keine** solche Funktion?

A) Instrumentelle Funktion

B) Expressive Funktion

C) Ökonomische Funktion

D) Sensitive Funktion

E) Ich-Verteidigungs-Funktion

Lösungen s. S. 285

Aufgabe 33 (Abschnitt 6.2):

Satz 1: Zentrale Einstellungen sind im allgemeinen nur sehr schwer zu verändern,

Begr.: weil …

Satz 2: diese Einstellungen für den, der sie besitzt, eine Reihe von wichtigen Funktionen erfüllen.

A) Satz 1 ist richtig, Satz 2 ist falsch.

B) Satz 2 ist richtig, Satz 1 ist falsch.

C) Beide Sätze sind falsch.

D) Beide Sätze sind richtig, aber die Begründung ist falsch.

E) Beide Sätze sind richtig, und die Begründung stimmt.

Aufgabe 34 (Abschnitt 6.3):

Welche Eigenschaften muß ein Vortragender haben, um bei der Einstellungsänderung besonders wirksam zu sein?

A) Er muß bei den Zuhörern hohes Prestige und Glaubwürdigkeit besitzen.

B) Er muß den Zuhörern hinsichtlich des intellektuellen und sozialen Niveaus deutlich überlegen sein.

C) Er muß sich hinsichtlich seiner Einstellungen und Normen deutlich von der Gruppe der Zuhörer unterscheiden.

D) Er muß für die Zuhörer attraktiv und bei ihnen beliebt sein.

E) Die Zuhörer müssen ihn als einen der ihren, ihrer Gruppe zugehörig empfinden.

Aufgabe 35 (Abschnitt 6.3):

Welche Informationsmedien sind zur Beeinflussung von Einstellungen besonders wirksam?

A) Wissenschaftliche Artikel

B) Persönliche Bekannte

C) Bücher

D) Nachrichtensprecher im Rundfunk

E) Film und Fernsehen

Aufgabe 36 (Abschnitt 6.3):

Einstellungen können u. a. dadurch verändert werden, daß man neue Informationen darbietet, wobei es aber entscheidend ist, wie die Information dargestellt wird.

Welche der im folgenden aufgezeigten Möglichkeiten sind wirkungsvoll?

A) Während des Vortrages bemüht sich der Redner erfolgreich, an entscheidenden Stellen von der Mehrheit Applaus zu erhalten.

B) Nach der Beeinflussung wird mit den Teilnehmern über die Vor- und Nachteile der neuen Einstellung diskutiert, wobei die Meinungen geteilt sind (50 : 50).

C) Bei der Beeinflussung werden vor allem die persönlichen Vorteile der neuen Einstellung für die Gruppenmitglieder herausgestellt.

D) Nach der Beeinflussung werden die Teilnehmer, die die neue Einstellung angenommen haben, zu einem öffentlichen Bekenntnis ihrer neuen Einstellung bewogen.

Aufgabe 37 (Abschnitt 6.3):

Welche Form der Informationsdarbietung ist wirkungsvoller zur Veränderung von Einstellungen?

A) Einseitige Form der Darstellung

B) Zweiseitige Form der Darstellung

C) Schlußfolgerungen vom Adressaten selber ziehen lassen

D) Schlußfolgerungen dem Adressaten vortragen

Aufgabe 38 (Abschnitt 6.3):

Welche Maßnahmen sollten ergriffen werden, damit die neuen Einstellungen auch nach der Beeinflussung erhalten bleiben?

A) Das Verhalten, das auf den neuen Einstellungen beruht, sollte belohnt werden.

B) Die Adressaten sollten mit dem Gegenstand der Einstellung nicht wieder konfrontiert werden.

C) Die Beeinflussung der Adressaten sollte in größeren Abständen wiederholt werden.

D) Es brauchen keine Maßnahmen zur Aufrechterhaltung der neuen Einstellungen festgelegt zu werden.

	1 Einleitung: Wissen ist zuwenig	
	2 Affekte, Emotionen, Gefühle	
Stufe 1	3 Definition affektiver Lernziele	Problembestimmung Problemformulierung
Stufe 2	4 Techniken affektiven Lernens	Problemanalyse, Festlegen der Lernziele
Stufe 3	5 Lerntechnik 1: Signallernen	Planung und Durchführung der Ausbildungs- bzw. der Fortbildungs- maßnahmen
	6 Lerntechnik 2: Einstellungs- lernen	
	7 Lerntechnik 3: Soziales Lernen	
	8 Praxisbeispiele: Versicherungsver- treter/Multimedia	
Stufe 4	9 Die Messung affektiver Veränderung	Prüfung des Erfolgs der Maßnahmen
	10 Affektives Lernen und Manipulation	

7. Lerntechnik 3: Soziales Lernen

Inhaltsangabe und Lesehinweise

Das 7. Kapitel behandelt das soziale Lernen. Im und ersten Abschnitt (7.1) wird der Begriff „Soziales Lernen" an Hand einiger Beispiele deutlich gemacht; anschließend (Abschnitt 7.2) werden die wichtigsten Gefühle beschrieben, die beim Sozialen Lernen eine besondere Rolle spielen.

Beide Abschnitte sind – obwohl eher theoretischer Natur – aufgrund der vielen Beispiele auch für den Praktiker nützlich.

Im dritten Abschnitt (7.3) werden mögliche Ursachen von Fehlverhalten im sozialen Bereich beschrieben.

Im vierten Abschnitt (7.4) werden dann die wichtigsten Modelle Sozialen Lernens beschrieben, wobei am Ende einer jeden Schilderung eines Modells Konsequenzen für die Praxis dargestellt werden. Es werden das Modellernen (nachahmendes Lernen) (7.4.1), das Rollenspiel (7.4.2), die themenzentrierte Interaktion (7.4.3) und die Regeln des richtigen Feedbacks behandelt.

Im fünften Abschnitt (7.5) werden die vier Schritte des Sozialen Lernens beschrieben: Wie geht man vor, um beim Sozialen Lernen optimale Erfolge zu erlangen? Ein Abschnitt für den Praktiker wie für den theoretisch Interessierten.

Im folgenden Abschnitt (7.6) wird – wie am Ende der letzten zwei Kapitel – das Kapitel zusammengefaßt, und es werden einige Regeln für die Praxis aufgestellt.

Im vorletzten Abschnitt (7.7) hat der Leser die Möglichkeit, das in diesem Kapitel dargestellte Wissen an einem Fallbeispiel anzuwenden. Es ist als Aufgabe mit getrennter Lösung formuliert.

Zuletzt werden, wie bei allen Kapiteln, einige Testaufgaben gestellt.

7.1 Lernen für das Zusammenleben, Lernen im Zusammenleben

Was Soziales Lernen ist, läßt sich am besten an Beispielen verdeutlichen, in denen Personen zu wenig oder falsch sozial gelernt haben:

- Ein Manager verlangt von seinen Mitarbeitern, daß sie ihm jegliche Nachlässigkeit von Kollegen melden und ihn auch über Gerüchte regelmäßig informieren. Als ein Mitarbeiter sich weigert, weil er nicht ,denunzieren' wolle, setzt er ihn so lange unter Druck, bis er den Betrieb verläßt.

- Ein Ausbilder organisiert seine Seminare in nahezu programmierter Form. Wünsche der Teilnehmer nach einer Umstellung des Programms sowie Fragen, die auf Persönliches oder Gefühlsmäßiges zielen, wehrt er sofort ab. Er hat Angst davor, die Rolle des sachlichen Vermittlers zu verlassen.

- Eine Chefsekretärin reagiert mit heftiger Aggressivität auf Kolleginnen, die im Zusammenhang mit dem einen oder anderen Projekt direkt mit dem Chef zu tun haben. Sie ist eifersüchtig und fürchtet jedesmal, ihre Vormachtstellung zu verlieren.

- Ein Abteilungsleiter ist ein beliebter und kompetenter Vorgesetzter. Sobald er aber einen Mitarbeiter kritisieren oder von ihm etwas fordern muß, wird er unsicher und versucht, soweit es geht, eine solche Situation zu vermeiden.

In allen genannten Fällen zeigen die Personen ein gestörtes Sozialverhalten. Gestört deshalb, weil entweder sie oder andere darunter leiden. In allen Fällen steht der affektive Bereich im Vordergrund.

Soziales Lernen wäre in allen Fällen nötig, um das Zusammenleben für die betreffenden und betroffenen Personen angenehmer und produktiver zu gestalten. Soziales Lernen zielt also ab auf Fühlen, Denken und Handeln im Zusammenhang mit Mitmenschen.

Diese komplexeste Form von Lernen im affektiven Bereich baut auf Signallernen und Einstellungslernen auf. Im zwischenmenschlichen Bereich wirken Signale ebenso wie Einstellungen. Trotzdem gibt es Spezifika, die nur dieser Lernform eigen sind. So ist z. B. der „Reiz", auf den man affektiv reagiert, beim Signal- bzw. beim Einstellungslernen nicht nur einfacher strukturiert, sondern bleibt auch von der affektiven Reaktion unberührt. Beim Sozialen Lernen dagegen richtet sich die affektive Reaktion nicht nur auf einen sehr komplexen „Reiz" (es ist jedesmal eine Reiz-Situation); **vielmehr wird diese Situation auch durch die affektive Reaktion und das damit verbundene Handeln beeinflußt.** Der andere oder die anderen reagieren ja ihrerseits wieder darauf. Ja, es ist sogar unmöglich, in sozialen Situationen nicht zu kommunizieren, weil selbst Passivität als „Botschaft" gedeutet werden würde. Selbst die Kommunikationsverweigerung wäre – wegen der Reaktion der anderen – eine Form der Kommunikation. Aus dieser Eigenheit des Sozialen Lernens folgt, daß dieses Lernen auch nur in einer sozialen Situation selbst erfolgen kann. Soziales Lernen ist also

- Lernen für soziale Situationen und

- Lernen in sozialen Situationen.

Zum bisher Gesagten ein Beispiel:

> Person A trifft auf einer Gesellschaft einen langhaarigen Mann mit dunklem Vollbart. Er hört, daß es sich um einen Jazzmusiker handelt. Lange Haare und Vollbart lösen bei A sofort Ablehnung aus; sie signalisieren ihm Schmuddeligkeit, Gammler, womöglich Rauschgift. Außerdem hat A eine ausgeprägt negative Einstellung gegenüber Jazzmusik; A hält sie für das Symptom einer degenerierten Kultur. B spürt schon bei der Begrüßung, daß A ihm gegenüber reserviert, ja verhalten aggressiv ist. Als aber eine A sehr sympathische Frau hinzukommt und sich als Ehefrau des Künstlers entpuppt, reagiert A teils aus Höflichkeit, teils aus Sympathie freundlicher. Es ergibt sich ein Gespräch, an dessen Ende A wesentlich positiver über den Musiker denkt.

Zweifellos ist es in diesem Beispiel zu Sozialem Lernen bei A gekommen. Das Beispiel zeigt auch, wie dabei Signale, Einstellungen, aber auch wechselseitige Interaktionen zusammenwirken.

Soziales Lernen als Lernen für das Zusammenleben ist immer bezogen auf eine bestimmte Umgebung, eine bestimmte Kultur. Die Deutung und damit Bedeutung von sozialem Verhalten ist abhängig von der sozialen Umgebung.

Wie sehr die sozialen Normen kulturabhängig sind, zeigt ein häufig zitiertes Beispiel, das sich während der letzten Phase des Zweiten Weltkrieges abspielte:

Damals waren viele US-Soldaten vorübergehend in England. Die englischen Mädchen beschwerten sich, daß die US-Soldaten so draufgängerisch seien und sofort ins Bett wollten, während die amerikanischen Soldaten behaupteten, die englischen Mädchen seien besonders wild auf das Miteinander-Schlafen.

Eine Untersuchung dieses Widerspruches ergab, daß das kulturspezifische Paarungsverhalten vom Kennenlernen bis zum Geschlechtsverkehr bei Engländern wie bei Amerikanern ungefähr 30 unterscheidbare Verhaltensstufen durchläuft. Es unterscheidet sich aber die Reihenfolge. Während z. B. das Küssen bei den Amerikanern als relativ harmlos gilt und etwa an Stufe 5 kommt, gilt es in England als unmittelbare Vorstufe zum Geschlechtsverkehr, etwa auf Stufe 25. Wenn daher ein US-Soldat in einer beginnenden Beziehung die Zeit für einen unschuldigen Kuß für reif hielt, mußte dies das Mädchen als unverschämt zudringliches Benehmen auffassen und sich entscheiden: entweder die Beziehung abbrechen oder aber sich dem Soldaten hingeben. Beide Reaktionen waren für den Amerikaner sehr überraschend; er mußte das Mädchen entweder für übertrieben prüde oder für sehr willig halten. Offensichtlich ist die zweite Version relativ häufig vorgekommen.

Lernziele im Bereich des Sozialen Lernens müssen also immer mit **Rücksicht auf den kulturellen Hintergrund** aufgestellt werden. Dies gilt doppelt, denn nicht nur die Interpretation sozialen Verhaltens ist kulturabhängig, auch die Ausprägung von Gefühlen ist es, wie ein von Vitouch zitiertes Beispiel zeigt (in Kagelman und Wenninger 1982, S. 31): Er berichtet von einem emotionalen Begriff aus Japan, der in den europäischen Sprachen kein Gegenstück findet. „Amai" lautet dieser Begriff, und er bedeutet in etwa das Bedürfnis nach Abhängigkeit in Zusammenhang mit dem Verlangen, geliebt zu werden. Während westliche Kulturen das Bedürfnis nach Abhängigkeit auch im Verhältnis zwischen Liebenden als kindlich und ich-fremden Persönlichkeitszug verleugnen, hat die japanische Kultur dem Bedürfnis nach sozialer Bindung ein deutlich positives „Etikett" zugeordnet.

7.2 Soziales Lernen und Emotionen

Das Zusammenleben mit anderen wird von Gefühlen beherrscht. Sie entwickeln sich vor allem zwischen den folgenden Gegensätzen:

- Angenommenwerden – Ablehnung
- Selbständigkeit – Abhängigkeit
- Sicherheit – Unsicherheit.

Bei jedem Prozeß des Sozialen Lernens muß mit Gefühlen zu diesen Dimensionen gerechnet werden. Sie können das Lernen fördern oder behindern, je nachdem, wie es gelingt, mit diesen Gefühlen zu arbeiten. Alle Gefühle dieser Art werden bereits in frühester Kindheit erfahren. Vor allem die Psychoanalyse hat zahlreiche Indizien dafür zutage gefördert, daß diese ersten emotionalen Sozialerfahrungen das spätere Sozialverhalten in hohem Maße prägen. Gestörtes Sozialverhalten – einschließlich der damit verbundenen Emotionen – geht nach Auffassung der Tiefenpsychologen durchweg auf gestörte frühkindliche Erfahrungen wie Ablehnung, Abhängigkeit, Unsicherheit zurück. Nach Riemann (1975) haben z. B. Schizoide frühkindliche Probleme mit Ablehnung, Depressive mit Abhängigkeit, Hysterische mit Unsicherheit innerhalb von Beziehungen erlebt. Aber auch für jemanden, der von Tiefenpsychologie wenig hält, gibt es aus anderen psychologischen Richtungen (z. B. aus der Erziehungsstilforschung) und aus der eigenen biografischen Erfahrung genug Evidenz für die Bedeutung früher Erfahrungen mit Gefühlen dieser Art.

Angenommenwerden – Ablehnung

Wie sich andere ein Bild von uns machen **(Fremdbild),** so konstruieren auch wir ein Bild von uns **(Selbstbild).** Dieses Selbstbild ist in hohem Maße affektiv ‚besetzt'. Mit dem Selbstbild verbundene Gefühle sind z. B.: Selbstwertgefühl, Minderwertigkeitsgefühle, Stolz, Unzufriedenheit. Sicher aufgrund von ersten Sozialerfahrungen im Kindesalter wünscht man sich von anderen eine Bestätigung der positiven Seiten des Selbstbildes. Eine solche Bestätigung wirkt wie eine Belohnung. Da aber jede Interaktion in dieser Hinsicht ein Test mit ungewissem Ausgang ist, versucht man durch eine bestimmte Art der Selbstdarstellung, die Chancen für eine Annahme der eigenen Person durch andere zu erhöhen. Goffman (1971) spricht von ‚Eindrucksmanagement' und beschreibt sehr plastisch, was geschieht, wenn jemand eine Ablehnung des Selbstbildes durch andere erlebt:

Der Selbstbildschock

„Er kann sich überdies schlecht fühlen, weil er sich darauf verlassen hat, daß die Begegnung sein Selbstbild von ihm stützen würde, an das er emotional fixiert war und das er nun bedroht sieht. Mangel an verständiger Unterstützung kann ihn bestürzen, ihn verwirren und ihn momentan unfähig zum Interagieren machen. Sein Verhalten und seine Haltung können schwanken, zusammenbrechen und zerbröckeln. Er kann verwirrt und verärgert werden; er kann beschämt werden."

Vor diesem Ereignis hat wohl jedermann Angst. Diese Angst steuert nicht nur das ‚Eindrucksmanagement‘; sie macht auch das Erproben neuer Verhaltensweisen so schwierig. Umstellungen (z. B. beim Lernen) mobilisieren verstärkt die Angst, man könne mit den neuen Verhaltensweisen von anderen abgelehnt werden.

Erfahrungen einer Katze

Eine Reihe von sozialem Fehlverhalten kann mit der Angst vor dem Nicht-Angenommenwerden erklärt werden. Als Modell kann man sogar ein Tierexperiment*) zur Erklärung vieler Reaktionen heranziehen:

Katzen lieben Fischbrot. Um dies zu erlangen, können sie – in einer ersten Phase des Experiments – lernen, eine komplizierte Abfolge von Bewegungen auszuführen, um am Ende ein Kästchen zu öffnen, in dem sie das Fischbrot finden.

In der zweiten Phase des Experiments wird in einigen Fallen in unregelmäßiger Folge kein Fischbrot in das Kästchen getan, sondern die Katze statt dessen mit einem kalten Lufthauch erschreckt, wenn sie das Kästchen öffnet. Dadurch wird die Katze irritiert, und wenn sie häufiger diese „schlechten“ Erfahrungen macht, weigert sie sich zuletzt, das Kästchen zu öffnen, ja sie lehnt sogar ab, Fischbrot zu essen, das frei neben sie gestellt wird. Offensichtlich verbindet sie das Fischbrot mit einer unangenehmen Überraschung, die sie vermeiden will. Diese unregelmäßigen Enttäuschungen in Form des kalten Lufthauches verunsichern und irritieren die Katze derart, daß sie ein „unkatzenhaftes“ Verhalten zeigt, sich kaum noch pflegt, immer apathisch herumliegt und auch ihre Dominanz gegenüber einer anderen Katze verliert. Man könnte sagen, die „Katzenpersönlichkeit“ ist stark geschädigt. Dabei kann sich die Katze aber auch nicht von dem Kästchen trennen, sie behält es ständig im Auge. In diesem Zustand ist die Katze, die wie jede normale Katze vorher Alkohol abgelehnt hat, bereit, mit Alkohol versetzte Milch zu trinken. Im alkoholisierten Zustand gewinnt sie kurzzeitig ihre alte Sicherheit zurück, sie öffnet wieder das Kästchen, und es stört sie auch nicht besonders, wenn sie einmal von dem kalten Lufthauch getroffen wird. Sowie die Alkoholisierung wieder zurückgeht, fällt auch sie in den alten Zustand zurück. Nach mehreren solcher Alkoholerlebnisse beginnt sie richtiggehend Alkohol zu suchen und zieht – ganz im Gegensatz zum früheren Verhalten – mit Alkohol versetzte Milch der reinen Milch vor. Ihr psychischer und körperlicher Verfall geht dabei aber immer weiter, bis sie zum Schluß so apathisch wird, daß sie sich selbst zum Trinken kaum noch aufrichtet.

In der letzten Phase des Experimentes wird die Katze wieder von diesem Drang zum Alkohol befreit. Das geschieht, indem man ihr sehr viel Zuwendung gibt und ihr so ganz langsam die Angst vor dem Kästchen nimmt, bis sie zuletzt bereit ist, das Kästchen wieder allein zu öffnen, wobei sie jetzt natürlich keine negativen Erlebnisse mehr erfährt. Zuletzt lehnt die Katze auch den Alkohol wieder ab.

Dieses Experiment sagt nicht nur einiges darüber aus, wie man zum Alkoholiker werden kann, es liefert auch ein anschauliches Modell für eine Reihe von sozialen Fehlverhaltensweisen. Der Versuch mit der Katze ist vor allem deshalb zum Thema „Soziales Lernen“ so aussa-

---

* Ein Film von dem Experiment ist zu erhalten bei: PFIZER GmbH, Hauptabteilung Pharma, Postfach 49 49, Karlsruhe

gekräftig, weil eine Situation beschrieben wird, die wir, im beruflichen und privaten Bereich, im Umgang mit anderen Menschen immer wieder erleben. Jeder Mensch, mit dem wir Kontakt aufnehmen, ist für uns gleichsam wie das Kästchen für die Katze: Wir wissen, daß wir von dem anderen Menschen Positives erwarten können, wie Zuwendung, Anerkennung oder einfach nur Beachtung. Wie Untersuchungen zum Thema Hospitalismus (R. Spitz 1957) zeigen, stellt zumindest für Kinder das Bedürfnis nach Zuwendung ein lebensnotwendiges Grundbedürfnis dar. Waisenkinder, die ohne ausreichende Zuwendung durch Bezugspersonen aufwachsen, werden gehäuft krank, auch wenn sie in hygienisch einwandfreien Bedingungen aufwachsen. Inwieweit Erwachsene diese Zuwendung brauchen, ist sicher nicht generell zu beantworten. Hier gibt es große individuelle Unterschiede. Sicher ist aber, daß jeder Erwachsene eine solche Zuwendung als angenehm erlebt.

Wenn auch jeder Mensch, dem wir uns zuwenden, die Möglichkeit zu einer solch positiven Erfahrung darstellt, so kommt es doch immer wieder vor, daß wir in dieser Erwartung enttäuscht werden. Diese Enttäuschung besteht im Mangel an Anerkennung, in versteckten oder offenen Aggressionen, Herabsetzung der eigenen Person oder einfach Mißachtung, Abwendung, so tun, als ob man nicht da sei. Die negativen Erfahrungen, die wir riskieren, wenn wir uns jemand anderem zuwenden, sind nicht schlimmer (wahrscheinlich weit weniger schlimm) als der kalte Lufthauch für die Katze. Trotzdem reagieren viele Menschen so wie die Katze: Sie ziehen sich von den anderen Menschen zurück, sind nicht mehr bereit, den Kasten zu öffnen. Dabei kann man sich zurückziehen und trotzdem den notwendigen Kontakt zum anderen aufrechterhalten, man muß nicht zum Einsiedler oder Mönch werden. Verletzbar (im Sinne der Katze, die den kalten Lufthauch erfährt) sind wir nämlich eigentlich nur dann, wenn wir uns selbst mit in die soziale Situation einbringen, wenn wir uns selbst öffnen, wenn wir das Gegenüber uns selbst erfahren lassen. Solange wir in einer sozialen Situation nur Träger einer Rolle sind, z. B. Geschäftsmann, Fachmann usw., sind wir kaum verletzbar, es sei denn, daß das Selbstbild sehr mit der beruflichen Stellung verbunden ist. Leider ist eine Zuwendung des anderen auch nur dann wirklich befriedigend, wenn sie uns gilt, unserem Selbstbild, unserem Ich, das sich geöffnet hat. So stehen wir in jeder sozialen Situation in dem Konflikt: sollen wir uns öffnen in der Hoffnung, Zuwendung zu bekommen, oder sollen wir lieber darauf verzichten, verschlossen bleiben, um negative Erfahrungen (den kalten Lufthauch) zu vermeiden? Dieser Konflikt und einige Konsequenzen, die sich aus dem Konflikt ergeben, werden in dem Experiment mit der Katze deutlich.

Besonders deutlich kann man die oben geschilderten Zusammenhänge in der Situation einer Party nacherleben, auf der man niemanden kennt und vor der Entscheidung steht, ob und in welcher Form man sich einem anderen Gast zuwenden soll. Meist gilt die Devise: Möglichst nichts über sich als Person sagen. Themen wie Wetter, Autos, unter Umständen Politik, reichen aus. Wenn man den anderen in einer solchen Situation fragt, ob er glücklich ist, wird er reagieren, als ob man ihm auf den Fuß gestiegen sei; im günstigsten Fall überhört er die Frage („Das war doch ein Versehen, nicht wahr?").

Übrigens hilft in dieser Partysituation der Alkohol in gleicher Weise wie bei der Katze. Häufig wird auf Partys gleich zu Beginn ein sehr süffiger Drink gereicht, der „es in sich hat".

Viele Verhaltensweisen wie Sarkasmus, häufige Ironie oder auffällige Oberflächlichkeit in verschiedenster Form lassen sich als „Trick" erklären, mit dem der Betreffende gelernt hat, einen kalten Lufthauch zu vermeiden.

Das Experiment gibt uns auch Hinweise, wie solche Haltungen durchbrochen werden können. Auch sie sind sicher auf den Menschen übertragbar. Häufig erfordert es jedoch sehr viel Geduld, Frustrationstoleranz und Durchhaltekraft, um jemanden durch Zuwendung, die natürlich zwischendurch immer wieder abgelehnt wird, zu öffnen.

Das Bedürfnis nach Annahme und die Angst vor Ablehnung steuert in hohem Maße das Verhalten von Einzelpersonen in Gruppen. Wir haben schon beim Einstellungslernen gesehen, wie dieses Bedürfnis ein Lernen nahezu erzwingen kann.

Nach Ellis, dem Begründer der sogenannten ‚Rational-Emotiven-Therapie' (RET) folgen die meisten Menschen der irrationalen Annahme, sie müßten von allen geliebt werden. Damit sind aber Enttäuschungen und Aggressionen unvermeidlich.

Selbständigkeit – Abhängigkeit

Autonomie wird mit positiven Gefühlen verbunden (frei, stark), Abhängigkeit mit negativen (schwach, ausgeliefert). Für das Kleinkind ist das Gefühl der Abhängigkeit – ich bin klein und schwach – typisch. Doch da entsprechendes Verhalten auch Fürsorge-Verhalten bei anderen auslöst, wird es oft belohnt und ist entsprechend auch bei vielen Erwachsenen zu finden. Neue und als bedrohlich definierte Situationen sind besonders dazu angetan, dieses „Kindheits-Ich" wieder zu mobilisieren. So wecken Ausbildungssituationen bei vielen Teilnehmern sowohl Abhängigkeitsängste (Erinnerungen an fremdbestimmte Erziehung und Schule) als auch Abhängigkeitswünsche (Idealisierung des Trainers und Rivalisierung um seine Gunst).

Ein starkes Bedürfnis nach Selbständigkeit muß durch Kooperationsbereitschaft ergänzt sein, wenn es nicht sozial negative Auswirkungen haben soll. Viele Bildungsveranstaltungen bedrohen durch starres Reglement und durch den Zwang zur Gruppenbildung die Selbständigkeit. Der Teilnehmer entwickelt „Reaktanz" (Brehm 1966), d. h., er übt Widerstand aus, wenn seine Entscheidungsmöglichkeiten eingeschränkt werden.

Sicherheit – Unsicherheit

Schon Kinder haben ein starkes Bedürfnis nach Vorhersagbarkeit sozialer Situationen. Reagieren z. B. die Eltern unvorhersagbar mal so, mal anders, so löst dies unangenehme Gefühle, ja sogar u. U. neurotische Störungen aus. Der Wunsch nach Stabilität innerhalb der sozialen Beziehungen prägt auch die meisten Erwachsenen. Vertrautheit und Gewohnheit werden gegenüber Veränderungen mit unsicherem Ausgang verteidigt. Man kann diese Dimension auch mit dem Bedürfnis nach Kontrolle und Angst vor Kontrollverlust in Verbindung bringen. Der Depressionsforscher Seligman (1975) hat in aufregenden Studien sogar bei Tieren zeigen können, welche tiefgreifenden Auswirkungen kontinuierliche Erfahrung von Kontrollverlust hat. Erlebte Hilflosigkeit ist verbunden mit Resignation, Antriebsverlust, Verlust des Selbstvertrauens, Depressivität und Apathie.

Ein Beispiel für einen Kontrollversuch aus Angst vor Kontrollverlust ist das oben erwähnte ‚Eindrucksmanagement‘, um die Bestätigung des Selbstbildes nicht dem Zufall zu überlassen. Soziale Situationen sind in ihrer Komplexität oft schwer vorhersagbar. So hat jeder Mensch – besonders für Situationen, die für ihn sehr wichtig sind – eine Vielzahl von Kontrolltechniken entwickelt, mit denen er Unsicherheit reduzieren möchte. Um so schmerzlicher werden solche Situationen erlebt, in denen man z. B. aufgrund von Machtverhältnissen der Kontrolle anderer ausgeliefert ist und selbst kaum die Situation kontrollieren kann. Menschen, die in diesem Bereich nur wenig Lernerfahrungen machen konnten, werden dies häufiger erfahren.

Soziales Lernen sollte also im Interesse der Lernenden zum Ziel haben, die Chancen für ein Akzeptiertwerden sowie für Selbständigkeit und Situationskontrolle zu erhöhen.

7.3 Ursachen für Fehlverhalten in sozialen Situationen (nach Schwäbisch/Siems 1975)

Ursachen für Fehlverhalten im sozialen Bereich sind in vielen Fällen nicht revidierte und für den Erwachsenen unpassende Kindheitsverhaltensweisen. Folgende Normen der Eltern oder auch Gefühle und Erfahrungen aus der Kindheit können – unbewußt – auch im Erwachsenen noch das Verhalten bestimmen und zu unangemessenen Reaktionen führen:

Normen der Eltern:

- „Man sollte immer freundlich zu anderen Menschen sein"
- „Menschen, die anders denken, sind gefährlich"
- „Man ist nicht ärgerlich"
- „Fremde Leute soll man nicht ansprechen"
- „Es ist wichtig, was andere Leute über mich denken"

Gefühle und Erfahrungen aus der Kindheit:

- „Ich bin hilflos und klein und kann mir allein nicht helfen"
- „Ich fühle mich einsam und allein"
- „Ich habe Angst vor fremden Menschen" (Fremde Menschen sind gefährlich, ich darf mir ihnen gegenüber keine Blöße geben, ich darf mich ihnen gegenüber nicht öffnen, keine Gefühle zeigen)
- „Die Umwelt ist für mich zu kompliziert und undurchschaubar".

Diese Gefühle, Erfahrungen und Normen aus der Kindheit können störend auf das soziale Verhalten wirken. Dadurch wird eine Anpassung des eigenen Verhaltens an die konkrete soziale Situation nicht möglich.

Beispiel:

Aus dem Gefühl: „Ich fühle mich einsam und klein" können folgende Verhaltensweisen erklärt werden:

- Anklammerung an den Partner
- den Partner von sich abhängig machen
- extreme Kontaktfreudigkeit, Kontaktsuche
- ängstliches Zurückziehen von anderen Menschen usw.

Das Soziale Lernen besteht darin, solche unangebrachten Gefühle durch neue, passendere zu ersetzen. Das geschieht entweder durch Bewußtmachen und bewußte Verarbeitung der unangepaßten Gefühle oder durch neue Erfahrungen, durch die die störenden Gefühle in bestimmten Situationen durch neue passende Gefühle ersetzt werden. Im Idealfall werden beide Möglichkeiten miteinander kombiniert.

7.4 Modelle des Sozialen Lernens

7.4.1 Das Modellernen

Bandura und seine Mitarbeiter (1976) haben sich jahrelang mit einer Form des Lernens beschäftigt, die (wie so oft) dem Laien längst bekannt und problemlos erscheint, die Lerntheoretiker aber vor Probleme stellt: das Imitations- oder **Modellernen.** Niemand wundert sich, daß man durch bloßes Zuschauen, wie jemand anderer etwas macht, lernen kann. Für die Lernpsychologen kam jedoch das Dogma ins Wanken, daß jedes ‚höhere‘ Lernen mit Belohnung (Bekräftigung, Verstärkung) zu tun habe. Wo bleibt die Belohnung, wenn z. B. ein Kind – wie in einem bekannten Experiment von Bandura – in einem Film sieht, wie ein anderes Kind seine Puppe malträtiert und das zuschauende Kind anschließend dasselbe mit seiner Puppe tut? Nun ist in der ‚Theorie des Sozialen Lernens‘ (social learning theory) die Wirksamkeit von Belohnungen keineswegs ganz eliminiert. Bandura ist vielmehr der Meinung, daß dieses Lernen in Stufen erfolgt:

1. Stufe: Erwerb von Verhaltensweisen durch Beobachten
2. Stufe: Ausübung und Beibehaltung dieser Verhaltensweisen.

Im zweiten Schritt „Ausübung und Beibehaltung" spielt Belohnung eine entscheidende Rolle. Wenn das Kind im obigen Beispiel sieht, wie das Filmkind nach dem Zerstören der Puppe bestraft wird, dann hat es zwar die Verhaltensweisen in sein Repertoire aufgenommen (Erwerb), wird sie aber nicht ausüben, wenn es in einer ähnlichen Situation Strafe erwarten muß. Aber auch beim **Erwerb** sind Gefühle – wie sich in vielen Untersuchungen zeigte – einflußreich. Als „Modell", von dem Verhaltensweisen durch Beobachtung erworben werden, kommt vor allem eine Person in Frage, der man Ähnlichkeit und/oder Macht und/oder Kompetenz zuschreibt. Solchen positiv bewerteten Personen schenkt man eher die Aufmerksamkeit und beobachtet ihr Verhalten mehr als das von Personen, die man z. B. als untergeordnet oder inkompetent ansieht. Es ist also zu vermuten, daß Gefühle wie Bewunderung, Sympathie, Verbundenheit eher zum Sozialen Lernen animieren als etwa Verachtung oder Gleichgültigkeit.

Die **Ausübung** und Aufrechterhaltung einer so gelernten Verhaltensweise im sozialen Kontext wird nach Bandura weitgehend davon abhängen, welche Bedingungen in der Lernsituation – beim Beobachten des Modells – gegeben waren. Kommt der Lerner z. B. in eine Situation, die viele Gemeinsamkeiten mit der Situation hat, in der sich das Modell befand, so ist die Wahrscheinlichkeit hoch, daß er das erworbene Neu-Verhalten auch tatsächlich ausübt. Dies um so mehr, wenn das Modell damit in den Augen des Beobachters gute Erfahrungen (positive Konsequenzen) gemacht hat.

Der Lerntyp, den Bandura beschreibt, deckt trotz seiner Bezeichnung nicht alle sozialen Lernprozesse ab. Zweifellos ist das Modellernen aber ein sehr wichtiger Lerntyp in diesem Bereich. Er hat sich in verschiedenen Anwendungsfeldern als sehr wirkungsvoll erwiesen. Dies soll an einigen Studien verdeutlicht werden.

Experimentelle Untersuchungen

Beratungstraining

Dalton, Sondblad und Hylbert (1973) untersuchten zwei verschiedene Verfahren, Studenten der Psychologie in das optimale Verhalten in Beratungssituationen einzuführen. In psychologischen Beratungen kommt es darauf an, daß die Berater die Probleme des Ratsuchenden in der richtigen Weise verstehen, sich angemessen in seine Lage versetzen und das auch zum Ausdruck bringen können, um eine Vertrauensbasis zu schaffen. Dieses konkrete Beratungsverhalten sollte in dem Experiment trainiert werden. Für die Studie teilten Dalton und seine Mitarbeiter die 111 Versuchspersonen in drei Gruppen:

A) Eine Kontrollgruppe machte nur die Tests, wurde aber keiner Beeinflussung unterzogen.

B) Der zweiten Gruppe gaben die Experimentatoren einen Text zur Durcharbeit, der sich mit dem Beratungsverhalten befaßte und aufzeigte, worauf es beim Verstehen und Einfühlen in solchen Situationen ankommt.

C) Einer dritten Gruppe von Studenten zeigten sie die Videoaufzeichnungen eines Beratungsgespräches, das ein erfahrener Psychologe mit einem Ratsuchenden führte. Die Versuchspersonen konnten in diesem Fall das Beratungsverhalten am Modell lernen.

Die dritte Gruppe schnitt sowohl unmittelbar nach dem Experiment als auch in echten Situationen, die einen Transfer des Gelernten erforderten, signifikant besser ab als die beiden anderen Gruppen. Diese Gruppe hatte durch Imitation und Nachvollzug des auf Video gezeigten Beratungsmodells gelernt.

Einfühlung lernen

Noch deutlicher als Dalton konnte Cyphers (1967) die Überlegenheit von Videotechniken im Sozialen Lernen zeigen.

Er sollte ähnlich wie Dalton mit 30 Lehrern einfühlendes, verstehendes Verhalten einüben, damit diese Schülern mit Schwierigkeiten in der Schule angemessen helfen konnten. Cyphers ließ seine Versuchspersonen auf die Fragen eines ratsuchenden Schülers reagieren. Die Reaktionen der Lehrer konnten dann mit den Reaktionen eines erfahrenen Lehrers verglichen und richtige Reaktionen verstärkt werden.

Cyphers benutzte folgende experimentelle Anordnung:

A) Eine Kontrollgruppe sah lediglich den Schüler, der die Statements abgab, und mußte auf ihn reagieren.

B) Die erste Experimentalgruppe sah in einer Videoaufzeichnung die Statements des Schülers und die Reaktionen des erfahrenen Lehrers.

C) Die zweite Experimentalgruppe arbeitete lediglich mit einem gedruckten Text, in dem die Schüler- wie auch die Lehreräußerungen abgedruckt waren.

Cyphers fand heraus, daß für das Lernen von Einfühlung zwar beide Techniken, verglichen mit der Kontrollgruppe, wirksam waren, daß aber das Lernen

186

am gedruckten Medium signifikant weniger wirksam war als das Lernen an der Videoaufzeichnung. Die angehenden Lehrer in der Videobedingung schnitten am besten ab. Die Qualität dieser Ausbildung spiegelte sich auch in einer sehr positiven Einschätzung des Einfühlungsvermögens dieser Lehrer durch Schüler wider, die zur Beurteilung herangezogen wurden: Sie fanden die Lehrer der Kontrollgruppe am wenigsten einfühlungsfähig, die der Videogruppe schnitten auch hier am besten ab.

Alkoholiker-Therapie

Greer und Callis setzten den Videorecorder bei der Rehabilitation von Alkoholikern ein. Sie untersuchten die Wirkung von Modellen in einem Trainingsprogramm für Alkoholiker. 68 männliche Patienten wurden der Trainings- bzw. der Kontrollgruppe zugeteilt. Nach dem Training wurden beide Gruppen getestet. Ein Vergleich der Unterschiede zeigte, daß die Trainingsgruppenteilnehmer einen signifikant niedrigeren Neurosewert im Persönlichkeitsfragebogen erreichten, daß sie von anderen als selbstbewußter eingestuft wurden und daß sie viel mehr Willen aufbrachten, nüchtern zu bleiben und sich entsprechenden Prozeduren zu unterziehen. Diese Effekte des Videomodelltrainings erwiesen sich als langfristig.

Folgerungen für die Praxis

Die praktische Anwendung der Regeln zum Modellernen, als der wichtigsten Form Sozialen Lernens, liegt auf der Hand:

● Man muß eine Modellperson bereitstellen, dies geschieht

   – entweder durch eine im Seminar anwesende Person, meist den Ausbilder selber, der das gewünschte Verhalten zeigt,

   – oder durch einen Film (bzw. Videofilm), in dem das Verhalten demonstriert wird, das dem Lernziel entspricht.

Um zu erreichen, daß die im Film gezeigte Person (bzw. der Trainer) zum Modell für die Adressaten wird, muß sie sich in einer bestimmten Weise verhalten. Dabei sind folgende Faktoren entscheidend dafür, ob eine Person Imitationsmodell werden kann:

● Die Person muß vom Lerner positiv bewertet werden, d. h., sie muß den Adressaten vertraute Verhaltensweisen zeigen, und sie muß sympathisch empfunden werden (vgl. These 2.1, 2.2 und 2.3 zum Einstellungslernen).

● Die Person muß aber auch Verhaltensweisen zeigen, die den Adressaten neu sind und die die Person daher interessant machen.

● Das Verhalten der dargestellten Person muß im Film erfolgreich sein, es muß in der Darstellung belohnt werden.

● Die Person muß in Situationen gezeigt werden, die den Praxissituationen der Adressaten entsprechen.

Um das als Modell dargestellte Verhalten bei den Lernenden zu festigen, müssen im Training noch folgende Regeln beachtet werden:

- Man muß die Aufmerksamkeit des Lernens auf die relevanten Verhaltensmerkmale richten. Um das zu erreichen, wurden im Film häufig Positiv- und Negativ-Beispiele gegenübergestellt. Das richtige Verhalten wird dadurch besonders deutlich. In einem solchen Fall sollte immer das Negativ-Beispiel zuerst gezeigt werden, damit nicht das negative Verhalten als das zuletzt Gezeigte im Gedächtnis haften bleibt und die Adressaten dann im Sinne des Modellernens gerade dieses schlechte Verhalten unwillkürlich nachahmen.

- Man muß die Lernenden das beobachtete Verhalten selbst ausführen lassen und sie bei Mängeln hilfreich unterstützen.

- Man muß für positive Erfahrungen (Belohnungen, positives Feedback) in Situationen sorgen, in denen die Adressaten ihr erlerntes Verhalten ausüben.

Die letzten zwei Punkte lassen sich im Training am besten durch Rollenspiel vor der Gruppe oder mit Videoaufzeichnung realisieren.

7.4.2 Das Rollenspiel

Nach der Theorie des Sozialen Lernens von Bandura ist nicht nur der Erwerb, sondern auch die Ausübung eines Verhaltens wichtig. Nur so hat der Lerner Gelegenheit, die Konsequenzen des neuen Verhaltens in einer sozialen Interaktion zu erfahren und auszuwerten. Für diese Absicht ist das Rollenspiel aus mehreren Gründen eine ideale Lernform:

- die Ausübung der erlernten Verhaltensweisen erfolgt weitgehend gesteuert und **kontrolliert.** Unangenehme Erfahrungen lassen sich deshalb weitgehend ausschließen.

  So kann sich ein Lerner für ein Rollenspiel etwa nur ganz bestimmte Verhaltensweisen vornehmen. Der Lehrende kann durch Beratung dafür sorgen, daß der Lerner Erfolgserlebnisse haben wird.

- Das Verhalten hat zwar einen sehr hohen Realitätsgrad, aber **keinen Ernstcharakter.** In der Spielsituation kann man neue Verhaltensweisen ausprobieren, ohne wie im Ernstfall soziale Nachteile befürchten zu müssen.

- Die Gelegenheit zum ausführlichen **Feedback** ist günstiger als in der Wirklichkeit.

  Vom Lehrenden und der Gruppe kann der Lerner in einem Rollenspiel eine ausführliche Rückmeldung erwarten. Dies wird noch maximiert, wenn man die Szene z. B. mit der Videokamera aufgezeichnet hat. Im Alltag ist eine ehrliche Rückmeldung selten möglich.

Diese Vorteile der ‚Als-ob-Situation' machen das Rollenspiel für das soziale Lernen unentbehrlich. Allerdings muß jedes Rollenspiel gut vorbereitet und systematisch ausgewertet werden. So ist es wichtig, daß die Teilnehmer und Beobachter sich über ihre Aufgaben und Absichten eindeutig im klaren sind. Besonders wirksam sind Rollenspiele, wenn sie mit einer Videokamera aufgezeichnet werden und diese Aufzeichnung anschließend gemeinsam mit den Teilnehmern analysiert wird. Auf die Möglichkeiten der Kombination von Rollenspiel und Videoaufzeichnung weist u. a. Weidenmann (1997, S. 426) hin.

Obwohl für das Soziale Lernen das Rollenspiel eine unverzichtbare Hilfe darstellt, haben die Erfahrungen des Autors gezeigt, daß wesentliche Bereiche des Sozialen Lernens über das Rollenspiel nicht vermittelt werden können:

Das Hauptproblem des Rollenspiels liegt in der Tatsache, daß es ein „Spiel" bleibt, d. h., daß die Situation für den Lernenden nicht praxisgerecht ist. Wenn z. B. ein Verkäufer im Rollenspiel das ideale Verhalten im Kundengespräch lernen oder üben soll, so tut er das in der Regel zusammen mit einem Kollegen aus dem Training. Seine Gefühle diesem Kollegen gegenüber sind aber völlig andere als die gegenüber einem Kunden, vor allem, wenn der Verkäufer seinen Beruf gerade lernt und daher die Kundensituation für ihn völlig neu ist. Beispielsweise ist es nicht möglich, das Lernziel „Aufbau von Vertrauen im Gespräch mit einem neuen Kunden" im Rollenspiel mit einem Kollegen zu lernen oder auch nur zu üben.

Hier hat sich das Gespräch mit Fremden bewährt. Die Lernenden suchen sich einen fremden Menschen und fragen ihn, ob sie sich 20 Minuten mit ihm unterhalten dürfen. Wichtig ist dabei, daß der Lernende „authentisch" ist, d. h., daß er keine „Rolle" spielt, sondern daß er er ist, daß er sich nicht verstellt. So sagt er auch offen, daß er lernen soll, sich mit fremden Menschen zu unterhalten, und daß er gerade dabei ist, den Beruf des Versicherungsverkäufers zu erlernen. Das Thema des Gesprächs spielt dabei keine Rolle, es sollte allerdings im Laufe des Gesprächs über einen „small talk" hinausgehen.

Feedback bekommt der Lernende direkt von dem Fremden. Aus der Tatsache, daß er im Verlauf des Gesprächs auch persönliche Begebenheiten über sich erzählt, kann der Lernende schließen, daß es ihm gelungen ist, ein gewisses Vertrauensverhältnis aufzubauen. Der Lernende kann den Fremden am Ende des Gesprächs allerdings auch direkt fragen, wie er das Gespräch empfunden hat. Er wird zwar nur selten eine direkte ehrliche Antwort bekommen, aus der Art der Antwort kann er allerdings doch einiges entnehmen, vor allem dann, wenn er schon öfter ein solches Gespräch geführt hat und daher vergleichen kann.

Je nach Zielsetzung lassen sich verschiedene Formen von Rollenspiel durchführen. In welcher Vielfalt Rollenspiele möglich sind, zeigt die folgende Darstellung aus dem empfehlenswerten Buch von Boich (1980).

Beispielsammlung einzelner Rollenspielformen

Spieltyp	Diskrepanzen	Praxisbeipiel
01) Rollenspiel als *Interaktionsspiel*	Diskrepanzen zwischen den Interaktionsmöglichkeiten in der Spielsituation und dem Interaktionsverhalten der Teilnehmer	Führung eines Gesprächs mit oder ohne Blickkontakt – mit gesprächsbestärkenden Gesten: im Gedränge, mit großer räumlicher Entferung, in einem Fußballstadion. *Ziel:* Erschließung neuartiger Interaktionserfahrungen.
02) Rollenspiel als *Spieltraining*	Diskrepanzen zwischen der Spielaufgabe und den Fähigkeiten der Teilnehmer zu Spielen. Entwurf des Rollenspiels auf die Spielgestaltung hin	Ein sehr zarter, schüchterner Junge könnte die Aufgabe bekommen, einen schwerhörigen Kunden in einem Kaufladenspiel zu bedienen.
03) Rollenspiel als *Planspiel*	Diskrepanzen zwischen der Spielsituation und der Situationserfahrung; abstrahiert und reduziert die Wirklichkeit auf bestimmte Strukturen	Ein Lehrer soll an eine andere Schule versetzt werden. Die Schüler und ihre Eltem spielen den öffentlichen Konflikt durch, da sie den Lehrer behalten wollen.
04) Rollenspiel als *Sprachspiel*	Diskrepanzen zwischen den sprachlichen Erfordemissen in der Spielsituation und des sprachlichen Vermittlungsvermögens der Spielteilnehmer	Ein Mieter will die Mieterhöhung von seiner Mietwohnung abwehren. Er überzeugt – wegen Wohnungsmängel –, er informiert, er überredet, er widerspricht, er befragt.
05) Rollenspiel als gruppendynamisches *Spiel*	Diskrepanzen in der Gruppenwahrnehmung	In einem Rollenspiel sind unterschiedliche Rollen zu spielen: eine Oma, ein dicker Mann, ein Chef, ein Frührentner: Wer spielt welche Rolle? Wer macht die Rolle „gut", wer macht sie „schlecht"? Erkenne ich mich in der Rolle wieder? Auswirkungen auf die Beziehungen der Teilnehmer untereinander sind zu benennen.
06) Rollenspiel als *Normenspiel*	Diskrepanzen zwischen Normenanwendung im Spiel und Normenkontrolle, zwischen Normenerfordernissen und Normwünschen. Wichtig ist im Spiel die Aufdeckung von Normen und nicht deren Einübung	Einem Schlosser wird wegen „mangelnder Auftragslage" gekündigt. Er will weiterarbeiten. Das Verhältnis vom Arbeitgeber zum Arbeitnehmer ist mit Gesetzen geregelt – einer juristischen Normierung. Im Spiel lassen sich Gesetze ändern (Ausbau des Rollenspiels zu einem Lernstück)
07) Rollenspiel als *Interessensspiel*	Diskrepanzen zwischen objektiven und subjektiven Interessen sowie zwischen gesellschaftlich geforderten und individuell vorhandenen Interessen. (Wichtig ist im Spiel die Erkennung von Interessen und nicht deren Einübung)	Ein Junge und ein Mädchen – beide fünfzehn Jahre alt – möchten sich gerne kennenlernen. Sie wissen erst nicht, wie sie es anstellen können. Wünsche und Interessen, unterdrückte und wachgerufene Gefühle sind hier vorhanden ... Im Spiel ist angstarm erlebbar, welche Bedürfnisse im Normalfall geäußert und welche Bedürfnisse unterdrückt werden.

Beispielsammlung einzelner Rollenspielformen

Spieltyp	Diskrepanzen	Praxisbeispiel
08) Rollenspiel als *antizipiertes Spiel*	Diskrepanzen zwischen der Situationsgestaltung und dem Auswirkungsbewußtsein. Das antizipierte Rollenspiel steht im inhaltlichen Zusammenhang mit Normen- und Interessenspielen.	Was wird aus einem Bäcker, der seine Brote verschenkt. Ist ein Wirtschaftssystem denkbar, wo dieses möglich ist?
09) Rollenspiel als *rekapitulierendes Spiel*	Diskrepanzen zwischen den Erfahrungen in der Situation und *dem Herkunftsbewu4tsein. Zu* unterscheiden ist zwischen Erinnerung, die im Spiel auftritt, und der bewußten untersuchenden Wiederholung der Vergangenheit.	Eine Ehe scheitert. Eine Frau verläßt ihren Mann. Woran ist die *Ehe zerbrochen?. Was hab ich* falsch gemacht? Aus welchen Fehlern kann ich lernen?
10) Rollenspiel als Psychodrama	Diskrepanzen in der Spielerkennmis durch innerpsychische Konflikte. Welche Vergangenheitserfahrungen mischt der Spieler unnötig oder störend in das Spielgeschehen?	Ein Mann kommt von einer Geschäftsreise zurück. Seine Frau vermutet dagegen eine Beziehung zu einer anderen Frau.
11) Rollenspiel als soziales Spiel	Diskrepanzen zwischen dem Spielverhalten in der Spielsituation und den eigenen Bedürfnissen	Einbeziehung eines Außenseiters in eine Gruppe: ein dauernd Gehänselter, der Beste der Klasse
12) Rollenspiel als Körperspiel	Diskrepanzen zwischen den körperlichen Anforderungen des Spiels und den körperlichen Fähigkeiten des Teilnehmers	Eine Spielgruppe läuft im Spiel um die Wette. Oder: die Mitspieler werden zu Kisten, die aufeinander zu stapeln sind.
13) Rollenspiel als *Tanz- und Musikspiel*	Diskrepanzen zwischen der Musik und der Verbindung zum eigenen Ausdruck in tänzerischen Übungen	Bei ruhiger Musik sind zu einem Oberthema „Geräusche und Bewegungen aus der Tierwelt" frei zu improvisieren. Dabei stehen Schlaginstrumente für die Teilnehmer zur Verfügung.
14) Rollenspiel als Maskenspiel und *Schminkspiel*	Diskrepanzen zwischen den Verhaltenszuweisungen durch die Maske und dem eigenen Verhalten. Das „Verstecken" hinter einer Maske legt neuentdecktes Verhalten frei.	Eine Gruppe „Masken-Polizisten" zu Kameval erlebt mit der Reaktion des Publikums neue Einsichten für die reale Polizeirolle.
15) Rollenspiel als *mediales Spiel*	Diskrepanzen bei der Interaktion der Spieler mit den Zuschauern. Die Aufmerksamkeit der Spieler gilt den Zuschauern: Übergang zum Theaterspiel.	Entwicklung eines eigenen Stückes mit dem Ziel, es zur Aufführung zu bringen.

Die Kategorie „Diskrepanzen" in der Beispielsammlung (s. o.) weist auf Spannungen hin, die im Rollenspiel jeweils lebendig werden und Lernerfahrungen ermöglichen. Im Rollenspiel kann man die unterschiedlichsten affektiven Lernziele im Bereich des Sozialen Lernens erreichen, z. B.:

- Einfühlungsvermögen (vgl. Spieltyp 03, 09, 14 in der Beispielsammlung)

- Selbsterfahrung (Wie fühle ich mich in einer Rolle? Wie reagiere ich auf bestimmte Rückmeldungen?)

- Selbstvertrauen und Sicherheit im sozialen Verhalten (Rollenspiele zum Angstabbau, vgl. Spieltyp 02, 07 in der Beispielsammlung).

Alle diese Lernerfahrungen sind praktisch nur durch eigenes Handeln möglich; eine auf verbale Vermittlung – Zuhören oder Lesen – ausgerichtete Schulung würde hier nahezu wirkungslos bleiben.

Folgerungen für die Praxis

Um die Konsequenzen eines neu gelernten Verhaltens in sozialen Situationen auszuprobieren, eignet sich in Ausbildungsveranstaltungen vor allem das Rollenspiel. Dabei ist es sinnvoll, daß die Teilnehmer sowohl die Rollen ausüben, auf die sie vorbereitet werden (z. B. Verkäufer, Führungskraft), als auch die „fremde Rolle" (z. B. die des Kunden, des Mitarbeiters) erleben.

Vor allem der Adressat, der die spätere Berufsrolle gespielt hat, sollte ausführliches Feedback bekommen (siehe Abschnitt 7.4.4).

Jeder Rollenspieler sollte klare, verständliche, möglichst schriftlich fixierte Anleitungen bekommen.

Um die Lernziele zu erreichen, die mit den unrealistischen Aspekten des Rollenspiels zu tun haben (z. B. Vertrauen bei einem Fremden aufbauen), muß das Rollenspiel durch andere Formen der sozialen Interaktion (z. B. Gespräch mit einem Fremden) ergänzt werden.

7.4.3 Themenzentrierte Interaktion

Die Methode der Themenzentrierten Interaktion (TZI) wurde von Ruth Cohn (1975) entwickelt und hat sich so rasch in der Gruppendynamik und Gruppenpädagogik verbreitet wie kein anderes Verfahren. Die Grundzüge dieses Modells sind einfach und für jedermann einsichtig. Nach Ruth Cohn bezieht jedes Verhalten in einer Gruppe drei Elemente ein: eine Sache (Thema), ein Wir (Gruppe) und ein Ich (Einzelperson). Entscheidend ist Cohns Forderung, daß jedes Element jederzeit gleichgewichtig behandelt werden soll. Jedes Ungleichgewicht – z. B. ein Ausblenden der individuellen Bedürfnisse und Gefühle (Ich), ein Vernachlässigen der Gruppenkohäsion (Wir), eine Überbetonung der Sache usw. – stört die Balance und damit die optimale Funktion der Gruppe.

192

Für Trainer im Bereich des Sozialen Lernens wie für jeden kompetenten Teilnehmer leitet sich daraus die Pflicht ab, jederzeit auf das Gleichgewicht zwischen Sache, Wir und Ich zu achten und es notfalls durch eigene Intervention wiederherzustellen. Stellt man z. B. fest, daß in einer Gruppe ausschließlich rational und abstrakt diskutiert wird, wäre die richtige Intervention, Gefühle und Interessen zur Sprache zu bringen. Dominieren wenige Teilnehmer die Gruppentätigkeit, so gilt es, das „Wir" zu unterstützen. Hilfreich sind dazu Regeln, die Ruth Cohn für die TZI formuliert hat (in der Formulierung als Imperative nach Knoll 1977, S. 89ff.).

Regeln für die TZI:

1. Sei selbstverantwortlich.

Sei dein eigener „Chairman". Das heißt: Nimm deine innere und äußere Wirklichkeit wahr. Benutze dazu deine Sinne, Gefühle und Gedanken und entscheide dich bewußt und von deiner eigenen Perspektive her. Nimm dich und die anderen wahr. Schenke dir selbst und den anderen die gleiche menschliche Achtung. Sei dir bewußt: Ich bin verantwortlich – ich kann anbieten und bekomme angeboten, ich gebe und nehme; ich akzeptiere mich, wie ich bin, und akzeptiere die anderen.

2. Störungen haben Vorrang.

Störungen fragen nicht nach Erlaubnis – Störungen sind da. Störungen können sich richten: gegen das Ich, gegen das Wir, gegen die Sache. Die Angst, daß bei Freigabe dieser Regel zu viele Störungen angemeldet werden können, besteht zu Recht, denn Neues muß erst geübt werden. Aber eine Gruppe, die ihre Störungen offen und akzeptierend bearbeitet, gewinnt die scheinbar verlorene Zeit durch um so intensivere Arbeit zurück.

3. Sprich per „ich", nicht per „wir" oder per „man".

Vertritt dich selbst in deinen Aussagen. Steh hinter dem, was du sagst. Gib zu erkennen, wer und wo du bist – dann geben sich auch die anderen zu erkennen.

4. Wenn du fragst, dann teile auch mit, was die Frage dir bedeutet. Sage dich selbst aus. Vermeide das Interview, bei dem du im Hintergrund bleibst.

5. Vermeide unechte Fragen – sage lieber deine Meinung oder Vermutung.

6. Vermeide psychologische Interpretationen.

Was du wirklich erkennen kannst, sind deine eigenen Reaktionen. Teile sie dem anderen mit, wenn du es willst. Interpretationen sind bloß Vermutungen: Keiner kann in den anderen hineinsehen. Manche Interpretationen wirken wie ein „Einbrecher". Sie rufen nichts als Abwehr hervor.

7. Teile deine Reaktionen mit.

Wenn du etwas über das Benehmen oder die Charakteristik eines anderen Teilnehmers aussagst, dann sage auch, was es dir bedeutet oder ausmacht, daß er so ist, wie du ihn wahrnimmst. Das Wichtige an deiner Aussage ist das, was du über dich selbst sagst. Sache des anderen ist es, wie er mit dieser Reaktion umgeht, z. B. mit deiner Freude oder mit deiner Trauer, denn auch ihm kommt die Entscheidung zu, wie er sich verhalten will.

8. Achte auf Reaktionen aus der Körpersphäre.

Zusammenarbeit und Lernen sind nicht nur Sache des Kopfes: Der ganze Mensch ist beteiligt. Signale aus der Körpersphäre sind oft ein Anzeichen für den wirklichen Standort des einzelnen.

9. Seitengespräche haben Vorrang.

Seitengespräche sind meist wichtig, sonst würden sie nicht geschehen. Meist sind sie wichtiger als der offizielle Gruppenverlauf, zumindest für die Beteiligten. Eine „Veröffentlichung" des Seitengesprächs gibt die Chance, daß die Gruppe wieder zusammenkommt.

Hauptsächlich verlangen diese Regeln Offenheit, Echtheit und Anteilnahme an Interessen und Problemen anderer. Dies ist bereits ein **Lernzielkatalog,** denn die meisten Menschen haben diese sozialen Fähigkeiten eher verlernt als gelernt.

Durch das Postulat nach Balance von Thema, Wir und Ich hebt sich die TZI vom Modell der Selbsterfahrungsgruppe (sensitivity training) ab, bei dem der thematische Aspekt meistens zurücktritt und Soziales Lernen einer weitgehend unkontrollierten Dynamik der Gruppenkontakte überlassen bleibt.

Folgerungen für die Praxis

Bei jedem Lernziel, das eine erfolgreiche Kommunikation auch in Konfliktfällen mit einbezieht (Training von Ausbildern, Führungskräften etc.), sollten die Erkenntnisse der Themenzentrierten Interaktion angewandt werden, d. h., man sollte darauf achten und im Training vormachen,

– daß auch die individuellen Bedürfnisse und Wünsche und

– daß auch das Gruppenklima

Beachtung finden.

Inwieweit die einzelnen Regeln für die Themenzentrierte Interaktion (s. o.) Anwendung finden können, hängt sehr von den Adressaten ab. Bei sehr konservativen, älteren Führungskräften muß man hinsichtlich der Forderungen eher zurückhaltend vorgehen, um keinen zu großen Widerstand durch die ungewohnte Situation zu provozieren. In solchen Fällen ist es besonders notwendig, zuerst ein Verständnis für die Regeln und damit ihre Akzeptanz zu vermitteln.

Die Durchsetzbarkeit dieser Regeln ist auch wesentlich davon abhängig, inwieweit in dem Betrieb, dessen Mitarbeiter trainiert werden, Offenheit und Echtheit möglich sind. Der betriebliche Alltag läßt hier Widerstände entstehen, die alle zu hohen Erwartungen hinsichtlich der Durchsetzbarkeit dieser Regeln unrealistisch machen.

Folgerungen für sich selbst:

Die Regeln der TZI kann man auch auf sich selbst zur Anwendung bringen. Wenn man sich in einer Gruppe von Menschen nicht wohlfühlt, so kann die Ursache darin liegen, daß ein Aspekt (Ich, Wir oder Sache) eine für das eigene Empfinden zu geringe Rolle spielt. Ein Beispiel dafür kann eine Person sein, die sich zu sehr in den Vordergrund spielt. Wenn man sich dieser Tatsache einmal bewußt ist, so findet man oft auch einen Weg, diesen Mangel zu beseitigen, ohne die anderen Mitglieder der Gruppe vor den Kopf zu stoßen. Wenn einem das dann gelungen ist, empfinden auch die anderen oft das als Befreiung, ohne sich der Zusammenhänge bewußt zu sein.

7.4.4 Richtiges Feedback beim Sozialen Lernen

Beim Rollenspiel und bei der Theorie des Sozialen Lernens von Bandura wurde die Bedeutung der Rückmeldung über das eigene Verhalten deutlich. Viele Schwierigkeiten beim Sozialen Lernen lassen sich daraus erklären, daß es für den Lerner häufig sehr schwer ist, ein brauchbares Feedback über das eigene Verhalten zu erhalten.

Es gibt drei Möglichkeiten, einem Adressaten in einer Bildungsveranstaltung, z. B. einem Seminar, Feedback über sein eigenes Verhalten in der Gruppe zu geben:

- Der **Ausbildungsleiter,** Trainer, Referent etc. kann das gezeigte Verhalten kritisieren oder loben. Anerkennende Bemerkungen, positive Kommentare, aber auch lediglich Kopfnicken, Lächeln oder andere nonverbale Ausdrücke der Anerkennung wirken für den Adressaten als Belohnung. Mißfallensäußerungen, Stirnrunzeln usw. wirken dagegen als Bestrafung.

- Durch Techniken wie den **Videorecorder** oder das Tonband läßt sich das von dem Teilnehmer gezeigte Verhalten bzw. seine Rede objektiv aufzeichnen und anschließend wiedergeben. Auf diese Weise hat der Teilnehmer die Möglichkeit, sich selbst mit den Augen eines anderen zu betrachten.

- Als Trainer hat man die Möglichkeit, die **Gruppe** dazu anzuregen, dem einzelnen Feedback zu geben. (Dies geschieht vor allem in Selbsterfahrungsgruppen.)

Diese drei Arten der Rückmeldung zu sozialem Verhalten lassen sich auch kombiniert einsetzen. Es ist z. B. möglich, eine Videoaufzeichnung der Diskussion einer Kleingruppe durch den Referenten kommentieren zu lassen, während sie der Gruppe vorgeführt wird, und anschließend die Gruppe selbst über ihre Erfahrungen diskutieren zu lassen.

Bewußt oder unbewußt gibt man in sozialen Situationen immer Feedback zum Verhalten anderer. Als soziale Verstärker, d. h. Verstärker in sozialen Situationen, wirken vor allem Aufmerksamkeit, Zustimmung (ausgesprochen oder unausgesprochen), Einwilligung, Lächeln oder Lachen usw.

Jeder Mensch braucht eine bestimmte Menge an sozialer Zuwendung, damit er normales Verhalten entwickelt und aufrechterhalten kann. Die soziale Verstärkung (Zuwendung) nimmt daher im menschlichen Lernprozeß eine ganz zentrale Stelle ein. Ein Mangel an sozialer Verstärkung kann zu unangepaßtem Verhalten führen.

Unter anderem kann man folgende Verhaltensweisen als Folgen von mangelnder Zuwendung auffassen:

- Ein Teilnehmer zwingt durch auffälliges Verhalten die anderen Teilnehmer dazu, ihm Aufmerksamkeit zu schenken.

- Ein Teilnehmer zieht sich aus dem Kreis der anderen zurück. Er vermeidet den Kontakt zu den anderen, zeigt ein uninteressiertes oder apathisches Verhalten.

- Ein Teilnehmer zeigt Ausweichverhalten (Kompensation). Wenn es ihm z. B. nicht gelingt, in den Diskussionen während des Seminars die notwendige Anerkennung zu bekommen, versucht er, sie beim Biertrinken oder Kegeln etc. zu erreichen.

Im Laufe des Erwachsenwerdens werden materielle Verstärker (Schokolade, Spielzeug, Spielen dürfen) durch symbolische Verstärker ersetzt. An die Stelle der Schokolade tritt das Lob. Ein weiterer Schritt besteht nun darin, daß man lernt, bis zu einem gewissen Grade sich das Lob selbst zu geben. Hierin ist vor allem ein Ziel der Ausbildung zu sehen, durch die an Stelle der Fremdverstärkung letztlich die Selbstregulation tritt. Sie beruht darauf, daß die Anerkennung für bestimmte Verhaltensweisen internalisiert wird: Für den Lernenden ist es nicht mehr notwendig, daß ein anderer Verhaltensweisen ausdrücklich lobt. Der Lernende klopft sich quasi selbst auf die Schulter und sagt zu sich „Das hast du gut gemacht". Dabei ist entscheidend, daß die Verhaltensweise von der Person als zu ihrem Selbstbild gehörig empfunden wird. Die Formel „Das hast du gut gemacht" könnte man daher ersetzen durch den Satz „Ja, dieses Verhalten paßt zu dir, so wie du dich gerne siehst".

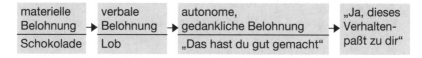

Abb. 25: Die Entwicklung der Verstärkung

Bisher war von Feedback-Prozessen die Rede, die sprachlicher oder nichtsprachlicher Natur waren, sich jedoch immer auf eine kurze bestätigende oder ablehnende Rückmeldung bezogen. In einer Ausbildungssituation ist es häufig notwendig, daß man über diese Form der Rückmeldung hinausgeht. Ein Lerner benötigt häufig nicht nur die Information, ob das gezeigte Verhalten beim Partner positiv oder negativ ankommt. Er benötigt häufig Information darüber, **warum** es ne-

196

gativ ankommt oder aufgrund welcher gedanklicher Prozesse oder Interpretationen ein an sich positiv gemeintes Verhalten zu negativen Konsequenzen führt. Hier ist vor allem der Ausbilder aufgefordert, **sprachliches, persönliches Feedback** zu geben. Es geht darum, daß man in einem persönlichen Gespräch Rückmeldung über das Verhalten gibt und dem Lerner Konsequenzen seines Verhaltens aufzeigt. Um ein solches sprachliches Feedback möglichst wirksam zu gestalten, sollte man sich an die folgenden Regeln halten (nach Schwäbisch/Siems, S. 68ff.):

- **Richtige Situation:**

  Geben Sie sprachliches Feedback in einer Situation, in der der andere es aufnehmen kann. Es sollte möglich sein, in Ruhe und konzentriert ohne enge zeitliche Begrenzung miteinander zu reden. Dabei sollte das Gespräch zeitlich möglichst nahe an dem Ereignis liegen, auf das sich das Gespräch bezieht. Darüber hinaus sollte der Adressat weder durch zu große Müdigkeit noch durch Alkoholkonsum oder andere Gründe in seiner Aufnahmefähigkeit eingeschränkt sein.

- **Konkretes Verhalten:**

  Das persönliche Feedback sollte so ausführlich und konkret wie möglich sein. Das Feedback sollte sich auf ein begrenztes, konkretes, veränderbares Verhalten beziehen. Es sollte niemals Persönlichkeitseigenschaften an sich umfassen. Darüber hinaus sollte der Feedback-Geber die Informationskapazität des Gegenübers mit berücksichtigen.

- **Feedback-Geber bezieht sich ein:**

  Man sollte sich selbst als Feedback-Geber immer mit einbeziehen. Man sollte die eigenen Wahrnehmungen als Wahrnehmungen, die Vermutungen als Vermutungen und die Gefühle als Gefühle mitteilen. Der Feedback-Geber sollte sein Gegenüber nicht analysieren, sondern ihm Information über sein Verhalten geben, die nicht als objektive Wahrheit hingestellt wird, sondern als subjektive Empfindung des Feedback-Gebers. Dabei ist es nützlich, möglichst keine Interpretationen und Deutungen des anderen Verhaltens anzustellen, sondern eher nach den Deutungen des Gegenübers zu fragen und sie von ihm aussprechen zu lassen.

- **Positives erwähnen:**

  Der Feedback-Geber sollte immer auch positive Gefühle und Wahrnehmungen ausdrücken. Er sollte dem Gegenüber zum Ausdruck bringen, daß man ihn als Person voll akzeptiert, daß man lediglich eng umgrenzte Verhaltensweisen negativ sieht, was jedoch mit der positiven Gesamtbeurteilung der Person nichts zu tun hat.

197

- **Umkehrbar:**

  Der Feedback-Geber sollte nicht von einer höheren Warte aus urteilen. Es sollte eine Gesprächssituation hergestellt werden, in der die Gesprächspartner gleichberechtigt sind, in der es keine Über- oder Unterordnung gibt. Dies läßt sich am besten dadurch überprüfen, indem man sich fragt, ob das Gespräch jederzeit umkehrbar ist, d. h., daß alles, was der Feedbackgeber sagt, auch der Feedbacknehmer dem Feedbackgeber sagen könnte, ohne daß das für diesen „merkwürdig", unangemessen klingt.

- **Bereitschaft des Partners:**

  Ein Feedback-Gespräch der Art, wie es hier besprochen wird, hat nur dann einen Sinn, wenn der Feedback-Nehmer zu einem solchen Gespräch bereit ist. Dazu ist es nicht notwendig, daß der Feedback-Nehmer diesen Wunsch ausdrücklich nennt. Es kommt hier auf das Fingerspitzengefühl des Feedback-Gebers an, um zu erkennen, wie weit er gehen kann, wie groß das Vertrauensverhältnis zwischen beiden Gesprächspartnern ist und wo der Punkt auftaucht, an dem ein weiteres Gespräch nicht sinnvoll ist, weil sich der Feedbacknehmer dagegen sträubt.

Soziales Lernen mit Feedback

In einem Lehrerausbildungsgang führten McDonald und Allen (1966) einen Versuch zur Verhaltensänderung durch Verstärkung durch. Sie wollten herausfinden, unter welchen Bedingungen Lehrer am ehesten eine belohnende Reaktion auf Antworten der Schüler lernen.

In vier verschiedenen Gruppen wurde je eine unterschiedliche Methode angewandt:

A) Die angehenden Lehrer sahen ihr Lehrverhalten auf Video und sollten es gleichzeitig in genereller Weise charakterisieren.

B) Die Teilnehmer sahen sich selbst auf Video und sollten ihr Verhalten dabei nach der Häufigkeit der Belohnung einstufen.

C) Zu den Videoaufnahmen wurde den Ausbildungsteilnehmern vom Versuchsleiter jedesmal positive Verstärkung gegeben, d. h., sie wurden gelobt, wenn sie im Film das gewünschte Verhalten zeigten.

D) Während des Videofilms lobte der Versuchsleiter das erwünschte Verhalten und machte zusätzlich darauf aufmerksam, wenn belohnende Antworten auf die Schüler fehlten bzw. hätten erfolgen müssen.

Es wurden in der normalen Klasse der angehenden Lehrer vier Lernversuche durchgeführt. Vom wichtigsten Teil jeder Unterrichtsstunde – wenn der Lehrer eine Diskussion leitete – wurden jedesmal zwanzig Minuten auf Video aufgenommen.

Die Gruppen C und D, die Verstärkung bekommen hatten, zeigten signifikant stärkere Verhaltensänderungen in Richtung auf das erwünschte Verhalten, also adäquate Belohnungsreaktionen auf das Schülerverhalten. Die Gruppe D war dabei der Gruppe C überlegen.

198

Es wurden auch Daten von der Häufigkeit der Schülerantworten erhoben. Es zeigte sich, daß in den Gruppen, in denen die stärkste Veränderung des Lehrerverhaltens stattgefunden hatte, auch die Schüler signifikant mehr Antworten gaben als in den übrigen Gruppen. Die Lehrer-Schüler-Interaktion wurde also durch das Verstärkungstraining intensiviert.

Bei allen Teilnehmeraktivitäten sollte der Ausbildungsleiter das gewünschte Verhalten durch Aussprechen von Anerkennung belohnen. Loben ist allerdings nicht immer ohne Probleme. (Das hat z. B. in einer Untersuchung eines großen Versicherungsunternehmens dazu geführt, daß auf die Frage nach den motivierenden Möglichkeiten eines Vorgesetzten das Lob von den Mitarbeitern an einen der letzten Plätze gerückt wurde):

- Einmal nämlich wird durch jedes Lob immer auch eine Beziehung ausgedrückt. Der Lobende stellt sich mit seinem Lob über den Gelobten. Je nach Form des Lobes wird dieser Beziehungsaspekt in den Vordergrund gestellt oder zurückgedrängt. Das Lob kann sogar als Mittel eingesetzt werden, mit dem man sich über den anderen zu stellen versucht. Um diesen Beziehungsaspekt innerhalb des Lobes zu vermeiden, ist es manchmal notwendig, das Lob indirekt auszudrücken. Durch eine indirekte Stellungnahme gegenüber der Leistung des anderen kann man unter Umständen eine Anerkennung aussprechen, ohne daß diese direkt als Lob (mit der entsprechenden Beziehungsproblematik) empfunden wird.

- Zum zweiten setzt das richtige Loben immer voraus, daß man die Kategorien kennt, nach denen der andere sich selbst wertet. Dazu ist es Voraussetzung, daß man bis zu einem gewissen Grade das Selbstbild des anderen abzuschätzen vermag. So kann z. B. die Eigenschaft fleißig für den einen eine Anerkennung bedeuten, aber vom anderen als herabwürdigend empfunden werden. Grundsätzlich läßt sich sagen, daß jedes anerkennende Unterstützen oder Bestätigen des Selbstbildes als großes Lob empfunden wird (s. auch Kap. 7.2).

- Eine weitere Schwierigkeit des Lobens besteht darin, daß der Gelobte das Lob als ehrlich empfinden muß. Jede Übertreibung führt z. B. dazu, daß man sich gegen das Lob wehrt, weil man riskiert, daß sich der Lobende über den Gelobten lustig macht, ihn verletzt. Aus dem Gesagten geht hervor, daß zwischen dem Lobenden und dem Gelobten bis zu einem gewissen Grade ein Vertrauensverhältnis bestehen muß. Nur dann ist der Gelobte bereit, sich soweit zu öffnen, daß er auf der einen Seite sein Selbstbild zu erkennen gibt, zum anderen bereit ist, das ausgesprochene Lob zu akzeptieren.

Folgerungen für die Praxis

Als Trainer kann man drei Formen von Feedback einsetzen:

- Man selbst gibt es,
- die Technik gibt es (Videorecorder, Tonbandgerät),
- die anderen Teilnehmer geben es.

Im allgemeinen werden im Training alle drei Möglichkeiten kombiniert.

Wenn man als Seminarleiter ein ausführliches persönliches Feedback gibt, so sollte man sich die sechs erwähnten Regeln vor Augen halten:

- richtige Situation
- konkretes Verhalten
- Feedback-Geber bezieht sich mit ein
- Positives erwähnen
- Gesprächssituation umkehrbar
- Bereitschaft des Partners.

Vor allem für das Soziale Lernen ist ein ausführliches, in der richtigen Form gegebenes Feedback unbedingt notwendig. Viele Adressaten haben im täglichen Leben niemanden, der ihnen ein solches Feedback gibt, zumindest gilt das für das berufliche, häufig auch für das private Leben. Der Ausbilder, der bei längeren Seminarveranstaltungen Bereitschaft dazu signalisiert, wird häufig um persönliches Feedback gebeten werden. Inwieweit man sich dabei zur Verfügung stellen soll, hängt von der Belastung und der Belastbarkeit des Ausbilders ab. Der Ausbilder, der alleine einen ganzen Tag trainiert hat, wird am Abend nicht mehr die Kraft haben, ein Feedback-Gespräch zu führen, in dem er sich vollständig auf die andere Person einstellt.

7.5 Schritte des Sozialen Lernens

Die komplexen Ursachen für Fehlverhalten im sozialen Bereich und die vielfachen, häufig unbewußten Grundlagen für ein solches Verhalten machen es notwendig, daß der Lernprozeß im sozialen Bereich in mehreren Schritten ablaufen muß. Diese Schritte sind zwar von Fall zu Fall neu zu prüfen, im allgemeinen lassen sie sich jedoch folgendermaßen beschreiben:

1. Sensibilisierung

Bevor Verhalten im sozialen Bereich verändert werden kann, muß bei dem Adressaten das zur Zeit vorhandene Verhalten als problematisch, nicht optimal erlebt werden. In der Praxis haben sich folgende Möglichkeiten bewährt:

- In einer Selbsterfahrungsgruppe bekommt der Adressat Feedback darüber, wie sein soziales Verhalten auf die anderen Mitmenschen wirkt. Diese Form des Feedbacks kann sehr eindringlich wirken, setzt jedoch eine relativ stabile Persönlichkeit voraus.

- Der Seminarleiter führt ein ausführliches, kritisches Feedback-Gespräch. Im Gegensatz zu der ersten Möglichkeit kann der Seminarleiter hier behutsamer vorgehen.

Diese beiden Möglichkeiten eignen sich vor allem dann, wenn das Fehlverhalten im sozialen Bereich einzelne Personen betrifft und auf unverarbeitete Gefühle und Erlebnisse zurückzuführen ist. Wenn das Fehlverhalten jedoch eine ganze Gruppe von Adressaten betrifft (z. B. Training eines neuen Verkaufsstils, Führungsstils etc.), so eignet sich zur Sensibilisierung eine dritte Möglichkeit:

- Man zeigt den Adressaten einen Film, in dem in einer pointierten, aber realistischen Form die Verhaltensfehler und ihre Auswirkungen deutlich gemacht werden. Man hält den Adressaten quasi einen Spiegel vor, ohne daß sich jedoch einzelne angegriffen fühlen, weil man ihre persönlichen Schwächen aufgedeckt hätte. Dabei ist besonders wichtig, daß die Adressaten den Film als eine realistische Darstellung ihrer Situation empfinden. Bei der Entwicklung solcher Filme muß daher in einem Testeinsatz mit den Adressaten geprüft werden, ob diese Bedingung gegeben ist. Wenn nicht, so läßt sich manchmal durch neues Schneiden des Filmes (Weglassen kritischer Situationen) die Akzeptanz erhöhen.

2. Akzeptieren von neuen Verhaltensformen

Neue Verhaltensformen müssen, bevor sie geübt, praktiziert werden, innerlich akzeptiert werden, d. h., die damit verbundenen Einstellungen müssen übernommen und die kognitiven Zusammenhänge müssen eingesehen worden sein. Hierzu eignet sich das Entdeckende Lehren, d. h., man gibt den Adressaten Gelegenheit, die neuen Verhaltensformen (oder die Begründung für die neuen Verhaltensformen) selbst zu entwickeln. Dies geschieht meist in Form einer Gruppenarbeit. Wenn die Teilnehmer die neuen Verhaltensformen selbst entwickelt haben, so stellt sich nicht mehr die Frage, ob sie sie auch innerlich akzeptieren.

Bei diesem Schritt des Sozialen Lernens spielt auch das Modellernen (Bandura) eine wichtige Rolle.

Das heißt, daß man das Idealverhalten in Form eines Filmes vorstellt, in der Hoffnung, daß die Teilnehmer dieses Verhalten „nachmachen". Problematisch ist dabei jedoch die Tatsache, daß man das Idealverhalten eines einzelnen Teilnehmers nicht kennt. Das erfolgversprechende, der Situation angemessene Verhalten sieht für jedes Individuum anders aus. Nicht jede erfolgreiche Führungskraft, nicht jeder erfolgreiche Verkäufer verhält sich gleich.

3. Sicherheit für das neue Verhalten

Das neue Verhalten muß von dem Adressaten in „ungefährlichen" Situationen erprobt werden können, und er muß dabei aus der Reaktion der Gruppe Sicherheit gewinnen. Je nach Lernziel geschieht das (wenn es sich um individuelles Fehlverhalten handelt) in einer Selbsterfahrungsgruppe oder (wenn es sich um ein berufsbezogenes Lernziel der Lerngruppe [s. o.] handelt) mit Hilfe eines Rollenspiels, am besten mit Videoaufzeichnung, in jedem Fall aber mit ausführlichem Feedback.

Wichtig ist in dieser Phase, daß beim Feedback das Lob, die Erfolgserlebnisse deutlich überwiegen. Kritik sollte in dieser Phase nur selten vorkommen, da zuviel Kritik zur Verunsicherung führen würde.

4. Übertragung auf Alltagssituation

Das neue Verhalten muß auf die alltägliche Situation übertragen und dort verfestigt werden. Auf diesen wichtigen Schritt muß sorgfältig hingeleitet werden, und die Übertragung auf die Alltagssituation muß sichergestellt, überprüft und verstärkt (belohnt) werden.

Dies geschieht bereits dadurch, daß man das Rollenspiel so praxisnah wie möglich gestaltet. Darüber hinaus sollte der Lernende aber auch in der sich dem Training anschließenden Praxissituation nicht allein gelassen werden. Das erreicht man z. B. durch sogenannte Paten. Das sind erfahrene, im Sinne der Lernziele vorbildliche Praktiker, die den Neuling betreuen und ihm in schwierigen Situationen zur Seite stehen. Eine andere Möglichkeit besteht in einem regelmäßig abgehaltenen Erfahrungsaustausch, in dem die in der Praxis aufgetretenen Probleme besprochen werden oder in dem sich die Adressaten einfach nur die Bestätigung holen, daß sie auf dem richtigen Weg sind.

7.6 Zusammenfassung: Regeln für die Praxis

Soziales Lernen findet vor allem in der Jugend statt. Das Verhalten in sozialen Situationen läßt sich aber durch geplante Lernprozesse auch beim Erwachsenen verändern.

Folgende Punkte sollten dabei beachtet werden:

1. Soziales Lernen hat immer Signallernen und Einstellungslernen zur Voraussetzung, d. h., die Veränderung der emotionalen Reaktion auf Signale und spezifische Einstellungen ist häufig Voraussetzung für Soziales Lernen.

2. Soziales Lernen beruht primär auf unbewußten, emotional gefärbten Prozessen und ist mit rein kognitiven Mitteln (Überzeugung) nicht zu erreichen. (Verhaltensänderung in sozialen Situationen ist von den betroffenen Personen, auch bei hoher Motivation, durch bewußte Steuerung allein nur in geringem Umfang und bei untergeordneten Problemen möglich.) Zum Sozialen Lernen gehört soziales Erleben.

3. Soziales Lernen kann durch nachahmendes Lernen vorbereitet werden (Modellernen, Identifikation, Wirkung des bewegten Bildes). Das Modell kann dabei entweder eine konkrete Person (Trainer, Kollege) oder eine im Film dargestellte Person sein.

4. Das neue Verhalten wird beim Sozialen Lernen am besten erst einmal im Rollenspiel erprobt.

5. Soziales Lernen kann durch Selbsterfahrung oder Bewußtmachen der Schwächen des eigenen Verhaltens im Film vorbereitet werden (Phase der Sensibilisierung).

6. Soziales Lernen läßt sich vor allem durch gesteuerte soziale Interaktionen vermitteln (Rollenspiel, Themenzentrierte Interaktion).

7. Soziales Lernen findet dauerhaft nur in einer sozialen Situation statt, die gewisse Ähnlichkeit mit der Situation hat, für die gelernt wird (Übertragung in die Alltagssituation).

8. Soziales Lernen ist nur durch Feedback möglich. Bei ausführlichem persönlichem Feedback muß eine Reihe von Regeln beachtet werden.

9. Neu erlerntes soziales Verhalten bleibt nur dann erhalten, wenn es in sozialen Situationen belohnt wird (Betreuung in der Alltagssituation wichtig).

7.7 Fallbeispiel zum Sozialen Lernen

Das folgende Fallbeispiel eignet sich besonders dazu, in einer Gruppe diskutiert und gelöst zu werden. Eine mögliche Lösung finden Sie im Anschluß an die Falldarstellung.

Fall Altmann

Herr Altmann ist Abteilungsleiter in einem Betrieb der Textilbranche. Es handelt sich um einen traditionsreichen Familienbetrieb mit einem guten Betriebsklima. Herr Altmann ist über 10 Jahre älter als seine Mitarbeiter. Obwohl er erst vor kurzem zu dieser Firma gekommen ist, schätzt man seine Erfahrung und achtet ihn.

Er ist ein hervorragender Fachmann, der auch seine Gruppe als Führungskraft innerhalb weniger Tage gut im Griff hat. Zu allen Spezialgebieten weiß er etwas zu sagen, und wenn einer seiner Mitarbeiter mit einem Vorschlag kommt, so weiß er sofort, warum dieser Vorschlag nicht realisierbar ist, da er ihn schon früher durchdacht oder erprobt hat. Die Gruppe respektiert seine Ansichten, zumal er solche Vorschläge immer gemeinsam mit seinen Mitarbeitern in Gruppensitzungen bespricht. Aus diesen Gruppensitzungen geht er aufgrund seiner hervorragenden Diskussionstechnik und seines Fachwissens immer als Sieger hervor.

Die anfänglich sehr produktive Gruppe läßt in ihrer Leistung deutlich nach. Man überläßt alles Herrn Altmann, da man sich ihm nicht gewachsen fühlt und Angst hat, sich vor seinen Kollegen zu blamieren, wenn man sich schon wieder von Herrn Altmann sagen lassen muß, daß man nicht alle Fakten berücksichtigt habe und daher der eigene Beitrag nicht akzeptiert werden könne.

1. Welche Ursachen könnten für das Verhalten von Herrn Altmann verantwortlich sein?
2. Was kann man tun, um das Verhalten von Herrn Altmann zu verändern und die Gruppe wieder produktiver zu machen?

Lösung des Fallbeispieles Altmann

Zur 1. Frage (Ursachen des Verhaltens von Herm Altmann):

Eine mögliche Ursache für das Verhalten von Herrn Altmann liegt in seiner Angst, daß er von der Gruppe nicht voll akzeptiert werden könnte. Vielleicht hat er (aufgrund von frühen Erfahrungen?) die Hoffnung aufgegeben, als Person akzeptiert zu werden. Er möchte daher wenigstens als Fachmann anerkannt sein und bemüht sich sehr darum, sich in diesem Bereich keine Blöße zu geben. (Man könnte vermuten, daß er als Kind von seiten der Eltern und Lehrer die Erfahrung gemacht hat, Anerkennung und Zuwendung ließen sich nur durch Leistung erreichen.)

Zur 2. Frage (dem Vorgehen):

Wir schlagen vor, nach den in Punkt 7.5 ausgeführten Schritten des Sozialen Lernens vorzugehen:

Schritt 1 (Sensibilisierung):

Dieser Schritt ist für Herrn Altmann besonders wichtig, da er sicher nur sehr schwer bereit ist, den Fehler bei sich zu sehen. Ein klärendes Gespräch, z. B. durch den Personalleiter oder Inhaber, scheidet daher unseres Erachtens aus. Herr Altmann würde jedem deutlich machen, daß der Rückgang der Leistung nicht an ihm liegen kann.

Wir schlagen daher vor, Herrn Altmann in ein gruppendynamisch orientiertes Führungstraining zu schicken mit dem Hinweis, daß dadurch seine Führungsfähigkeiten noch weiter gesteigert werden könnten. Dieses Training müßte so ausgesucht werden, daß die Fachkenntnisse von Herrn Altmann dort keine Rolle spielen und er in seinem Kommunikationsverhalten kritisches Feedback bekommt. Es ist dabei wichtig, daß dieses Training ohne seine Mitarbeiter stattfindet, damit er nicht vor seinen Leuten „das Gesicht verliert".

Schritt 2 (Akzeptieren neuer Verhaltensformen):

Auch dieser zweite Schritt könnte in dem oben vorgeschlagenen externen Training erfolgen. Ideal wäre es dabei, wenn die neuen Verhaltensformen in einer Kleingruppe dieses Seminars (unter Anleitung des Seminarleiters) selbst entwickelt würden.

Schritt 3 (Sicherheit für das neue Verhalten):

Der dritte Schritt sollte im Unternehmen zusammen mit den Mitarbeitern erfolgen. Thema für diese Veranstaltung könnte „Kommunikationsverhalten" sein, wobei das Seminar ein Ausbildungsfachmann gemeinsam mit Herrn Altmann (als Fachmann für die Gruppe) vorbereitet und durchführt. Es sollte aber sichergestellt sein, daß Herr Altmann an den Gruppenübungen mit seinen Mitarbeitern teilnimmt. In diesem Seminar müßte Herr Altmann Sicherheit hinsichtlich der Akzeptanz durch die Gruppe bekommen. Dann wäre es auch möglich, im Rahmen des Seminars eine Aussprache über die Bevormundung der Arbeitsgruppe durch Herrn Altmann zu führen. Er sollte erfahren, daß man ihn achtet, sich aber gebremst fühlt.

Während des Seminars könnte dann auch eine Maßnahme zum Schritt 4 vereinbart werden:

Schritt 4 (Übertragung auf Alltagssituation):

Man könnte vereinbaren, bei der nächsten routinemäßigen Arbeitssitzung besonders darauf zu achten, daß die im Seminar festgelegten Kommunikationsregeln eingehalten werden. Dazu bestimmt man entweder einen Mitarbeiter oder den Seminarleiter des Kommunikationsseminars.

7.8 Testaufgaben zu Kap. 7

Aufgabe 39 (Abschnitt 7.1, 7.2):

Soziales Lernen ist ein komplexer Vorgang, der nur schwierig zu vermitteln ist. Welche der folgenden Aussagen trifft auf das Soziale Lernen zu?

A) Soziales Lernen beruht primär auf unbewußten, emotionalen Prozessen und ist mit rein kognitiven Mitteln (Überzeugung) nicht zu vermitteln.

B) Soziales Lernen erfolgt wirksam nur in der Kindheit. Bei Erwachsenen ist es kaum möglich, wirksam neue soziale Verhaltensweisen zu vermitteln.

C) Soziales Verhalten setzt sich nur aus Reaktionen auf bestimmte Reize (Signale) zusammen, und daher steht das Lernen neuer Reaktionen auf bestimmte Signale beim Sozialen Lernen im Vordergrund.

D) Soziales Lernen beruht primär auf den Gesetzen der Selbsterhaltung und Arterhaltung. Man muß daher beim Sozialen Lernen lediglich die Vorteile des neuen Verhaltens deutlich machen.

E) Soziales Verhalten beim Menschen ist weitgehend angeboren. Der Spielraum, in dem neue soziale Verhaltensweisen gelernt werden können, ist sehr gering.

Aufgabe 40 (Abschnitt 7.1, 7.2):

Eine Führungskraft zeigt stark autoritäres Verhalten und beklagt sich dabei, daß seine Mitarbeiter unselbständig und zu keinen eigenen Entscheidungen fähig sind.

Durch welche Mechanismen bleibt das autoritäre Verhalten der Führungskraft erhalten?

A) Das Verhalten der Führungskraft führt zur Belohnung: Die Arbeit wird schnell erledigt, die Führungskraft fühlt sich unentbehrlich (wichtig).

B) Neues Verhalten der Führungskraft würde die Mitarbeiter verunsichern, die Arbeit würde zuerst schlechter erledigt werden.

C) Das Verhalten der Führungskraft beruht auf angeborenen Eigenschaften seines Temperaments: „Er kann nicht anders".

D) Die Mitarbeiter der Führungskraft sind auch längerfristig nicht in der Lage, selbständig zu arbeiten, sie brauchen einen autoritären Chef.

Lösungen s. S. 285

Aufgabe 41 (Abschnitt 7.2, 7.4):

Der sozialen Situation angepaßte Verhaltensweisen kann man letztlich nur in sozialen Situationen erlernen. Warum kommt es trotzdem
vor, daß das ideale Verhalten häufig nicht in den konkreten Alltagssituationen gelernt wird?

A) Offene Kritik gegenüber persönlichen Eigenarten im sozialen Verhalten, die eine Korrektur nicht optimalen Verhaltens ermöglichen
würde, trifft man nur sehr selten an.

B) Nicht optimales Verhalten wird zwar in sozialen Gruppen sofort
korrigiert, aber angeborene Instinkte verhindern, daß diese Hinweise genutzt werden.

C) Die (soziale) Angst, man könnte die mühsam errungene soziale
Stellung verlieren, hindert einen daran, neue Verhaltensweisen
auszuprobieren.

D) Viele Verhaltensweisen sind so eingeschliffen, daß sie nur sehr
schwer geändert werden können.

E) Das soziale Verhalten des Menschen ist weitgehend angeboren
und daher nur schwer und in geringem Maß zu korrigieren.

Aufgabe 42 (Abschnitt 7.4.1):

Das Modellernen ist eine wichtige Form des Sozialen Lernens. Welche Eigenschaften muß eine im Film gezeigte Person haben, um von
den Adressaten als Modell akzeptiert zu werden?

A) Die Person muß vertrautes Verhalten zeigen und den Adressaten
sympathisch sein.

B) Die Person sollte Verhalten oder Eigenschaften zeigen, die den
Adressaten fremd sind.

C) Die Person muß den Adressaten in Situationen gezeigt werden,
die man so ähnlich auch schon erlebt hat.

D) Das Verhalten der Person im Film muß zu positiven Konsequenzen führen.

E) Die Person muß rational begründen, warum sie das gewünschte
Verhalten zeigt.

Aufgabe 43 (Abschnitt 7.4.2):

Welche Bedingung muß erfüllt sein, damit das Rollenspiel bei den
Lernenden zum optimalen Lernerfolg führt?

A) Der Ausbildungsleiter sollte das Rollenspiel bei einem Fehler sofort unterbrechen.

B) Die Rollenspielteilnehmer sollten weitgehend improvisieren und in ihrer Rolle nicht festgelegt werden.

C) Die Teilnehmer am Rollenspiel sollten ausführliches Feedback bekommen.

D) Das Rollenspiel sollte keine Ähnlichkeit mit der Praxissituation haben.

Aufgabe 44 (Abschnitt 7.4.3):

Welche drei Elemente sollten nach R. Cohn (Themenzentrierte Interaktion) in einer Gruppe behandelt werden?

A) eine Sache (Thema)

B) ein Wir (Gruppe)

C) ein Er (Seminarleiter)

D) ein Ich (Einzelperson)

E) ein Warum (Interpretation fremden Verhaltens)

Aufgabe 45 (Abschnitt 7.4.4):

Persönliches Feedback ist für das Soziale Lernen sehr wichtig. Um das Feedback optimal zu gestalten, muß man einige Regeln beachten. Welche der aufgeführten Regeln gehört **nicht** dazu?

A) Der Feedback-Geber sollte Entschuldigungen des Partners (Feedback-Empfängers) deutlich zurückweisen.

B) Das Feedback sollte sich auf eine konkrete Situation beziehen.

C) Der Feedback-Geber sollte sich selbst mit einbeziehen.

D) Beim Feedback sollte auch Positives erwähnt werden.

E) Das Feedback sollte auf Wunsch des Partners erfolgen.

Aufgabe 46 (Abschnitt 7.4.4):

Zwei befreundete Arbeitskollegen (A und B) unterhalten sich in den Arbeitspausen und in der Freizeit viel miteinander. Obwohl A den B sehr gern mag, stört es ihn oft sehr, daß B so belehrend redet. Welches ist die günstigste Form für A, dieses Problem zur Sprache zu bringen?

A) „Auf mich wirkte deine Aussage gerade belehrend."

B) „Du bist heute aber wieder in einer Weise belehrend ..."

C) „Also auch ich kann Professor X zitieren, der nämlich ..."

D) „Ich finde, du redest immer so belehrend."

E) Am besten geht man auf das Problem im Gespräch gar nicht ein.

Aufgabe 47 (Abschnitt 7.4.4):

Zwei Techniker (A und B) arbeiten bereits seit mehreren Wochen in der gleichen Firma zusammen und treffen sich auch in der Freizeit häufig. Immer, wenn A eine Äußerung mit wirtschaftlichen Inhalten macht, reagiert B mit Redewendungen wie: „Das ist doch Blödsinn ...", „Aus meiner Erfahrung kann ich dir sagen ..." und ähnlich. Welche der im folgenden aufgezählten Reaktionen halten Sie für **ausgeschlossen?**

A) A wird das Thema nicht mehr anschneiden.

B) Das Selbstwertgefühl von A wird abnehmen.

C) A wird aggressiv werden und mit B einen Streit beginnen.

D) A wird versuchen, einen schwachen Punkt bei B zu entdecken, um es ihm „mit gleicher Münze heimzuzahlen".

E) A wird B in Zukunft in wirtschaftlichen Dingen um Rat fragen.

Aufgabe 48 (Abschnitt 7.5):

Wie bei jedem Lernen ist es auch beim Sozialen Lernen wichtig, daß die neu gelernten Verhaltensweisen auch dauerhaft auf die tägliche Praxis übertragen werden:

Welche der aufgezählten Vorgehensweisen ist dafür günstiger als die anderen?

A) Der Lernprozeß muß immer durch eine Selbsterfahrungsgruppe angeregt werden.

B) Beim Sozialen Lernen sollten die Vor- und Nachteile der neuen Verhaltensweisen dem Adressaten schriftlich dargeboten werden.

C) Das soziale Verhalten, das gelernt werden soll, durch Vorbilder (z. B. im Film) darstellen (Imitationslernen).

D) Der Seminarleiter, bei dem das neue Verhalten gelernt wurde, darf keine Praxiserfahrung haben.

E) Die sozialen Situationen, in denen gelernt wird, dürfen keine Ähnlichkeit mit den Situationen haben, für die gelernt wird.

	1 Einleitung: Wissen ist zuwenig	
	2 Affekte, Emotionen, Gefühle	
Stufe 1	**3** Definition affektiver Lernziele	Problembestimmung Problemformulierung
Stufe 2	**4** Techniken affektiven Lernens	Problemanalyse, Festlegen der Lernziele
Stufe 3	**5** Lerntechnik 1: Signallernen	Planung und Durchführung der Ausbildungs- bzw. der Fortbildungs- maßnahmen
	6 Lerntechnik 2: Einstellungs- lernen	
	7 Lerntechnik 3: Soziales Lernen	
	8 Praxisbeispiele: Versicherungsver- treter/Multimedia	
Stufe 4	**9** Die Messung affektiver Veränderung	Prüfung des Erfolgs der Maßnahmen
	10 Affektives Lernen und Manipulation	

8. Praxisbeispiele

Inhaltsangabe und Lesehinweise

In diesem Kapitel stellen wir größere Teile eines Lehrsystems dar, das zur Vermittlung affektiver Lernziele entwickelt wurde. Wir wählten ein Beispiel, von dem einzelne Bestandteile innerhalb dieses Buches schon mehrfach beschrieben wurden: ein Lehrsystem zur Einführung in den Beruf des Versicherungsvertreters.

Hier finden Sie noch einmal Anwendungsbeispiele für viele Regeln und Forderungen an den Lehrprozeß, die in den letzten drei Kapiteln dargestellt wurden.

Dieses Kapitel wurde vor allem für den Praktiker geschrieben. Es bringt keinerlei neue Gesichtspunkte und kann von dem Leser überschlagen werden, für den die bisher beschriebenen Beispiele ausreichend waren.

8.1 Allgemeine Hinweise zum Modellfall Versicherungsvertreter

Die im folgenden dargestellten Lehreinheiten stammen aus einem dreiwöchigen Einführungslehrgang für angehende Versicherungsvertreter.

In diesem Lehrgang wurden drei Themen behandelt:

- der Versicherungsverkauf (mit den meisten affektiven Lernzielen)
- die Unfallversicherung
- die Lebensversicherung.

Wir beschränken uns bei der Darstellung auf die Teile, die ausschließlich oder überwiegend affektive Lernziele zum Inhalt haben. In dem gesamten Lehrsystem ist diesen Teilen etwa ein Drittel der gesamten Ausbildungszeit vorbehalten.

Es handelt sich um ein teilobjektiviertes Lehrsystem im Medienverbund, d. h., alle objektivierten Medien liegen dem Trainer vor, einschließlich schriftlicher Übungsanweisung etc. Darüber hinaus steht ihm ein Trainerleitfaden zur Verfügung, in dem vorgegeben ist, wie der Referent vorgehen soll. In diesem Trainerleitfaden sind auch alle Referate, Lehrgespräche und Diskussionen soweit wie möglich vorformuliert.

Die Anwendung der Regeln und Hinweise zur Vermittlung affektiver Lernziele ist nicht nur in einem objektivierten oder teilobjektivierten Lehrsystem möglich. Sie lassen sich in jeder Seminarform anwenden, wobei jedoch die audio-visuellen Medien eine gewisse Sonderstellung einnehmen, was auch dieser Modellfall zeigen wird. Wir haben als Beispiel ein teilobjektiviertes Lehrsystem ausgewählt, da es von verschiedenen Trainern in ganz Deutschland in gleicher Form durchgeführt wurde (dies war ein wesentliches Argument für die Entwicklung eines teilobjektivierten Lehrsystems) und dadurch hinsichtlich der Lernergebnisse sehr gründlich untersucht werden konnte. Wir konnten daher die Wirksamkeit dieses Lehrsystems und damit die Brauchbarkeit der angewandten Regeln nachweisen.

8.2 Ergebnis der Adressatenanalyse und Lernziele

Wie bei der Entstehung eines jeden Lehrsystems war der Ausgangspunkt für die Entwicklung dieses Lehrgangs eine Lernziel- und Adressatenanalyse. Grundlage für die Auswahl der Stoffinhalte bildeten die bisher durchgeführten Lehrveranstaltungen, so daß man sich bei der Lernzielanalyse primär auf die motivationalen bzw. affektiven Voraussetzungen der Adressaten konzentrieren konnte. Affektive Lernziele wurden geplant und bewußt in den früheren Lehrveranstaltungen vor dem Einsatz des teilobjektivierten Lehrsystems nicht vermittelt.

Im wesentlichen wurden für das Lehrsystem folgende Lernziele aus dem (primär) affektiven Bereich aufgestellt. (Wir beschränken uns hier auf die Richt- und Grobziele. Ein Beispiel für die weitere Ausdifferenzierung in Feinziele wurde in Kap. 3 gegeben.):

1. Richtziele (auf der Leistungsebene):

- Der Verkaufserfolg (Abschlußerfolg) der Versicherungsvertreter im ersten Jahr soll x Bewertungspunkte betragen und damit höher liegen als vor Einsatz des Lehrsystems.

- Die Fluktuation der Versicherungsvertreter im ersten Jahr soll zurückgehen.

2. Richtziel des Teiles „Versicherungsverkauf" (auf der Verhaltensebene):

Der Teilnehmer besitzt die für einen dauerhaften Erfolg im Verkauf nötigen Grundeinstellungen, Bedürfnisse und Überzeugungen und handelt entsprechend.

(Die aus diesen Richtzielen abgeleiteten Groblernziele sind den folgenden Abschnitten zugeordnet.)

8.3 Die für die Vermittlung der affektiven Lernziele wesentlichen Teile des Lehrsystems

8.3.1 Einführung in das Lehrsystem

Vorbemerkung: Die Teilnehmer hatten – wie die Adressatenanalyse zeigte – eine skeptische Einstellung:

- zum Lernen (die Schulerfahrungen der meisten Teilnehmer waren nicht besonders positiv) und

- zum neuen Beruf (sie wählten diesen Beruf häufig, weil sie für sich keine andere Chance sahen, und nicht, weil sie eine positive Vorstellung von diesem Beruf hatten).

Daraus ergaben sich für die Einführung in das Lehrsystem die folgenden **Lernziele:**

- Die Teilnehmer sind überzeugt, daß der dreiwöchige Kurs (an dessen Anfang sie stehen) sie zu erfolgreichen Versicherungsverkäufern macht (Einstellungslernen).

- Die Teilnehmer sind neugierig auf den Kurs (Einstellungslernen).

- Die Teilnehmer fühlen sich bestätigt, daß sie mit der Berufswahl eine richtige Entscheidung getroffen haben (Einstellungslernen).

Seminarkonzept

Vor allem mit zwei Medien wurden diese Ziele erreicht

Vor dem Kurs bekamen die Teilnehmer eine in Frage und Antwort geschriebene Broschüre zugeschickt, in der ein „Vorgänger" den Aufbau des Kurses, die Unterschiede zu (negativen) Schulerfahrungen und die groben Ziele erläuterte.

> Lieber Kollege,
>
> ich erinnere mich noch ganz genau an meine gemischten Gefühle vor dem Grundkurs. Damals ist mir klar geworden, daß man mehr darüber wissen sollte, was einen erwartet. Deshalb bin ich froh, daß ich zu dieser Broschüre anregen konnte.
> Sie soll Ihnen helfen.
>
> Ein „Vorgänger"

Abb. 26: Seite 1 der erwähnten Broschüre. Vgl. These 2.1 zum Einstellungslernen.

Zu Kursbeginn wurde den Teilnehmern ein Film gezeigt, der gleichsam objektiv bewies, daß der Kurs

– interessant

– praxisnah

– erfolgreich sein würde.

Der Film wurde aus einzelnen Filmsequenzen der später gezeigten Trainingsfilme zusammengeschnitten und mit einem Kommentar versehen. Durch diesen Film wurde den Teilnehmern gesagt und mit Hilfe der Bilder des Filmes „bewiesen":

● daß sie keine Angst vor dem neuen Beruf zu haben brauchen, denn der Kurs bereitet sie auch auf die schwierigsten Praxissituationen vor;

● daß sie keine Angst vor dem Kurs zu haben brauchen, denn in ihm geht es nicht schulmeisterlich zu; durch die vielen Hilfen und die Form des Lehrens macht es vielmehr Spaß, und Mißerfolge (Angst, sich zu blamieren) kommen nicht vor;

● daß der Kurs erfolgreich macht (es wird ein Rollenspiel vor der Kamera im Vorher-Nachher-Vergleich gezeigt).

Zum Einsatz und zur Gestaltung des Filmes vergleiche die Thesen 3.2 und 4.1 (z. T. 4.3).

8.3.2 Der Beruf des „Versicherungsverkäufers"

Groblernziele:

– Der Teilnehmer besitzt eine positive, dem Verkaufsgespräch förderliche Einstellung zu seinem Beruf und zu seiner Arbeit (Einstellungslernen).

– Der Teilnehmer ist überzeugt, daß der Erfolg im Versicherungsverkauf nicht durch „angeborene Eigenschaften" programmiert ist, sondern nur durch Fleiß und Organisation erreicht werden kann (Einstellungslernen).

– Der Teilnehmer sieht in den richtigen Einstellungen

● zum Beruf des Versicherungsverkäufers

● zu sich selbst

● zum „Produkt" Versicherung

● zum Kunden

● zur Firma

● zur Arbeit

die wichtigsten Voraussetzungen zum Erfolg eines Versicherungsverkäufers (Einstellungslernen).

Seminarkonzept:

Nach einem kurzen einführenden Referat werden den Teilnehmern in einem Film (These 3.2, S. 139) zwei Versicherungsvertreter vorgestellt (These 4.2, S. 146). Beide Vertreter werden interviewt, wobei man die Szenen gespielt sieht, die die Vertreter beschreiben. Der erste Vertreter ist wenig erfolgreich. Er ist Pessimist und mit sich und seinem Beruf unzufrieden, wobei er allerdings keine Schuld bei sich sieht, sondern eine Reihe von äußeren Gründen anführt: „Es ist eben eine schlechte Zeit, die Leute haben kein Geld für Versicherungen." Der Film ist so aufgebaut, daß sich der Betrachter mit dem „Helden" identifiziert und die Bedrückung an sich selbst zu spüren glaubt, die der weniger erfolgreiche Vertreter ausstrahlt („Ich bin nicht umsonst magenkrank.").

Der zweite Vertreter ist erfolgreich. Man sieht, wie er mit Optimismus, Fleiß und viel Systematik an die Arbeit geht. Er verdient gut und hat sich ein Haus gebaut (These 4.3, S. 148). Dabei wird vermieden, daß er als Streber erscheint. Er ist zufrieden, und diese Zufriedenheit spürt der Zuschauer, der sich auch mit diesem Vertreter identifiziert.

Anschließend werden die beiden Fälle diskutiert; dabei kommen die Teilnehmer zu dem Ergebnis, daß sich beide vor allem durch ihre Einstellung zur Arbeit und zum Beruf unterscheiden (These 4.4, S.150).

In einem Selbsttest wird den Teilnehmern Gelegenheit gegeben, die eigenen Einstellungen festzustellen (These 4.7, S. 157) und den durch eigene Auswertung erreichten Punktwert mit dem durchschnittlichen Punktwert sehr erfolgreicher Versicherungsvertreter zu vergleichen.

Nach einer Diskussion, in der vor allem Fragen der Teilnehmer behandelt werden, wird in einer gelenkten Diskussion die Frage behandelt, wie man zu solchen Einstellungen kommt und ob man sie selbst beeinflussen kann. In einer anschließenden Gruppenarbeit finden die Teilnehmer selbständig Möglichkeiten, wie man eigene Einstellungen beeinflussen kann, um z. B. eine positive Einstellung zum eigenen Beruf zu bekommen (These 4.1, S. 142). Auch in anderen Teilen des Lehrsystems wird immer wieder die Verbindung zwischen Erfolg und positiver Einstellung zum Beruf und zur Arbeit hergestellt (These 6.2, S. 167).

8.3.3 Der Kunde

Groblernziele

- Der Teilnehmer sieht in dem Kunden einen interessanten Menschen, den es sich lohnt kennenzulernen (Einstellungslernen).

- Der Teilnehmer versucht, im Verkaufsgespräch die Bedürfnisse des Kunden zu erkennen und geht auf sie ein (Soziales Lernen).

- Der Teilnehmer hat Verständnis für ablehnende Kundenreaktionen (Einstellungslernen).

Seminarkonzept:

Nach einem einleitenden Referat wird den Teilnehmern in einer Ton-bildschau deutlich gemacht, wie wichtig eine positive Gesprächsat-mosphäre für ein Verkaufsgespräch ist (These 4.4, S. 150). An-schließend werden in Gruppen Regeln erarbeitet, mit denen man eine positive Gesprächsatmosphäre erreichen kann (These 4.1, S. 142).

In kleinen Filmspots sehen die Teilnehmer dann Ausschnitte aus Ver-kaufsgesprächen, in denen interessierte Kunden den Verkäufer in schwierige Situationen bringen, die der Verkäufer löst (Regeln zum Sozialen Lernen, Abschnitt 7.6 Punkt 3, S. 203). Die Reaktionen des Verkäufers im Film werden diskutiert, und die Teilnehmer versuchen, noch bessere Reaktionen zu entdecken (These 4.1, S. 142).

Anschließend werden einige weitere Filmspots gezeigt, in denen ein Verkaufsgespräch ganz gut läuft, plötzlich jedoch eine unerwartete negative Kundenreaktion auftritt. Die Teilnehmer haben die Aufgabe herauszufinden, warum es zu dieser ablehnenden Reaktion kam (The-se 4.1, S. 142). Ergebnis ist jedesmal, daß es nicht ein Fehler des Ver-käufers war und aus der Sicht des Kunden diese Negativ-Reaktion durchaus verständlich ist.

Auch in den übrigen Seminarteilen wurde darauf geachtet, daß die erfolgreichen (These 4.3,S. 148), positiven Verkäufer auf die Bedürf-nisse der Kunden eingehen.

8.3.4 Der Versicherungsverkauf

Groblernziele:

- Der Teilnehmer ist bereit, eine Systematik (roter Faden) im Ver-kaufsgespräch zu erwerben und anzuwenden (Einstellungslernen und Soziales Lernen).

- Der Teilnehmer ist von der Bedeutung der Fragen im Gespräch all-gemein und im Verkaufsgespräch besonders überzeugt und wen-det sie an (Einstellungslernen und Soziales Lernen).

- Der Teilnehmer wendet im Verkaufsgespräch die richtigen Frage-techniken an (Soziales Lernen).

- Der Teilnehmer sieht in der Vorbereitung und Planung der Besu-che die Voraussetzung für einen dauerhaften Erfolg beim Kunden (Einstellungslernen).

- Der Teilnehmer weckt durch richtiges Verhalten bei der Kontakt-aufnahme beim Kunden Interesse am Verkaufsgespräch (Soziales Lernen).

- Der Teilnehmer kennt die Möglichkeiten der Gesprächseröffnung am Tisch, akzeptiert sie und wendet sie im Verkaufsgespräch an (Einstellungslernen und Soziales Lernen).

- Der Teilnehmer ermittelt im Verkaufsgespräch die Daten, die für den Abschluß einer Versicherung wichtig sind (Soziales Lernen).

Seminarkonzept:

Bei den oben dargestellten Lernzielen handelt es sich mehrheitlich um Lernziele, die durch Soziales Lernen erreicht werden können. Es wurden daher im Seminar vor allem filmisch dargestellte Vorbilder (Modelle, s. a. Regeln zum Sozialen Lernen: 3, S. 203) gezeigt (das vollständige Verkaufsgespräch und einzelne Phasen) und das Verhalten in Rollenspielen geübt (Regeln zum Sozialen Lernen: 4, S. 203).

Die Rollenspiele wurden nach einigen „Blindversuchen" (um Mißerfolgserlebnisse zu vermeiden) mit der Videokamera aufgenommen und den Rollenspielern anschließend vorgeführt. Teilnehmer und Trainer gaben Feedback (Regeln zum Sozialen Lernen: 4, 7, 8). Sowohl in den erwähnten Filmen als auch bei den Rollenspielen wurde darauf geachtet, daß positive Gefühlsreaktionen (Erfolg) mit bestimmten Signalen wie z. B. dem für den Versicherungsvertreter typischen Aktenkoffer verknüpft wurden (Regeln zum Sozialen Lernen: 1, S. 203).

8.3.5 Die Situation an der Tür

Problemsituation:

Die Verkäufer hatten die Aufgabe, in der Anfangszeit ihres Einsatzes als Versicherungsverkäufer auch die sogenannte „Fremdakquisition" durchzuführen, d. h., sie sollten an fremden Haustüren klingeln und versuchen, dort Versicherungen zu verkaufen. Das Klingeln an einer fremden Haustür – so zeigte die vorweg durchgeführte Problemanalyse – stellt selbst für erfahrene Verkäufer eine „kritische" Situation dar. Sie haben Angst davor und vermeiden diese Aufgabe immer dann, wenn dies möglich ist. Daraus ergaben sich für das Lehrsystem die folgenden wichtigen Lernziele:

Groblernziele:

– Der Teilnehmer verbindet mit der Situation an der fremden Haustür Gefühle der positiven Erwartung (Signallernen).

– Der Teilnehmer verbindet mit dem Klingeln an der fremden Haustür keine Angst vor der aggressiven Reaktion des Kunden (Signallernen).

Seminarkonzept:

Es wurde eine Reihe von Filmspots gedreht, die jeweils eine Situation an einer Haustür zeigen. Es klingelt, ein Kunde macht die Tür auf, und nach einem unfreundlichen „Ja" oder „Bitte" und einer Pause schimpft er in die Kamera oder zeigt eine andere ablehnende Reaktion. Der Film ist aus der Perspektive eines Besuchers aufgenommen. Die Teilnehmer haben nun die Aufgabe, in den Bildschirm hineinzureagieren. Nach dem „Ja" oder „Bitte" des Kunden sagen sie ihre Vorstellungsformel, und auf die ablehnende Kundenreaktion bringen sie eine vorher gelernte passende Erwiderung.

218

Diese Übung wird als Wettbewerb unter den Teilnehmern aufgezogen. Jeder kommt vor den Bildschirm und muß zeigen, daß er diese „schwierige" Übung meistert. Im Erfolgsfall wird dann geklatscht und „Bravo" gerufen, wobei durch die Auswahl und Reihenfolge der Spots sichergestellt ist, daß es keine Versager gibt. Zuerst kommen einfache, bei denen man Zeit hat zu überlegen.

Auf diese Weise werden mit den Signalen an der Tür positive Gefühle (Erfolgserlebnis, Chance zur Bewährung, positive Erwartung) verknüpft (Regeln zum Signallernen: 1, S. 110).

8.4 Multimedia und die Vermittlung affektiver Lernziele

Die Werkzeuge, mit denen Aus- und Weiterbildung betrieben wird, wurden in den letzten Jahren um ein sehr wirksames Instrument ergänzt: Multimedia. Damit ist die Präsentation von Lernprogrammen mit Hilfe des Computers gemeint, die mit bewegtem Bild und Ton versehen sind. Multimedia ist damit ein besonders wirksames Instrument auch zur Vermittlung affektiver Lernziele, insbesondere zur Vermittlung neuer oder zur Veränderung vorhandener Einstellungen.

Durch den Einsatz von Ton und bewegtem Bild sowie durch die vielfältige Interaktivität und das differenzierte Feedback hat man ein Instrument zur Verfügung, das die Möglichkeiten und die Wirksamkeit der schriftlichen Medien bei weitem übersteigt. Allerdings sind bisher diese Medien in erster Linie zur Vermittlung kognitiver Lernziele – vor allem aus dem Bereich der Lerninhalte rund um den Computer – verwendet worden. Erst in jüngster Zeit sind Multimedia-Programme zur Verhaltensänderung, d. h. auch zur Vermittlung affektiver Lernziele, aufgetaucht.

Im folgenden soll untersucht werden, wie die einzelnen Regeln zur Vermittlung neuer Einstellungen in einem Multimedia-Programm umgesetzt werden können. Als Beispiel soll hier ein Programm dienen, das der Autor zusammen mit C. Scharwächter 1997 veröffentlicht hat. Das Programm hat den Titel „Der Persönliche Berater" und hat sich zum Ziel gesetzt, einen Beitrag zur Entwicklung der Persönlichkeit des Bearbeiters zu leisten, indem ihm die Einstellung vermittelt wird, er sei der „Gestalter" seines Lebens, nicht „Opfer" oder „Erdulder" der Umstände.

Grundsätzlich läßt sich Multimedia auf allen drei Ebenen des affektiven Lernens: beim Signallernen, beim Einstellungslernen und beim Sozialen Lernen einsetzen.

8.4.1 Multimedia beim Signallernen

Beim **Signallernen** wird innerhalb des Multimedia-Programms beim Auftauchen eines bestimmten Signals, zu dem eine emotionale Reaktion vermittelt werden soll (z. B. eines bestimmten Markenzeichens), dieses mit positiv besetzten Bildern oder Tönen verknüpft. Hier nimmt man Anleihen bei der Kino- und Fernsehwerbung, die nach den gleichen Prinzipien verfahren.

Nachdem in der betrieblichen Praxis – wie schon erwähnt – selten reines Signallernen für eine bestimmte Adressatengruppe definiert werden kann, wurden auch für das Multimedia-Programm „Der Persönliche Berater" keine solchen Lernziele identifiziert.

8.4.2 Multimedia beim Einstellungslernen

Das **Einstellungslernen** ist das Hauptfeld für Multimedia innerhalb der affektiven Lernziele. Es ist zu erwarten, daß fast alle hier beschriebenen Thesen, bei denen es um die Darstellung von Informationen geht, sehr wirksam in Multimedia-Programme umgesetzt werden können, auch wenn es dafür heute noch keine Beispiele gibt. Wir greifen hier zur Illustration der Möglichkeiten dieses neuen Mediums ein paar Thesen heraus und beschreiben die Umsetzung der daraus abgeleiteten Forderungen in dem Programm „Der Persönliche Berater".

Zu These 2.2:

Eine Information ist besonders wirksam, wenn ihr Urheber von den Adressaten als sympathisch erlebt wird.

Jeder Meinungsführer, dessen Ziel es ist, Einstellungen zu verändern, bemüht sich, bei seinen Adressaten sympathisch zu erscheinen. Die Menschen sind jedoch in ihren Vorlieben verschieden, und es gelingt daher in der Regel nicht, die Sympathie aller zu gewinnen.

Das Multimedia-Programm hat die Möglichkeit, dem Adressaten die Auswahl zu überlassen. Er kann sich bei entsprechender Gestaltung des Programms die Person aussuchen, von der er den Inhalt des Programms dargestellt bekommen möchte.

In dem Programm „Der Persönliche Berater" wurde von dieser Möglichkeit Gebrauch gemacht. Der Lernende kann sich „seinen" persönlichen Berater selbst aus vier Personen aussuchen. Um den Entwicklungsaufwand nicht zu groß werden zu lassen, handelt es sich allerdings nicht um den Sprecher, der den Adressaten durch das ganze Programm begleitet, sondern um einen „Kollegen", der im letzten Jahr nach einigen Problemen „die Kurve gekriegt hat". Er taucht in den verschiedenen Kapiteln des Programmes immer wieder auf und teilt dem Bearbeiter seine persönlichen Erfahrungen mit.

Beispiel aus „Der Persönliche Berater":

Abb. 27: Der Persönliche Berater: Der Lernende sucht sich seinen persönlichen Berater, der ihn während der Bearbeitung des Programms begleitet. Zur Wahl stehen vier Personen, die nach einigen persönlichen oder beruflichen Schwierigkeiten erkannt haben, daß sie selbst ihr Leben in die Hand nehmen müssen.

Zu These 3.2:

– Adressaten übernehmen Einstellungen der von Medien wie Film und Fernsehen dargestellten Personen, wenn sie sich mit diesen Personen identifizieren.

Für die Beeinflussung von Einstellungen ist es also wichtig, mit welchen Personen sich der Betrachter identifiziert. In Filmen wird diese Entscheidung vor allem dadurch beeinflußt, daß man die Personen, mit denen sich der Adressat identifizieren soll, sympathisch und den erwarteten Zuschauern ähnlich darstellt.

In Multimedia-Programmen hat man noch eine andere Möglichkeit, die offensichtlich besonders wirksam ist, wenn das auch bisher noch nicht wissenschaftlich untersucht wurde:

Unsere Erwartung ist es, daß sich der Adressat vor allem mit den Personen identifiziert, deren Aktion er steuern, auf deren Verhalten er Einfluß nehmen kann. Dazu wird der Film so aufgebaut, daß der

222

Adressat an bestimmten, „kritischen" Situationen gefragt wird, wie er an Stelle des „Helden" jetzt reagieren würde. Es werden ihm einige Reaktionsmöglichkeiten vorgegeben, und wenn er sich für eine der Möglichkeiten entschieden hat, zeigt der Film genau dieses Verhalten des „Helden" und die sich daraus ergebenden Konsequenzen in seiner Umgebung.

Man hat damit gleichzeitig die Möglichkeit, den Adressaten die Folgen seines Handelns erleben zu lassen. Damit ist eine weitere These betroffen, die durch Multimedia-Programme in idealer Weise genutzt werden kann:

Zu These 4.1:

Informationen zur Änderung von Einstellungen sollten so dargestellt werden, daß die Schlußfolgerungen für die eigenen Wertvorstellungen von den Adressaten selbst gezogen (entdeckt) werden.

Dieses „Selbst-Entdecken" setzt Entscheidungen und Aktivitäten der Adressaten voraus, die in einem Multimedia-Programm in einer sehr vielfältigen Weise realisiert werden können. Man kann in einem solchen Programm dem „Lernenden" den Eindruck vermitteln, er sei an der Entwicklung der Gedankenkette selbst beteiligt. Man fragt ihn dazu an allen entscheidenden Stellen nach seiner Meinung und geht auf diese Meinung ein, so wie das bereits in der Programmierten Unterweisung (s. S. 330ff, vor allem S. 357ff bzw. S. 375ff) dargestellt ist. Das Programm vermittelt Verständnis für die Entscheidung bzw. für seine Meinung, woraus sich ein „sokratischer Dialog" mit dem Programm ergeben kann, der niemals konfrontativ ist und doch den Lernenden führt.

Noch wirksamer ist es jedoch, wenn es einem gelingt, dem Adressaten die Konsequenzen seiner Entscheidungen durch ein „erlebtes" Feedback vor Augen zu führen. Damit wird gleichsam eine Verhaltens-Simulation praktiziert.

Simulationen von technischen Zusammenhängen sind eine sehr wirksame Form des Lernens mit dem Computer. Er „rechnet" für den Lernenden aus, welche Konsequenzen zum Beispiel eine Entscheidung in einem Unternehmensplanspiel hat oder wie ein Apparat reagiert, wenn man bestimmte Bedingungen oder Parameter verändert.

Eine sehr ähnlich gebaute Simulation kann dem Adressaten aufzeigen, welche Konsequenzen sein Verhalten in einer bestimmten Situation haben kann. Auf diese Weise kann in idealer Form „entdeckendes Lernen" praktiziert werden, das vor allem bei der Entwicklung neuer oder Veränderung vorhandener Einstellungen eine bedeutende Rolle spielt. (Diese Möglichkeit spielt auch beim Sozialen Lernen eine wichtige Rolle: s. unten.) Man kann dadurch bis zu einem gewissen Grad das Lernen auf Grund konkreter Erfahrungen (s. S. 126) simulieren, was sonst in einer so sehr geplanten und gesteuerten Form kaum möglich ist.

Beispiel aus „Der Persönliche Berater":

Abb. 28: Der Lernende „gestaltet" den Tag von Herrn Keßler:
Herr Keßler hat Probleme mit seiner Partnerin: Sie sagt zwar, daß sie keine Probleme habe, ihre Mimik macht aber deutlich, daß das Gegenteil richtig ist.

Abb. 29: Wie würden Sie an Stelle von Herrn Keßler reagieren?
Die entsprechende Fortsetzung des Filmes, die Sie durch die Auswahl Ihrer Antwort bestimmen, zeigt Ihnen, welche Ergebnisse Sie damit erzielen.

224

Auf diese Weise können auch sehr wirksam die Vorteile dargestellt werden, die die Übernahme der neuen Einstellung für den Adressaten hat (siehe These 4.3). Der Lernende „erlebt", welche positiven Konsequenzen bestimmte Einstellungen und das daraus entstehende Verhalten haben können.

Beispiel:

Abb. 30: Herr Keßler überreicht seiner Partnerin eine Rose.

Zu These 4.2:

Eine zweiseitige Darstellung der Information ist wirkungsvoller als eine einseitige.

Bei der Vermittlung neuer Einstellungen ist es also hilfreich, die „Gegenmeinung" bzw. kritische Bemerkungen in die Argumentation mit einzubeziehen, wobei es für den Lernenden hilfreich ist, wenn diese als „Gegenmeinung" gekennzeichnet sind (s. S. 147).

In dem Antiraucher-Programm wurde bereits das Stilmittel vorgestellt, diese Gegenmeinung einem „schwarzen Männchen" in den Mund zu legen (s. S. 293ff). Eine ähnliche Form der Gestaltung wurde in dem Multimedia-Programm „Der Persönliche Berater" verwendet: Die kritischen Gedanken, die dem Bearbeiter gegenüber der Argumentation in dem Programm in den Sinn kommen könnten, werden einer Eule in den Mund gelegt. Dadurch hat man die Möglichkeit, auf sie einzugehen.

Beispiel aus „Der Persönliche Berater":

Abb. 31: „Eine 180-Grad-Wendung ist doch wohl übertrieben":
Die Eule als „Advocatus Diaboli".

Zu These 4.7:

Die Information zur Einstellungsänderung (oder Bildung neuer Einstellungen) muß so dargestellt werden, daß sich der Adressat persönlich davon angesprochen fühlt.

Durch die Eingabe des eigenen Namens kann der Adressat in einem
Multimedia-Programm mit diesem Namen angeredet werden. Diese
Möglichkeit haben viele Programme bereits genutzt, wobei noch
nicht untersucht wurde, wie diese Ansprache auf den Adressaten
wirkt. Gibt es einen wesentlichen Unterschied, ob eine Person oder
ein Computer mich mit meinem Namen anredet? Bei der Entwicklung
des „Persönlichen Beraters" haben wir bewußt auf diese Möglichkeit
verzichtet.

Persönlich angesprochen fühlt man sich auch dann, wenn die han-
delnden Personen in dem Programm den Adressaten direkt ansprechen und ihn um Rat fragen. In dem betreffenden Multimedia-Programm erlebt man zwei Frauen, die miteinander in Streit geraten. In
die Diskussion mit einem Kollegen, wie sie auf die Kollegin reagieren
sollte, wird auch der Beschauer mit einbezogen: Er wird gefragt, wie
er denn reagieren würde. Auch hier erscheinen Alternativen, und das
Feedback auf die Auswahl der Reaktion erfolgt aus der Gesprächssituation mit dem Kollegen heraus.

226

Beispiel aus „Der Persönliche Berater":

Abb. 32:
„Wie würden Sie denn in meiner Lage reagieren?"
Der Lernende wird um Rat gefragt.

Abb. 33:
Dem Lernenden werden ein paar Möglichkeiten zur Wahl gestellt.

Persönlich angesprochen fühlt man sich immer auch dann, wenn man Persönlichkeitstests beantwortet und im Feedback auf die Ergebnisse eingegangen wird bzw. einem Ratschläge vermittelt werden, wie man seine Einstellungen durch Übungen verändern kann, wenn man auf Grund der Testergebnisse das Bedürfnis dazu entwickelt hat.

In einem Multimedia-Programm zur Persönlichkeitsentwicklung sollten auf keinen Fall solche Tests fehlen, da sie durch den Computer besonders leicht ausgewertet werden können und da die Konfrontation und die Auseinandersetzung mit dem Selbstbild ein wesentliches Element der Persönlichkeitsentwicklung darstellt.

In dem Programm „Der Persönliche Berater" sind zwei Tests enthalten, und der Adressat erhält auf die Ergebnisse jeweils ein differenziertes Feedback.

Beispiel aus „Der Persönliche Berater":

Zwei Tests mit Beispielen von Feedback.

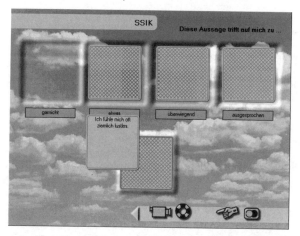

Abb. 34: Ein Persönlichkeitstest in Form von Spielkarten:
Der Lernende legt die einzelnen Aussagen auf die passenden Stapel.

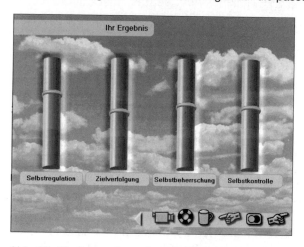

Abb. 35: Die Auswertung des Persönlichkeitstests:
Die Ringe zeigen an, ob man sich im „grünen" oder im „roten" Bereich befindet.

8.4.3 Multimedia beim Sozialen Lernen

Das **Soziale Lernen** ist – wie bereits ausführlich beschrieben – ein Feld für konkretes soziales Verhalten. So wie man Schwimmen letztlich nur im Wasser lernen kann, so kann man Lernziele aus dem Bereich des Sozialen Lernens nur in sozialen Situationen lernen.

So wie es aber möglich ist, durch „Trockenübungen" das Schwimmen-Lernen im Wasser vorzubereiten, so kann man das Soziale Lernen durch Multimedia-Programme unterstützen:

Zum einen gibt es häufig bestimmte Einstellungen, die man als Voraussetzung für das Erlangen bestimmter Lernziele aus dem Bereich des Sozialen Lernens ansehen kann. Diese Lernziele lassen sich, wie oben gezeigt, (u. U. durch die Verknüpfung mit sozialen Situationen) in Multimedia-Programmen sehr wirkungsvoll vermitteln.

Darüber hinaus kann man aber auch Soziales Lernen direkt mit dem neuen Medium simulieren: Man zeigt soziale Situationen und läßt den Lernenden an bestimmten, kritischen Situationen auswählen, wie er in dieser Situation (z. B. in der Rolle eines Konferenzleiters oder eines Verkäufers) reagiert hätte. Im Programm sieht er dann die von ihm ausgewählte Reaktion und kann „erleben", wie die anderen beteiligten Personen auf das Verhalten reagieren. Es handelt sich hier um ein „soziales Feedback", ein simuliertes Feedback aus der Gruppe. Hierbei wird im wesentlichen der kognitive Anteil innerhalb des sozialen Verhaltens trainiert, der auch beim Sozialen Lernen eine wichtige Rolle spielt. Dies gilt vor allem dann, wenn ein Kommentarsprecher die Gründe für die Reaktion der Gruppe erläutert. Diese Erklärung ruft der Lernende bei Bedarf auf. Wenn die filmische Darstellung gut gelungen ist und der Lernende sich auch emotional in die Situation begibt, so spielen sicher auch eine Reihe von Gefühlsreaktionen eine wesentliche Rolle: sowohl bei der Auswahl des Verhaltens als auch bei dem Feedback. Der affektive Lernzielbereich bleibt also nicht ausgeklammert.

Neben dem richtigen Reagieren in kritischen Situationen kann man auch die Identifikation dieser kritischen Situationen im Multimedia-Programm üben: Man zeigt dem Lernenden eine soziale Situation, z. B. den Verlauf einer Konferenz, und fordert ihn auf, immer dann den Film zu stoppen, wenn er als Konferenzleiter eingreifen würde.

Auch in dem Programm „Der Persönliche Berater" wurden Ansätze zum Sozialen Lernen einbezogen: Der Bearbeiter lernt, eine Konfliktsituation zu entschärfen, indem er aufgefordert wird, auf verbale Angriffe richtig zu reagieren oder (in einer zweiten Stufe) die Begründung zu finden, warum die im Programm dargestellte Erwiderung nicht den gewünschten Erfolg hat. Auch hier geht es um eine Mischung aus affektivem und kognitivem Lernen.

Die Vermittlung affektiver Lernziele durch Multimedia-Programme steckt noch in den Kinderschuhen. Es ist zu erwarten, daß in den nächsten Jahren eine Reihe von weiteren didaktischen Möglichkeiten entdeckt werden, hier wirksam vorzugehen. Sicher kann auch eine Weiterentwicklung der Technik (z. B. identifizierbare Spracheingabe) dazu beitragen, allerdings haben die Didaktiker die heute schon vorhandenen Möglichkeiten noch bei weitem nicht voll genutzt.

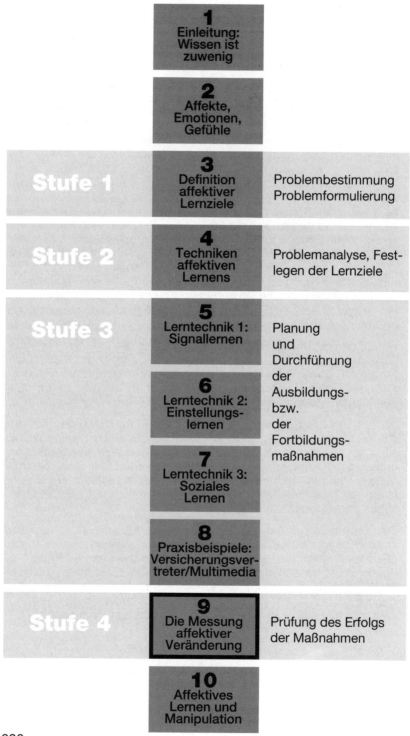

	1 Einleitung: Wissen ist zuwenig	
	2 Affekte, Emotionen, Gefühle	
Stufe 1	**3** Definition affektiver Lernziele	Problembestimmung Problemformulierung
Stufe 2	**4** Techniken affektiven Lernens	Problemanalyse, Fest- legen der Lernziele
Stufe 3	**5** Lerntechnik 1: Signallernen	Planung und Durchführung der Ausbildungs- bzw. der Fortbildungs- maßnahmen
	6 Lerntechnik 2: Einstellungs- lernen	
	7 Lerntechnik 3: Soziales Lernen	
	8 Praxisbeispiele: Versicherungsver- treter/Multimedia	
Stufe 4	**9** Die Messung affektiver Veränderung	Prüfung des Erfolgs der Maßnahmen
	10 Affektives Lernen und Manipulation	

9. Die Messung affektiver Veränderungen

Inhaltsangabe und Lesehinweise

Im ersten Abschnitt (9.1) werden einige allgemeine Probleme der Messung von Trainingserfolg – die nicht nur für affektive Lernziele zutreffen – vorgestellt. Daher werden drei Ebenen des Trainingserfolgs unterschieden:

- Ebene 1: unmittelbarer Lernerfolg
- Ebene 2: Verhalten
- Ebene 3: Leistung.

Diese Unterscheidung ist von großer praktischer Bedeutung und für das Verständnis der weiteren Ausführungen wichtig, so daß dieses Kapitel nicht überschlagen werden sollte.

Im zweiten Abschnitt (9.2) wird dann auf die besonderen Probleme der Lernerfolgskontrolle bei affektiven Lernzielen eingegangen und dieses Ergebnis jeweils den oben vorgestellten drei Ebenen zugeordnet. Auch hier handelt es sich um Ausführungen, die für eine richtige Interpretation von Lernerfolgskontroll-Ergebnissen im affektiven Bereich unerläßlich, also auch für den Praktiker von großer Bedeutung sind. Im dritten Abschnitt (9.3) werden dann sechs Methoden zur Messung affektiver Lernprozesse vorgestellt:

- Das Interview (9.3.1),
- der Fragebogen (9.3.2),
- das semantische Differential (9.3.3),
- das Stimmungsbarometer (9.3.4),
- projektive Verfahren (9.3.5) und
- die Verhaltensbeobachtung (9.3.6).

Für den Praktiker, der sich erstmals mit der Erfolgskontrolle im affektiven Bereich befaßt, wird die Methode des Fragebogens (9.3.2) im Mittelpunkt stehen. Er kann sich auf diese Methode beschränken. Er findet zwei Beispiele für Fragebogen und eine konkrete Checkliste, mit Hilfe derer er selbst Fragebogen entwickeln kann. Darüber hinaus wird ihn u. U. das Stimmungsbarometer (9.3.4) interessieren. Wie die meisten Kapitel schließt auch dieses mit einem – diesmal recht umfangreichen – Test ab, mit dem Sie sich selbst prüfen können.

9.1 Einige grundsätzliche Überlegungen zur Erfolgskontrolle von Trainingsmaßnahmen

Der Aufwand, der für die berufliche Weiterbildung in der Bundesrepublik Deutschland betrieben wird, hat sich seit 1980 mehr als vervierfacht. Wie aus dem Handbuch „Seminare '98" hervorgeht, gab die private Wirtschaft 1996 bereits 34 Milliarden DM für die Qualifizierung ihrer Mitarbeiter aus.

Bei Investitionen dieser Größenordnung ist es naheliegend, daß man die Qualität der Maßnahmen bzw. ihren Erfolg ermitteln möchte.

Hier scheiden sich nun die Geister bzw. die Meinungen der Fachleute für berufliche Weiterbildung.

Die einen vertreten vehement die Auffassung, daß sich der Erfolg von Trainingsmaßnahmen nicht in Zahlen fassen läßt, und sie verweisen dabei mit Vorliebe auf Seminare, in denen affektive Lernziele im Mittelpunkt stehen und z. B. Managern ein besserer Führungsstil vermittelt werden soll.

Andere Fachleute gehen von der Notwendigkeit einer Erfolgskontrolle aus, da es nicht angehen kann, daß Unternehmen mehrstellige Millionenbeträge investieren, ohne eine Kontrolle darüber zu haben, ob damit überhaupt etwas Positives für das Unternehmen erreicht werden kann.

Beide Auffassungen lassen sich mit einer großen Zahl von Argumenten untermauern. Wie so häufig, haben beide Parteien recht. Es kommt darauf an,

1. welchen Einzelfall man jeweils vor Augen hat und

2. was man unter dem Erfolg einer Weiterbildungs- bzw. Trainingsmaßnahme versteht.

9.1.1 Sinnvolle Erfolgskontrolle setzt umfangreichere Maßnahmen voraus

Sicher ist es nach wissenschaftlichen Maßstäben schwierig, wenn nicht unmöglich, den Erfolg eines einzelnen dreitägigen Seminars zu erfassen, wenn bei diesem Seminar z. B. zwölf Teilnehmern ein verändertes Führungsverhalten vermittelt werden soll. Die Zahl der beeinflußten Personen ist zu gering, und der Einfluß anderer, außerhalb des Trainings liegender Größen in der Praxis ist zu groß, als daß man den Einfluß der Trainingsmaßnahme davon isolieren könnte.
Und selbst wenn man es könnte, so wäre der Aufwand, der damit verbunden ist, im Vergleich zur Trainingsmaßnahme zu groß. Andererseits wurden in den letzten Jahren in Industrie und Wirtschaft immer häufiger Schulungs- bzw. Fortbildungsmaßnahmen durchgeführt, denen bis ins Detail ausgearbeitete Anweisungen für den Trainer (Trainerhandbuch) und im großen Umfang vorgefertigte Medien (Fil-

me, Broschüren etc.) zugrunde liegen. Diese Maßnahmen lassen sich multiplizieren und an mehreren Orten zur gleichen Zeit durchführen. Dadurch ist es möglich, eine große Zahl von Adressaten (häufig mehrere hundert oder gar tausend Personen) zu trainieren, wobei der Erfolg von der zufälligen Tagesform des Referenten weitgehend unabhängig ist.

Die Tatsache, daß eine solche Maßnahme sehr aufwendig ist und über einen großen Zeitraum von mehreren Jahren in der gleichen Form bei sehr vielen Adressaten durchgeführt wird, legt es nahe, sie einer Erfolgskontrolle zu unterziehen. Zum einen ist das statistisch gesehen bei einer großen Zahl von Trainierten leichter und mit einer größeren Genauigkeit durchführbar, zum anderen wirkt sich jede Verbesserung, die sich aus einer solchen Erfolgskontrolle ergibt, auf sehr viele Personen aus.

9.1.2 Die drei Ebenen des Trainingserfolgs

Spricht jemand vom Erfolg eines Seminars bzw. einer Trainingsmaßnahme, so kann damit, je nach Herkunft und Interesse des Betreffenden, Verschiedenes gemeint sein:

- Ein Teilnehmer wird sein Ergebnis bei Wissenstests oder anderen Erfolgskontrollen während oder unmittelbar nach dem Seminar im Auge haben, besonders dann, wenn er die Gelegenheit hat, diese Ergebnisse mit solchen vor dem Seminar zu vergleichen und er einen großen „Lernzuwachs" feststellen kann. (Häufig haben auch Trainer diesen Aspekt des Lernerfolgs vor Augen, wenn sie vom Erfolg einer Trainingsmaßnahme sprechen.)

- Die meisten Trainer werden in der Regel die Verhaltensänderung der Trainierten im Auge haben, wenn sie vom Erfolg der Trainingsmaßnahme sprechen. Sie werden den Erfolg an den Lernzielen messen, die der Maßnahme zugrunde lagen, und die Lernziele werden in der Regel in Verhaltensbegriffen definiert.

- Ein Vorstandsmitglied eines Unternehmens wird die finanziell meßbaren Auswirkungen des Trainings im Auge haben, z. B. den Umsatzzuwachs oder den Rückgang der Fluktuation einer bestimmten Mitarbeitergruppe nach dem Training. Es können allerdings auch andere Unternehmensziele gemeint sein, z. B. die Verbesserung des Images von bestimmten Produkten nach einem Training der Verkaufsmannschaft.

Der Erfolg von Trainingsmaßnahmen läßt sich also grundsätzlich auf drei Ebenen feststellen.*

---

* Diese Unterscheidung wurde vom Autor erstmals in einem Beitrag in dem Buch von Will, Winteler, Krapp: „Evaluation in der beruflichen Aus- und Weiterbildung", S. 89ff., vorgestellt.

Ebene 1: Der unmittelbare Lernerfolg, den man mit Hilfe verschiedener Tests (z. B. Wissens-, Behaltenstests, Einstellungsfragebogen u. a.) während oder einige Wochen nach dem Seminar feststellt;

Ebene 2: die Verhaltensänderung, die man durch Beobachtung der Teilnehmer am Arbeitsplatz festlegen kann;

Ebene 3: eine Veränderung der Leistung, für die die Adressaten der Trainingsveranstaltung verantwortlich oder mitverantwortlich sind. Eine solche Veränderung in der Leistung kann z. B. in einer Umsatzsteigerung (beim Training von Verkäufern), einer Senkung der Fluktuation (beim Training von Führungskräften) oder anderem bestehen.

Letzte Zielsetzung einer Trainingsmaßnahme ist im allgemeinen eine Veränderung auf der Leistungsebene (Ebene 3). Die Führungsspitze eines Unternehmens bewilligt die Investitionen, die mit der Entwicklung und Durchführung von Aus- und Fortbildungsveranstaltungen verbunden sind, in der Hoffnung, daß sich durch Einsparungen (z. B. durch Fluktuationsrückgang) oder höheren Deckungsbeitrag (z. B. durch Umsatzsteigerung) diese Investitionen in möglichst kurzer Zeit amortisieren.

Diese angestrebte Leistung ist u. a. von dem Verhalten der Mitarbeiter (Ebene 2) abhängig. Bei der Formulierung von Lernzielen geht man von einem solchen Zusammenhang aus; daher sollten die Lernziele auch in Verhaltensbegriffen definiert werden. Z. B. rechnet man mit einer Umsatzausweitung, wenn Verkäufer eines Kaufhauses auf die Wünsche der Kunden eingehen, diese Wünsche erfragen und die Kunden entsprechend beraten. Damit ist ein bestimmtes Verhalten ins Auge gefaßt, das in einem entsprechenden Lernzielkatalog präzisiert wird.

Bei der Präzisierung der Lernziele kommt man sehr bald in einen Bereich, der nicht mehr direkt das Verhalten in der Verkaufssituation, sondern das Verhalten in einer Testsituation beschreibt. Dadurch wird es möglich, den Lernerfolg mit Tests zu erfassen. Unter „Test" wird hier eine Sammlung von Aufgaben oder Fragen verstanden, die geeignet sind, eine Aussage über die Fähigkeiten oder Einstellungen der Adressaten zu machen, d. h., die ihrerseits wenigstens an einem kleinen Personenkreis evaluiert sind (vgl. auch Herbig, 1976).

Eine gute Beratung von Kunden setzt z. B. voraus, daß der Verkäufer ausreichendes Produktwissen besitzt; er muß etwa die Vorteile eines bestimmten Fotoapparates kennen. Ob der Verkäufer dieses Wissen besitzt, kann man mit einem Test prüfen. Der Verkäufer wird aber selbst bei entsprechendem Wissen nur dann den Kunden im gewünschten Umfang beraten, wenn er eine positive Einstellung zum Kunden hat. Er darf in dem Kunden keinen „Störfaktor" sehen, sondern sollte das Bedürfnis haben, den Kunden so zu beraten, daß dieser gerne wiederkommt.

Auch die positive Einstellung läßt sich mit Tests „messen". Ob positive Testergebnisse allerdings tatsächlich zu der gewünschten Veränderung im konkreten Verkaufsverhalten führen, ist nicht selbstverständlich und muß deshalb überprüft werden.

In der Analysephase geht man also folgendermaßen vor: Aus der angestrebten Leistung leitet man ein gewünschtes Verhalten ab, aus dem sich wiederum ein testbarer Lernerfolg herleiten läßt.

Trotzdem reicht es nicht aus, den Lernerfolg mit Hilfe von Tests zu bestimmen. Es zeigt sich nämlich häufig, daß trotz guter Ergebnisse im Test (Ebene 1) sich die gewünschte Leistung (Ebene 3), z. B. die Umsatzsteigerung, nicht einstellt.

Die Ursache dafür kann in einem **Bruch zwischen Ebene 1 und Ebene 2** liegen, d. h., daß trotz guter Testergebnisse sich das Verhalten der Adressaten in der konkreten Praxissituation nicht geändert hat. Es kann aber auch ein **Bruch zwischen Ebene 2 und Ebene 3** vorliegen, d. h., daß sich zwar das Verhalten der Adressaten geändert hat, dieses veränderte Verhalten aber nicht zu der gewünschten Leistung führte.

Um Fehlinterpretationen bei Erfolgskontrollen und beim Evaluieren auszuschließen, muß man die Ursachen genauer betrachten, die für die unterschiedlichen Ergebnisse in den einzelnen Ebenen verantwortlich sein können.

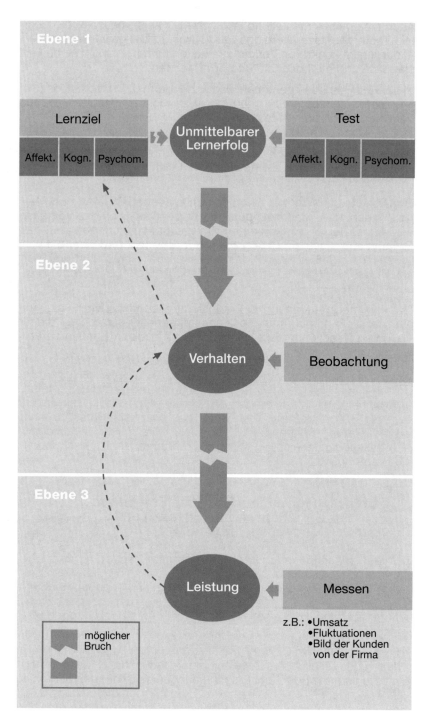

Abb. 36: Drei Ebenen der Lernerfolgskontrolle

236

9.1.3 Ursachen für unterschiedliche Ergebnisse zwischen der Testebene (Ebene 1) und der Verhaltensebene (Ebene 2)

Zwei Gruppen von Ursachen können dafür verantwortlich sein, daß trotz guter Testergebnisse keine Verhaltensänderung beobachtet wird:

– Zum einen können Umfeldeinflüsse verhindern, daß die in den Aus- und Fortbildungsmaßnahmen vermittelten Kenntnisse und Einstellungen in der Praxis zur Wirkung kommen. Der Verkäufer im Kaufhaus kann z. B. so sehr überlastet sein, daß er keine Zeit für eine eingehende Beratung der Kunden hat. Zu den Umfeldeinflüssen gehört auch der Vorgesetzte, der z. B. von der Bedeutung der Beratung von Kunden nicht überzeugt ist und daher bei den Verkäufern eine Verhaltensänderung verhindert.

– Eine weitere Ursache für eine mangelnde Verhaltensänderung trotz guter Testergebnisse kann darin liegen, daß bei der Formulierung der Teillernziele Fehler gemacht wurden und daher auch kein Zusammenhang zwischen Testergebnis und Verhaltensänderung besteht (zur Analyse von Lernzielen vgl. die sehr praxisorientierten und amüsant geschriebenen Bücher von Mager 1972, 1973).

Bezogen auf unser Beispiel könnte es z. B. sein, daß keine affektiven Teillernziele (vgl. Krathwohl/Bloom/Masia 1975) formuliert wurden und daher auch kein Einstellungstest zur Feststellung des Lernerfolgs auf der affektiven Ebene eingesetzt wurde. Wenn jedoch nur nachgewiesen wurde, daß der Teilnehmer das Wissen hat, das für eine Kundenberatung notwendig ist, er aber keine innere Bereitschaft dafür besitzt, so ist leicht verständlich, warum in der Praxissituation kein Beratungsgespräch beobachtet werden kann.

9.1.4 Ursachen für unterschiedliche Ergebnisse auf der Verhaltensebene (Ebene 2) und der Leistungsebene (Ebene 3)

Auch der Zusammenhang zwischen Verhaltensänderung und Leistung ist nicht zwingend. Nicht selten kommt es vor, daß die angestrebte Verhaltensänderung erreicht wird und auch beobachtbar ist, sich aber trotzdem die erwartete Umsatzsteigerung oder der Fluktuationsrückgang nicht einstellt. Auch hier gibt es zwei Gruppen von Ursachen:

– Zum einen hängen Umsatz und Fluktuation nicht nur von dem Verhalten des Mitarbeiters ab. Konjunkturelle Einflüsse, Maßnahmen der Konkurrenz oder aber Entscheidungen des Unternehmens wie Werbe- oder PR-Maßnahmen, Preis- oder Produktgestaltung u. a. beeinflussen wesentlich den Umsatz. In unserem Beispiel kann etwa die angestrebte Kundenberatung deshalb nicht zur Umsatzsteigerung führen, da die angebotenen Produkte zu teuer sind.

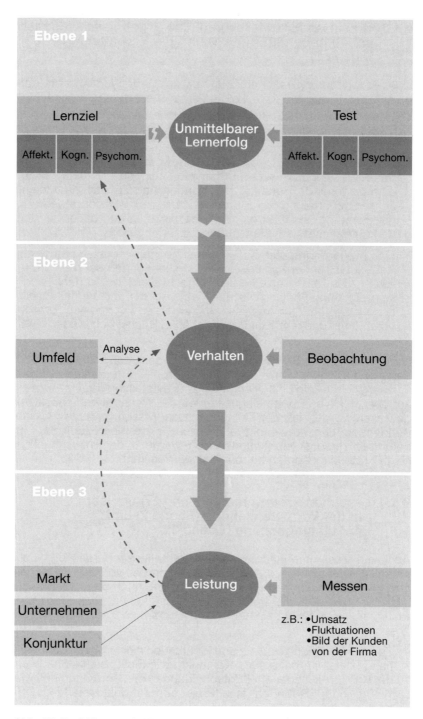

Abb. 37: Drei Ebenen der Lernerfolgskontrolle und externe Faktoren

Um den Erfolg einer Lehrmaßnahme festzustellen, muß man also alle drei angesprochenen Ebenen beachten:

- Man muß den Lernerfolg mit Hilfe von Tests ermitteln;

- man muß das Verhalten der Teilnehmer in der Praxis beobachten und

- man muß eine Leistungsveränderung feststellen.

Wenn man darüber hinaus sicherstellt, daß sich das Umfeld der Teilnehmer und die Außenfaktoren, die die Leistung beeinflussen, gegenüber der Vergleichsmessung nicht verändert haben, dann kann man sicher sein, daß die eingesetzten Aus- und Fortbildungsmaßnahmen Ursachen des gewünschten Erfolgs sind.

9.2 Lernerfolgskontrolle bei affektiven Lernzielen

Der Nachweis, daß in Trainingsmaßnahmen die Vermittlung affektiver Lernziele wirksam gelungen ist, läßt sich grundsätzlich auf allen drei Ebenen der Lernerfolgskontrolle führen. Wir beginnen mit der Ebene 3, der Leistungsebene, auf die sich letztlich alle Trainingsbemühungen richten.

9.2.1 Erfolgskontrolle affektiver Lernziele auf der Leistungsebene (Ebene 3)

Ein direkter Zusammenhang zwischen der Vermittlung affektiver Lernziele und einer Verbesserung der Leistung läßt sich nur sehr selten nachweisen. In der Regel hängen Umsatzzuwachs, weniger Ausschuß etc. neben externen Faktoren nicht nur von der erfolgreichen Vermittlung affektiver Lernziele ab, sondern auch vom Lernerfolg im kognitiven (u. U. auch im psychomotorischen) Bereich.

In vielen Fällen spielt jedoch der affektive Bereich eine herausragende Rolle. Wenn z. B. durch ein Führungskräftetraining die Fluktuationsrate gesenkt wurde, so kann man damit rechnen, daß eine optimale, positive Einstellung zum Mitarbeiter dabei eine entscheidende Rolle gespielt hat. Erfahrungsgemäß spielt für das Bild, das die Kunden von den Verkäufern haben, das „kundenorientierte Verhalten", d. h. die Bereitschaft, auf den Kunden einzugehen, ihm zuzuhören, sich auf seine Bedürfnisse einzustellen, ein Vertrauensverhältnis zu ihm aufzubauen usw. (= affektive Lernziele), eine größere Rolle als die Fähigkeit des Verkäufers, auf alle Fragen dem Kunden richtig antworten zu können (= kognitive Lernziele).

Oder wenn aufgrund einer Verkaufsschulung das Image der Verkäufer beim Kunden verbessert wurde, so wird auch eine solche Veränderung eher auf das Erreichen affektiver Lernziele als auf die Vermittlung kognitiver Lernziele zurückzuführen sein.

Entscheidend bei dem Nachweis der Bedeutung der Vermittlung affektiver Lernziele ist in solchen Fällen, daß es gelingt, den Einfluß externer Faktoren (wie z. B. Werbemaßnahmen, Aktionen der Konkurrenz, konjunkturelle Veränderungen usw.) auszuschließen. Das gelingt in der Regel nur durch Bildung von **Kontrollgruppen.** Dabei werden die für das Training vorgesehenen Adressaten in zwei zufällig ausgewählte, in ihrer Zusammensetzung ähnliche Gruppen geteilt. Beide Gruppen sollten in gleichem Maße externen Beeinflussungsfaktoren ausgesetzt sein. Die eine Gruppe wurde trainiert, während die andere Gruppe erst ein halbes oder ein Jahr später für das Training vorgesehen ist. Zeigen sich nun positive Veränderungen nur bei

240

der Gruppe, die trainiert wurde, so kann man mit sehr großer Sicherheit davon ausgehen, daß die Veränderungen auf das Training zurückzuführen sind.

Die Bildung von Kontrollgruppen stößt in der Praxis oft auf Schwierigkeiten. Unternehmen, die große Summen in die Entwicklung einer Trainingsmaßnahme investiert haben und von der Wirksamkeit des Trainings überzeugt sind, verzögern verständlicherweise nicht gerne die Schulung bestimmter Mitarbeiter, nur um für die Erfolgskontrolle eine Kontrollgruppe zu haben. Eine Chance zur Bildung von Kontrollgruppen gibt es vor allem dann, wenn aus organisatorischen Gründen sowieso nicht alle Adressaten in kurzer Zeit trainiert werden können. Man muß dann nur darauf achten, daß die Adressaten, die später trainiert werden, hinsichtlich des Einflusses von Außenfaktoren der Gruppe entsprechen, die zuerst in die Trainingsmaßnahme einbezogen wurde. Im allgemeinen müssen dabei Faktoren wie Stadt-/Landgebiet, Dauer der Zugehörigkeit zur Firma, Größe der Organisationseinheit u. a. berücksichtigt werden.

9.2.2 Erfolgskontrolle affektiver Lernziele auf der Verhaltensebene (Ebene 2)

Der Erfolg von Trainingsmaßnahmen mit primär affektiven Lernzielen bzw. die Vermittlung affektiver Lernziele in komplexen Lehrsystemen, in denen auch kognitive Lernziele vermittelt werden, läßt sich auf der Verhaltensebene relativ unmittelbar erfassen. Voraussetzung ist eine direkte Beobachtung des Verhaltens der trainierten Personen.

Diese Verhaltensbeobachtung sollte nur von dafür geschulten Fachleuten durchgeführt werden, die jedoch nicht direkt an der Entwicklung der Trainingsmaßnahmen beteiligt waren, um eine (ungewollte) Beeinflussung der Beobachtungsergebnisse zu vermeiden. Um eine Vergleichbarkeit der Ergebnisse verschiedener Beobachter zu gewährleisten, ist es notwendig, die Ergebnisse zu quantifizieren. Dazu haben sich Beobachtungsbogen bewährt, die die einzelnen erwarteten Verhaltensweisen vorgeben und bei denen der Beobachter nur noch die Häufigkeit dieser Verhaltensweisen pro Zeiteinheit eintragen muß.

Ein Beispiel für einen solchen Beobachtungsbogen stellt das Analyseschema von Bales dar, mit dem man soziales Verhalten z. B. in Gruppendiskussionen oder in Konferenzen klassifizieren kann.

Ein solches Analyseschema erleichtert die Beobachtung und erhöht ihre Genauigkeit. Die Anwendung muß jedoch vorher trainiert werden, und die Beobachter müssen gemeinsam eingewiesen werden, um eine Vergleichbarkeit der Ergebnisse mehrerer Beobachter zu gewährleisten.

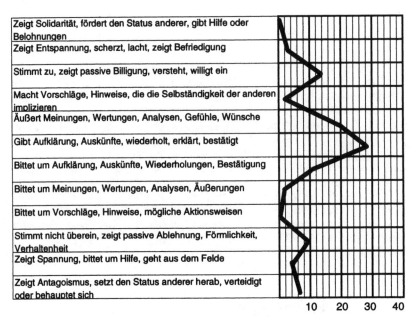

Zeigt Solidarität, fördert den Status anderer, gibt Hilfe oder Belohnungen				
Zeigt Entspannung, scherzt, lacht, zeigt Befriedigung				
Stimmt zu, zeigt passive Billigung, versteht, willigt ein				
Macht Vorschläge, Hinweise, die die Selbständigkeit der anderen implizieren				
Äußert Meinungen, Wertungen, Analysen, Gefühle, Wünsche				
Gibt Aufklärung, Auskünfte, wiederholt, erklärt, bestätigt				
Bittet um Aufklärung, Auskünfte, Wiederholungen, Bestätigung				
Bittet um Meinungen, Wertungen, Analysen, Äußerungen				
Bittet um Vorschläge, Hinweise, mögliche Aktionsweisen				
Stimmt nicht überein, zeigt passive Ablehnung, Förmlichkeit, Verhaltenheit				
Zeigt Spannung, bittet um Hilfe, geht aus dem Felde				
Zeigt Antagoismus, setzt den Status anderer herab, verteidigt oder behauptet sich				
	10	20	30	40

Abb. 38: BALES-Analyseschema

Eine Voraussetzung für gültige Beobachtungsergebnisse ist, die Verhaltensbeobachtung verdeckt durchzuführen, damit den Adressaten nicht bewußt ist, daß sie beobachtet werden, um die Verfälschung der Ergebnisse zu verhindern.

Bei Verkäufern erreicht man die versteckte Beobachtung entweder durch Einwegspiegel, Videokameras oder andere Vorrichtungen, die sowieso für die Hausdetektive z. B. in vielen Warenhäusern installiert sind, oder durch „Testkäufer". Das sind Personen, die nur zum Schein als Kunden auftreten und die Aufgabe haben, das Verhalten des Verkäufers zu testen und zu beobachten. Diese zweite Möglichkeit hat den Vorteil, daß die beobachteten Situationen bis zu einem gewissen Grade standardisiert werden können (die „Testkäufer" verhalten sich bei verschiedenen Verkäufern immer gleich) und so die Ergebnisse verschiedener Beobachter besser miteinander verglichen werden können.

Wichtig ist zu beachten, daß in der Regel in der Bundesrepublik Deutschland der Betriebsrat beim Einsatz solcher Beobachtungsmethoden mit einbezogen werden muß. Er muß häufig seine Zustimmung geben, womit man nur dann rechnen kann, wenn sichergestellt ist, daß es bei dieser versteckten Beobachtung nicht um die Beurteilung des Mitarbeiters, sondern um die Qualifizierung des Lehrsystems geht und wenn der Betriebsrat von Anfang an gefragt und einbezogen wird. Weniger problematisch ist in der Regel die Beobachtung von Führungskräften, z. B. bei Konferenzen oder Betriebsbesprechungen. Zum einen stellt sich die Problematik der Einbezie-

242

hung des Betriebsrates hier nicht (zumindest soweit es sich um leitende Angestellte handelt), zum anderen ist die Dynamik solcher Besprechungen in der Regel so groß, daß die Teilnehmer die Anwesenheit eines Beobachters nach einer gewissen Zeit „vergessen". Zumindest kann der Beobachter relativ leicht erkennen, wann das Verhalten durch seine Anwesenheit beeinflußt ist, und dies dann bei der Auswertung mit berücksichtigen.

Neben externen Fachkräften eignen sich bis zu einem gewissen Grade auch die Vorgesetzten der Trainierten oder andere Mitarbeiter, die regelmäßig mit den Adressaten Kontakt haben, als Beobachter. Auch diese Personen müssen vorher in die Aufgabe eingewiesen werden.

Der Aufwand, der mit der Verhaltensbeobachtung verbunden ist, ist so groß, daß – wenn überhaupt – diese Methode nur in Form von Stichproben eingesetzt wird. Andererseits gibt die Verhaltensbeobachtung u. U. Hinweise auf nicht oder nicht ausreichend vermittelte bzw. noch nicht formulierte Lernziele, die durch keine andere Methode gewonnen werden. Für eine mögliche Überarbeitung der Trainingsmaßnahmen hat die Verhaltensbeobachtung daher eine ganz besondere Bedeutung. (Die Verhaltensbeobachtung wird daher in der Regel in der Analysephase zu Beginn der Entwicklung eines Lehrsystems eingesetzt.)

9.2.3 Erfolgskontrolle affektiver Lernziele auf der Ebene des unmittelbaren Lernerfolgs (Ebene 1)

Ebenso wie sich das Erreichen kognitiver Lernziele während oder kurz nach dem Training mit Tests erfassen läßt, kann man auch die erfolgreiche Vermittlung affektiver Lernziele mit speziellen Testverfahren ermitteln. Sie haben den Vorteil, unmittelbar auf die Lernziele ausgerichtet zu sein und somit für jedes affektive Einzellernziel Informationen über die Zielerreichung zu liefern. Im Vergleich zu kognitiven Tests gibt es bei der Erfassung des Lernerfolges im affektiven Bereich durch Tests wesentliche Besonderheiten, die hier hinzugefügt wurden:

● **Die Gültigkeit der Testergebnisse ist nicht immer gewährleistet.**

Grundsätzlich ist es möglich, den Lernerfolg im affektiven Bereich mit Tests zu bestimmen. Dabei wird jedoch vorausgesetzt, daß ein positives Testergebnis gleichbedeutend ist mit dem Erreichen des Lernzieles, z. B. mit einer Verhaltensänderung.

Der Einsatz von Tests zur Lernerfolgskontrolle ist dann gerechtfertigt, wenn tatsächlich ein solcher Zusammenhang zwischen Testergebnis und Verhaltensänderung in den konkreten beruflichen Situationen (oder einem positiven Ergebnis, wie Umsatz) besteht.

Im kognitiven Bereich stellt sich diese Frage nicht in dem Ausmaß. Wenn z. B. ein Teilnehmer an einer Trainingsveranstaltung eine Testfrage nach der Funktionsweise eines Gerätes richtig beantwortet, so kann er eine entsprechende Frage eines Kunden sicher auch beantworten.

Im affektiven Bereich ist dieser Zusammenhang eher in Frage zu stellen. Die Testmethoden (sie werden im nächsten Abschnitt einzeln beschrieben) prüfen die gewünschte affektive (emotionale) Reaktion auf einen bestimmten Reiz nicht direkt, da der Reiz im Test immer eine andere emotionale Qualität hat als in der Praxissituation. Die emotionale Reaktion kann letztlich nur über eine verbale Äußerung erschlossen werden, die immer auch vom kognitiven Bereich mehr oder weniger mitbeeinflußt ist. Es ist also keineswegs sicher, daß z. B. ein Manager, der in einem Fragebogen eine positive Einstellung zur kooperativen Führung zeigt, in der konkreten Praxissituation tatsächlich kooperativ führt.

Die Gültigkeit der Testverfahren zur Messung affektiver Reaktionen muß daher immer in der Praxis erprobt werden. Eine Möglichkeit dabei ist, die Adressatengruppe, für die man ein Training entwickelt hat (z. B. Verkäufer, Führungskräfte oder auch Jugendliche, die eine positive Einstellung zum Nichtrauchen erwerben sollen), in zwei Gruppen einzuteilen. Die eine Gruppe besteht aus Adressaten, von denen man weiß, daß sie die gewünschte affektive Reaktion (z. B. die gewünschte Einstellung) besitzen. Häufig sind das

– bei den Verkäufern solche, die einem Erfolgsclub angehören oder die von ihren Vorgesetzten besonders gut beurteilt werden,

– oder im Fall der Führungskräfte solche, die eine besonders gute Beurteilung sowohl von den Vorgesetzten als auch von den Mitarbeitern erfahren,

– oder im Fall der Jugendlichen solche, die auch dann nicht rauchen, wenn um sie herum alle anderen Jugendlichen rauchen.

Die andere Gruppe besteht aus Adressaten, die entsprechend negativ beurteilt werden oder die ein Verhalten zeigen, das dem gewünschten Verhalten entgegensteht:

– Verkäufer, über die viele Beschwerden von Kunden vorliegen und die von den Vorgesetzten schlecht beurteilt werden;

– Führungskräfte, die „verschrien sind", die sowohl von Mitarbeiter- als auch von Vorgesetztenseite eine schlechte Beurteilung erfahren;

– Jugendliche, die nicht nur viel rauchen, sondern das Rauchen auch heftig verteidigen, wenn sie darauf angesprochen werden.

Die vorgesehenen Testverfahren werden dann diesen Extremgruppen vorgelegt, und es werden die Items eines Fragebogens bzw. – allgemein ausgedrückt – die emotionalen Reize ausgesondert, die keine oder keine ausreichend großen Unterschiede zwischen den beiden Gruppen liefern. Auf diese Weise erhält man Testverfahren, die mit großer Wahrscheinlichkeit tatsächlich eine Aussage über das Verhalten der Adressaten in der Praxis erlauben.

- **Es gibt beim affektiven Lernen kein „Nullwissen".**

Die soeben dargestellten Ergebnisse einer Lernerfolgskontrolle im affektiven Bereich zeigen noch eine weitere Besonderheit: Jede Lernerfolgsmessung ist der Versuch, eine Änderung zu erfassen, die auf eine Schulungsmaßnahme zurückgeführt werden kann. Dies bedeutet, daß man das gleiche Testverfahren mindestens zweimal anwenden muß:

– als **Vortest** vor Beginn der Schulungsmaßnahme,

– als **Nachtest** nach Abschluß der Schulungsmaßnahme.

Während man im kognitiven Bereich häufig davon ausgehen kann, daß die Teilnehmer an der Schulungsveranstaltung kein oder fast kein Vorwissen hinsichtlich der vermittelten Inhalte haben, womit sich der Vortest erübrigt, gibt es im affektiven Bereich einen solchen Nullwert nie. Ein Testverfahren im affektiven Bereich liefert immer bestimmte Werte, die von Null abweichen, so daß nur im Vergleich von Vortest und Nachtest nachgewiesen werden kann, ob im affektiven Bereich durch das Training etwas erreicht wurde.

- **Das Optimum eines Testergebnisses entspricht nicht dem Maximum.**

Die durch diese „Extremgruppen" gewonnenen Ergebnisse sind auch noch zu einem anderen Zweck notwendig: Während im kognitiven Bereich das optimale Testergebnis immer das letzte Testergebnis ist (höchste Punktzahl), so gilt das im affektiven Bereich nicht. Es ist z. B. für einen Verkäufer sicher positiv zu werten, wenn er von sich und seinem Beruf überzeugt ist. Andererseits ist es leicht denkbar, daß jemand, der eine allzu hohe Meinung von sich hat, hochnäsig und arrogant wirkt und durch diese zu positive Selbsteinschätzung seinen Verkaufserfolg behindert. Das Optimum der Testergebnisse bei der Lernerfolgskontrolle im affektiven Bereich muß empirisch ermittelt werden. Es wird geliefert durch die Ergebnisse der positiven Adressatengruppe.

Wird nach einer Trainingsmaßnahme ein Testwert im affektiven Bereich ermittelt, der **über** dem Testwert der positiven Vergleichsgruppe liegt, so wurde zuviel des Guten erreicht. Das Lehrsystem muß dann ebenso überarbeitet werden, als hätte man keine positive Veränderung in diesem Testwert in Richtung auf die gewünschte affektive Reaktion erreicht.

Hierzu ein konkretes Beispiel aus der Verkäuferschulung von Versicherungsvertretern:

Die rauhe Praxis hat in den ersten drei Monaten nach der Ausbildung zu einer beachtlichen Einstellungsverschlechterung geführt, die sich erst nach acht Monaten langsam verringerte. Eine nähere Analyse der Ursachen für diese Ergebnisse machte deutlich, daß in der Ausbildung zu viele positive Kundenbeispiele gebracht worden waren und daß auch die Vorgesetzten der Verkäufer nach dem Lehrgang die affektiven Ziele des Lehrgangs nicht nur nicht unterstützten, sondern zum Teil sogar behinderten. Die Lernerfolgskontrolle liefert so auch konkrete Hinweise auf organisatorische Schwachstellen im Ausbildungssystem.

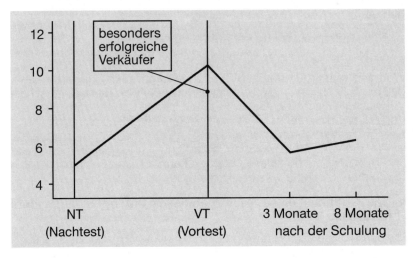

Abb. 39: Einstellung zum Kunden vor und nach einer Verkaufsschulung

● Die „Vergessenskurve" im affektiven Bereich unterscheidet sich von der im kognitiven Bereich.

Ein oft aus organisatorischen und finanziellen Gründen vernachlässigtes Problem ist die Nachuntersuchung (follow-up). Man begnügt sich meistens damit, am Ende der Schulungsmaßnahme eine Testung vorzunehmen, und verzichtet darauf, die Langzeit-Effekte zu erfassen. Gerade sie aber sind ja das eigentliche Erfolgskriterium für jegliche Schulung, die auf eine dauerhafte Veränderung des Teilnehmerverhaltens bzw. -erlebens abzielt. Welche Überraschungen man bei den Nachuntersuchungen erleben kann, hat das eben beschriebene Beispiel gezeigt.

Wiederholt man die empirische Lernerfolgsmessung eine gewisse Zeit nach dem Abschluß der Schulungsmaßnahme, so erhält man andere Ergebnisse als unmittelbar nach der Schulung (Behaltenstest). Während kognitive Leistungen in einer charakteristischen Kurve abnehmen, verläuft die Kurve im affektiven Bereich unterschiedlich.

Häufig findet man vor allem beim Einstellungslernen einige Zeit nach der Beeinflussung sogar eine Zunahme der Ergebnisse. Der Höhepunkt der Wirksamkeit der Schulungsmaßnahmen hängt von der Form und vor allem von der Länge der Beeinflussung ab. Häufig liegt er erst ein bis zwei Wochen nach der Beendigung der Schulungsmaßnahme.

246

Es scheint so zu sein, daß der Widerstand, den man einer Veränderung im affektiven Bereich, vor allem einer Veränderung tief verwurzelter Einstellungen entgegensetzt, während der Beeinflussung besonders groß ist. Er zeigt sich hier unter Umständen in trotzig anmutenden Reaktionen der Teilnehmer. Später scheint dieser Widerstand abzunehmen, wobei dann die affektive Beeinflussung nachwirkt und zu einer Verstärkung der Einstellungsänderung führt. Voraussetzung für eine solche positive Entwicklung der Ergebnisse im affektiven Bereich ist jedoch, daß die Adressaten auch nach Beendigung der Schulungsmaßnahme ohne Nachteile ein Verhalten zeigen können, das den neuerworbenen Wertvorstellungen entspricht. Lassen Gruppenzwänge oder andere Faktoren ein solches neues Verhalten nicht zu, so muß man mit einer Abnahme der Wirksamkeit der Beeinflussung rechnen.

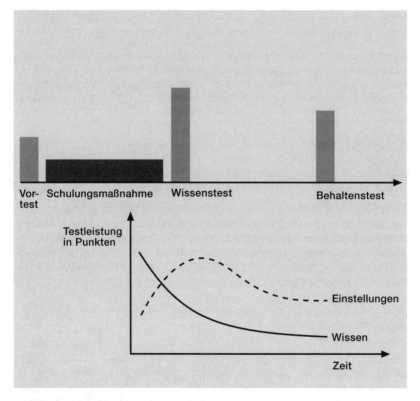

Abb. 40: Behaltenstest. Verlauf der „Vergessenskurve" bei Wissen und Einstellungen

● **Die Adressaten kennen die gewünschten Reaktionen.**

Eine weitere Besonderheit der Erfolgskontrolle im affektiven Bereich besteht darin, daß der Adressat im allgemeinen die vom Ausbilder gewünschte Reaktion kennt. Er ist also immer versucht, im Sinne der im Training vermittelten emotionalen Reaktionen zu antworten, auch dann, wenn tatsächlich seine Einstellungen durch das Training nicht verändert wurden. Man muß daher bei allen Methoden zur Messung affektiver Veränderungen mehr oder weniger damit rechnen, daß die Adressaten keine „ehrlichen" Reaktionen zeigen, daß also die Antworten auf bestimmte Fragen verfälscht sind. Dieses Problem stellt sich bei den verschiedenen Meßmethoden in unterschiedlichem Ausmaß. Wir werden bei der Besprechung dieser Methoden darauf zurückkommen.

Darüber hinaus gibt es eine Reihe von Möglichkeiten, mit denen diese Tendenz zu „mogeln", d. h. sozial erwünschte Antworten zu geben, erfaßt und somit bei der Auswertung berücksichtigt werden kann. Auch diese Möglichkeiten werden weiter unten (s. S. 253ff.) im einzelnen besprochen.

- **Testergebnisse im affektiven Bereich eignen sich nur zum Gruppenvergleich.**

Die hier dargestellten Schwierigkeiten bei der Messung affektiver Veränderungen führen zu dem Schluß, daß diese Methoden ungeeignet sind, einzelne Adressaten hinsichtlich des Ausmaßes ihres affektiven Lernerfolgs zu beurteilen. Dazu sind die Meßinstrumente zu ungenau, die Gefahr der Verfälschung der Ergebnisse ist zu groß. Sie eignen sich jedoch dazu, das durchschnittliche Ergebnis ganzer Seminargruppen zu erfassen, was für die Ermittlung des Lernerfolgs ausreichend ist.

Auch hier liegt ein wesentlicher Unterschied zur Erfolgskontrolle im kognitiven Bereich, bei der entsprechende Meßmethoden immer auch eine Beurteilung der Adressaten zulassen (Benotung).

Nachdem also im affektiven Bereich nie die Leistungen von Einzelpersonen, sondern nur die ganzer Seminargruppen erfaßt werden, ist es empfehlenswert, entsprechende Meßinstrumente immer anonym einzusetzen. Dadurch verringert man auch die Tendenz der Adressaten, die Ergebnisse zu verfälschen.

9.3 Methoden zur Messung affektiver Lernprozesse

Zur Kontrolle, ob und in welchem Umfang affektive Lernziele erreicht wurden, eignen sich während oder kurz nach der Trainingsveranstaltung (Ebene 1: unmittelbarer Lernerfolg) vor allem die folgenden sechs Techniken:

- das Interview,
- der Fragebogen,
- das semantische Differential,
- das Stimmungsbarometer,
- projektive Techniken und
- die Verhaltensbeobachtung.

9.3.1 Das Interview

Beim Interview führt der Ausbilder Einzelgespräche mit den Adressaten im Anschluß an die Schulungsmaßnahme. Durch seine Beobachtungen während des Gespräches ist es dem Ausbilder möglich, die vielfältigen mimischen und gestischen Reaktionen bei der Interpretation der Antworten mit einzubeziehen. Darüber hinaus kann er bei mißverständlichen Antworten oder wenn er den Eindruck gewinnt, daß die Frage nicht richtig verstanden wurde, beim Interviewten nachfragen.

Häufig wird diese Methode eingesetzt, um relevante Fragen für einen zu entwickelnden Fragebogen zu erproben.

Nachteile dieser Methode:

- Die Methode ist zeitaufwendig, da mit jedem Adressaten einzeln gesprochen werden muß. Bei einem Interview mit mehreren Adressaten würden diese sich gegenseitig bei der Beantwortung beeinflussen, so daß die Aussagen zu sehr vom Meinungsführer der Gruppe gesteuert würden.

- Die Interpretation der Antworten ist immer subjektiv, d. h. von den Erwartungen, Bedürfnissen und Ängsten des Interviewers (Ausbilders) gefärbt. Dieser Nachteil läßt sich bis zu einem gewissen Grad durch ein strukturiertes Interview (die Fragen sind vorformuliert) und durch die Aufzeichnung der Aussagen des Interviewten und des Interviewers auf Tonband reduzieren.

9.3.2 Der Fragebogen

Der Fragebogen ist sozusagen ein Interview in schriftlicher Form. Grundsätzlich kann man offene und geschlossene Fragen unterscheiden. Bei den offenen Fragen muß der Befragte die Antwort selbst formulieren. Bei den geschlossenen Fragen sind mehrere Antwortmöglichkeiten vorgegeben, von denen der Adressat eine auswählen (ankreuzen) muß.

Die häufigste Methode der Befragung zur Messung affektiver Zustände besteht darin, daß man den Adressaten zu bestimmten Behauptungen Stellung beziehen läßt:

- entweder, indem er eine Alternative wählt (stimme zu – stimme nicht zu, ja – nein) oder

- indem er einen Platz auf einer mehrstufigen Skala markiert (stimme voll zu – stimme zu – bin unentschieden – lehne ab – lehne vollständig ab).

Es handelt sich hier um die Methode, die am häufigsten vor allem zur Einstellungsmessung verwendet wird. Einen solchen Einstellungsfragebogen kann man auch ohne ein Studium der Psychologie oder Soziologie entwickeln. Im folgenden sind in dieses Buch zwei Beispiele für solche Fragebogen aufgenommen. Ebenso ist eine Checkliste für die Formulierung von Behauptungen (Items) in Einstellungsfragebogen dargestellt. Der wichtigste Lernprozeß für die Entwicklung von Einstellungsfragebogen ergibt sich aus der Praxis selbst. Wenn man – wie im Kapitel 9.2.3 (S. 244ff.) empfohlen – die Gültigkeit der Tests und so auch des Einstellungsfragebogens durch Extremgruppenvergleich überprüft, so wird man beim Vergleich der Ergebnisse der einzelnen Items sehr gut herausfinden, welche Behauptungen gut, welche nicht oder kaum geeignet sind, die beiden Gruppen zu unterscheiden. Auf diese Weise zeigt einem die Praxis, wie ein „gutes" Item formuliert sein muß.

Die hier gezeigten Beispiele für Einstellungsfragebogen wurden mehrfach getestet und haben sich in der Praxis bewährt.

Einstellungsfragebogen (Beispiele)

1. Beispiel: Einstellungsfragebogen zum Rauchen

Anweisung zum Fragebogen

Wir haben unten eine Reihe von Äußerungen gesammelt, die wohl jeder schon einmal gehört hat. Wir möchten nun gerne herausfinden, was die Jugendlichen wirklich darüber denken.

Um die Stellungnahme zu erleichtern, haben wir für jeden Satz fünf Stufen der Zustimmung bzw. Ablehnung vorgesehen. Bitte machen Sie jeweils ein Kreuz in das Kästchen, das Ihre Meinung richtig wiedergibt.

Nehmen wir einmal diesen Satz: Im Radio sollte viel mehr Beatmusik gespielt werden als bisher.

Angenommen, Sie stimmen dieser Äußerung stark zu, dann würden Sie Ihr Kreuz in das Kästchen ganz rechts „stimme ich vollkommen zu", „+2", setzen.

Ablehnung			Zustimmung	
lehne ich vollkommen ab	lehne ich ab	unentschieden	stimme ich zu	stimme ich vollkommen zu
-2	-1	0	+1	+2

Lesen Sie jetzt bitte die folgenden Äußerungen der Reihe nach sorgfältig durch und vermerken Sie gleich, inwieweit Sie der Äußerung zustimmen oder sie ablehnen. Halten Sie sich nicht zu lange bei einem Satz auf, und lassen Sie vor allen Dingen keinen aus. Es hat auch keinen Sinn, beim Nachbarn abzuschreiben, weil es hier ja keine „richtigen" und „falschen" Antworten gibt. Es geht nur darum, Ihre ganz persönliche Meinung zu erfahren.

Fragebogen

	lehne ich vollkommen ab	lehne ich ab	unentschieden	stimme ich zu	stimme ich vollkommen zu
1. Die Reklame für Zigaretten müßte verboten werden	-2	-1	0	+1	+2
2. Bei einer Zigarette kann man sich wunderbar entspannen	-2	-1	0	+1	+2
3. Rauchen ist ein Zeichen von Unabhängigkeit	-2	-1	0	+1	+2
4. Die Zigarette ist eine ernste Gefahr unseres Jahrhunderts	-2	-1	0	+1	+2
5. Starkes Rauchen ist ein Zeichen von innerer Unsicherheit	-2	-1	0	+1	+2
6. Die meisten Raucher wissen, wie gefährlich das Zigarettenrauchen ist	-2	-1	0	+1	+2
7. Die Gefahren des Rauchens werden im allgemeinen ziemlich übertrieben	-2	-1	0	+1	+2
8. Rauchen ist ein reiner Genuß	-2	-1	0	+1	+2
9. Ein jugendlicher Nichtraucher traut sich meist nicht, etwas Unerlaubtes zu tun	-2	-1	0	+1	+2
10. Rauchen ist ein Laster, das den Menschen körperlich zugrunde richtet	-2	-1	0	+1	+2
11. Die meisten Leute rauchen, weil sie auf die Reklame hereingefallen sind	-2	-1	0	+1	+2
12. Man sollte immer darauf hinweisen, daß Raucher mutwillig ihre Gesundheit ruinieren	-2	-1	0	+1	+2
13. Es wird in der Presse viel zu wenig auf den eindeutigen Zusammenhang zwischen Rauchen und Lungenkrebs hingewiesen	-2	-1	0	+1	+2

2. Beispiel: Einstellungsfragebogen zum Beruf des Versicherungverkäufers (Ausschnit)

1. Irgendwie ist es mir unangenehm, ein »Versicherungsvertreter« zu sein.
   | 1 | 2 | 3 | 4 | 5 |

2. Ich glaube, ich werde mir manchmal dumm vorkommen, wenn ich mit Kunden spreche und ihnen eine Versicherung verkaufen will.
   | 1 | 2 | 3 | 4 | 5 |

3. Manche Kunden werden einem sicherlich das Leben schwer machen.
   | 1 | 2 | 3 | 4 | 5 |

4. Ich halte Versicherungen allgemein für recht schwer verkäuflich.
   | 1 | 2 | 3 | 4 | 5 |

5. Meine Firma hat einen sehr guten Ruf.
   | 1 | 2 | 3 | 4 | 5 |

6. Auch wenn den Kunden das vielleicht zuerst nicht ganz deutlich bewußt ist: Versicherungen sind ungeheuer wichtig.
   | 1 | 2 | 3 | 4 | 5 |

7. Ich kann mir vorstellen, daß mir das dauernde Jonglieren mit Überredungskünsten manchmal zum Hals heraushängen wird.
   | 1 | 2 | 3 | 4 | 5 |

8. Ich habe nicht viel Zutrauen zu meinen verkäuferischen Fähigkeiten.
   | 1 | 2 | 3 | 4 | 5 |

9. Ich vermute, daß es viele Kunden gibt, die einem überhaupt nicht zuhören wollen.
   | 1 | 2 | 3 | 4 | 5 |

10. Für gute Verkaufserfolge ist hauptsächlich der eigene Fleiß verantwortlich.
    | 1 | 2 | 3 | 4 | 5 |

11. Die Kunden, die einen Vertreter schlecht behandeln, tun das nicht, weil sie nichts von ihm halten, sondern wahrscheinlich deswegen, weil sie im Momemt Probleme haben.
    | 1 | 2 | 3 | 4 | 5 |

12. Ich halte den Beruf des Vertreters für nicht besonders ehrenvoll.
    | 1 | 2 | 3 | 4 | 5 |

Instruktion:
Entscheiden Sie jeweils, wie Sie zu jeder Behauptung stehen,
und kreuzen Sie entsprechend an:
(1 = stimme voll zu, 2 = stimme teilweise zu, 3 = unentschieden, 4 = lehne teilweise ab, 5 = lehne vollkommen ab.)

Um einen bestimmten Aspekt (z. B. „Einstellung zum Kunden") eines Fragebogens zu erfassen, müssen immer mehrere Fragen bzw. Behauptungen aufgestellt werden. Auf diese Weise erhöht sich die Meßgenauigkeit. Mißverständnisse oder Nachlässigkeiten bei der Beantwortung einer Frage oder der Stellungnahme zu einer Behauptung wirken sich dann auf das Gesamtergebnis nicht so sehr aus.

Oben wurde bereits die Schwierigkeit angesprochen, daß die Adressaten häufig wissen, welche Antwort der Ausbilder erwartet. Es ergibt sich daraus das Problem, daß die Befragten unter Umständen die vom Befrager erwünschten oder die sozial positiv beurteilten Antworten geben, also Antworten, die nicht „ehrlich" sind, aber den Befragten in einem guten Licht erscheinen lassen. Das muß nicht immer bewußt geschehen.

Dieses Problem gilt für alle fünf Methoden, ist aber beim Fragebogen besonders gravierend. Es ist daher notwendig, zu besonderen Formen von Fragestellungen zu greifen, die weiter unten im einzelnen besprochen werden. Eine für alle Arten von Fragen praktikable Lösung ist, das eigentliche Thema der Befragung zu verschleiern, indem man ein anderes Thema in den Vordergrund stellt. (Ein Fragebogen, mit dem man die Einstellung von Führungskräften gegenüber ihren Mitarbeitern messen will, wird z. B. so zusammengestellt, daß das Thema „Betriebliche Organisation" im Vordergrund zu stehen scheint.)

Die Aussagekraft eines Einstellungsfragebogens hängt stark von der geschickten Formulierung der Fragen bzw. Behauptungen ab. Bei der Formulierung der Items sollten daher die folgenden Punkte beachtet werden:

Checkliste zur Formulierung von Items in Einstellungsfragebogen

1. Zu Beginn sollten die Items möglichst allgemein formuliert sein, man sollte nicht auf Details und spezifische Situationen eingehen. Dadurch wird es dem Befragten ermöglicht, sich auf den Themenbereich einzustellen, und die eventuelle Antworthemmung wird reduziert.

   Beispiel: „Jedes Kind braucht mal eine Tracht Prügel."

   Nicht: „Wenn ein Kind nicht auf das hört, was die Mutter sagt, hat es eine Tracht Prügel verdient."

   Die Fragen können dann zunehmend spezifischer werden (Fragentrichter). Hat der Befragte der allgemeinen Frage zugestimmt bzw. sie abgelehnt, fällt es ihm auch leichter, auf detaillierte Fragen zu antworten.

2. Zu jedem Aspekt sollten mehrere Fragen mit positiver und negativer Formulierung gestellt werden.

   Beispiel: Kritikfähigkeit

   „Ich kann Kritik leicht und offen äußern."

254

„Ich versuche fast immer, meine Gefühle zu verbergen."

„Ich vermeide es meist, etwas zu sagen, was die Gefühle eines anderen verletzen könnte."

Es sollten immer sowohl positive als auch negative Formulierungen gebraucht werden, so daß man bei einer bestimmten Einstellung bei einigen Fragen mit „ja", bei anderen mit „nein" (bzw. stimme zu – stimme nicht zu) antworten muß. Es besteht sonst die Gefahr, daß man Personen, die die Tendenz haben, „ja" zu sagen, eine bestimmte Einstellung zuordnet, die sie nicht besitzen. Dabei sollte man die Reihenfolge der Items beachten und auf einen ausgeglichenen Wechsel von „positiven" und „negativen" Items achten.

3. Fragen zum gleichen Aspekt sollten gemischt werden. Für den Befragten sollte es nicht zu offensichtlich sein, welche Frage zu welchem Aspekt gehört. Dadurch ist es für ihn schwieriger, die gewünschte Tendenz der einzelnen Items zu erkennen.

4. Die Items sollten kurz und prägnant formuliert sein.

Beispiel: „Das Nichtrauchen bringt so wenig Vorteile gegenüber dem Rauchen, daß man die Gefahren des Rauchens auf sich nehmen kann."

Besser: „Gefahren des Rauchens werden übertrieben."

5. Keine doppelte Verneinung; Fragen mit doppelter Verneinung werden oft nicht verstanden, oder das „nicht" wird überlesen.

Beispiel: „Ich treffe **nicht** gerne mit Leuten zusammen, die ich **nicht** kenne."

Besser: „Es ist mir unangenehm, mit fremden Leuten zusammenzutreffen."

6. Man sollte keine verknüpften Aussagen oder Aussagen mit abhängigen Nebensätzen formulieren, die nur die Zustimmung bzw. Ablehnung beider Teile zulassen.

Beispiel: „Wissenschaften wie die Physik haben den Menschen sehr weit gebracht, **aber** es gibt noch wesentlichere Dinge, die der Mensch nie ergründen wird.

Besser: hieraus zwei Items machen.

a) „Wissenschaften wie die Physik haben den Menschen weit gebracht."

b) „Es gibt wesentlichere Dinge, die alle Wissenschaft nie ergründen wird."

7. Man sollte keine Items formulieren, auf die mit hoher Wahrscheinlichkeit nur Reaktionen in einer Richtung vorkommen.

Beispiel: „Die Kunden könnten manchmal freundlicher sein."

Besser: „Die Kunden sind sehr oft unfreundlich."

8. Abstrakte Aussagen sollten vermieden werden. Man sollte sich dafür auf einzelne Punkte beschränken, damit sie von den Befragten nicht unterschiedlich verstanden werden.

Beispiel: Rassenintegration

> „Die Schwarzen sollten mehr in die Gesellschaft **integriert** werden."

> Besser: „Ich würde mit einem Schwarzen zum Essen in ein Restaurant gehen, in dem ich gut bekannt bin."

9. Negative Verhaltensweisen (sozial unerwünschtes Verhalten) sollte abgeschwächt bzw. entschärft formuliert werden:

– durch Verwendung umschreibender, schwächerer Verben

> Beispiel: „Haben Sie schon mal ein paar Bleistifte von Ihrem Schreibtisch **mitgenommen?**"
> Nicht: gestohlen

– durch Eingrenzung umfassender Begriffe auf kleinere Einzelheiten

> Beispiel: „Haben Sie schon mal **ein paar Bleistifte** von Ihrem Schreibtisch mitgenommen?"
> Nicht: Büromaterial

– durch die Verwendung von Wörtern wie „manchmal, mal, ab und zu, ziemlich, eher ..."

> Beispiel: „Ich ärgere mich **manchmal** über meine Kunden."

– durch vage Formulierung wie „ich glaube, ich habe den Eindruck, ich schätze ..."

> Beispiel: **„Ich glaube,** ich werde mir **manchmal** dumm vorkommen, wenn ich an einer Haustür klingle, um Versicherungen zu verkaufen."

– durch Gebrauch von Man- statt Ich-Aussagen oder Aussagen in der dritten Person

> Beispiel: „Manche Verkäufer hören ihren Kunden gar nicht richtig zu."

> Nicht: „Ich höre meinen Kunden gar nicht richtig zu.

(Man geht davon aus, daß die Adressaten bei diesen Formulierungen eher eine „ehrliche" Antwort geben, die Antwort also die eigene Einstellung wiedergibt, obwohl sie einer anderen Person in den Mund gelegt wird.)

– durch Betonung der sozial erwünschten Verhaltenskomponente innerhalb einer Frage

> Beispiel: Höflichkeit vs. Selbstsicherheit

> „Ich bin zu höflich, um in einem Restaurant ein schlechtes Essen zu beanstanden."

– durch Hervorheben der Offenheit und Ehrlichkeit

Beispiel: „Ich habe – offen gestanden – schon öfter gelogen."

„Wenn ich ehrlich bin, bin ich manchmal richtig schadenfroh."

– durch Einbau von Entschuldigungen

Beispiel: „Meine geringe Zeit läßt es nicht zu, daß ich mich fortbilde."

Nicht: „Ich bilde mich nicht fort."

10. Man mischt unter die Fragen sogenannte Lügenfragen (Lügenitems). Das sind Fragen, die alle Personen in einer bestimmten Richtung beantworten müßten, wenn sie „ehrlich" wären, obwohl eine solche Antwort ein schlechtes Licht auf den Befragten wirft (z. B. „Lügen Sie ab und zu?"). Werden viele solcher Fragen von einer Person „unehrlich" beantwortet (z. B. „Ich lüge nie"), so weiß man bei der Auswertung des Fragebogens, daß auch die übrigen Antworten wahrscheinlich nicht „ehrlich" sein werden. Man kann daher einen solchen Fragebogen bei der Feststellung des Gesamtergebnisses nicht einbeziehen.

Beispiel: „Es ist mir gleichgültig, was andere über mich denken."

11. Um „ehrliche" Antworten bei sozial unerwünschtem Verhalten zu erreichen, sollte man den „Mitläufereffekt" ausnutzen. Der Befragte tut dasselbe wie viele andere.

Beispiel: „Bei einer Umfrage wurde festgestellt, daß 90% der Eltern ihren Kindern schon mal eine Tracht Prügel verabreicht haben. Auch ich gehöre dazu."

12. Bei der Formulierung, aber auch bei der Auswertung muß die Abhängigkeit der Items von Alter, Geschlecht oder sozialer Schicht des Befragten beachtet werden.

Beispiel: Abhängig vom Alter:

„Ich glaube, ich kann nur schwer ausgelassen sein."

Abhängig vom Geschlecht:

„Ich halte mich für sehr ängstlich."

Abhängig von der sozialen Schicht (Schulbildung):

„Ich glaube, ich habe im Vergleich zu anderen besonders viel Phantasie."

13. Es sollten keine Items formuliert werden, die Wissen abfragen.

Beispiel: Nicht: „Die Mehrzahl der Ladendiebstähle passiert in den Hauptverkaufszeiten."

Besser: „In den Hauptverkaufszeiten kann man nicht auch noch auf Ladendiebe achten."

9.3.3 Das semantische Differential

Eine weitere Methode zur Erfassung affektiver Zustände ist das semantische Differential oder Polaritätenprofil. Damit kann vor allem die Bedeutung, die ein bestimmter Begriff oder Gegenstand für den Adressaten hat, erfaßt werden. Hierzu wird eine sieben- oder fünfstufige Skala verwendet, an deren Endpunkten ein Gegensatzpaar von Adjektiven steht (z. B. weich – hart, stark – schwach). Mehrere dieser Gegensatzpaare werden untereinander geschrieben.

Eine Verbindung der auf der Skala angekreuzten Punkte ergibt eine Kurve (Polaritätenprofil), die die von den Adressaten vorgenommene Einstufung in bezug auf einen bestimmten Begriff oder Gegenstand darstellt.

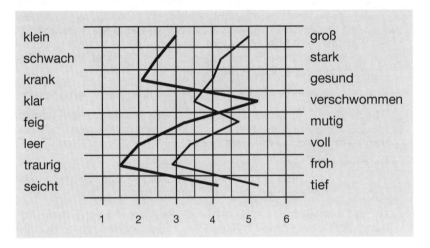

Abb. 41: Semantisches Differential

Eine Interpretation dieser Kurve ist nur im Vergleich mit einer Normkurve möglich. Wenn man z. B. feststellen will, ob die Reaktion der Adressaten, bezogen auf ein Produkt oder ein Markenzeichen, der Reaktion erfolgreicher Verkäufer entspricht, so ermittelt man zuerst das Polaritätenprofil durch eine Gruppe von sehr erfolgreichen Verkäufern. Das durchschnittliche Polaritätenprofil der Gruppe der sehr erfolgreichen Verkäufer bildet dann die Normkurve, mit der die Kurven der Adressaten einer bestimmten Ausbildungsgruppe verglichen werden. Stellt man nun fest, daß Teilnehmer, bei denen sich vor der Schulung eine ganz anders geartete Kurve ergab, nach der Schulung eine Kurve ähnlich der vorher festgestellten Normkurve entwickeln, so ergibt sich daraus ein Hinweis, daß in den Adressaten eine Veränderung in der gewünschten Richtung eingetreten ist.

Gegenüber dem Fragebogen hat das semantische Differential den Vorteil, daß die vom Seminarleiter „erwünschte" Reaktion von den Adressaten nicht so leicht zu durchschauen ist.

258

Der Nachteil dieses Verfahrens besteht darin, daß die Entwicklung eines brauchbaren Instrumentes relativ aufwendig und die Aussagekraft im Vergleich zum Aufwand relativ gering ist.

9.3.4 Das Stimmungsbarometer

Eine dem semantischen Differential ähnliche Methode stellt das Stimmungsbarometer dar, mit dem die Stimmung einer Seminargruppe zu einem bestimmten Zeitpunkt objektiv erfaßt werden kann. Mit diesem Instrument wird also nicht das Erreichen eines bestimmten, vorher formulierten affektiven Lernziels erfaßt, sondern die Zufriedenheit der Teilnehmer mit dem Seminarverlauf. Allerdings stellt in den meisten Fällen für den Referenten die Zufriedenheit der Teilnehmer auch dann ein Ziel dar, wenn es nicht ausdrücklich formuliert wurde. Das gilt vor allem für externe Referenten bzw. für freie Seminare, da in diesen Fällen der künftige wirtschaftliche Erfolg wesentlich von der Beurteilung des Seminars durch die Teilnehmer abhängig ist.

Auch ein Stimmungsbarometer besteht aus mehreren Gegensatzpaaren, zwischen denen sich eine Skala befindet. Die Seminarteilnehmer haben die Aufgabe, ihr Kreuz auf der Skala in der Nähe des Begriffes zu machen, der ihre Beurteilung des Seminars am ehesten wiedergibt.

Im Gegensatz zum semantischen Differential verwendet man im Stimmungsbarometer Begriffspaare, die durchaus einen interpretierbaren Bedeutungsgehalt haben, so daß hier auch eine Verfälschung von seiten der Teilnehmer möglich ist. Das Stimmungsbarometer wird daher im allgemeinen anonym eingesetzt: statt des Namens schreiben die Teilnehmer ein Kennwort auf das Blatt. Dieses Kennwort ermöglicht es dem Seminarleiter, die Stimmungsbarometer verschiedener Tage einander zuzuordnen und so die Entwicklung der Stimmung einzelner Teilnehmer zu verfolgen.

Im allgemeinen wird das Stimmungsbarometer bei mehrtägigen Seminaren am Ende eines jeden Tages eingesetzt. Wenn das Seminar mit einem Wissenstest abschließt, so sollte man das Stimmungsbarometer vor dem Einsatz des Wissenstests ausgeben, da ein schlechtes Abschneiden einzelner Teilnehmer beim Wissenstest die Ergebnisse im Stimmungsbarometer erheblich beeinflussen kann.

Im allgemeinen ist es nicht üblich, die Ergebnisse des Stimmungsbarometers den Teilnehmern bekanntzugeben. Die Bekanntgabe der Ergebnisse des Stimmungsbarometers vom Vortage beeinflußt das Ergebnis des nächsten Tages, wobei es sowohl vorkommen kann, daß sich einzelne Ausreißer der allgemeinen Gruppenmeinung anschließen, als auch, daß die allgemeine Beurteilung kritischer wird, da die Teilnehmer das Gefühl haben, der Seminarleiter würde „zuviel Lob bekommen".

Stimmungsbarometer

Kennwort: _____

Wie würden Sie ganz allgemein den heutigen Seminartag beurteilen?

zuviel Stoff	⭘⭘⚬⭘ ◯	zuwenig Stoff
für die Praxis brauchbar	⚬⚬◯◯ ◯	für die Praxis unbrauchbar
zu schwierig	◯◯⚬◯ ◯	zu leicht
gute Darbietung	⚬⚬◯◯ ◯	schlechte Dar- bietung
zuviel Diskussion	◯◯⚬◯ ◯	zuwenig Dis- kussion
zu viele praktische Übungen	◯◯⚬◯ ◯	zu wenig prakti- sche Übungen
anregend	⚬⚬◯◯ ◯	langweilig
gut organisiert	⚬⚬◯◯ ◯	schlecht organi- siert
zu straff geführt	◯◯⚬◯ ◯	zu locker geführt
zu viele Pausen	◯◯⚬◯ ◯	zu wenig Pausen
günstige Zu- sammensetzung der Teilnehmer	⚬⚬◯◯ ◯	ungünstige Zu- sammensetzung der Teilnehmer
insgesamt lohnend	⚬⚬◯◯ ◯	nicht lohnend

Abb. 42: Stimmungsbarometer

Bei der Interpretation des Stimmungsbarometers geht man am besten von der letzten Zeile (insgesamt lohnend – nicht lohnend) aus. Diese letzte Zeile stellt eine Art Zusammenfassung der einzelnen Kategorien dar, nach denen das Seminar beurteilt werden kann. In der Zeile davor wird nach einer Kategorie gefragt (Zusammensetzung der Gruppe), für die im allgemeinen der Seminarleiter nicht verantwortlich gemacht wird und die daher einen nur sehr geringen Bezug zum Gesamturteil des Seminars hat. Dadurch wird erreicht, daß die letzte Kategorie nicht übergewichtig in die Gesamtbeurteilung des Seminars eingeht. Die Einzelkategorien davor können einen Aufschluß darüber geben, wodurch die Unzufriedenheit einzelner Seminarteilnehmer zu erklären ist.

Insgesamt gilt für die Interpretation des Stimmungsbarometers das gleiche, was bereits zum semantischen Differential generell gesagt wurde. Eine Interpretation der Ergebnisse ist nur möglich in bezug auf einen bestimmten Normwert. Dieser Normwert unterscheidet sich von Seminarleiter zu Seminarleiter und wird ganz wesentlich auch vom Seminarinhalt, vom Seminarort und der Zusammensetzung der Teilnehmer beeinflußt. Der Einsatz des Stimmungsbarometers eignet sich daher besonders für Seminarserien.

Der Wert des Stimmungsbarometers liegt vor allem darin, daß mit diesem Instrument kritische Situationen innerhalb eines Seminars früh genug erkannt werden, um dem Seminarleiter noch Möglichkeiten zur Initiative offenzuhalten. Das ist besonders dann wichtig, wenn der Seminarleiter aufgrund eines Handicaps die Entstehung einer kritischen Situation ohne dieses Instrument nicht rechtzeitig erkennt, wobei häufig gerade dieses Handicap auch eine Ursache für die kritische Stimmung sein kann. Ein konkretes Erlebnis des Autors mag das verdeutlichen:

Ich hielt ein Seminar mit einer Gruppe von Teilnehmern, die ich schon von anderen Veranstaltungen her kannte. Das Seminar dauerte drei Tage. Es handelte sich um ein Informationsseminar. Ich war am Morgen des ersten Seminartages mit starken Kopfschmerzen aufgewacht. Entsprechend starke Schmerzmittel hatten das Kopfweh zurückgedrängt, aber zurück blieb eine eingeengte Wahrnehmung. Ich hatte das Gefühl, Scheuklappen aufzuhaben. Ich konnte mich zwar auf die Seminarinhalte konzentrieren – diese waren mir auch sehr vertraut, ich hatte ähnliche Seminare schon öfter abgehalten –, aber es fiel mir schwer, gleichzeitig die Reaktionen der Teilnehmer wahrzunehmen. Zur Mittagspause war ich ganz zufrieden mit mir. Ich hatte den Eindruck, die Inhalte gut vermittelt zu haben – in Anbetracht meiner Kopfschmerzen. Leider waren die Schmerzen wieder stärker geworden, und ich beschloß, vor der Nachmittagsrunde noch einmal Tabletten zu nehmen.

Mich machte auch ein Feedback eines Teilnehmers nicht stutzig, das ich in der Form selten erhalte. Er sagte: „Die Inhalte sind interessant, aber Herr Martens, Sie kennen uns doch ..."

Auch den Nachmittag brachte ich in Anbetracht meiner Kopfschmerzen gut über die Runden. Er war leichter zu überstehen, denn die Teilnehmer waren am Nachmittag die meiste Zeit in Gruppenübungen aktiv.

Wie immer gab ich am Ende des ersten Tages ein Stimmungsbarometer aus. Das Ergebnis hat mich überrascht. Es fiel deutlich schlechter aus, als ich das in vergleichbaren Seminaren gewohnt war. Abgesehen von dem Feedback am Mittag hatte ich keinerlei Hinweise auf eine Unzufriedenheit der Teilnehmer erhalten.

Ich ging früh zu Bett, und am nächsten Morgen waren die Kopfschmerzen weg. Ich fühlte mich frisch und war überzeugt, daß die relative Unzufriedenheit (so schlecht waren die Stimmungsbarometer-Ergebnisse ja doch nicht) am Vortag nur mit meinen Kopfschmerzen zu tun hatte und daß daher der zweite Tag sicher wieder wie sonst gewohnt verlaufen würde.

Ich hatte es mir eigentlich zur Regel gemacht, ein außergewöhnlich schlechtes Stimmungsbarometer-Ergebnis immer zu Beginn des nächsten Tages zur Diskussion zu stellen. Sollte ich es diesmal auch tun? Ich hatte mich eigentlich dagegen entschlossen. Wer legt schon gerne seine Schwächen offen ...

Im letzten Moment entschied ich, von meiner Gewohnheit nicht abzuweichen. Ich begann den zweiten Seminartag damit, das Stimmungsbarometer-Ergebnis auf einer Folie zu präsentieren. Dabei ging ich in das Seminar-U hinein. Ich wollte auch mit Körpersprache den Wunsch nach Nähe zu den Teilnehmern und meine Offenheit deutlich machen. Ich erzählte von meinen starken Kopfschmerzen am Vortag usw.

Die Reaktion der Teilnehmer war wie erwartet. Man sagte mir, daß man Verständnis für meine Situation habe und daß die Ergebnisse im Stimmungsbarometer doch gar nicht so schlecht seien.

Ich wandte mich wieder dem Seminarprogramm zu, als mich ein Teilnehmer unterbrach und bemerkte, ich sollte doch den Programmablauf des zweiten Tages mit den Teilnehmern diskutieren. Sie würden gerne einige Änderungen vornehmen!

Man kann unterschiedlicher Meinung sein, ob in einem inhaltsorientierten Seminar der Ablauf mit den Teilnehmern abgestimmt werden soll. Ich tue es nicht gerne, denn nach meiner Erfahrung gibt es in der Regel Mehrheitsentscheidungen, die nicht vom Sachverstand bestimmt sind und die die überstimmte Minderheit mit Unzufriedenheit zurücklassen.

Andererseits ist es auch nicht zu empfehlen, einen solchen Vorschlag zu übergehen. In der Regel hat sich der Sprecher der Gruppe vorher mit anderen Seminarteilnehmern abgesprochen. Man hat dann also eine ganze Gruppe gegen sich, von der man nicht weiß, wie groß sie ist. Ein solcher Vorschlag bringt einen Seminarleiter also in eine äußerst unangenehme Situation. Ich hatte allerdings keine Probleme damit, denn die anderen Seminarteilnehmer fielen über den „Revolutionär" her und meinten, ich solle wie geplant weitermachen. Dieser sah sich zu seinen Kollegen um und schüttelte nur den Kopf.

Zur Mittagspause wurde mir dann von einem Teilnehmer der Vorfall erklärt: Man war am Abend des Vortages zusammengesessen und hatte sich über das Seminar unterhalten. Man war unzufrieden und einigte sich darauf, daß einer der Teilnehmer am nächsten Tag den Seminarablauf zur Diskussion stellen sollte. Wie so häufig wurde für diese Aufgabe jemand ausgewählt, der keinen so engen Kontakt zur Gruppe hatte und der, um diesen Kontakt zu verbessern, gerne diese „riskante" Aufgabe übernahm. Der mangelnde Kontakt zur Gruppe führte dann jedoch dazu, daß er nicht bemerkte, daß sich die Situation durch meine Offenheit und Diskussionsbereitschaft wesentlich zu meinen Gunsten geändert hatte. Er glaubte also, als Sprecher der Seminargruppe aufzutreten, und war über die Reaktion seiner Kollegen entsprechend enttäuscht.

Das Stimmungsbarometer hatte mir geholfen. Es zeigte mir die kritische Situation auf und gab mir die Möglichkeit, darauf einzugehen, bevor ich durch Aktionen der Teilnehmer in eine äußerst ungünstige Lage geraten wäre.

Ein Stimmungsbarometer eignet sich also dazu, als Warnsignal zu dienen, das relativ frühzeitig anzeigt, wenn eine Seminargruppe mit dem Seminarablauf nicht zufrieden ist. Wie bei einem echten Barometer erkennt man also frühzeitig das Nahen eines Sturmes und kann sich als Seminarleiter darauf einstellen. Einem Seminarleiter ist es zu empfehlen, den „Stier bei den Hörnern zu packen" und am nächsten Tag auf die Unzufriedenheit der Seminarteilnehmer zu sprechen zu kommen. Eine offene Aussprache über den Seminarverlauf beseitigt häufig die Schwierigkeiten.

Wenn auch das Stimmungsbarometer für einen Seminarleiter sehr nützlich sein kann, so stellt es doch – wenn überhaupt – nur ein untergeordnetes Erfolgskriterium für ein Seminar dar. Im Vordergrund sollte bei der Beurteilung der Seminarqualität das Erreichen der Lernziele stehen. Eine zu einseitige Orientierung am Stimmungsbarometer kann dazu führen, daß das Seminar mehr einer Unterhaltungsveranstaltung gleicht.

Lernerfolg und Ergebnis im Stimmungsbarometer können wesentlich voneinander abweichen. Wie die Abbildung unten zeigt, gibt es sogar Beispiele für einen negativen Zusammenhang zwischen dem Ergebnis des Stimmungsbarometers und dem Lernerfolg (s. Abb. 43).

In vier Seminaren zum Thema „Erfolgreich telefonieren" mit gleichen Inhalten, gleichen Lernzielen und vergleichbaren Adressatengruppen, aber mit vier verschiedenen Seminarleitern wurde das Ergebnis im Stimmungsbarometer (Kreise) mit dem Ergebnis im Wissenstest am Ende des Seminars (Dreiecke) und dem Erfolg einer Telefonaktion zum Schluß des Seminars (Vierecke) verglichen. Es zeigt sich deutlich ein negativer Zusammenhang zwischen der Stimmung im Seminar und den beiden Erfolgskriterien, d. h., daß in dem Seminar mit der besten „Stimmung" die schlechtesten Ergebnisse erzielt wurden und umgekehrt.

Diese Ergebnisse sollen nicht den Eindruck erwecken, daß eine negative Stimmung im Seminar besser oder daß ein solcher negativer Zusammenhang zwischen Stimmungsbarometer und Testergebnissen die Regel sei. Es soll lediglich vor einer vorschnellen Gleichsetzung von Zufriedenheitswerten und Seminarerfolg gewarnt werden. Ein Seminarleiter, der die Stimmung im Seminar wichtiger nimmt als den Lernerfolg und der den größten Erfolg mit seinen Witzen und Anekdoten hat, ist genauso abzulehnen wie ein Seminarleiter, der mit autoritären Methoden übermäßigen Druck und damit Streß erzeugt.

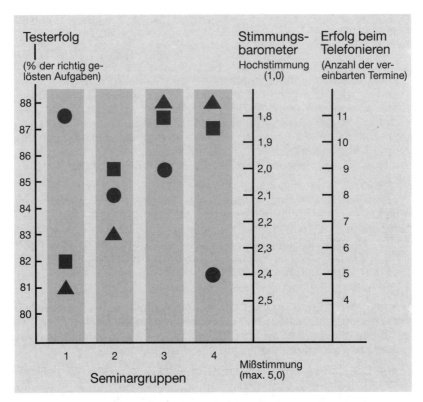

Abb. 43: Zusammenhang zwischen Lernerfolg (Testerfolg [△] und Telefonerfolg [□]) und Ergebnis im Stimmungsbarometer (○)

9.3.5 Projektive Verfahren

Bei dieser Methode wird vom Adressaten verlangt, daß er mehrdeutige Bilder oder verbal beschriebene Situationen interpretiert. Er tut das, indem er den dargestellten Vorgang beschreibt („Schreiben Sie, was Ihnen zu diesem Bild einfällt.") oder aber in leere Sprechblasen Sätze einträgt. Diese Technik stammt aus der klinischen Psychologie, vor allem der Tiefenpsychologie.

Die Brauchbarkeit dieser Methode hängt sehr von der Fähigkeit des Interpretierenden ab und ist anfällig für Spekulationen und Fehldeutungen. Unter Umständen werden bei der Entwicklung eines solchen Testinstrumentes Antwortkategorien vorgegeben, die in gewisser Weise eine Quantifizierung der Testergebnisse zulassen. Projektive Verfahren eignen sich gut als Vorstufe zu einem Interview (s. Kap. 9.3.1).

Abb. 44: Beispiel für einen „Projektiven Test"

9.3.6 Verhaltensbeobachtung

Die Methode der Verhaltensbeobachtung wurde bereits als die wichtigste Methode der Erfolgskontrolle auf der Ebene 2, der Verhaltensebene (Kap. 9.2.2), beschrieben.

Diese Methode eignet sich auch für die Ebene 1, die des unmittelbaren Lernerfolgs. Vor allem die Beobachtung von Rollenspielen, z. B. im Verkaufstraining oder im Führungskräftetraining, ist eine wichtige Methode, um Lernerfolg festzustellen und dem Lernenden entsprechendes Feedback zu geben. Dabei werden jedoch häufig auch kognitive Aspekte eine Rolle spielen.

Auch zur Analyse von Rollenspielen werden in der Regel Beobachtungsbogen eingesetzt. Hier wird ein Beispiel wiedergegeben:

Beobachtungsbogen zur Analyse von Rollenspielen im Verkaufstraining

	++	+	0	-	--
■ Gesamtbeurteilung					
■ Gesprächsatmosphäre					
Augenkontakt					
Körpersprache					
Stimme					
Mimik					
Gesprächsatmosphäre allgemein					
■ Verkaufsstrategie					
Eröffnungsphase					
Bedarfsermittlung					
Angebotsphase					
Abschlußphase					
Phasen des Verkaufsgesprächs allgemein					
Einsatz Demonstrationsmittel					
Fragen an den Kunden					
Einwandbehandlung					
■ Fachliche Richtigkeit					

Abb. 45: Beispiel für „Verhaltensbeobachtung"

9.3.7 Zuordnung der Methoden zu den einzelnen Lerntechniken im affektiven Bereich

Die beschriebenen sechs Verfahren zur Kontrolle der Vermittlung affektiver Lernziele sind zur Erfassung von Veränderungen im Bereich des Signallernens, der Einstellungsbildung und des Sozialen Lernens unterschiedlich geeignet.

Signallernen:

Zur Erfassung von Veränderungen im Bereich des Signallernens eignet sich besonders das semantische Differential, wobei das Signal, gegenüber dem eine affektive Reaktion mit Hilfe des semantischen Differentials gemessen wird, entweder symbolisch (verbale Beschreibung als Bild) oder als konkretes Objekt dargeboten wird. Wichtig ist, daß sowohl im Vortest als auch im Nachtest der identische Reiz verwendet wird.

Einstellungslernen:

Zur Erfassung von Einstellungsänderungen bzw. Einstellungsbildungen eignet sich besonders der Fragebogen mit „geschlossenen" Fragen. Ein solcher Fragebogen läßt sich relativ leicht und ohne subjektive Verfälschung durch den Interpreten (Seminarleiter) auswerten.

Wenn die Gefahr einer subjektiven Verfälschung nicht im Vordergrund steht, so sind auch Fragebogen mit offenen Fragen und das Interview geeignet. Zur Erfassung von Einstellungen eignen sich auch die projektiven Techniken. Auch das Stimmungsbarometer kann man als Technik zur Bestimmung der (allerdings eher kurzfristigen) Einstellungen gegenüber dem Seminar bzw. dem Seminarleiter auffassen.

Soziales Lernen:

Zur Erfassung von Veränderungen im Bereich des Sozialen Lernens eignet sich insbesondere die Verhaltensbeobachtung. Sie stellt ein schwieriges und aufwendiges Instrument zur Erfassung affektiver Reaktionen in sozialen Situationen dar, das jedoch eine relativ enge Beziehung zur Realität besitzt. Ergebnisse dieser Methode erlauben daher am ehesten eine Aussage hinsichtlich des Lernerfolgs in der konkreten beruflichen Praxis.

9.4 Testaufgaben zu Kapitel 9

Aufgabe 49 (Abschnitt 9.1.1):

Eine aussagekräftige Erfolgskontrolle einer Trainingsmaßnahme verlangt aufwendige Methoden. Wann ist eine empirische Erfolgskontrolle dennoch sinnvoll?

A) Die Trainingsmaßnahmen werden über einen längeren Zeitraum in ähnlicher (bzw. gleicher) Form durchgeführt.

B) Es werden in der Trainingsmaßnahme vor allem kognitive Lernziele vermittelt, die leicht überprüfbar sind.

C) Die Trainingsmaßnahme umfaßt nur einen sehr kurzen Zeitraum (z. B. 45 Minuten).

D) Die Zahl der Adressaten, an die sich die Trainingsmaßnahme richtet, ist sehr groß (mehrere hundert).

Aufgabe 50 (Abschnitt 9.1.2):

Welchen Nutzen kann eine umfangreiche empirische Erprobung (einschließlich Nachuntersuchung, Vergleich mit Leistungsveränderungen etc.) von Trainingsmaßnahmen bringen?

A) Man kann erkennen, daß im Training (u. U. aufgrund mangelhafter Lernzielanalyse) wichtige Teilbereiche unbeachtet gelassen wurden.

B) Man kann erkennen, daß das Umfeld der Adressaten (z. B. deren Vorgesetzte) stärker in die Trainingsmaßnahme einbezogen werden muß.

C) Man kann erkennen, daß die vermittelten Inhalte in der Praxis nicht oder sehr selten gebraucht werden.

D) Man kann erkennen, ob die gewählte Methodik und Didaktik für die Lernziele und die Adressaten angemessen waren.

E) Man kann erkennen, ob die angestrebte Verhaltensänderung zu einer Verbesserung der Leistung führt.

Lösungen s. S. 285

Aufgabe 51–55 (Abschnitt 9.1.2):

Trainingsmaßnahmen lassen sich grundsätzlich auf drei Ebenen erproben, wobei bei der ersten Ebene unterschiedliche Zeitpunkte der Testung für die Interpretation entscheidend sind.

Wir können demnach fünf Maßnahmen zur Erfolgskontrolle unterscheiden:

A) Ebene 1: Einsatz eines Stimmungsbarometers während der Trainingsmaßnahme

B) Ebene 1: Testaufgaben unmittelbar nach der Trainingsmaßnahme

C) Ebene 1: Testaufgaben einige Zeit nach der Trainingsmaßnahme

D) Ebene 2: Beobachtung in der Praxis (am Arbeitsplatz)

E) Ebene 3: Leistungsvergleich in der Praxis (Änderung im Verkaufserfolg, Fluktuation etc.)

Aufgabe 51:

Durch welche Maßnahme prüfe ich die (längerfristige) Behaltensleistung der Teilnehmer an der Trainingsmaßnahme?

Aufgabe 52:

Durch welche Maßnahme kann man besonders gut überprüfen, ob die vermittelten Lernziele tatsächlich in der Praxis zu Verhaltensänderungen geführt haben?

Aufgabe 53:

Die Ergebnisse welcher Maßnahme zur Erfolgskontrolle einer Trainingsmaßnahme lassen sich nur im Vergleich mit Kontrollgruppen interpretieren?

Aufgabe 54:

Welche Maßnahme ist besonders gut geeignet, die Qualität der Vermittlung der Lernziele (Didaktik und Methodik) zu überprüfen?

Aufgabe 55:

Durch welche Maßnahme prüfe ich die Zufriedenheit der Teilnehmer an der Trainingsmaßnahme?

Aufgabe 56 (Abschnitt 9.1.2):

Grundsätzlich wird unter dem „Erfolg einer Seminarveranstaltung" Verschiedenes verstanden.

Welche der aufgezählten Möglichkeiten sind gerechtfertigt und entsprechen den „drei Ebenen des Lernerfolgs"?

a) Das Ergebnis von Tests am Ende einer Ausbildungsveranstaltung

b) Das Ergebnis des Stimmungsbarometers am Ende des 1. und 2. Seminartages

c) Die Verhaltensänderung, die nach Besuch einer Seminarveranstaltung bei den Teilnehmern am Arbeitsplatz beobachtet werden kann

d) Die Beurteilung der Seminarveranstaltung durch die Teilnehmer anhand eines Fragebogens

e) Die Veränderung von Unternehmenskennzahlen wie Fluktuation, Umsatz, Ausschuß usw. in den Bereichen des Unternehmens, aus denen die betroffenen Personen das Seminar besucht haben

f) Der Vergleich von Kostenaufwand pro Seminarteilnehmer mit dem Vortest-Nachtest-Vergleich pro Teilnehmer

Wählen Sie bitte die richtige Kombination aus!

A) a, c, e

B) a, d, e

C) a, c, f

D) a, b, e

E) b, c, d

Aufgabe 57 (Abschnitt 9.1.3):

Warum ist es grundsätzlich problematisch, ausschließlich mit einem schriftlichen Test das Erreichen eines Lernziels zu überprüfen?

A) Weil man mit schriftlichen Testfragen grundsätzlich nur die kognitiven Aspekte eines Lernziels erfassen kann, während affektive Komponenten mit einem schriftlichen Test nicht erfaßt werden können.

B) Weil der Zusammenhang zwischen dem richtigen Beantworten der Testfragen und der im Lernziel definierten Verhaltensänderung meist nicht unmittelbar gegeben ist.

C) Weil bei Mehrfachwahlaufgaben die Wahrscheinlichkeit, die richtige Antwort zu erraten, zu groß ist und damit zwischen gutem und schlechtem Lernerfolg nicht differenziert werden kann.

D) Weil die Situation, in der sich der Lernende befindet, wenn er einen Test beantwortet, meist grundverschieden ist von der Situation, in der die im Lernziel definierte Verhaltensänderung gezeigt werden soll.

Aufgabe 58 (Abschnitt 9.1.4):

Es kann vorkommen, daß die Adressaten einer Schulungsmaßnahme durchweg gute Testergebnisse zeigen (in einem schriftlichen Test nach dem Seminar, der sich an den Lernzielen orientiert), sich aber die gewünschte Leistung am Arbeitsplatz (z. B. höherer Verkaufserfolg) nicht einstellt.

Welche Gründe können dafür verantwortlich sein?

A) Bei der Formulierung der Lernziele wurden wichtige Aspekte versäumt, die eine Voraussetzung für die gewünschte Verhaltensänderung darstellen.

B) Die Testaufgaben bestanden zum großen Teil aus Mehrfachwahlaufgaben.

C) Externe Faktoren haben eine Verhaltensänderung in der Praxis verhindert.

D) Externe Faktoren haben trotz der positiven Verhaltensänderung der Adressaten eine Leistungsverbesserung (höheren Umsatzerfolg) verhindert.

E) Das gewünschte Verhalten führt in der gegebenen Situation am Arbeitsplatz zu keiner Leistungsverbesserung (Umsatzsteigerung).

Aufgabe 59 (Abschnitt 9.2.1):

Wie kann man entscheiden, ob ein bestimmtes Testergebnis, das man am Ende einer Ausbildungsveranstaltung erreicht (Punktwerte), ausreichend ist, um mit hoher Wahrscheinlichkeit die gewünschte Verhaltensänderung vorherzusagen?

A) Man vergleicht die erreichten Werte mit den maximal erreichbaren Werten und bemüht sich, möglichst nahe an diesen Wert heranzukommen.

B) Man prüft die gleiche Gruppe mit einem ähnlichen Test vor der Ausbildungsveranstaltung und vergleicht die Ergebnisse mit denen des Schlußtests.

C) Man prüft mit dem gleichen Test eine Gruppe von Personen, die das gewünschte Verhalten zeigen, und nimmt den dabei erreichten Wert als Orientierungsgröße.

D) Man vergleicht die Werte der Teilnehmer, die bei dem Test gut abgeschnitten haben, mit denen, die schlecht abgeschnitten haben.

E) Alle oben aufgeführten Vorschläge sind gleich gut und sollten miteinander kombiniert werden.

Aufgabe 60 (Abschnitt 9.2.2):

Die Verhaltensbeobachtung ist eine sehr aufwendige Methode der Lernerfolgskontrolle. Welcher Vorteil dieser Methode führt dazu, daß sie trotzdem häufig Anwendung findet?

A) Die Verhaltensbeobachtung liefert Hinweise auf nicht beachtete Lernziele.

B) Die Ergebnisse der Verhaltensbeobachtung sind objektiver als die Ergebnisse anderer Erfolgskontroll-Methoden.

C) Die Verhaltensbeobachtung liefert besonders qualifizierte Ergebnisse für die dritte Ebene (Leistungsebene) des Lernerfolgs.

D) Die Verhaltensbeobachtung liefert Daten, die von externen Faktoren (die nicht mit der Trainingsmaßnahme in Zusammenhang stehen) unabhängig sind.

E) Keine der obigen Antworten ist richtig.

Aufgabe 61 (Abschnitt 9.2.3):

Bei der Messung des Lernerfolges im affektiven Bereich müssen einige Punkte besonders beachtet werden.

Welche sind das?

A) Besonders bei Einstellungsfragebogen, aber auch bei anderen Instrumenten zur Messung affektiver Veränderungen besteht die Gefahr, daß der Adressat „mogelt". Dies muß bei der Konstruktion des Tests besonders berücksichtigt werden.

B) Testverfahren im affektiven Bereich lassen sich gegenüber solchen im kognitiven Bereich nicht zur Beurteilung der Schulungsmaßnahme heranziehen, da ein zu großer Interpretationsspielraum bei der Beurteilung der Testergebnisse besteht.

C) Bei der Messung des Lernerfolgs im affektiven Bereich muß man immer einen Vortest-Nachtest-Vergleich durchführen.

D) Bei der Messung des Lernerfolgs im affektiven Bereich kann man auf den Vortest-Nachtest-Vergleich verzichten, wenn sichergestellt ist, daß die Adressaten „ehrlich" antworten.

E) Die Testergebnisse im affektiven Bereich lassen sich im Gegensatz zu denen im kognitiven Bereich nicht in Punktwerten ausdrücken.

Aufgabe 62 (Abschnitt 9.2.3):

Bei der Messung von Einstellungsänderungen (Einstellungslernen) durch eine Seminarveranstaltung muß man, verglichen mit der Messung eines kognitiven Lernerfolgs, besondere Punkte beachten.

Welche sind das?

A) Man muß in jedem Fall einen Vortest-Nachtest-Vergleich durchführen, da es bei den Teilnehmern eine „Null-Einstellung" wie z. B. ein „Null-Wissen" zu Beginn eines Seminars nicht gibt.

B) Man muß den Einstellungstest einer idealen Vergleichsgruppe vorlegen, um festzustellen, welchen Punktwert das Ideal darstellt, da es einen 100%igen Lernerfolg im Einstellungsbereich nicht gibt.

C) Man muß sicherstellen, daß die Teilnehmer bereit sind, „ehrlich" zu antworten (anonyme Befragung), oder mit „Lügenitems" die „unehrlich" ausgefüllten Bogen aussondern.

D) Man muß primär offene Fragen stellen. Geschlossene Fragen sind ungeeignet, da die Teilnehmer zu leicht die „richtige" Antwort erkennen.

Aufgabe 63 (Abschnitt 9.2.3):

Welche Möglichkeiten gibt es, einer bewußten Verfälschung der Ergebnisse bei der Einstellungsmessung durch einen Fragebogen entgegenzuwirken?

A) Fast nur Fragen stellen, die man verneinen muß, wenn man eine bestimmte Einstellung hat

B) Einbauen von „Lügenitems"

C) Verschleierung des Ziels der Fragen

D) Zu einem Aspekt der Einstellung mehrere Fragen stellen

E) Nur Ja/Nein-Fragen stellen (im Gegensatz zu offenen Fragen)

F) Möglichst extreme Formulierungen gebrauchen

Aufgabe 64 (Abschnitt 9.2.3):

Was versteht man unter „Lügenitems"?

A) Behauptungen, die als Lüge entlarvt werden müssen

B) Items innerhalb eines Einstellungsfragebogens, die vom eigentlichen Testgegenstand ablenken sollen und bei der Auswertung nicht berücksichtigt werden, obwohl sie einen wichtigen Aspekt des Trainings erfassen

C) Fragen in einem Einstellungsfragebogen, die man in einer bestimmten Weise beantworten müßte, wenn man „ehrlich" ist, obwohl diese Antworten ein schlechtes Licht auf den Befragten werfen

D) Feststellungen innerhalb eines Fragebogens, auf die der Befragte nicht antworten sollte, um nicht als „Lügner" entlarvt zu werden

E) Keine der Antworten ist richtig.

Aufgabe 65 (Abschnitt 9.2.3):

Tests sowohl im kognitiven wie im affektiven Bereich sollte man nicht nur unmittelbar nach der Schulungsveranstaltung durchführen, sondern auch einige Zeit danach wiederholen (Behaltenseffekt).

Welche Veränderung der Punktezahl würden Sie in beiden Fällen erwarten (wenn man davon ausgeht, daß ein weiteres Training bzw. eine weitere Beeinflussung in der Zwischenzeit nicht stattgefunden hat)?

A) Eine generelle Aussage läßt sich nicht machen.

B) Die Testwerte in beiden Bereichen werden in etwa gleich bleiben.

C) Die kognitive Leistung kann zunehmen, während die gemessene affektive Veränderung abnimmt.

D) Die kognitive Leistung nimmt ab, ebenso wie die gemessene affektive Veränderung.

E) Die kognitive Leistung nimmt ab, während die gemessene affektive Veränderung zunehmen kann.

Aufgabe 66 (Abschnitt 9.2.3):

Satz 1: Testverfahren, die zur Messung des Lernerfolges im affektiven Bereich entwickelt wurden, sollten im allgemeinen nicht zur Beurteilung der Qualifikation der einzelnen Adressaten herangezogen werden,

Begr.: weil ...

Satz 2: die Qualifikation eines Seminarteilnehmers und damit die Wahrscheinlichkeit seiner Bewährung in der Praxis fast ausschließlich vom kognitiven Bereich abhängig sind.

A) Beide Sätze sind richtig, und die Begründung stimmt.

B) Beide Sätze sind richtig, aber die Begründung ist falsch.

C) Satz 1 ist richtig, Satz 2 ist falsch.

D) Satz 2 ist richtig, Satz 1 ist falsch.

E) Beide Sätze sind falsch.

Aufgabe 67 (Abschnitt 9.3):

Was versteht man unter einem „semantischen Differential"?

A) Es handelt sich um eine statistische Methode zur besseren Interpretation von Testergebnissen im affektiven Bereich.

B) Es handelt sich um eine Methode zur Messung affektiver Reaktionen, bei der der Adressat schwierige Situationen interpretieren muß.

C) Es handelt sich um eine Methode zur Lernerfolgsmessung im affektiven Bereich, bei der die Auswertung und Interpretation besonders einfach ist.

D) Es handelt sich um eine Methode zur Messung affektiver Reaktionen, bei der zwischen begrifflichen Gegensatzpaaren gewählt wird.

E) Es handelt sich um eine Methode zur Lernerfolgsmessung im kognitiven Bereich.

Aufgabe 68 (Abschnitt 9.3):

Das Stimmungsbarometer oder ähnliche Methoden sind sehr gut geeignet, die momentane Zufriedenheit der Teilnehmer mit einer Seminarveranstaltung festzustellen.

Ist dieses Instrument auch geeignet, den Erfolg des Seminars insgesamt zu erfassen?

A) Nein, denn das Lernergebnis und das Ergebnis des Stimmungsbarometers können sehr voneinander abweichen.

B) Nein, denn das Stimmungsbarometer liefert Ergebnisse, die mit der Seminarführung wenig zu tun haben.

C) Ja, denn die Zufriedenheit der Teilnehmer mit der Seminarveranstaltung ist das wichtigste Kriterium zur Beurteilung eines Seminars.

D) Ja, denn positive Ergebnisse im Stimmungsbarometer sind ein eindeutiger Hinweis auf positive Lernergebnisse.

E) Das hängt von den Lernzielen des Seminars ab. Wurden primär kognitive Lernziele vermittelt, so ist das Stimmungsbarometer ein gutes Instrument zur Beurteilung des Seminars.

Aufgaben 69–71 (Abschnitt 9.3):

Wir haben fünf Techniken der Messung nicht-kognitiver Leistungen unterschieden (Abschnitt 9.2):

A) das Interview,

B) den Fragebogen,

C) das semantische Differential,

D) das Stimmungsbarometer,

E) projektive Technik,

F) die Verhaltensbeobachtung (mit Bales-Schema).

Aufgabe 69

Welche der oben angeführten Techniken eignet sich besonders für die Messung des Lernerfolges beim **Signallernen?**

A) Das Interview

B) Der Fragebogen

C) Das semantische Differential

D) Das Stimmungsbarometer

E) Projektive Technik

F) Die Verhaltensbeobachtung

Aufgabe 70

Welche der oben angeführten Techniken eignet sich besonders gut für die Messung des Lernerfolges beim **Einstellungslernen?**

A) Der Fragebogen

B) Das semantische Differential

C) Projektive Technik

D) Die Verhaltensbeobachtung

Aufgabe 71

Welche der oben angeführten Techniken eignet sich besonders gut für die Messung des Lernerfolges beim **Sozialen Lernen?**

A) Der Fragebogen

B) Das semantische Differential

C) Projektive Technik

D) Das Stimmungsbarometer

E) Die Verhaltensbeobachtung

	1 Einleitung: Wissen ist zuwenig	
	2 Affekte, Emotionen, Gefühle	
Stufe 1	**3** Definition affektiver Lernziele	Problembestimmung Problemformulierung
Stufe 2	**4** Techniken affektiven Lernens	Problemanalyse, Fest- legen der Lernziele
Stufe 3	**5** Lerntechnik 1: Signallernen	Planung und Durchführung der Ausbildungs- bzw. der Fortbildungs- maßnahmen
	6 Lerntechnik 2: Einstellungs- lernen	
	7 Lerntechnik 3: Soziales Lernen	
	8 Praxisbeispiele: Versicherungsver- treter/Multimedia	
Stufe 4	**9** Die Messung affektiver Veränderung	Prüfung des Erfolgs der Maßnahmen
	10 Affektives Lernen und Manipulation	

10. Das ethische Problem: Affektives Lernen und Manipulation

Wer sich zu einem Seminar mit dem Thema 'Das Betriebsverfassungsgesetz' anmeldet, wird wohl kaum darüber grübeln, was ihn erwartet. Wenn zudem in der Seminarankündigung eine Beschreibung der Inhalte erfolgt, vielleicht sogar in Form von Lernzielen, so wird jeder Teilnehmer überzeugt sein, die Absichten und Ziele des Seminars zu kennen. Mehr noch, der Veranstalter wird daran interessiert sein, möglichst detailliert auszuweisen, was alles im Seminar gelernt werden soll; das weckt Interesse und hält Teilnehmer ab, die entweder zuviel oder zuwenig Vorkenntnisse mitbringen.

Gilt dies nicht für eine Fortbildungsveranstaltung, die z. B. ein Unternehmen mit der Absicht veranstaltet, neu eingestellte Außendienstmitarbeiter auf die Firma „einzuschwören"? Man kann sich kaum einen Ausbildungsleiter vorstellen, der es über sich brächte, dieses Ziel direkt und offen in die Ankündigung zu schreiben. Er wird vielmehr versuchen, die Veranstaltung etwa als Informationsveranstaltung zu „tarnen", und das affektive Ziel „Identifikation mit der Firma" mehr unter der Hand anstreben.

Das Problem scheint also einfach: Bei kognitiven Lernzielen herrscht Klarheit und Offenheit gegenüber den Teilnehmern; bei affektiven Zielen dagegen kommt man um Verschleierung aus guten Gründen einfach nicht herum. Der Autor möchte zwei Gegenthesen aufstellen und im folgenden begründen:

- Auch bei kognitiven Lernzielen gibt es einen „heimlichen" (großenteils affektiven) Lehrplan.

- Auch bei affektiven Lernzielen ist im allgemeinen Offenheit möglich, ohne die Ziele zu gefährden.

10.1 Der 'heimliche Lehrplan'

1975 erschien ein kleines Buch mit dem Titel 'Der heimliche Lehrplan' (Zinnecker 1975), das manchem Unterrichtsforscher und Lehrer die pädagogische Unschuld nahm. Diese Unschuld bestand in dem Glauben, es gäbe Unterrichtshandlungen, in denen es nur um Wissensvermittlung, nur um die Sache ginge und die Lerner auch nur dies lernten. Der Autor des genannten Buches machte dagegen deutlich genug, daß es keine Lernsituation gibt, bei der nicht auch nicht-kognitive (affektive, soziale) Inhalte mitgelernt werden. Solange dies aber nicht ebenso bewußt wird wie die offiziellen Ziele, solange ist es berechtigt, von einem 'heimlichen Lehrplan' zu sprechen. Nehmen wir als Beispiel einen fiktiven Ausschnitt aus dem eingangs erwähnten 'kognitiven' Seminar über das Betriebsverfassungsgesetz.

> Das Seminar ist gerade eine Stunde im Gange. Herr Dr. X, der Referent, wurde als Rechtsexperte vorgestellt, der bereits mehrere Artikel und ein Buch zum Thema des Seminars publiziert und zahlreiche Seminare dazu geleitet habe. Die ersten 45 Minuten gab er eine konzentrierte Darstellung der Problematik und nannte das Programm des Tages. Herr X gewährte den Zuhörern dann eine 10minütige Pause und gab anschließend 15 Minuten Zeit für Verständnisfragen zum Einleitungsreferat. Gerade hat Herr B den Referenten darin bestärkt, daß er völlig zu Recht auf die Nachteile des Gesetzes für den mittleren Unternehmer hingewiesen habe. Er kenne das aus eigener Erfahrung. Herr X mahnt milde, sich doch auf Verständnisfragen zu konzentrieren; über die schwierige Frage der Bewertung würde man zum Schluß des Seminars diskutieren. Da keine weiteren Fragen eintreffen, leitet Herr X die erste Gruppenarbeitsphase ein und gibt Arbeitsblätter aus.

Es wäre kein Wunder, würden Herr X und die Teilnehmer in aller Unschuld behaupten, sie hätten rein kognitiv gelernt und es sei nur um die Sache 'Betriebsverfassungsgesetz' gegangen. Für den 'heimlichen Lehrplan' Sensibilisierte würden dagegen behaupten, es habe sich eine Menge Nicht-Kognitives ereignet, und zwar im Zusammenhang sowohl mit der Lernsituation als auch mit dem Thema. Der 'heimliche Lehrplan' des Referenten könnte wie folgt aussehen:

- Der Referent ist ein unangreifbarer Experte.

- Er bestimmt, wie gelernt wird, was gelernt wird und wann gelernt wird.

- Es ist zum Vorteil der Teilnehmer, wenn sie sich dem Referenten fügen und mit möglichst großem Eifer seinen Anweisungen folgen.

Dies sind 'heimliche Lernziele', die alle drei Lernformen einschließen, die wir als zentral für den affektiven Bereich vorgestellt haben: Signallernen, Einstellungslernen, Soziales Lernen. Dazu kommt als 'heimlicher Lehrplan' noch die persönliche Einstellung des Referenten zum Thema; er ist ja sicher eher ein Befürworter oder Gegner des Betriebsverfassungsgesetzes und wird dies möglicherweise verdeckt vermitteln, obwohl oder gerade weil er sich vornimmt, ganz sachlich und 'neutral' zu bleiben.

Es ist also immer eine naive Illusion, wenn man als Ausbilder oder Lerner glaubt, es ginge nur um die Sache, nur um kognitive Ziele, nur um das ausgewiesene Curriculum. Wichtig ist nun aber die Frage, ob dieser 'heimliche Lehrplan' nur für die Teilnehmer heimlich ist oder ob dies auch für den Lehrenden gilt. Verfolgt z. B. Herr X die aufgezählten 'heimlichen' Lernziele mit vollem Bewußtsein – quasi strategisch –, oder verhält er sich einfach so, daß diese Ziele erreicht werden, ohne daß ihm dies bewußt wird? Damit sind wir beim Problem der **Manipulation.**

Aus den vielen Definitionen dieses Begriffs lassen sich zwei Merkmale herausfiltern, die auch dem allgemeinen Sprachgebrauch weitgehend entsprechen:

Manipulation ist eine Beeinflussung, die

● ... von seiten des Beeinflussenden intendiert ist

● ... dem Beeinflußten nicht oder nur unzulänglich bewußt ist und

● ... in erster Linie zugunsten der Interessen des Beeinflussenden erfolgt.

So gesehen ist Manipulation eine Abart des Lehr-Lernprozesses. Organisiertes Lernen ist ja auch eine intendierte Beeinflussung (Lernziele, Curriculum) von seiten eines Beeinflussers (Lehrenden). Allerdings rechtfertigt sie sich aus dem Interesse des Beeinflußten (Lerners).

Wenn man das genannte Beispiel aus dem Seminar zum Betriebsverfassungsgesetz auf Manipulationsverdacht überprüft, muß man also fragen, inwieweit die 'heimlichen' Lernziele vom Beeinflusser (Herrn X) intendiert sind und inwieweit sie den Interessen der Lerner dienen. Herr X würde, direkt so gefragt, in erhebliche Schwierigkeiten geraten, sich gegen eine Diagnose 'Manipulation' überzeugend zu verteidigen. Wer sich so verhält wie er, muß ja Gehorsam, Planungsvollmacht usw. intendieren, egal ob er dies bewußt tut oder aus Gewohnheit automatisch. Besonders schwer wird er es jedoch haben, die genannten 'heimlichen' Lernziele vom Interesse der Lerner her zu begründen. Warum soll es in ihrem Interesse sein, wenn sie in Herrn X den unantastbaren Experten sehen oder wenn sie es Herrn X überlassen, was und wie gelernt werden soll? Dominieren dabei nicht viel eher mehr oder weniger egoistische Interessen des Ausbilders? Gehorsam und Fügsamkeit der Teilnehmer seinem Lehrplan gegenüber sind doch für ihn bequemer, psychisch befriedigender, sicherer usw. Damit soll keineswegs die absurde Unterstellung behauptet werden, jeder Ausbilder, der sorgfältig plane, tue dies nur aus egoistischen Gründen und manipuliere. Es geht vielmehr darum, als Ausbilder sensibel für den eigenen 'heimlichen' Lehrplan zu werden und Planungsentscheidungen darauf abzuklopfen, ob sie tatsächlich primär im Interesse der Lerner erfolgen.

10.2 Müssen affektive Ziele verschleiert werden?

Wer als Ausbilder nicht manipulieren will, kommt bei einem affektiven Lernzielkatalog unausweichlich in Schwierigkeiten. Erinnern Sie sich an die drei Beispiele, die in Kap. 3 ausführlich beschrieben wurden:

- Eine Großbank will die Einstellung ihrer Schalterbeamten gegenüber älteren Kunden verändern.

- Eine pharmazeutische Firma will erreichen, daß ihre Bandleserinnen die Abwehr gegenüber Hygienevorschriften abbauen.

- Eine Automobilfirma hofft, daß ihre Verkäufer zu einer positiven Einstellung gegenüber einer bestimmten Kundengruppe kommen.

Liest der Ausbilder in einer solchen Situation unsere Manipulationsdefinition, so scheint dieses 'Übel' unausweichlich. Zum einen: Was geschieht, wenn man den Adressaten die affektiven Ziele bewußt macht? Muß man nicht riskieren, daß die Teilnehmer dann nicht mitmachen, abblocken und sich gegängelt fühlen? Verschließt man sich nicht damit jede Chance, die Adressaten affektiv zu beeinflussen? Zum anderen: Sind diese Lernziele denn im Interesse der Adressaten? Handelt es sich nicht einseitig um Interessen der Firma, die per Ausbildungsmaßnahme den Teilnehmern übergestülpt werden? Ist nicht gerade die Scheu vor dem Offenlegen der wahren Lernziele ein Beweis dafür, daß man sich der Interessen der Teilnehmer recht unsicher ist? Solche Überlegungen lassen die Frage 'Manipulation oder nicht' im affektiven Lernzielsektor recht akademisch erscheinen. Der Schluß drängt sich auf, daß es hier ohne Manipulation einfach nicht ginge. Man ist sogar noch versucht, etwas trotzig hinzuzufügen: Wenn das Manipulation sein soll, dann manipuliere ich eben!

Wir haben inzwischen längst den Boden der empirischen Erziehungswissenschaft verlassen. Hier geht es um normative Fragen, die jeder Ausbilder selbst entscheiden muß. So sind auch die folgenden Stellungnahmen als persönliche Äußerungen zu verstehen. Ich bin der Meinung, daß sich gerade bei affektiven Lernzielen oft eine Offenlegung der Ziele nur erkaufen ließe mit dem Risiko, daß man den Einfluß auf die Teilnehmer aus der Hand gibt. Andererseits ist diese Tatsache als Herausforderung für den Ausbilder zu verstehen. Von seiner Kreativität, Argumentation und Überzeugungskraft hängt es zu einem großen Teil ab, ob ein Aufdecken affektiver Ziele tatsächlich bei den Teilnehmern Widerstand auslöst. Wenn Ausbilder z. B. gezielt versuchen, affektive Ziele einsichtig und von den Interessen der Teilnehmer her für diese selbst attraktiv zu machen, wenn sie um die Mitarbeit der Teilnehmer mit pädagogischem Können werben, anstatt dies erst gar nicht zu versuchen, dann läßt sich in vielen Fällen durch Offenlegen der Ziele sogar ein Plus erreichen: eine intensivere Mitarbeit der Teilnehmer und eine ehrlichere Beziehung zwischen Lehrenden und Lernenden.

Wenn Sie mit Erfolg einigen der Empfehlungen unter der Rubrik „Lebenshilfe" gefolgt sind, so haben Sie sich bewiesen, daß ein Durchschauen der Ziele und Methoden sogar nützlich sein kann. Wer sich mit affektiven Lernzielen in der Praxis beschäftigt hat, wird ohnehin feststellen, daß die gemeinsame Diagnose des Problems der erste Schritt sein muß. Dazu gehört, daß Lehrender und Lerner gemeinsam das Ausgangsproblem (z. B. nicht getragener Mundschutz oder Reklamation von älteren Bankkunden) definieren und sich darauf einigen, ihm auf den Grund zu gehen. Damit ergibt sich fast zwangsläufig eine offene, gemeinsam getragene Arbeit an affektiven Lernzielen.

Das Manipulationsproblem stellt sich nur dann in aller Schärfe, wenn Teilnehmer kein Problembewußtsein haben oder ein anderes als die Ausbilder (oder die Firma). Wie kommt man an einen Manager heran, der nicht im geringsten seinen Führungsstil ändern will, wie an einen Jugendlichen, der sofort davonläuft (oder nicht weiterliest), wenn man ihm sagt, man wolle ihn vom Rauchen wegbringen? Bleibt hier nicht als einziges Mittel die gutgemeinte Täuschung: Man läßt das Managementseminar unter dem Segel 'Verhandlungstraining' laufen oder verpackt eine Anti-Raucher-Broschüre als Unterhaltungsmagazin? Ich meine, daß in diesen Fällen diese 'Tricks' zu verantworten sind, weil ich die Ziele von meinen persönlichen Werten her vertreten könnte. Vorausgesetzt: Sie erscheinen wirklich als 'einziges Mittel'.

Affektives Lernen ist schließlich aus einem letzten Grund eine ethisch brisante Angelegenheit: Es kann dazu verführen, bei Reibungen zwischen Mensch und Umwelt die Lösung in einer Anpassung des Menschen zu suchen, obwohl es im Interesse des Menschen läge, die Umwelt zu ändern. Ein extremes Beispiel: Wenn eine Firma ein Produkt mit erheblichen umweltgefährdenden Mängeln herstellt und, statt das Produkt zu verbessern, nur versuchen sollte, mit affektivem Lernen das Mißtrauen ihrer Verkäufer in kritiklose Zufriedenheit mit dem Produkt umzuwandeln, so wäre hier, nach Meinung des Autors, die Grenze zur unverantwortlichen Manipulation eindeutig überschritten.

Lösungen zu den Testaufgaben

Testaufgaben zu Kapitel 2:

Die richtigen Antworten:

1.: B)	2.: B)	3.: C)	4.: A) + B)
5.: A) + C)	6.: D)	7.: D)	8.: A) + B)

Testaufgaben zu Kapitel 3:

Die richtigen Antworten:

9.: C) + E)   10.: E)   11.: C)   12.: A), B), C), D) + E)
(alle Antworten sind richtig)   13.: D)   14.: B)

Übungsbeispiel zu den drei Lerntypen im affektiven Bereich:

Die richtigen Antworten zu Abschnitt 4.4.2

1.: Ei	2.: So	3.: Ei	4.: So	5.: Si	6.: Ei
7.: Si	8.: Ei/So				

Testaufgaben zu Kapitel 4:

Die richtigen Antworten:

15.: A)+D)	16.:D)	17.: B), C) + E)	18.: C)
19.: C)	20.: B)	21.: D)	22.: B)
23.: B)			

Testaufgaben zu Kapitel 5:

Die richtigen Antworten:

24.: A) C) + D) (Hinweis für die Lösung der Aufgabe 24: Wenn Sie C) für richtig halten, so beachten Sie bitte, daß wir „Signalreiz" den Reiz nannten, mit dem eine neue emotionale Reaktion erst gekoppelt werden sollte.)

25.: B)   26.: A), B) + D)   27.: C)   28.: B)
29.: D)

Testaufgaben zu Kapitel 6:

Die richtigen Antworten:

30.: A). C), D), F), G) + H)   31.: B), C) + E)   32.: D)
33.: E)   34.: A), D) + E)   35.: B) + E)   36.: A), C) + D)
37.:B) + C)   38.: A) + C)

Testaufgaben zu Kapitel 7:

Die richtigen Antworten:

39.: A)   40.: A) + B)   41.: A), C) + D)   42.: A), C) + D)
43.: C)   44.: A), B) + D)   45.: A)   46.: A)
47.: E)   48.: C)

Testaufgaben zu Kapitel 9:

Die richtigen Antworten:

49.: A) + D)   50.: Alle Antworten sind richtig   51.: C)
52.: D) + E)   53.: E)   54.: B)   55.: A)
56.: A)   57.: B) + D)   58.: A), C), D) + E)
59.: C)   60.: A)   61.: A) + C)   62.: A), B) + C)
63: B), C) + D)   64.: C)   65: E)   66.: C)
67.: D)   68.: A)   69.: C)   70.: A) + C)
71.: E)

Anhang

Inhalt Seite

1. Anti-Raucher-Broschüre mit Analyse   289
   Beispiel zum Einstellungslernen

2. Affektive Lernziele   329
   Eine programmierte Unterweisung zur
   Begriffsbestimmung

3. Glossar   379

4. Literaturverzeichnis   401

5. Register   407

Beispiel zum Einstellungslernen

Anti-Raucher-Broschüre
mit Analyse

Analyse der Anti-Raucher-Broschüre »Spielen Sie mit?«
an Hand der Thesen zum Einstellungslernen.

(Die Zahlenangaben beziehen sich auf die Thesen zum
Einstellungslernen auf den Seiten 125ff. bzw. auf deren
Zusammenfassung auf Seite 169).

Zum Deckblatt der Anti-Raucher-Broschüre

Durch die Aufmachung sollte bewußt der Eindruck des »gehobenen Zeigefingers« vermieden werden. Der Adressat wird zuerst im unklaren gelassen, welches Ziel die Broschüre verfolgt, um nicht von vornherein eine Abwehrhaltung zu provozieren. Gleichzeitig soll der Adressat neugierig gemacht werden.

Spielen
Sie mit?

Diesmal können Sie selber mitmachen. In diesem
Buch können S i e auf Fragen antworten oder
aus einigen vorgegebenen Antworten die heraussu-
chen, die Sie für richtig halten.

Vergleichen Sie Ihre Antworten mit unseren, die
jeweils auf der Rückseite stehen.

Wenn Sie die Antwort anderer Leute wichtiger
finden als Ihre eigene, dann können Sie natürlich auch gleich auf der Rückseite nachschauen.

1

Zu Seite 1 der Anti-Raucher-Broschüre

Hier wird das erste Mal, so wie auf vielen Seiten später, die Selbständigkeit des Adressaten angesprochen, seine Unabhängigkeit gegenüber anderen Personen, die dem Adressaten Vorschriften machen.
Hiermit wird das Bedürfnis nach Selbständigkeit, das gerade bei
Jugendlichen besonders ausgeprägt ist, aktiviert. Dieses Bedürfnis
nach Selbständigkeit bringt viele Jugendliche zum Rauchen, sie wollen damit ihr »Erwachsensein« dokumentieren. Mit der Broschüre soll
deutlich gemacht werden, daß auf die Erfüllung dieses Bedürfnisses
nicht verzichtet zu werden braucht, wenn man auf das Rauchen verzichtet. Auch die neue Einstellung erfüllt also die Funktionen, die die
alte Einstellung erfüllt hat (vgl. These 1.1, S. 125).

Der Leser wird direkt – und zwar mit »Sie«– angesprochen, obwohl es
sich um Jugendliche handelt, die meist mit Du angesprochen werden.
Die Autoren zeigen, daß sie die Leser achten (wie Erwachsene) und
daß sie persönlich gemeint sind (vgl. These 4.7, S. 157).

Zu Seite 3 der Anti-Raucher-Broschüre

Durch die Unterschrift soll der Eindruck verstärkt werden, daß es hier
um den Adressaten ganz persönlich geht (vgl. These 4.7, S. 157).

Sie erhalten einen Trommelrevolver. Nur in einer
der 6 Kammern steckt eine Patrone, die anderen 5
Kammern sind leer. Sie wissen nicht, wo die Kugel
steckt, wir auch nicht. Halten Sie den Revolver an
die Schläfe und drücken Sie ab! — Sie zögern??
Seien Sie kein Feigling, Sie haben unterschrieben.

Das sind ja kriminelle Methoden!

Weshalb? (Suchen Sie sich aus den drei folgenden
Antworten Ihre heraus)

A) Ich wußte ja gar nicht, wie das Spiel ausgehen
   kann.
B) Ich bin doch kein Feigling, wenn mir mein Leben
   wichtiger ist als diese Spielregeln.
C) Sie haben gelogen! Sie sagten doch, es sei ein
   Spiel, das alle begeistert. Da macht bestimmt
   keiner mit, wenn er weiß, wie es ausgehen kann.

Kreuzen Sie Ihre Antwort(en) an!

Was wir uns zu den Antworten gedacht haben, finden
Sie auf der Rückseite.

5

Zu Seite 5 der Anti-Raucher-Broschüre

Hier wie bei vielen anderen Seiten, in denen Fragen gestellt werden,
zu denen der Adressat Stellung nimmt, soll die Selbständigkeit des
Adressaten, aber auch seine Möglichkeit zur Mitwirkung unterstrichen
werden. Auf diese Weise hat der Adressat die Möglichkeit, Schlußfolgerungen selbst zu ziehen, neue Einstellungen selbst zu entdecken
(vgl. These 4.1, S. 142).

Auf dieser Seite taucht auch das erste Mal das schwarze Männchen
auf, das der Information auf der Seite widerspricht. Durch dieses Stilmittel ist es möglich, die Gegenseite der dargestellten Information
mit aufzuzeigen, wobei jedoch die Gegenseite durch das Männchen
deutlich gekennzeichnet ist. Bevor man die Sprechblase des Männchens liest, weiß man bereits, daß mit diesem Satz eine Gegenmeinung vertreten wird (vgl. These 4.2, S. 146).

Die »Geschichte« des schwarzen Männchens:

Während auf dieser Seite (Seite 5) der Leser durch die vorgegebenen Antworten noch in gleicher Richtung wie das schwarze Männchen argumentiert, gehen die Autoren davon aus, daß der Leser auf Seite 11 dem Männchen bereits widerspricht. Der Leser hat jedoch die Wahl. Das Argument auf Seite 13 widerlegt der Leser mit Hilfe der Information im Heft, wobei der Gesichtsausdruck des Männchens vom aggressiven zum eher freundlichen, unsicheren gewechselt hat. Auch das Argument auf Seite 21 wird eher unsicher vorgebracht, während auf Seite 23 die Sicherheit des Männchens eher wieder zunimmt, um auf Seite 27 den Höhepunkt zu erreichen. Eine Sicherheit, die der Unsicherheit des Lesers bezüglich des Rauchens widerspricht. Diese Sicherheit endet auf Seite 28 mit dem »Pech« im Russischen Roulett, wobei diese fiktive Geschichte ihre faktische, realistische Untermauerung in dem Zeitungsausschnitt auf Seite 29 erfährt.

zu Antwort A):
Ich wußte ja gar
nicht, wie das
Spiel ausgehen
kann.

zu Antwort B):
Ich bin doch kein
Feigling, wenn mir
mein Leben wichti-
ger ist als diese
Spielregeln.

zu Antwort C):
Sie haben gelogen!
Sie sagten doch, es
sei ein Spiel, das
alle begeistert. Da
macht bestimmt kei-
ner mit, wenn er
weiß, wie es aus-
gehen kann.

Sie bestehen
darauf zu wis-
sen, worum es
geht, bevor Sie
mitmachen. Wir
hoffen, daß Sie
immer so reagie-
ren, z. B. auch,
wenn Ihre Freun-
de mitmachen,
ohne vorher ge-
fragt zu haben.

Sie wissen, was
wichtig ist. So
leicht kann man
Ihnen nichts vor-
machen. Behalten
Sie diese Eigen-
schaft auch in
kritischen Situa-
tionen bei.

Sie haben vernünf-
tig gedacht. Wir
werden Ihnen in
diesem Buch aber
Millionen von Leu-
ten zeigen, die bei
einem ähnlichen
Spiel mitmachen,
obwohl das Risiko
ebenso groß ist.

6

Zu Seite 6 der Anti-Raucher-Broschüre

Zu vielen der gestellten Fragen gibt es kein Richtig oder Falsch. Die
Autoren der Broschüre haben für jede Meinung Verständnis, wenn
sie auch in ihren Antworten deutlich eine Meinung favorisieren.

Zu Seite 7 der Anti-Raucher-Broschüre

Hier wird noch einmal zu kritischer Einstellung dem eigenen Verhalten gegenüber aufgefordert.

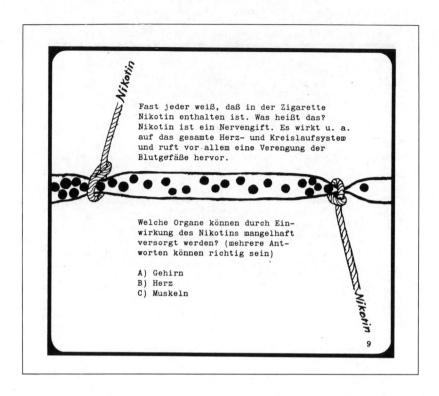

Fast jeder weiß, daß in der Zigarette
Nikotin enthalten ist. Was heißt das?
Nikotin ist ein Nervengift. Es wirkt u. a.
auf das gesamte Herz- und Kreislaufsystem
und ruft vor allem eine Verengung der
Blutgefäße hervor.

Welche Organe können durch Einwirkung des Nikotins mangelhaft
versorgt werden? (mehrere Antworten können richtig sein)

A) Gehirn
B) Herz
C) Muskeln

9

Zu Seite 9 der Anti-Raucher-Broschüre

Hier wird ein kognitives Lernziel als Zwischenziel zu dem affektiven
Lernziel vermittelt (vgl. These 4.4, S. 150), wobei die Form der Darstellung kognitive und affektive Inhalte enthält: sie weckt Assoziationen zu »strangulieren«, »gehängt werden«.

Ohne Nahrung aus dem Blut stirbt das Gewebe ab.
Wenn z. B. die Gefäßwände der Beine durch das
Nikotin ständig verengt werden, so kann das sogenannte „Raucherbein" auftreten; d. h. im Beinmus-
kel entsteht totes Gewebe; häufig muß das Bein
amputiert werden.

Mal langsam! So gefährlich kann das Nikotin
gar nicht sein. So häufig kommt das Raucherbein sicher nicht vor? Von einem hinkenden
Raucher habe ich noch nie gehört.

Was würden Sie darauf antworten?

A) Er hat recht. Bevor ich die Gefahr abschätzen
   kann, muß ich wissen, wie häufig das Raucherbein vorkommt.
B) Der Einwand spielt keine Rolle. Es reicht
   schon, wenn so etwas überhaupt möglich ist.

11

Zu Seite 11 der Anti-Raucher-Broschüre

Auch hier wird wieder die »Gegenseite« dem schwarzen Männchen in
den Mund geschoben (vgl. These 4.2, S. 146). In der Aufgabe wird hier
auch wieder deutlich, daß dem Adressaten Gelegenheit gegeben
wird, seine Schlußfolgerungen selbst zu ziehen (vgl. These 1.1, S. 142).

Auch im Herzen kann das Nikotin zum Ab-
sterben von einzelnen Muskelpartien
führen. Man spricht dann von einem
Herzinfarkt.

Halt!
Ist denn das bewiesen?
Ist nicht der Herzinfarkt
eine typische Krankheit
von dicken Managern?

Dieser Einwand ist richtig. Der Herzinfarkt ist eine typische Managerkrankheit.
Am Herzinfarkt sterben jedoch auch mehr
Raucher als Nichtraucher. Die Wissenschaftler sind aber sehr vorsichtig mit
ihren Behauptungen, denn es gibt noch
andere wichtige Gründe für das Entstehen des Herzinfarkts. Der ursächliche
Zusammenhang zwischen Nikotin und
Herzinfarkt konnte noch nicht gefunden
werden [2].)

Heißt das, daß die Zigarette bei der Entstehung
des Herzinfarkts unschuldig ist? (Unterstreichen
Sie bitte Ihre Antwort.)

Ja/Nein   13

Zu Seite 13 der Anti-Raucher-Broschüre

Vgl. Anmerkungen zu Seite 5 und 11.

Es wird ein kognitives Zwischenziel angestrebt (vgl. These 4.4, S. 150),
und die Gegenseite kommt zu Wort (vgl. These 4.2, S. 146).

Dieses Risiko muß man eingehen. Ein guter Autofah-
rer hat das Risiko in der Hand. Ist es das einzige
Risiko, das mit der Zigarette verbunden ist?

Ja/Nein

17

Zu Seite 15 und 17
der Anti-Raucher-Broschüre

Nach der Informationsvermittlung auf den vorhergehenden Seiten soll durch diesen Comic die Broschüre attraktiver werden. Hier ist der Punkt erreicht, bei dem die Gefahr besteht, daß man die Broschüre aus der Hand legt, weil man sie zu lehrreich empfindet. Dieser Comic soll diesem Eindruck entgegenwirken. Gleichzeitig wird mit dem Comic die fragwürdige Argumentation der Zigarettenwerbung deutlich gemacht. Hinzu kommt, daß die Comics eine für die Jugendlichen gemäße Form der Informationsaufnahme darstellen. Ein Autor, der ebenfalls dieses Mittel anwendet, wird – so hofft man – als sympathisch empfunden (vgl. These 2.2, S. 134).

Sehr viel wichtiger als das Nikotin sind die
Teerstoffe im Zigarettenrauch.

Wenn Sie täglich 20 Zigaretten rauchen, kommt pro
Tag ein Gramm Teer in Ihre Lungen [3]).

Teerstoffe sind bekannt für Ihre krebsfördernde
Wirkung. Krebsfördernde Stoffe nennt man
Carzinogene.

Wenn Carzinogene auf die Schleimhäute z. B. der
Atemwege kommen, rufen sie nach längerer Einwirkung maßlose Wucherungen, den Krebs, hervor. Das
wuchernde Gewebe breitet sich aus und greift die
gesunden Organe an.

Können auch bei einem
Nichtraucher Carzino-
gene auf die Schleim-
häute kommen?

Ja/Nein

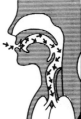

Zu Seite 19 der Anti-Raucher-Broschüre

Hier findet man Beispiele zur Anwendung der Thesen:

4.4 (kognitive Zwischenziele)

4.2 (zweiseitige Darstellung)

4.1 (Selbstentdecken der Schlußfolgerungen) zum Teil auch

4.6 (es wird bei den Adressaten Furcht erregt).

Auf diesen Seiten wird auch zitiert. Die Indexzahlen beziehen sich auf
eine (fast wissenschaftliche) Literaturliste am Ende der Broschüre.
Damit soll der Information ein hohes Prestige und hohe Glaubwürdigkeit gegeben werden (vgl. These 2.3, S. 135).

Ein Raucher sorgt nicht nur für die Carzinogene in seiner eigenen Atemluft, sondern die Hälfte der gefährlichen Stoffe seiner Zigarette bekommt die Umwelt ab. [4]) Trotzdem sind noch 90% aller Fälle von Lungenkrebs Raucher [5]); unter den restlichen 10% finden sich viele Nichtraucher, die berufsmäßig mit dem Rauch in Kontakt kommen, z. B. Gastwirte.

> Was schadet denn der Teer in der Lunge. Der Körper hat doch so viele Abwehrkräfte, wehrt er nicht auch den Teer ab?

Welche Antwort überzeugt Sie mehr:

A) Ja, denn bei Jugendlichen tritt der Lungenkrebs sehr selten auf, da sie noch viele Abwehrkräfte haben.

B) Nein, der Teer wird nicht abgebaut, sondern sammelt sich langsam an.

21

Zu Seite 21 der Anti-Raucher-Broschüre

Vgl. Ausführungen zu Seite 5 und 19 der Anti-Raucher-Broschüre.

Die Schleimhäute der Atemwege entwickeln zunächst
eine natürliche Abwehrtätigkeit gegen alle Schmutz-
teilchen in der Atemluft. Einige Stoffe im Zigarettenrauch lähmen jedoch bei längerer Einwirkung die
Abwehrtätigkeit, so daß der Teer des Zigaretten-
rauchs in den Atemwegen liegenbleibt. Durch Zufall
kann es sein, daß schon wenig Teer den Lungenkrebs
auslöst. Je mehr Teer sich sammelt, desto eher wird
der Lungenkrebs ausgelöst. Bei den Betroffenen
tritt er in der Regel nach 15 bis 20 Jahren
Rauchen ein. ⁶)

Da stimmt doch was nicht! Ich kenne
jemanden, der raucht schon 50 Jahre
lang und hat keinen Lungenkrebs.

Ist der Zusammenhang zwischen Rauchen und Lungenkrebs dadurch widerlegt?

Ja/Nein

23

Zu Seite 23 der Anti-Raucher-Broschüre

Vgl. Ausführungen zu Seite 5 und 19 der Anti-Raucher-Broschüre.

zu Antwort Ja:

Wenn Sie dagegen der Meinung sind, daß dieser Einwand beweist, daß zwischen Lungenkrebs und Rauchen kein Zusammenhang besteht, dann befinden Sie sich in einem gefährlichen Irrtum, der schon vielen Menschen das Leben gekostet hat.

zu Antwort Nein:

Wenn Sie der Meinung sind, daß ein Zusammenhang zwischen Lungenkrebs und Rauchen besteht, auch wenn der Lungenkrebs nicht jeden Raucher trifft, dann sind Sie in Ihrer Erkenntnis Millionen von Menschen voraus. Ein führender Mediziner sagt dazu:

„Es gibt wenige Fragen, die so gründlich geprüft worden sind und dies mit so unumstößlichen Ergebnissen, wie die Frage der Gesundheitsschädigungen durch das Zigarettenrauchen. Wenn der Tabak Spinat wäre — er wäre längst verboten und vom Markt verschwunden." [7]

24

Zu Seite 24 der Anti-Raucher-Broschüre

Hier wird die »richtige« Antwort deutlich belohnt (»Millionen Menschen voraus«) (vgl. These 4.3, S. 148), Vorteil für den Adressaten, wobei (quasi als Beweis) wieder ein Zitat gebracht wird (Glaubwürdigkeit des Kommunikators: vgl. These 2.3, S. 135).

In einer noch von J. F. Kennedy beauftragten Untersuchung, dem „Terry-Report", konnte an Hand von
einer Million Versuchspersonen über den Zusammenhang zwischen Lungenkrebs und Zigarettenrauchen folgendes bewiesen werden:

1. Das Zigarettenrauchen steht in ursächlicher
   Beziehung zum Lungenkrebs bei Männern; die
   Stärke der Wirkung der Zigarette überwiegt weit
   alle anderen Faktoren. Die Zahlen für Frauen —
   obwohl weniger ausgeprägt — weisen in dieselbe
   Richtung.

2. Das Risiko eines Lungenkrebses wächst mit der
   Zeit, wie lange man schon raucht und mit der
   Zahl der Zigaretten, die man pro Tag raucht;
   das Risiko sinkt, wenn man aufhört zu rauchen.

(Übersetzung aus „Terry-Report") [2]

Hängt das Risiko nicht auch davon ab, ob man
Lungenzüge macht oder nicht?

Ja/Nein

25

Zu Seite 25 der Anti-Raucher-Broschüre

J.F. Kennedy wird als ein den Jugendlichen sympathischer Gewährs-
mann erwähnt (vgl. These 2.2, S. 134).

Durch das Zitat des »Terry-Reports« und der »Million Versuchspersonen« wird die Glaubwürdigkeit und das Prestige des Kommunikators
(vgl. These 2.3, S. 135).

In der Bundesrepublik Deutschland zeigt sich die
Gefährlichkeit der Zigarette so:

Jeder 35. Mensch stirbt an Lungenkrebs, d. h. mindestens einer aus einer großen Schulklasse.

Die Betroffenen sind meist Raucher, denn, wie Sie
schon wissen, sind 90% aller Lungenkrebsfälle
Raucher. Wann und ob der Lungenkrebs eintritt,
hängt davon ab, wie stark man raucht. Für starke
Raucher hat ein Wissenschaftler folgendes
berechnet:

Unter sechs starken Rauchern stirbt einer an
Lungenkrebs. [7])

Da gibt es ja noch eine Menge von
Rauchern, denen nichts passiert.

Was würden Sie auf dieses Argument antworten?

27

Zu Seite 27 der Anti-Raucher-Broschüre

Hier wird noch einmal der Zusammenhang zwischen Zigarettenrauchen und Russischem Roulett dargestellt (in Kombination mit Seite
28) und – wie meistens bei wichtigen Aussagen – als Zitat (Glaubwürdigkeit: vgl. These 2.3, S. 135) dargestellt.

Vgl. auch die Ausführungen zu Seite 5.

Auch beim Russischen Roulette stirbt nur jeder
6., wenn Sie trotzdem mitmachen wollen, kann
Sie niemand daran hindern.

Wir wünschen Ihnen von Herzen Glück.

28

Zu Seite 28 der Anti-Raucher-Broschüre

Man überläßt dem Leser die Entscheidung, wünscht ihm sogar
Glück.

Sicher kannte er seine Chancen; von 13 Leuten, die Lungenkrebs haben, überlebt nur einer. Viele Kranke müssen zwei Jahre mit der Gewißheit leben, einen tödlichen Lungenkrebs zu haben. ⁸)

Weshalb glaubte dieser Raucher, daß gerade ihm so etwas nicht passieren könnte?

A) Er wollte nicht aufhören zu rauchen
B) Er wollte den Lungenkrebs riskieren
C) Er hielt sich für so gesund, daß ihm der Rauch nicht schadet.

29

Zu Seite 29 der Anti-Raucher-Broschüre

Hier wird dem Argument begegnet: 'Mich wird es schon nicht treffen, die positiven Chancen sind größer.'

Mit der Frage »entdeckt« dann der Leser, daß vielleicht auch seine Argumentation nicht ganz richtig sein muß (These 4.1, S. 142).

Seite 14 / Nr. 10 / Jahrgang 17 / Einzelpreis 20 Pf

Großer US-Raucherbericht weist Lücken auf

Deutsche Wissenschaftler: Verschmutzung der Luft ist viel gefährlicher

Kiessner Bericht – SAD – dpa   New York, 13. Januar

Gleichzeitig mit dem Erscheinen des Terry-Report sagt ein Professor der Medizinischen Akademie Düsseldorf, daß die Luftverunreinigung vor allen anderen Faktoren die größte praktische Bedeutung für das Auftreten von Lungenkrebs hat. [9]

Für die Entdeckung, daß Autoabgase und Industriequalm den Lungenkrebs auslösen, erhielt der Autor gleich einen Preis von 10.000,— DM. [10]

Wer könnte dem Autor für dieses Ergebnis wohl sehr dankbar sein?

A) Alle Raucher, weil die Gesundheitsapostel endlich widerlegt sind.
B) Die Zigarettenindustrie, weil ihr Umsatz nicht mehr gefährdet ist.
C) Die Autoren des „Terry-Reports".

31

Zu Seite 31 der Anti-Raucher-Broschüre

Hier wird ein Gegner aufgebaut. Nachdem die Gefühle bis zu einem gewissen Grad bereits erregt wurden, wird hier deutlich gemacht, daß es jemanden gibt, der von außen manipuliert. Gegen den man sich auflehnen muß, gegen den man seine Selbständigkeit beweisen muß. Die Gefühle, die in der Broschüre erregt werden, müssen ein Ziel außerhalb der eigenen Person haben, sonst werden sie abgeblockt und unwirksam. »Buhmann« ist hier die Zigarettenindustrie. Das abstrakte, schwarze Männchen, das bis zur Seite 28 die Gegenseite vertreten hat, wird jetzt zu einem konkreten Gegner der Zigarettenindustrie. Durch die Geschichte soll auch Furcht erregt werden (vgl. These 4.6, S. 155).

Auch hier wird es dem Leser selbst überlassen, die Zuverlässigkeit der Information in Frage zu stellen (vgl. These 4.1, S. 142), selbst Schlußfolgerungen ziehen.

Da aber nicht alle Sand in den Augen haben,
stellte sich folgendes heraus:

Von mehreren Seiten wurde unzureichende Methodik
der Düsseldorfer Arbeit bewiesen, so daß der Autor
„in einer öffentlichen Diskussion alles zurück-
nehmen mußte und nur noch von „Irrtümern" sprach.
Das wurde aber von der Presse nicht gebührend
bekanntgemacht, so daß die Wirkung der falschen
Behauptungen bestehenblieb und die Raucher noch
heute dieser falschen Beruhigungspille auf-
sitzen". ")

Was können die Hintergründe dieser Totschweige-
taktik sein? Gibt es jemanden, der nicht will,
daß die Gefährlichkeit der Zigarette bekannt wird?
Haben die Zigaretten für jemanden sogar eine
positive Wirkung?

33

Zu Seite 33 der Anti-Raucher-Broschüre

Die vom Leser gezogenen Schlußfolgerungen werden hier bestätigt.
Wobei auch hier die Autoren der Broschüre nur zitieren (vgl. These
2.3, S. 135), Glaubwürdigkeit.

Mit dieser »Bestechungsgeschichte« sollen auch Emotionen erregt
werden (vgl. These 4.5, S. 151).

Nicht wenig verdienen auch die Werbeagenturen an
der Zigarettenreklame. Keine Industrie gibt mehr
für ihre Reklame aus als die Zigarettenindustrie. [12]) 1970 zum Beispiel betrug der Werbeaufwand
210 Millionen DM.

Die Werbung erzählt Ihnen zwar nicht, was Sie
wirklich kaufen, sondern sie macht Ihnen weis, daß
Sie das einkaufen können, was Sie sich ganz im
Geheimen wünschen. Auf faszinierenden Werbe-
plakaten, in packenden Werbeslogans oder in einem
guten Witz werden große Versprechungen gemacht.

Weshalb legen z. B. manche Zigarettenreklamen so
viel Gewicht darauf, daß der Rauch mild und
nikotinarm ist?

A) Weil solche Zigaretten nicht gefährlich sind.

B) Damit der Raucher keine Angst vor der Wirkung
   der Zigarette hat.

C) Weil milder und nikotinarmer Rauch auch Jugendlichen nicht schadet.

35

Zu Seite 35 der Anti-Raucher-Broschüre

Als Sprachrohr des Gegners »Zigarettenindustrie« wird hier die Werbung dargestellt.

Hier wird gegen die Werbung argumentiert (vgl. These 4.4, S. 150),
es wird eine kognitive Dissonanz aufgebaut: Werbung macht uns was
vor – ich tue, was Werbung sagt.

Antwort B ist
richtig.
Die Zigaretten-
industrie ver-
sucht, den Käu-
fern die berech-
tigte Angst vor
der Wirkung der
Zigarette zu
nehmen, weil sie
den Umsatz ge-
fährden könnte.

Wenn Sie A) oder
C) gewählt haben,
dann hat die Wer-
bung schon ganze
Arbeit bei Ihnen
geleistet. Zwar
werden immer
mildere Zigaret-
ten verkauft,
aber die Zahl der
Lungenkrebsfälle
steigt weiterhin
an.

36

Zu Seite 36 der Anti-Raucher-Broschüre

Hier wird der Widerspruch zwischen emotionaler Aussage des Textes, in dem Begriffe wie »Angst vor der Wirkung der Zigarette« und
»Zahl der Lungenkrebsfälle« vorkommen, und den Fotos in der Zigarettenwerbung auf der gleichen Seite dargestelt.

Der Käufer soll nicht nur keine Angst vor der
Zigarette haben, sondern im Gegenteil, er soll
sich über die Zigaretten freuen können. Darum
werden ihm durch die Zigarette große Dinge
versprochen.

Das verspricht Peter Stuyvesant
seinen Käufern:

Den Duft der großen weiten Welt,
ein Taxi nach New York, den
Sprung in ein anderes Land, die
Welt der Männer und Frauen, die
keine Grenzen kennen.

Welches Schlagwort beschreibt das Versprechen von
Peter Stuyvesant am treffendsten:

A) Schönheit

B) Jugend

C) Freiheit und Unabhängigkeit

37

Zu Seite 37 der Anti-Raucher-Broschüre

Vgl. Ausführungen zu Seite 35 der Anti-Raucher-Broschüre.

Wissen Sie, wie diese Freiheit tatsächlich aus-
sieht?

Ein Meisterstück, was die Meinungsmanipulation geleistet hat: Rauchen soll die Freiheit bringen, von
der nur Jugendliche unter 18 Jahren noch
ausgeschlossen sind!

Ein wahrer Freiheitskämpfer,

● der schon mit 15 Jahren raucht,
● der schon so früh daran denkt,
  daß die Zigarettenindustrie und
  der Staat auch von seinem Tribut lebt,
● der so gehorsam regelmäßig sein
  Zigarettenpäckchen am Automaten
  abholt,
● der so vorschriftsmäßig das Vergnügen genießt, das die Zigarettenindustrie ihm vorschreibt.

Dieser Freiheitskämpfer raucht nicht mehr, weil er
will, sondern weil die Zigarettenindustrie es
will.

Halten Sie es für eine gute Idee, sich Ihre Entscheidungsfreiheit auf diese Art nehmen zu lassen?

39

Zu Seite 39 der Anti-Raucher-Broschüre

Hier wird noch einmal ganz deutlich gesagt: Wer raucht, begibt sich
in Abhängigkeit. Nur wer nicht raucht, behält seine Entscheidungsfreiheit (vgl. These 1.1 und These 4.3: Vorteile für den Adressaten,
S. 125 und S. 148).

Zu Seite 40 der Anti-Raucher-Broschüre

Die Autoren lassen dem Leser seine Entscheidungsfreiheit. Allerdings hat es weitere entscheidende Vorteile, wenn man nicht raucht, wie das Bild zeigt: man bekommt ein Mädchen (vgl. These 4.3, S. 148).

316

Noch können Sie „Nein" sagen!

Noch können Sie verhindern, daß sie einfach
    hineinrutschen, daß Sie rauchen, weil
    es so viele andere tun.

Noch haben Sie es in der Hand, ob Sie den
    Tag erleben müssen, an dem Sie die
    Zigarette ausdrücken wollen, es aber
    nicht mehr können.

Wieviele Raucher hätten nach den ersten
warnenden Symptomen ihr Bein retten können,
wenn sie die Kraft gehabt hätten aufzuhören!

Der süchtige Raucher hat seine Freiheit,
rauchen zu dürfen, gegen den Zwang, rauchen
zu müssen, endgültig eingetauscht.

Wir sehen hier nur eine Möglichkeit, der
Gefahr zu entgehen, ein Opfer dieses Zwangs
zu werden. Welche Möglichkeit sehen Sie?

41

Zu Seite 41 der Anti-Raucher-Broschüre

Hier wird Angst erregt: die Angst, unselbständig, süchtig zu werden
(vgl. These 4.6, S. 155).

100 000 Ärzte,

die Hälfte aller Ärzte in den USA, die früher
rauchten, haben sich gegen die Zigarette entschieden. [13]) Sie haben es geschafft. Sie
sind immun gegen die Verführungskünste der Werbung
geworden. Vielleicht haben sie es nur deshalb
geschafft, weil sie gesehen haben, was die
Zigarettenwerbung nicht zeigt.

Krebs ist eine grausame Krankheit. Wenn Sie
schlechte Nerven haben, dann ersparen Sie sich
den Bericht eines Betroffenen.

Lesen Sie weiter auf Seite 51

43

Zu Seite 43 der Anti-Raucher-Broschüre

Hier wird eine Gruppe mit hohem Prestige (Ärzte) als Vorbild hingestellt (vgl. These 2.3, S. 135).

Darüber hinaus wird durch Hervorheben der großen Zahl (von 100.000
Ärzten) der Eindruck erweckt, daß bereits die Mehrheit (zumindest
einer hochqualifizierten Gruppe) die Gefährlichkeit des Rauchens
erkannt hat, der Leser also nicht alleine ist (vgl. These 5.1, S. 159).

Was die Zigarettenreklame nicht zeigt

Durch das „Raucherland" der Zigarettenwerbung reiten gut-
gewachsene, kraftstrotzende Männer auf prachtvollen Pferden
daher; oder man sieht Sportwagen, Flugzeuge oder Tauch-
geräte auf solchen Bildern. Stets handelt es sich um Darstellungen einer sauberen Welt voller Frische und Gesundheit. Die Menschen auf diesen Bildern strahlen überlegene
Sorglosigkeit aus, und die wunderschönen Mädchen lächeln
immerzu.

Ich kenne ein anderes Land; aus ihm kehren nur wenige zurück. Diese traurige Welt kennt keine starken Männer, keine
anmutig lächelnden Mädchen mehr. Hier sehen Manager und
Angestellte einander sehr ähnlich, nicht nur, weil sie die
gleiche Kleidung tragen, sondern weil Menschen, die von
einer schwachen Hoffnung leben müssen, irgendwie den
gleichen Gesichtsausdruck annehmen.

45

Das Land, das ich meine, ist das der Krebskranken. Von dort
her komme ich.

Ich bin vierundvierzig Jahre alt, verheiratet und Vater von
zwei kleinen Kindern. Bis 1963 hatte ich es zu einer aus-
kömmlichen Stellung gebracht und erfreute mich günstiger
Zukunftsaussichten. Im Mai jenes Jahres stellten sich bei
mir leichte Schluckbeschwerden ein. Unser Hausarzt sagte,
daß er mich zu einem Facharzt schicken würde, wenn die
Störung eine weitere Woche anhielte. Sie hielt an. Der
Spezialist diagnostizierte einen „nervösen Fall". Schließlich — im Januar 1964 — begab ich mich in eine Klinik. Dort
sagte mir der Arzt so schonend wie möglich, daß ich an
Rachenkrebs erkrankt war. Zwei Tage später fuhr ich in ein
von meinem Arzt empfohlenes Krankenhaus. Als ich meine drei
Zimmergenossen zu sehen bekam, wollte ich meinen Augen
nicht trauen. Es war gerade Abendbrotzeit, und die Patienten waren beim Essen: die Männer standen neben ihren Betten
und gossen sorgsam eine dünne, blaßrote Flüssigkeit in
kleine Glasröhrchen, die sie danach hoch über den Kopf
hinaushoben. Aus den Röhrchen lief die Flüssigkeit in
dünne, durchsichtige Plastikschläuche, die in den Nasen-
löchern endeten.

46

Dieses Eßverfahren war notwendig geworden, weil man den Kranken Mund, Rachen, Zunge und Speiseröhre operativ entfernt hatte. Es war mir ohne weiteres möglich, die Rückwand ihrer Hälse zu sehen: Die gesamte Vorderseite war vom Unterkiefer bis nahe an das Brustbein offengelegt worden. Bei jedem Patienten war ein großes Polster aus saugfähigem Verbandsstoff direkt unter dem Kinn angebracht, um den ständig aus dem Halsbereich abfließenden Speichel aufzufangen.

Der Anblick dieser „Schlauchesser" erschreckte und bedrückte mich mehr als alles, was ich seit dem Tage, an dem ich von meiner Krebskrankheit erfahren hatte, kennengelernt hatte. Ich starrte auf die anderen Patienten rundum; manche hatten kaum noch eine Woche zu leben. In mir kämpften Mitleid und Entsetzen miteinander. Wie würde ich wohl in kurzer Zeit aussehen? Ich erinnerte mich daran, daß ich vielleicht ohne Operation durchkommen könnte, und schaute auf die Wände, auf den Fußboden — nur nicht auf die Kranken.

Nach qualvollen Untersuchungen entschloß man sich, um meine für die Versicherungsarbeit wichtige Stimme zu retten, zu einem Versuch mit Strahlentherapie. Leider hatte diese Behandlung keinen Erfolg. Im August 1964 eröffnete man mir, daß ich operiert werden müsse.

Am Abend vor der Operation versuchte ich — da ich wußte, ich würde nie wieder sprechen können — meiner Frau zu sagen, wie sehr ich sie und unsere Kinder liebte. Sie war sehr tapfer.

Ich erinnere mich noch genau daran, daß ich am nächsten Morgen betete und dauernd den Namen „Jesus" wiederholte. Mir schien es irgendwie richtig, daß dies das letzte Wort sein sollte, das ich sprach.

Am nächsten Tag erfuhr ich, daß mir die Rachenpartie, der Kehlkopf, Teile der Speiseröhre sowie noch dieses und jenes andere Stückchen entfernt worden waren. Nun war ich selbst zu einem dieser „Operationsscheusale" geworden, deren Aussehen mich noch vor einigen Monaten in Panik versetzt hatte. Von nun an mußte ich durch ein Loch — Stoma genannt — am unteren Ende meines Halses Luft holen.

Da ich wußte, wie unheimlich ich mit meinem offenen Hals
aussah, fühlte ich mich der Menschheit nicht mehr zugehörig. Ich war zum bloßen biologischen Objekt geworden.
Die Zeit danach war einsam und schwer.

Acht weitere Operationen waren zur Wiederherstellung der
Halspartie erforderlich. Das Fernsehen half uns beim Zeit-
totschlagen. Wir bewunderten auch die sorglose Phantasie
der Zigarettenreklamen.

Bei uns gibt es weder Reitpferde noch Düsenjets noch
Sportwagen. Gefahren wird auf den mit Rädern versehenen
Tischen, die uns zum Operationsraum bringen – und, wenn
wir Glück haben, wieder zurück. Dabei ist unsere Station
nur ein Teil des Reiches der Krebskranken. Im dritten Stock
werden die Lungenfälle behandelt. Bisher habe ich,
Gott sei Dank, noch nicht dorthin müssen.

Hugh J. Mooney

(Berechtigter Auszug aus der Monatszeitschrift
DAS BESTE aus READER'S DIGEST)

49

Zu den Seiten 45 bis 49
der Anti-Raucher-Broschüre

Hier werden sehr deutlich Gefühle erregt. Während bisher die Information in einer eher netten, unverbindlichen Form dargestellt wurde,
wird durch diese Geschichte ganz deutlich gemacht, daß der Inhalt
der Information bitterernst ist (vgl. 4.5, 4.6, S. 151 und S. 155).

Was die Zigarettenreklame nicht sagt, haben Sie gelesen;
was die Plakate und Iserate dagegen aussagen, können Sie
hier vergleichen:

Zu Seite 50 der Anti-Raucher-Broschüre

Nach dieser starken emotionalen Erregung wird der Kontrast zu den freundlichen, unbeschwerten Gesichtern der Zigarettenreklame hergestellt. Dadurch sollen die Bilder der Werbung bzw. der Zigaretten negative Signalwirkung erhalten (vgl. These 1.2, S. 129). (Im Original ist diese Seite farbig, um die Signale möglichst denen in der Realität ähnlich zu machen. Die Bilder mußten aus rechtlichen Gründen auseinandergeschnitten werden.)

322

Zu Seite 51 der Anti-Raucher-Broschüre

Nach diesem Gegensatz (der Geschichte des Betroffenen und der Zigarettenwerbung) wird der »Gegner« in Form einer Karikatur eines Bosses der Zigarettenindustrie dargestellt. Ein »Orientierungspunkt« für die Emotionen, nach dem Motto: »Hier ist ein Sündenbock, Du, Leser, bist nicht schuld« (vgl. These 4.6, S. 155). Auch hier Koppelung der negativen Gefühle mit dem Bild der offenen Zigarettenpackung, also Signallernen (vgl. These 1.2, S. 129). Selbst hier wird dem Leser die Entscheidung (scheinbar) selbst überlassen, im Gegensatz zur Werbung gängeln die Autoren den Leser nicht (vgl. These 1.1: Rücksicht auf das Selbstbild, S. 125).

```
Ja → Sie haben sich entschlossen mitzumachen.

      Jetzt kennen Sie die Spielregeln, Sie wissen,
      worauf Sie sich einlassen.

      Wir wiederholen noch einmal die Tatsache,
      an der Sie nicht vorbeikönnen:

      Jeder 35. Mensch stirbt an Lungenkrebs.
      Die Zigarette hat vor allen anderen Faktoren
      die stärkste Wirkung bei der Entstehung des
      Lungenkrebses.
```

52

Zu Seite 52 der Anti-Raucher-Broschüre

Wenn der Leser sich »negativ« entschieden hat: Hier werden noch
einmal die Konsequenzen deutlich gemacht (vgl. These 4.6: Furcht
erregen, S. 155).

```
Sie haben sich dafür entschieden, nicht mitzu-
machen.

Wir gratulieren, Sie können sich auch gegen die
Meinung der Masse entscheiden. Sie haben den
Triumph auf Ihrer Seite; Sie sehen, wo die Zeit
steht, wohin der Trend sich wendet!

Und wenn Sie viele Freunde gewinnen, dann verliert
die Zigarettenindustrie ihre „Lieblingskinder".

Wer sind wohl die „Lieblingskinder"?

A) die Patienten eines Krankenhauses
B) der junge Käufernachwuchs
C) die Zeitungsverlage
```

53

Zu Seite 53 der Anti-Raucher-Broschüre

Die »positive« Entscheidung wird belohnt (Sie können selbständig
entscheiden.) (vgl. These 1.1: Selbstbild und 4.3: Vorteile für den
Adressaten, S. 125 und 148).

```
Der junge Käufernachwuchs
ist das Lieblingskind der
Bosse der Zigarettenindustrie.

              Damit hatte kaum einer gerechnet:
              Die Jugendlichen in den USA
              spielen nicht mehr mit!

              1967 rauchten noch
                    36% aller Jugendlichen

              1968 rauchten nur noch
                    28% aller Jugendlichen. [14])

              Und es scheint Spaß zu machen.
```

54

Zu Seite 54 der Anti-Raucher-Broschüre

Hier werden als Bezugsgruppe die Jugendlichen dargestellt (vgl. These 2.1, S. 131).

Außerdem wird der Eindruck erweckt, daß die Mehrheit nicht raucht (vgl. These 5.1, S. 159).

326

Zu Seite 55 der Anti-Raucher-Broschüre

Dieses letzte Bild sollte aufzeigen, daß das Leben auch ohne das Rauchen, gerade für Jugendliche, attraktiv und lustig sein kann (vgl. These 4.3: Vorteile für den Adressaten, S. 148). Das Bild in der Broschüre vermittelt diesen Eindruck jedoch nicht optimal. Dieses Bild ist nicht von den Autoren für die Broschüre ausgesucht worden.

Literaturliste

Die Zahlen beziehen sich auf die Indexzahlen im Text.

1. Heß, H., 1963, in: Gesundheit für unsere Jugend. W. Schnitzer Verlag, St. Georgen/ Schwarzwald
2. U. S. Health Service: Smoking and Health. Report of the Advisory Committee to the Surgeon
   General of the Public Health Service. Washington, Januar 1964
3. Arbeitsgruppe für audio-visuelle Information. Zusammenfassung der Ergebnisse wissenschaftlicher Untersuchungen über Rauchen und Gesundheit, Köln 1969
4. Portheine, F.: Physikalische Medizin und Rehabilitation. März 1968, 9, 3.
5. The Consumers Union Report on Smoking and the Public Interest. Mount Vernon, New York 1963
6. Heggling, R. in: Helft den Krebs verhüten. Piper, München 1968
7. Bircher, R. in: Gesundheit für unsere Jugend, siehe 1., o. J.
8. Bauer, K.: Das Krebsproblem. Springer-Verlag, Berlin 1963
9. Poche, R. in: Zeitschrift für Krebsforschung. Heft 1, 1964
10. Frankfurter Allgemeine Zeitung. 25. März 1964
11. Schnitzer, J. G. in: Gesundheit für unsere Jugend, siehe 1., o. J.
12. Die Zeit. Nr. 4/1963
13. American Cancer Society: Faltblatt: 100.000 doctors have quit smoking cigaretts, 1969
14. American Cancer Society, 1969

Die dritte Umschlagseite der Anti-Raucher-Broschüre

Um das Prestige und die Glaubwürdigkeit der Autoren (des Kommunikators) zu erhöhen, werden hier Literaturangaben gemacht (vgl. These 2.3, S. 135).

Affektive Lernziele

**Eine programmierte
Unterweisung
zur Begriffsbestimmung**

Gibt es »affektive Lernziele«?

Von »affektiven Lernzielen« spricht man spätestens seit dem Bekanntwerden der Taxonomie der Lernziele von Bloom, das heißt seiner Einteilung in affektive, kognitive und psychomotorische Lernzielbereiche.

Genau genommen ist dieser Begriff in zweifacher Hinsicht falsch:

1. Nicht die Lernziele sind »affektiv«, sondern das, worauf sie hinzielen, hat etwas mit Affekten zu tun.

2. Es geht eigentlich nicht um Affekte, das heißt um kurzfristige, heftige Gefühlsregungen (wie der Begriff in der Redewendung: „er handelte im Affekt" gebraucht wird). Die Lernziele richten sich vielmehr an den Bereich der Gefühle, der Emotionen im weitesten Sinn. Der Begriff „affektiv" wird gebraucht, weil Bloom und seine Mitarbeiter von „affective domain" als Gefühlsbereich sprechen (Titel des entsprechenden Buches: Taxonomie of educational objectives. Handbook II: Affective domain) und der Begriff mit „affektiver Bereich" übersetzt wurde.

Wie müßte die Formulierung »Vermittlung affektiver Lernziele« genauer heißen?

A »Vermittlung von Lernzielen aus dem affektiven Bereich« (weiter auf Seite 331)

B »Vermittlung von emotionalen Lernzielen« (weiter auf Seite 332)

C »Vermittlung von Lernzielen aus dem emotionalen (oder Gefühls-) Bereich. (weiter auf Seite 333)

Ihre Antwort lautet:

Die Überschrift »Vermittlung affektiver Lernziele« müßte genau genommen heißen

A »Vermittlung von Lernzielen aus dem affektiven Bereich«

Diese Antwort ist nicht ganz richtig.

Sie haben Bloom und seine Mitarbeiter zwar »wörtlich« übersetzt: »educational objektives: affective domain«, haben daher aber den Sinn nicht richtig getroffen. »Affektiv« hat im Deutschen eine zu enge Bedeutung.

Gehen Sie bitte zurück auf Seite 330 und beachten sie den Punkt 2 genau.

Ihre Antwort lautet:

Die Überschrift »Vermittlung affektiver Lernziele« müßte genau genommen heißen

B »Vermittlung von emotionalen Lernzielen«.

Diese Antwort ist nicht ganz richtig.

Sie haben zwar »affektiv« durch »emotional« ersetzt, Sie müssen aber darauf achten, daß das Lernziel nicht emotional sein kann.

So wie eine Blume nicht emotional sein kann, sondern nur Emotionen hervorrufen kann. Emotionen hat nur ein Lebewesen.

Sie meinen mit »emotionalen Lernzielen« Lernziele, die sich auf Emotionen richten.

Gehen Sie bitte zur Aufgabe auf Seite 330 zurück und wählen Sie eine andere Antwort.

Ihre Antwort lautet:

Die Überschrift »Vermittlung affektiver Lernziele« müßte genau genommen heißen

C »Vermittlung von Lernzielen aus dem emotionalen Bereich« (oder Gefühlsbereich)

Sie haben vollkommen recht.

Es gibt auch schon Autoren, die sich an diesen Sprachgebrauch halten. Wenn wir trotzdem den Begriff »affektive Lernziele« gebrauchen, so tun wir es,

- weil er schon gebräuchlich ist und ihn daher jeder Fachmann versteht,

- weil er an die Taxonomie von Bloom erinnert und

- weil er kürzer und einfacher zu gebrauchen ist.

Wir hoffen, daß Sie uns diese Ungenauigkeit verzeihen.

Bitte lesen Sie weiter auf Seite 335.

Affektive Lernziele –
ein Problem für den Praktiker

Wir sprechen hier also von »affektiven Lernzielen«, auch wenn dieser Begriff nicht ganz genau ist.

Was versteht man nun darunter?

Allgemein gesprochen kann man sagen:

Affektive Lernziele beschreiben eine gewünschte Veränderung der Gefühlsreaktionen im Adressaten (Teilnehmer einer Ausbildungsmaßnahme).

In diesem Sinne wird der Begriff heute meist gebraucht. Wenn man sich als Praktiker im Bereich der Ausbildung mit dieser Art von Lernzielen beschäftigt, ist jedoch eine Präzisierung dieser Lernziele und eine Abgrenzung gegenüber anderen Bereichen notwendig.

Warum ist daher eine genaue Definition des Begriffes »affektive Lernziele« wichtig?

A Weil eine genaue Definition des Forschungsgegenstandes zum Prinzip der Wissenschaftlichkeit gehört (weiter auf Seite 336).

B Weil eine genaue Bestimmung des Begriffes »affektive Lernziele« verhindert, daß man bei Diskussionen aneinander vorbeiredet (weiter auf Seite 337).

C Weil der Begriff »affektive Lernziele« erst seit kurzer Zeit in der pädagogischen Literatur auftaucht (weiter auf Seite 338).

Ihre Antwort lautet:

Eine genaue Definition des Begriffes »affektive Lernziele« ist wichtig,

A weil eine genaue Definition des Forschungsgegenstandes zum Prinzip der Wissenschaftlichkeit gehört.

Sie sind offensichtlich selbst ein Wissenschaftler oder aber sehr an Wissenschaft interessiert. Wir fürchten, wir müssen Sie hier enttäuschen.

Wir orientieren uns zwar an wissenschaftlichen Erkenntnissen, aber bei der Darstellung stellen wir eher die Bedürfnisse des Praktikers als die Prinzipien der Wissenschaftlichkeit in den Vordergrund.

Wir halten eine andere Begründung für wichtiger.

Bitte gehen Sie zur Seite 335 zurück und wählen Sie eine andere Antwortmöglichkeit.

Ihre Antwort lautet:

Eine genaue Definition des Begriffes »affektive Lernziele« ist wichtig,

B weil eine genaue Bestimmung des Begriffes »affektive Lernziele« verhindert, daß man bei Diskussionen aneinander vorbeiredet.

Wir sind völlig Ihrer Meinung.

Wir glauben, daß die Beschäftigung mit einer so trockenen
Materie wie der Definition von Begriffen nur dadurch gerechtfertigt ist, daß damit Mißverständnisse in Diskussionen verhindert werden und somit die Möglichkeit zu einem konstruktiven
Arbeiten gegeben ist.

Kennen Sie die Vorteile einer Definition von Lernzielen in
Verhaltensbegriffen?

Wenn »Ja«, dann können sie auf Seite 343 weiterlesen,

wenn »Nein«, oder wenn Sie unsere Argumentation im einzelnen kennenlernen wollen, dann lesen Sie bitte auf Seite 339
weiter.

Ihre Antwort lautet:

Eine genaue Definition des Begriffes »affektive Lernziele« ist wichtig,

C weil der Begriff »affektive Lernziele« erst seit kurzer Zeit in der pädagogischen Literatur auftaucht.

Dieser Grund kann indirekt entscheidend sein. Es kann sein, daß gerade neue Begriffe zu Mißverständnissen in der Diskussion führen.

Die Möglichkeit solcher Mißverständnisse (Sie erinnern sich sicher, das war Antwort B) ist nach unserer Meinung der einzige triftige Grund, sich mit einer so trockenen Materie wie der Definition von Begriffen zu beschäftigen.

Kennen Sie die Vorteile einer Definition von Lernzielen in Verhaltensbegriffen?

Wenn »Ja«, dann können Sie auf Seite 343 weiterlesen.

Wenn »Nein«, oder wenn Sie unsere Argumentation im einzelnen kennenlernen wollen, dann lesen Sie bitte auf Seite 339 weiter.

Ausgangspunkt:
Definition von »Lernziel«

Ein Lernziel wird heute allgemein als eine **Verhaltensänderung** definiert, die nicht zustandegekommen ist durch:

- Verletzungen (und Krankheit),

- chemische Einwirkungen oder

- biologische Reifung.

Es handelt sich also **nicht** um Lernen,

1. wenn sich jemand den Fuß verstaucht und daraufhin hinkt,

2. wenn jemand nach zuviel Alkohol torkelt,

3. wenn ein Kind, ohne Gelegenheit zur Übung, plötzlich Dinge greifen kann.

Alle anderen Formen der Verhaltensänderung bezeichnet man mit Lernen.

Handelt es sich – entsprechend dieser Definition – um Lernen, wenn ein Schulkind, das zu Schulbeginn immer möglichst früh in die Schule ging, nach einiger Zeit nur noch rechtzeitig in der Schule ist, wenn die Eltern Druck ausüben (mit Strafe drohen, usw.)?

Bitte lesen Sie auf Seite 340 weiter.

Die richtige Antwort lautet »Ja«.

Es wurde ein Lernergebnis beschrieben, weil eine Verhaltensänderung stattfand, die nicht zurückzuführen ist auf

1. Verletzung und Krankheit (vorausgesetzt, das Kind ist nicht krank),

2. chemische Einwirkungen oder

3. biologische Reifung.

Wenn die Lehrer das auch ungern hören: Kinder lernen bei ihnen auch, ob die Schule attraktiv ist oder nicht.

Bitte lesen Sie auf Seite 341 weiter.

Nebenbei: Es gibt u. U. noch eine vierte Ursache für Verhaltensänderung, die nicht auf Lernen beruht: Die „Erleuchtung" durch ein „höheres Wesen" kann zu Verhaltensänderung führen. Ob so etwas möglich ist, soll aber hier nicht diskutiert werden.

Lernen als Verhaltensänderung

Die Definition von Lernziel als Verhaltensänderung hat sich als sehr praktisch erwiesen:

1. Durch diese Definition wird das Erreichen eines Lernzieles nachweisbar. Eine Verhaltensänderung kann man beobachten.

   Würde man »Verstehen« als Begriff zur Beschreibung eines Lernzieles zulassen, so könnte man nie beweisen, daß man dieses Ziel mit seinen Schülern erreicht hat. »Verstehen« kann man nicht sehen, man kann es nur aus einem Verhalten, zum Beispiel dem richtigen Beantworten einer Frage, erschließen. Es ist naheliegend, dann gleich das Lernziel als Verhaltensänderung zu beschreiben. Sie folgt auf das »Verstehen«.

2. Gerade der Ausbilder in der Industrie und Wirtschaft hat im allgemeinen Verhaltensänderungen vor Augen, wenn er Ausbildungsmaßnahmen plant. Er möchte den Teilnehmern an seinen Ausbildungsveranstaltungen helfen, ihren Beruf besser auszuüben, das heißt, sich anders zu verhalten.

   Der Ausbilder orientiert sich meistens nicht an Lehrplänen (Stoffplänen), sondern an Problemsituationen, in denen sich der Lernende bewähren soll, in denen er das angemessene Verhalten zeigen soll.

Kann man affektive Lernziele als Verhaltensänderung definieren?

 Ja. (Weiter auf Seite 342)

 Nein. (Weiter auf Seite 342)

Ihre Antwort lautet »Ja«.

Auch affektive Lernziele lassen sich als Verhaltensänderung definieren.

Sie haben recht.

Ein Beispiel haben Sie in der Aufgabe auf Seite 321 kennengelernt.
Auf den nächsten Seiten werden Sie noch mehr Beispiele finden. Wir werden dabei sehen, daß es nicht immer möglich bzw.
sinnvoll ist, affektive Lernziele in Verhaltensbegriffen zu definieren.
Bitte lesen Sie auf Seite 343 weiter.

Ihre Antwort lautet »Nein«.

Affektive Lernziele lassen sich nicht als Verhaltensänderungen definieren.

Sie haben recht.

Es ist problematisch, affektive Lernziele an Verhaltensbegriffen
zu definieren. Aber in einigen Fällen ist es durchaus möglich. In
der Aufgabe auf Seite 324 haben Sie ein Beispiel kennengelernt.

Sie haben dabei jedoch auch gesehen, daß die Formulierung
nicht eindeutig ist. Wir werden auf dieses Problem noch näher
eingehen müssen.

Bitte lesen Sie auf Seite 343 weiter.

Affektive Lernziele als Verhaltensänderung

Auch affektive Lernziele kann man als Verhaltensänderung definieren. Es handelt sich jedoch nur dann um ein affektives Lernziel, wenn die angestrebte Verhaltensänderung

1. weder durch die Vermittlung von Wissen zu erreichen ist (Beispiel: Jemand soll lernen, komplizierte Rechenaufgaben zu lösen.), das wären kognitive Lernziele,

2. noch durch die Vermittlung von motorischen Geschicklichkeiten (Geschicklichkeit der Muskelbewegungen) zustandekommt, das wären psychomotorische Lernziele,

sondern auf Grund einer veränderten Gefühlsreaktion (gefühlsmäßigen Einstellung) der betreffenden Person zustande gekommen ist.

Aufgabe:

Welche der folgenden Verhaltensänderungen beruht auf einer Veränderung der Gefühle?

A Ein Lehrling spricht nach einer Schulung häufiger als vorher positiv über die Firma, in der er arbeitet (weiter auf Seite 344).

B Ein Lehrling ist nach der Schulung in der Lage, sich mit Hilfe bestimmter Fachbegriffe zu verständigen (weiter auf Seite 345).

C Ein Lehrling ist nach der Schulung in der Lage, eine Maschine aus gegebenen Einzelheiten rasch zusammenzubauen (weiter auf Seite 346).

Ihre Antwort lautet:

Die folgende Verhaltensänderung beruht auf einer Veränderung der Gefühle:

A Ein Lehrling spricht nach einer Schulung häufiger als vorher positiv über die Firma, in der er arbeitet.

Sie haben recht; Antwort A ist richtig.

Die hier beschriebene Verhaltensänderung ist auf eine Veränderung der Gefühle (der gefühlsmäßigen Einstellung) zurückzuführen.

Bitte lesen Sie weiter auf Seite 347.

Ihre Antwort lautet:

Folgende Verhaltensänderung beruht auf einer Veränderung der Gefühle:

B Ein Lehrling ist nach der Schulung in der Lage, sich mit Hilfe bestimmter Fachbegriffe zu verständigen.

Ihre Antwort ist nicht richtig.

Die hier beschriebene Verhaltensänderung ist auf den Erwerb von Fachbegriffen, daß heißt auf einen Zuwachs von Wissen, zurückzuführen (kognitive Lernziele).

Bitte gehen Sie zurück auf Seite 343 und wählen Sie eine andere Antwort.

Ihre Antwort lautet:

Folgende Verhaltensänderung beruht auf einer Veränderung der Gefühle:

C Ein Lehrling ist nach der Schulung in der Lage, eine Maschine aus gegebenen Einzelteilen rasch zusammenzubauen.

Ihre Antwort ist nicht richtig.

Das Zusammenbauen einer Maschine verlangt auf der einen Seite Fingerfertigkeit, also motorische Geschicklichkeit, auf der anderen Seite ist sicher auch ein Wissen über die Funktionsweise und den Aufbau und eine präzise Vorstellung von einer richtig zusammengesetzten Maschine notwendig. All' diese Fähigkeiten beschreiben keine Gefühle. Es handelt sich hier **nicht** um eine Verhaltensänderung, die primär auf der Veränderung von Gefühlen beruht.

Bitte gehen Sie auf Seite 343 zurück und wählen Sie eine andere Antwort.

Erster Definitionsversuch

Ein affektives Lernziel ist nach unseren bisherigen Überlegungen dann zu formulieren, wenn das Verhalten einer Person vom gewünschten Verhalten abweicht und diese Verhaltensabweichung auf den Gefühlsbereich zurückzuführen ist.

Beispiele:

Ein Lernziel aus dem affektiven Bereich kann dann vorliegen bzw. muß dann formuliert werden,

1. wenn Angestellte einer Firma häufig schlecht über diese Firma reden;

2. wenn Verkäufer ihren Kunden nicht zuhören können, sondern diese überreden, daß heißt, mit Reden überschütten;

3. wenn das Kundendienstpersonal aggressiv auf Kunden reagiert, die sich beschweren.

Aufgabe:

Wie würden Sie das gewünschte Verhalten und damit das Lernziel in den drei angegebenen Fällen definieren?

Versuchen Sie bitte, die Ziele jeweils zu formulieren. Den Lernenden können Sie dabei der Einfachheit halber »Adressat« nennen.

1. Der Adressat . . .

2. Der Adressat . . .

3. Der Adressat . . .

Die richtigen Antworten finden Sie auf Seite 348.

Die richtigen Antworten
auf die vorhergehende Aufgabe lauten (sinngemäß):

1. Der Adressat redet (meist, immer) positiv über seine Firma. Oder: Der Adressat stellt seine Firma positiv dar.

2. Der Adressat hört seinen Kunden zu. Oder: Der Adressat geht auf seine Kunden ein.

3. Der Adressat reagiert auch in schwierigen Fällen (wenn sich ein Kunde beschwert) freundlich auf den Kunden. Oder: Der Adressat bedient auch Kunden, die sich beschweren, zuvorkommend.

Bitte lesen Sie auf Seite 349 weiter.

Ein neues Beispiel

Es wurde bisher eine Reihe von Beispielen aufgezeigt, in denen das Ziel in einer Verhaltensänderung bestand, die ihre Ursache in der Veränderung von Gefühlsreaktionen hatte.

Wie würden Sie den folgenden Fall beurteilen?

Eine Person hat Angst, einen engen Raum zu betreten. Das führt dazu, daß sie den Fahrstuhl nicht benützen und ihr Büro im achten Stock eines Hochhauses nur über die Treppe erreichen kann.

Legt diese Situation ein affektives Lernziel nahe?

A Ja. (Weiter auf Seite 350)

B Nein. (Weiter auf Seite 351)

Ihre Antwort lautet:

A Ja. Das beschriebene Beispiel legt ein affektives Lernziel nahe.

Sie haben recht.

Nach unserer Definition handelt es sich hier um ein affektives Lernziel. Es wird eine Verhaltensänderung gewünscht, die primär auf einer Veränderung der Gefühlsreaktion beruht. Die Person soll den Fahrstuhl benutzen, wozu eine Veränderung der ängstlichen Reaktion gegenüber dem Fahrstuhl notwendig ist.

Andererseits handelt es sich hier um ein Ziel, das normalerweise nicht mit Schulungsmaßnahmen erreicht wird. Sollen wir es daher wirklich zu den affektiven Lernzielen rechnen?

Bitte lesen Sie weiter auf Seite 353.

Ihre Antwort lautet:

B Nein. Das beschriebene Beispiel legt kein affektives Lernziel nahe.

Sie haben teilweise recht.

Eigentlich kann man hier nicht von einem affektiven Lernziel sprechen; denn die gewünschte Verhaltensänderung wird im allgemeinen nicht mit Schulungsmaßnahmen erreicht.

Wenn Sie jedoch Ihre Entscheidung genau nach der bisher getroffenen Definition von „affektiven Lernzielen" vorgenommen hätten, so wären Sie zu der Antwort „Ja" gekommen. Das Beispiel beschreibt nämlich eine gewünschte Verhaltensänderung (Benutzung des Fahrstuhls), die auf eine Veränderung der Gefühlsreaktion der Person (Verschwinden der Angst) zurückzuführen ist.

Wie können wir die Definition von „affektiven Lernzielen" bei Beispielen der obigen Art ausschließen?

Bitte lesen Sie auf Seite 353 weiter.

Abgrenzung gegenüber der Psychotherapie

Das Beispiel aus dem vorhergehenden Lernschritt ist typisch für eine Reihe von Verhaltensstörungen, deren sich die Psychotherapie angenommen hat.

Aus zwei Gründen ist es sinnvoll, die sich daraus ergebenden Verhaltensziele nicht als affektive Lernziele zu beschreiben:

1. Das hier beschriebene neurotische Verhalten läßt sich im allgemeinen nicht mit den Mitteln verändern, die einem Pädagogen bzw. Trainer zur Verfügung stehen. Es sind hier vor allem therapeutische Maßnahmen notwendig, das heißt Behandlungen durch einen Psychotherapeuten.

2. Fehlverhalten der oben beschriebenen Art kommt im allgemeinen nur relativ selten vor. Es ist allein aus ökonomischen Gründen schwer möglich, Lehrsysteme für einzelne Personen zu entwickeln.

Wir sollten daher versuchen, die Definition der affektiven Lernziele dahingehend einzuengen, daß die Fälle ausgeschlossen sind, denen sich die Psychotherapie zuwendet.

Welche Definitionskriterien könnte man in die Definition einfügen, um die oben beschriebenen Fälle auszuschließen?

A Anormales (krankhaftes) Verhalten wird ausgenommen.

B Verhaltensabweichungen, die nur Einzelpersonen betreffen, werden ausgenommen.

C Verhaltensabweichungen, die eine stationäre Behandlung erfordern, werden ausgeschlossen.

Kreuzen Sie bitte eine oder mehrere Antworten an und lesen Sie auf Seite 354 weiter.

Diese Antworten sind richtig

A Anormales (krankhaftes) Verhalten wird ausgenommen.

Und

B Verhaltensabweichungen, die nur Einzelpersonen betreffen, werden ausgenommen.

Antwort C ist falsch: Verhaltensabweichungen, die eine stationäre Behandlung erfordern, werden ausgeschlossen.

Von krankhaftem Verhalten spricht man auch dann, wenn keine stationäre Behandlung, wie in dem Beispiel mit der Fahrstuhlangst, notwendig ist.

Bitte lesen Sie auf Seite 355 weiter.

Zweiter Definitionsversuch

Nach unseren bisherigen Überlegungen ist dann ein affektives Lernziel zu formulieren,

● wenn ein gezeigtes Verhalten nicht dem gewünschten Verhalten entspricht (Verhaltensabweichung),

● wenn der Grund für die Verhaltensabweichung im Gefühlsbereich liegt,

● wenn das gezeigte Verhalten nicht als psychische Störung (anormal, krankhaft) bezeichnet wird und

● wenn die Verhaltensabweichung nicht nur bei einzelnen Personen, sondern einer Gruppe von Personen vorkommt.

Die zwei neuen Definitionskriterien grenzen die affektiven Lernziele von den Fällen ab, denen sich die Psychotherapie zuwendet.

Beide Kriterien beinhalten jedoch eine gewisse Problematik.

Wir müssen daher auf den Begriff

● anormal (Anomalie) und

● auf das Definitionskriterium »Einzelperson«

noch näher eingehen.

Bitte lesen Sie auf Seite 357 weiter.

Zum Begriff der Anomalie:

Im Einzelfall ist schwer abzugrenzen, ob ein Verhalten normal oder krankhaft ist.

Man muß dabei zwei Bedeutungsinhalte des Begriffes normal unterscheiden. Dies läßt sich am besten am Beispiel der Zahnkaries demonstrieren: Es ist heute normal, daß ein Erwachsener in seinen Zähnen Füllungen hat. Das heißt, die Mehrzahl der Menschen hat kranke Zähne.

Man kann aber auch sagen, daß es unnormal ist, kranke Zähne zu haben. Das heißt, kranke Zähne entsprechen nicht der Idealnorm.

Wenn man nun das als »normal« ansieht, was die Mehrheit der Menschen an Verhalten zeigt, so könnte es sein, daß man sich dadurch an einem Verhalten orientiert, das für den einzelnen negativ zu werten ist. Bezeichnet man jedoch als normales Verhalten nur das, was einer Idealnorm entspricht, so müßte man diese Idealnorm festlegen.

Halten Sie es für denkbar, Verhaltensweisen zu beschreiben, die für alle Menschen als »ideal« gelten können?

A Ja. (Weiter auf Seite 358 oben)

B Nein. (Weiter auf Seite 358 unten)

Ihre Antwort lautet:

A Ja. Sie halten es also für denkbar, Verhaltensweisen zu beschreiben, die für alle Menschen als »ideal« gelten können.

Wir wissen nicht, wo Sie Ihre Normen gefunden haben.

Wenn Sie selbst (oder andere) aber Normen für verbindlich erklären wollen, müssen Sie mit Widerständen rechnen. Die Menschen sind zu verschieden, als daß man für jeden einzelnen ein und dieselbe Idealnorm hinsichtlich seines Verhaltens festlegen könnte.

Unserer Meinung nach kann man keine Verhaltensweisen beschreiben, die für alle Menschen als »ideal« gelten können.

Bitte lesen Sie auf Seite 359 weiter.

Ihre Antwort lautet:

B Nein. Sie halten es also nicht für denkbar, Verhaltensweisen zu beschreiben, die für alle Menschen als »ideal« gelten können.

Wir sind Ihrer Meinung.

Die Menschen sind zu verschieden. Man würde zumindest mit Widerständen rechnen müssen.

Bitte lesen Sie auf Seite 359 weiter.

Zum Definitionskriterium »Einzelperson«:

Es gibt eine Reihe von neurotischen, daß heißt als krankhaft bezeichnete Verhaltensweisen, die eine Gruppe von Personen betreffen. Dazu gehört zum Beispiel Kontaktschwäche. Gerade für solche sozialen Verhaltensprobleme hat die Psychotherapie Methoden entwickelt, in denen Gruppen behandelt werden.

Das Kriterium der Beeinflussung von Gruppen reicht also nicht, um affektives Lernen gegenüber der Psychotherapie abzugrenzen.

Andererseits kann man davon ausgehen, daß für die Erreichung der meisten affektiven Lernziele die Kleingruppe ein günstiges Klima darstellt, man also allein aus didaktischen Gründen eine Gruppe von Personen beeinflussen sollte. Wir sollten es daher als zusätzliches Kriterium gelten lassen.

Prüfen wir die Definition an einem weiteren Beispiel:

Kann man im folgenden Fall ein affektives Lernziel formulieren?

Ein autoritärer Vorgesetzter läßt prinzipiell die Vorschläge seiner Mitarbeiter nicht gelten. Er verwirft sie selbst dann, wenn er am nächsten Tag den gleichen Vorschlag, den er am Tag vorher abgelehnt hatte, jetzt als seinen eigenen bekannt gibt und durchsetzt.

A Ja. (Weiter auf Seite 360)

B Nein. (Weiter auf Seite 361)

Ihre Antwort lautet:

A Ja. Bei dem angeführten Beispiel handelt es sich um ein affektives Lernziel.

Auch wir sind Ihrer Meinung.

Auch wir sehen hier ein affektives Lernziel für gegeben an, da es sich unserer Erfahrung nach zumindest in einem Großbetrieb nicht um einen Einzelfall handelt und man dieses Verhalten auch nicht als psychische Störung bezeichnet.

Andererseits handelt es sich hier um einen Grenzfall.

Wir wollten Ihnen mit diesem Fall demonstrieren, daß selbst die vorgenommene Präzisierung der Definition keine eindeutige Trennung zwischen affektiven Lernzielen und anderen Bereichen der affektiven Beeinflussung herbeiführen kann.

Bitte lesen Sie auf Seite 362 weiter.

Ihre Antwort lautet:

B Nein. Bei dem angeführten Beispiel handelt es sich nicht um ein affektives Lernziel.

Wir teilen Ihre Meinung nicht.

Auch wir sehen hier ein affektives Lernziel für gegeben an, da es sich unserer Erfahrung nach zumindest in einem Großbetrieb nicht um einen Einzelfall handelt und man dieses Verhalten auch nicht als psychische Störung bezeichnet.

Würden Sie den Fall anders beurteilen?

Man kann es. Es handelt sich hier um einen Grenzfall.

Wir wollten Ihnen mit diesem Fall demonstrieren, daß selbst die vorgenommene Präzisierung der Definition keine eindeutige Trennung zwischen affektiven Lernzielen und anderen Bereichen der affektiven Beeinflussung herbeiführen kann.

Bitte lesen Sie auf Seite 362 weiter.

Beispiele für Verhaltensabweichung

Bitte suchen Sie aus den drei folgenden Beispielen (S. 351) die Verhaltensweisen heraus, die ein affektives Lernziel nahelegen.

Gehen Sie dabei von dem letzten Definitionsversuch aus, den wir hier noch einmal wiederholen:

Ein affektives Lernziel soll dann gegeben sein,

1. wenn ein gezeigtes Verhalten nicht dem gewünschten Verhalten entspricht (Verhaltensabweichung),

2. wenn der Grund für die Verhaltensabweichung (primär) im Gefühlsbereich liegt,

3. wenn das gezeigte Verhalten nicht anormal (krankhaft) genannt wird,

4. wenn die Verhaltensabweichung nicht nur bei einzelnen Personen, sondern einer Gruppe von Personen vorkommt.

Lesen Sie nun die Beispiele auf S. 363.

Beispiele:

A Eine Stenotypistin hat in Abständen von Monaten schwere Depressionen. Sie fühlt sich dann sehr elend und kann sich zu nichts aufraffen. (Weiter auf Seite 364)

B Ein Versicherungsvertreter wird jedesmal unsicher, wenn er einen Kunden beraten soll, der einen akademischen Grad hat (er fühlt sich diesem Kunden unterlegen). (Weiter auf Seite 365)

C Ein Kraftfahrzeugmechaniker findet die Ursache für die Störungen der von ihm zu bearbeitenden PKWs nicht und holt immer Kollegen zu Hilfe. (Weiter auf Seite 366)

Ihre Antwort lautet:

Beispiel

A eine Stenotypistin hat in Abständen von Monaten schwere Depressionen. Sie fühlt sich dann sehr elend und kann sich zu nichts aufraffen

legt ein affektives Lernziel nahe.

Diese Antwort ist nicht richtig.

Es handelt sich hier um eine psychische Störung. Das dritte Kriterium unserer Definition trifft nicht zu.

Bitte gehen Sie zurück auf Seite 363 und suchen Sie ein anderes Beispiel heraus.

Ihre Antwort lautet:

Beispiel

B ein Versicherungsvertreter wird jedesmal unsicher, wenn er einen Kunden beraten soll, der einen akademischen Grad hat

legt ein affektives Lernziel nahe.

Ihre Antwort ist richtig.

1. Dieser Versicherungsvertreter zeigt ein Verhalten, das nicht einem gewünschten Verhalten entspricht (er ist unsicher).

2. Der Grund für dieses Verhalten liegt im Gefühlsbereich (er fühlt sich diesem Kunden unterlegen).

3. Das gezeigte Verhalten kann man nicht als krankhaft bezeichnen.

4. Diese Verhaltensabweichung kommt nicht nur bei Einzelpersonen vor, sondern sie ist unter Versicherungsvertretern häufig.

Bitte lesen Sie auf Seite 367 weiter.

Ihre Antwort lautet:

Beispiel

C ein Kraftfahrzeugmechaniker findet die Ursache für die Störungen der von ihm zu bearbeitenden PKWs nicht und holt immer
Kollegen zu Hilfe

legt ein affektives Lernziel nahe.

Diese Antwort ist nicht richtig.

Der Grund für die beschriebene Verhaltensabweichung liegt
nicht (primär) im Gefühlsbereich. Es ist zu vermuten, daß dieser
Kraftfahrzeugmechaniker zuwenig Kenntnis über die Funktionsweise des PKWs besitzt. Es handelt sich also vermutlich
um ein kognitives Lernziel.

Bitte gehen Sie auf Seite 363 zurück und suchen Sie ein
anderes Beispiel für ein affektives Lernziel heraus.

Schon wieder ein Beispiel?

Für die Anhänger einer bestimmten Partei stellt das Wahlverhalten der Personen, die die Gegenpartei wählen, eine Verhaltensabweichung von einem gewünschten Verhalten dar. Nehmen wir an, der Grund für diese Verhaltensabweichung läge darin, daß diese Personen die herausragenden Vertreter der anderen Partei nicht mögen. Die Parteistrategen möchten das ändern.

Handelt es sich hier um ein affektives Lernziel?

Ja – weiter auf Seie 368

Nein – weiter auf Seite 369

Ihre Antwort lautet »Ja«.

Bei dem erwähnten Beispiel handelt es sich um ein affektives Lernziel.

Alle erwähnten Definitionskriterien treffen zu:

1. Das gezeigte Verhalten entspricht nicht dem gewünschten Verhalten (die Person soll eine andere Partei wählen).

2. Der Grund für die Verhaltensabweichung liegt (primär) im Gefühlsbereich (er mag die Vertreter der anderen Partei nicht).

3. Das gezeigte Verhalten kann man nicht als psychische Störung bezeichnen.

4. Die Verhaltensabweichung kommt nicht nur bei Einzelpersonen vor.

Obwohl aber alle bisher erwähnten Definitionskriterien zutreffen, sind wir der Meinung, daß es sich hier nicht um ein affektives Lernziel handelt.

Sicher haben auch Sie nur deshalb »Ja« angekreuzt, weil Sie sich an die vorher gestellte Definition gehalten haben. Rein gefühlsmäßig würden Sie sicher auch dieses Beispiel nicht zu den affektiven Lernzielen zählen.

Bitte lesen Sie auf Seite 371 weiter.

Ihre Antwort lautet »Nein«.

Bei dem angeführten Beispiel handelt es sich nicht um ein affektives Lernziel.

Wir sind Ihrer Meinung.

Obwohl alle bisher erwähnten Definitionskriterien für dieses Beispiel zutreffen, sollte man es nicht den affektiven Lernzielen zuordnen.

Bitte lesen Sie weiter auf Seite 371.

Abgrenzung gegenüber Propaganda

Das Wählen der »falschen« Partei stellt für einen bestimmten Personenkreis eine Verhaltensabweichung dar. Nun hat sie ihren Grund im Gefühlsbereich, stellt keine psychische Störung dar und betrifft auch nicht nur Einzelpersonen. Trotzdem wollen wir diesen Fall nicht zu den affektiven Lernzielen zählen.

Welche Definitionskriterien könnte man zu unserer Definition hinzunehmen, um eine Abgrenzung gegenüber Propaganda zu erreichen?

Unter Propaganda versteht man allgemein die Beeinflussung einer großen Gruppe von Personen, die miteinander nicht in Kontakt stehen – man spricht von einem dispersen Publikum – in Richtung auf bestimmte, von einigen Gruppen vertretene Ziele.

Kann man die Definition affektiver Lernziele gegenüber dieser Propaganda abgrenzen?

Ja – weiter auf Seite 373

Nein – weiter auf Seite 372

Ihre Antwort lautet »Nein«.

Man kann die Definition affektiver Lernziele nicht gegenüber der Propaganda abgrenzen.

Sie haben recht, daß Sie skeptisch sind.

Eine genaue Abgrenzung des Begriffes affektiver Lernziele von anderen Bereichen der affektiven Beeinflussung (Psychotherapie) ist auch uns bisher nur schwer gelungen.

Geben Sie uns eine Chance – versuchen Sie es einmal mit der Antwort »Ja«.

Lesen Sie bitte weiter auf Seite 375.

Ihre Antwort lautet »Ja«.

Man kann die Definition affektiver Lernziele gegenüber dieser Propaganda abgrenzen.

Die Beschreibung von politischer Propaganda legt nahe, daß man eine gewünschte Verhaltensänderung, die sich an ein disperses Publikum wendet, aus der Definition affektiver Lernziele herausnimmt.

Also:

Affektive Lernziele sollten sich an eine genau definierte Zielgruppe richten, die bestimmte Gemeinsamkeiten hat und untereinander in Kontakt stehen soll.

Trauen Sie sich aus dem Gedächtnis nun eine vollständige Definition zu: Wann sollte ein affektives Lernziel formuliert werden?

Der letzte Definitionsversuch

Nach den obigen Überlegungen sollte der Begriff affektive Lernziele durch folgende Definitionskriterien bestimmt sein:

Ein affektives Lernziel soll nur dann formuliert werden können,

1. wenn ein gezeigtes Verhalten nicht mit einem gewünschten Verhalten übereinstimmt (Verhaltensabweichung)

2. wenn der Grund für diese Verhaltensabweichung primär im Gefühlsbereich liegt

3. wenn die Verhaltensabweichung nicht anormal (krankhaft) genannt wird

4. wenn sie nicht nur Einzelpersonen, sondern eine Gruppe von Personen betrifft und

5. wenn die Maßnahmen zur Verhaltensänderung sich an eine genau definierte Zielgruppe richten, deren Mitglieder bestimmte Eigenschaften gemeinsam haben und untereinander in Kontakt stehen.

Welche Einstellung haben Sie zu dieser Definition?

A Ich halte diese Definition für eine geeignete Möglichkeit, den Begriff »affektive Lernziele« einzugrenzen und damit Mißverständnisse zu vermeiden (weiter auf Seite 364).

B Ich halte diese Definition für willkürlich und würde den Begriff »affektive Lernziele« lieber anders definieren (weiter auf Seite 377).

Ihre Antwort lautet:

A Ich halte diese (vorgeschlagene) Definition für eine geeignete Möglichkeit, den Begriff »affektive Lernziele« einzugrenzen und damit Mißverständnisse zu vermeiden.

 Wir freuen uns, daß Sie unseren Definitionsvorschlag annehmen.

Wie jede Definition, so ist auch diese bis zu einem gewissen Grade willkürlich.

Sie hat ihre Aufgabe erfüllt, wenn durch sie erreicht wird, daß die Leser die gleiche Vorstellung haben, wenn sie von »affektiven Lernzielen« sprechen.

Wir danken Ihnen, daß Sie uns bis hierher durch das Programm gefolgt sind und wünschen Ihnen eine gewinnbringende Lektüre des vorliegenden Buches.

Ihre Antwort lautet:

B Ich halte diese (vorgeschlagene) Definition für willkürlich und würde den Begriff »affektive Lernziele« lieber anders definieren.

Sie haben recht. Die vorgeschlagene Definition ist – wie jede Definition – bis zu einem gewissen Grade willkürlich.

Einen Wert besitzt eine Definition nur dann, wenn sie von einer Gruppe von Personen akzeptiert wird, die über den definierten Sachverhalt diskutieren wollen.

Wenn Sie die Definition nicht akzeptieren, so wird eine Verständigung schwierig werden. In diesem Buch legen wir diese Begriffsbestimmung für »affektive Lernziele« zugrunde.

Wenn Sie einen anderen Vorschlag haben, schikken Sie ihn uns doch bitte zu.

Wir wünschen Ihnen eine gewinnbringende Lektüre des vorliegenden Buches.

Glossar

Adressat

A. (oder Zielperson) wird die Person genannt, an die sich ein → Lehrsystem wendet. Entsprechend den typischen Kennzeichen des Adressatenkreises werden die didaktischen Materialien (Programme, Kurse etc.) differenziert.

affektiv, Affekt

gefühlvoll → Gefühl

Aggression

Ein Verhalten, dessen Ziel die körperliche oder symbolische Schädigung oder Verletzung von Personen (u.U. auch von Tieren oder Gegenständen) ist.

Aggressivität

Die längerfristige Bereitschaft zu aggressivem Verhalten.

Angeborener Auslöse-Mechanismus (AAM)

Die angeborene Bereitschaft, auf einen bestimmten Schlüsselreiz mit bestimmten Reaktionen zu antworten. Z.B. → Kleinkindschema (= Schlüsselreiz) und Beschützer- oder Pflege-Verhalten (= Reaktion).

analog

Eine Größe ist dann „analog", wenn sie innerhalb eines Wertebereichs unendlich viele Zwischenwerte annehmen kann, im Gegensatz zu → digital.

Angst

Ein Gefühlszustand, der bei der Wahrnehmung einer Bedrohung, z. B. der körperlichen Unversehrtheit oder des Selbstbildes, normalerweise auftritt. Angst ist verbunden mit dem Drang, körperlich (z. B. Flucht) oder psychisch (z. B. Verdrängung) der Bedrohung zu entgehen.

Anpassung

Zustand der Befriedigung der Bedürfnisse der Person einerseits und der Ansprüche der Umwelt andererseits. Auch die Bezeichnung für den Prozeß, mit dem dieser erreicht werden soll.

Assoziation

Die Verknüpfung zweier oder mehrerer Erlebnisbestandteile (Vorstellungen), genauer: die Tendenz einer Vorstellung, andere früher im Zusammenhang mit ihr aufgetretene Erlebnisse (Vorstellungen und Gefühle) wieder ins Gedächtnis zu rufen (z.B. assoziiert die Stimme des Telefonpartners die Vorstellung von der Person des Partners selber).

Assoziationspsychologie

Richtung der Psychologie, die alle psychischen Vorgänge mit Hilfe von → Assoziationen erklärt.

Automatismen

Handlungen, die ohne bewußte Steuerung ablaufen.

Basaltext (Basistext)

Ein Text, der einen Lehrstoff komprimiert, aber vollständig enthält. Der Basaltext ist das Ausgangsmaterial für die didaktische Aufbereitung.

bedingter Reflex

→ Konditionierung

Bedürfnis

Eine Kraft, die subjektiv als Antrieb oder Zwang zum Handeln erlebt wird.

Gegenüber den Begriffen → Trieb, → Wunsch, → Motiv nicht eindeutig und einheitlich abzugrenzen.

Begabung

Alle angeborenen Fähigkeiten eines Individuums, um qualifizierte Leistungen zu erbringen. Begabung ist damit anlagebedingt, ihre Entfaltung ist jedoch weitgehend umweltabhängig (Förderung durch Lernanreize).

Bezugsgruppen

Gruppen, mit deren Normen- und Wertvorstellungen man sich identifiziert.

Behaviorismus

Eine Richtung der Psychologie, die ursprünglich das eigene Erleben (Selbstbeobachtung) und unmittelbares Verstehen als Forschungsmethoden ablehnte und nur noch das sichtbare Verhalten (Behaviorismus = Verhaltenslehre) als Gegenstand der psychologischen Forschung gelten ließ. »Gefühl« als nur subjektiv erfahrbar, war kein Forschungsgegenstand, dagegen das sichtbare Verhalten in Form von Gefühlsreaktionen.

CBT

Computer Based Training, computergestützte Unterweisung. Gebräuchlichster Sammelbegriff für das Lernen mit dem Computer.

CUU

Computer unterstützte Unterweisung. → CBT

Didaktik

D. ist ein Bereich der Pädagogik, der sich mit der Lernzielformulierung, der Auswahl der Unterrichtsinhalte und den adäquaten Lehrmethoden befaßt.

digital

Eine Größe ist dann „digital", wenn sie nur genau definierte Werte annehmen kann. In der Computertechnik üblicherweise nur zwei Werte (binäre Kodierung). Gegenteil: → analog.

Dressur

→ Drill → Konditionierung

Drill

Unterweisungsform, die auf reflexhafte Reaktionen und Bewegungen oder allgemein auf automatenhafte Antworten der Adressaten abzielt. Identisch mit pädagogischer Dressur.

Eingangsverhalten

Das Verhalten der → Adressaten vor der Beeinflussung durch ein didaktisches Programm oder vor Beginn eines Experimentes. Durch Vergleich des Eingangsverhaltens mit dem Verhalten nach Lektüre eines Programms (→ Endverhalten) wird der → Lernzuwachs des Adressaten bestimmt.

Einsicht

Das unmittelbare Verstehen eines Sachverhaltes, das Erkennen der Zusammenhänge, der Ursache und Wirkungen eines Geschehens, einer Handlung, eines Sachverhaltes (Dorsch, Psych. Wörterbuch).

Einstellung

Gefolgerte Grundlage von beobachteter Gleichförmigkeit des Verhaltens (→ hypothetisches Konstrukt).

Man sieht in den Einstellungen erworbene überdauernde Systeme positiver oder negativer Wertschätzung, Gefühle und Handlungs- und Wahrnehmungstendenzen gegenüber Objekten.

Man unterscheidet dabei drei Komponenten, die sich um das Objekt lagern, auf das sich die Einstellung bezieht:

- die kognitive Komponente, das sind die Mutmaßungen über das Objekt;
- die Gefühlskomponente, das sind die mit dem Objekt verbundenen Affekte;
- die Aktionskomponente, das ist die Bereitschaft, eine Handlung in bezug auf das Objekt vorzunehmen.

Emotion

→ Gefühl

Endverhalten

→ Eingangsverhalten

382

Enrichment

Anreicherung. Die Enrichmentfunktion von Unterrichtsmedien bezeichnet die Möglichkeit des Einsatzes von (meist audiovisuellen) Medien zur Ergänzung, Illustration oder Konkretisierung von Unterrichtsinhalten.

Erfahrung

Das Wissen, das eine Person im Umgang mit anderen Menschen, Dingen oder Situationen erworben hat. Persönliche Erfahrung stellt eine wichtige und besonders wirksame Quelle des Lernens dar (vgl. Definition von Lernen als »Verhaltensänderung aufgrund von Erfahrungen«).

experimentelle Erfolgskontrolle

Die e. E. von Lehrsystemen wurde durch die Programmierte Unterweisung in die moderne Pädagogik eingeführt. Sie wird durch die → Operationalisierung von Lernzielen ermöglicht und stellt eine Methode dar, mit der empirisch überprüft wird, ob und in welchem Umfang ein bestimmtes Lernziel erreicht wurde.

Extinktion

Löschung, Auslöschen von Lerninhalten oder bedingten Reaktionen z.B. dadurch, daß sie nicht durch wiederholte Erfahrungen bekräftigt werden.

extrinsisch

→ intrinsisch

Feedback

→ Rückmeldung

Frustration

F. bedeutet soviel wie

1. Vereitelung, Versagung, Nichterfüllung, d.h. der erzwungene Verzicht auf die Erfüllung von Strebungen oder Bedürfnissen, und

2. das hieraus entstehende Erlebnis der Enttäuschung.

Gefühl

Komplexer Zustand innerer Wahrnehmung, der von

- gesteigerter Wahrnehmung eines Objektes oder einer Situation (Erleben von Bedeutung),
- Gewahrwerden von Anziehung oder Abscheu, Annäherungs- oder Vermeidungstendenzen,
- physiologischen Veränderungen

begleitet ist.

Verbunden mit Gefühlen ist fast immer ein Handlungsdruck (Antriebskomponente).

Gestalt

Eine G. (Wahrnehmungsgestalt, Willenshandlung, Bewegungsgestalt) ist »mehr als die Summe ihrer Teile«; sie ist ein von einem Grunde sich abhebendes, mehr oder weniger geschlossenes, in sich gegliedertes Ganzes (→ Gestaltpsychologie).

Gestaltpsychologie

G. ist eine Richtung zuerst der Wahrnehmungspsychologie, später der Psychologie überhaupt, die bei der Erklärung soelenkundlicher Phänomene den Begriff der → Gestalt in den Mittelpunkt stellt.

Gestaltpsychologen haben »intensiv« das Problemlösen bzw. das Lernen durch Einsicht untersucht.

Gestalttherapie

Eine Therapieform der Humanistischen Psychologie, die u.a. von der Gestaltpsychologie beeinflußt wurde.

Nach ihrem Begründer F. Perls ist der Mensch der verantwortliche Akteur seines Handelns und fähig, seine positiven Möglichkeiten zur Ausprägung zu bringen. Während der Therapie werden unvollendete emotionale Erlebnisse der Gegenwart durchgearbeitet und damit in ihrer »Gestalt« vollendet. Wichtig ist dabei auch, die Beziehung zwischen dem psychischen Erleben und dem eigenen Körper zu vertiefen.

Gewohnheit

Erworbenes (d.h. nicht angeborenes), mehr oder weniger erstarrtes und meist unreflektiert ausgeführtes Muster von Reaktionen.

384

Glauben

Ein nur mit subjektiver Gewißheit vertretenes »Für-wahr-Halten« eines Tatbestandes. Enthält eine starke affektive Komponente.
→ Meinung, Überzeugung

Gruppenarbeit

Unterrichtsform, bei der das Thema in Gruppen von den Lernenden selbst erarbeitet wird (Gegensatz: Frontalunterricht).

Gruppendynamik

Ein Forschungsbereich der Sozialpsychologie. G. bezeichnet alle sichtbaren und unsichtbaren Prozesse zwischen Mitgliedern einer Gruppe, die die Beziehungen zwischen diesen Mitgliedern betreffen. Diese Prozesse werden von relativ stabilen Strukturen der Gruppe (z.B. Namen, Rollen, Einstellungen) und relativ veränderlichen Kräften (z.B. Zielidentifikation, kooperative Handlungen, Motive) beeinflußt.

Hackordnung

Ein Begriff aus der Verhaltensforschung, mit dem eine Rangordnung bezeichnet wird. Er stammt aus der Beobachtung von Haushühnern, bei der man auf eindeutige Rangunterschiede zwischen diesen aufmerksam wurde. Aus der Anzahl der Hühner, von denen sich ein bestimmtes Huhn hacken ließ, konnte man dessen Rangordnung in der Gesamthierarchie eines Hühnerhofes festlegen.

Hospitalismus

Sammelbegriff für Fehlentwicklungen bzw. Entwicklungsschäden im Bereich des kindlichen Verhaltens, die als Folge sozialer Isolierung im frühen Kindesalter auftreten (z.B. Teilnahmslosigkeit, Bewegungsunruhe, zwanghafte Bewegungen, Unfähigkeit zu normalem Sozialverhalten).

Hypothese

Eine Form der Aussage in der Forschung, bei der eine theoretisch begründete und empirisch zwar naheliegende, jedoch noch zu beweisende Annahme über bestimmte Phänomene gemacht wird.

hypothetisches Konstrukt

Begriff, der zur Erklärung von solchen Phänomenen und Vorgängen in der realen Welt dient, für die (vorläufig) keine beobachtbare Ursache angegeben werden kann. Seinen praktischen Wert hat das hypothetische Konstrukt darin, daß es zu Untersuchungen und Messungen Anlaß gibt, die ohne seine Formulierung nicht zustande gekommen wären (= heuristischer Wert, d.h. die Forschung weiterbringend). Beispiele für hypothetische Konstrukte: Intelligenz, Einstellung, Instinkt.

Identifikation

Ein unreflektiertes, unbeabsichtigtes »Sichhineinversetzen« in einen anderen Menschen (→ Vorbild) meist auf Grund unmittelbaren Angemutetwerdens und der Erfüllung von Wunschdenken (»ich möchte so sein«). Man identifiziert sich z.B. mit einem Sportler, einem Filmhelden oder dauerhafter mit Vater, Mutter und anderen Bezugspersonen.

Bandura spricht von Identifikationslernen vor allem bei der → Sozialisation.

Imitation

→ Nachahmung

Image

Das Bild, das eine Person oder eine Gruppe von Personen von einer anderen Person oder einer Gruppe von Personen hat. Man spricht auch von Image, das Institutionen (z. B. Firmen) oder Produkte haben.

Individualphase

→ Sozialphase

Information

Die Information (oder der Informationsgehalt) einer Nachricht (Sendung) ist vom Empfänger her bestimmt. Enthält die Nachricht für den Empfänger nichts Neues, so ist sie redundant; der Informationsgehalt ist für ihn gleich Null (s. a. Redundanz).

Informationstheorie

Eine mathematische Theorie, die z.B. untersucht, wie viele Einheiten zur verständlichen Wiedergabe einer Nachricht notwendig sind.

Instinkt

Ein in vielfältiger Bedeutung gebrauchter Begriff. Am häufigsten versteht man darunter einen angeborenen Verhaltensmechanismus, der sich in geordneten Bewegungsabläufen äußert und der meist durch bestimmte Reize in Gang gesetzt wird. Instinkte bestimmen einen wesentlichen Teil des Verhaltens der Tiere. Da man von der entwicklungsgeschichtlichen Kontinuität zwischen Mensch und Tier ausgeht, müssen auch beim Menschen Instinkte vorhanden sein.

→ Bedürfnis, → Trieb

instinktiv

Man bezeichnet solche Verhaltensweisen als instinktiv, die auf erblicher Grundlage beruhen.

Intelligenz

I. ist die individuelle Leistungsdisposition auf dem Gebiet des Denkens, besonders im Hinblick auf das Erfassen von Bedeutungen und Beziehungen, wie es z.B. beim Lösen von Problemen verlangt wird.

Interaktion, soziale

Wechselseitige Beeinflussung von Individuen. Häufig gleichbedeutend mit → Kommunikation gebraucht. Umfaßt sprachliche und nicht-sprachliche Kommunikation.

Interesse

Positive Aufmerksamkeit und Handlungstendenz, die sich auf Gegenstände, Tätigkeiten oder Erlebnisse richtet. Das Wecken von Interesse wird als eine der wichtigsten pädagogischen Aufgaben gesehen. Herbart: »Das Lernen soll dazu dienen, daß Interesse aus ihm entstehe.« Interesse ist damit Ziel und Voraussetzung des Lernens.

intrinsisch – extrinsisch

Eine von Heckhausen getroffene Unterscheidung hinsichtlich zweier Komponenten der Lernmotivierung. Bei der intrinsischen Motivation lernt der Adressat um des Lerngegenstandes willen, während bei der extrinsischen Motivierung das Erreichen der Belohnung oder das Vermeiden von Bestrafung im Vordergrund steht. Die intrinsische Motivation ist auf die Dauer wirkungsvoller.

Kindchenschema (Kleinkindschema)

Eine Kombination von visuellen Merkmalen, die Gefühle wie »lieb«, »herzig« und entsprechende Reaktionen wie z. B. Streicheln auslöst (runder, relativ dicker Kopf mit einer im Verhältnis zum Gesichtsschädel zu großen, gewölbten Stirn, rundliche Körperformen).

→ Angeborener Auslöse-Mechanismus (AAM)

kognitiv

→ Lernziel

kognitive Dissonanz (cognitive dissonance)

Eine von Festinger entwickelte Theorie, die besagt, daß ein Individuum Unbehagen empfindet, wenn es logisch widersprechende Kognitionen (Bewußtseinsinhalte) über ein Objekt oder ein Ereignis hat (hält), und daß es motiviert ist, diese Dissonanz zu verringern durch kognitive, affektive oder verhaltensmäßige Veränderungen.

Kommunikation

Ein Geschehen, das menschliche Beziehungen schafft und auf der Vermittlung von Kenntnissen, Informationen und Emotionen beruht. Man unterscheidet sprachliche und nicht-sprachliche Kommunikation.

Kommunikator

K. ist derjenige, der eine **Nachricht** aussendet (Informationsquelle), die von einem **Empfänger** aufgenommen wird.

(Kommunikator, Nachricht, Empfänger sind die Grundbegriffe des Kommunikationsmodells.)

Konditionierung

Festlegung oder Erzeugung eines Verhaltens in bezug auf einen bestimmten Reiz durch wiederholte Belohnung oder Bestrafung (bedingter Reflex, Dressur etc.).

Konfliktverhalten

Verhaltensweisen, die auftreten, wenn zwei miteinander nicht vereinbare Verhaltenstendenzen (z.B. Angriff und Flucht) gleichzeitig aktiviert sind (z.B. Übersprungshandlungen).

Kontrollgruppe

Eine Gruppe innerhalb eines Experimentes, die keiner experimentellen Behandlung unterzogen wurde. Dadurch unterscheidet sie sich von der Versuchsgruppe. Die Ergebnisse des Experiments werden durch Vergleich von Kontrollgruppen mit der Versuchsgruppe gewonnen.

Korrelation

Statistischer Kennwert für den Zusammenhang zwischen zwei Merkmalen (Wechselbeziehung).

Lehrprozeß – Lernprozeß

Betrachtet man einen Ausbildungsvorgang vom Ausbilder (vom Lehrer) her, so spricht man vom Lehrprozeß, betrachtet man ihn vom Auszubildenden (vom Adressaten, Lernenden) aus, so spricht man vom Lernprozeß.

Lehrstrategie

Die Summe der didaktisch wirksamen Bedingungen, durch die ein Lehrsystem (speziell ein Lehrsystem im Medienverbund) gekennzeichnet ist.

Beispiele für solche Bedingungen:

- Abstraktionsgrad der Lernreize

- Art der Aktivierung der Lernenden

- Form der Rückmeldung für den Lernenden

- Anwesenheit einer Lehrperson

Lehrsystem im Medienverbund

Lehrsystem im Medienverbund beinhaltet geplante und fixierte Lernprozesse, die vollständig oder bis zu einem gewissen Grade objektiviert sind und in einem geplanten Wechselspiel verschiedener Medien zu einem Lernziel führen. Synonym werden gebraucht:

- Multi-Media-System

- Mehrmediensystem

- Komplexes Lehrsystem

- Medienverbundsystem

- Mixed-Media

Lernen

L. ist eine Verhaltensänderung (→ Verhalten), die aufgrund von Erfahrungen eintritt. (Verhaltensänderung aufgrund von Drogen, Müdigkeit, Reifung, Degeneration usw. sind keine Lernprozesse.) Verhaltensänderung bezeichnet dabei die Veränderung der Wahrscheinlichkeit für das Auftreten einer bestimmten Reaktion auf einen gegebenen Reiz.

Lernprogramm

Ein L. (häufig auch Lehrprogramm) im Sinne der → Programmierten Unterweisung ist ein Unterrichts- oder Ausbildungsmittel mit den folgenden charakteristischen Merkmalen:

1. Es konzentriert die Aufmerksamkeit des Lernenden Schritt für Schritt auf eine begrenzte Menge von Lehrstoff (»frames« oder Lernschritte).

2. Es fordert eine Antwort (oder Reaktion) auf jeden Abschnitt des Lehrmaterials (der gewöhnlich getrennt geboten wird).

3. Es gibt dem Lernenden unmittelbar nach seiner Antwort Auskunft über den Erfolg (feedback) seiner Aktivität.

4. Es erlaubt jedem Lernenden, in seiner eigenen Geschwindigkeit zu antworten, woraus eine gewisse Individualisierung des Unterrichts resultiert.

Häufig werden auch die Forderungen nach Lernzielanalyse (oder operationaler Definition des Lernziels) und nach experimenteller Erfolgskontrolle als Definitonskriterium für ein L. genannt.

Lernziel

Ziel eines Ausbildungsprozesses. Es soll operational definiert sein, d.h., es soll angegeben sein das Verhalten, das nach Abschluß eines Lernprozesses die → Adressaten zeigen sollen. Dann ist eine → experimentelle Erfolgskontrolle möglich. Nach der **Taxonomie** (Systematisierung) der Lernziele von Bloom kann man drei Bereiche von Lernzielen unterscheiden:

den **affektiven** Bereich, in dem die Veränderung von Werthaltungen (Einstellungen) angestrebt wird;

den **kognitiven** Bereich, in dem der Erwerb von Wissen und intellektuellen Fertigkeiten intendiert wird;

den **psychomotorischen** Bereich, in dem der Erwerb von Muskelkoordination angestrebt wird.

Lernzielmatrix

→ Matrix

Manipulation

M. ist eine allgemein negativ beurteilte Form der Beeinflussung von Menschen, die dem Beeinflußten nicht klar bewußt wird und in erster Linie die Interessen des Beeinflussenden verfolgt.

Massenkommunikation

M. ist jene Form der Kommunikation, bei der Aussagen öffentlich, durch technische Verbreitungsmittel indirekt und einseitig an ein disperses Publikum (große Zahl räumlich getrennter Personen) vermittelt werden.

Matrix

Eine zweidimensionale Zusammenstellung von zusammengehörigen Werten.

Medien (Lehrmittel)

Ein Medium ist Träger von Informationen. Im Kommunikationsmodell ist es der Mittler zwischen → Kommunikator und Empfänger. Lehrmedien sind demnach Träger von Informationen, die in einem Lehrprozeß eingesetzt werden. Als Medien können z.B. bezeichnet werden: Fernsehen, (Unterrichts-) Film, (Lehr-) Buch, aber auch Lehrer.

Medientaxonomie

M. ist eine systematische Klassifizierung der verschiedenen Medien nach ihren spezifischen Eigenschaften, Einsatzmöglichkeiten, Funktionsaffinitäten usw..

Mehrfachwahl-Aufgaben

Fragen mit mehreren vorgegebenen Antworten, aus denen die richtige ausgewählt werden soll.

Mehrmediensystem

→ Lehrsystem im Medienverbund

Meinung

M. beinhaltet ein »Für-wahr«-Halten eines Sachverhaltes im Bewußtsein einer eventuell unzureichenden Begründbarkeit (oder eines noch nachzuholenden Beweises).
→ Glauben, Überzeugung

Modellernen (Lernen am Modell)

Erlernen (bzw. Verlernen) von Verhaltensweisen durch die direkte oder vermittelte Beobachtung eines Modells, das das gewünschte Verhalten zeigt. → Identifikation.

Motiv

Eine Bestimmungsgröße für die Aktivierung und Steuerung von Verhalten. Es wird damit

1. das Objekt bezeichnet, auf das sich das Verhalten bezieht (z.B. Motiv Nahrung) oder

2. die Bereitschaft, die unter Umständen von dem Objekt ausgelöst wird (z.B. Motiv Hunger).

→ Bedürfnis → Motivation

Motivation

M. ist von Bedürfnissen produzierte Energie, die sich auf ein Ziel richtet. Motive sind Beweggründe. In der Psychologie bezeichnen die Begriffe »Motiv« und »Motivation« alle jene Prozesse, die das Verhalten aktivieren, steuern und formen.

Multimedia

Ursprünglich die Kombination von verschiedenen (Unterrichts-)Medien in der Aus- und Weiterbildung. Seit der Verbreitung des Lernens mit dem Computer versteht man darunter die Kombination von Schrift und Grafik mit bewegtem Bild (Film) und Ton in einem Computerprogramm. (Wort des Jahres 1985)

Multi-Media-System

→ Lehrsystem im Medienverbund

Nachahmung, Nachahmungslernen, Imitationslernen

N. bezeichnet die Tendenz, motorische, kognitive, soziale und emotionale Verhaltensweisen eines – auch symbolischen – Vorbildes beim Beobachter hervorzurufen. Nachahmung ist eher oberflächlich im Gegensatz zur → Identifikation, die sich auf den ganzen Menschen bezieht.

Ausmaß und Art der Nachahmung hängen von Merkmalen des Modells (→ Identifizierung), Eigenschaften und Erfahrungen des Beobachters sowie von der beobachteten Belohnung oder Bestrafung des Modellverhaltens ab.

→ Modellernen

Nachricht

→ Information

Neurose

N. sind körperliche oder seelische Erkrankungen, die nicht in erster Linie auf einer organischen (körperlichen) Schädigung beruhen, sondern auf einer fehlerhaften psychischen Einstellung.

Operationalisierung von Lernzielen

Lernziele sind so zu spezifizieren, daß sie ein beobachtbares Verhalten der Lernenden, die Bedingungen, unter denen es ausgeführt werden soll sowie einen Beurteilungsmaßstab angeben. In einer operationalen Definition von Lernzielen werden alle zum Erfüllen eines Lernzieles durch einen → Adressaten auszuführenden Verhaltensweisen angegeben. So ist z.B. ein→ Test als operationale Definition eines bestimmten Lernzieles zu verstehen.

phänomenologische Psychologie

Richtung der Psychologie, die sich mit den psychischen Erscheinungen und ihrer begrifflichen Beschreibung befaßt.

Gegensatz: empirische Psychologie, die von wiederholbaren (experimentellen) Erfahrungen ausgeht.

Prägung

Ein Lernprozeß, bei dem durch nur eine oder einige wenige Konfrontationen ein Verhalten an einen bestimmten (und nur an diesen) Auslösereiz gebunden wird (vor allem in der Frühphase, »Kindheit« menschlicher und tierischer Entwicklung).

Programmierte Unterweisung (PU)

(Häufig synonym mit Programmierter Unterricht, Programmierte Instruktion)

Eine objektivierte Unterweisungsform, die die charakteristischen Merkmale eines → Lernprogramms hat.

Propaganda

P. bezeichnet den systematischen Versuch, mittels der Massenkommunikation die Handlungen und Einstellungen von Menschen zu beeinflussen (z.B. politische Propaganda).

psychomotorisch

→ Lernziel

Psychotherapie

Psychologische Methoden der Behandlung seelischer oder emotionaler Verhaltensstörungen. In der klassischen Form als eine Art Gespräch zwischen Therapeut und Patient, wobei der Therapeut mehr oder weniger aktiv ist. Ziel des Gesprächs ist es, Konflikte, Gefühle, Erinnerungen und Phantasien des Patienten aufzudecken (Psychoanalyse).

Redundanz

Ein informationstheoretischer Begriff. Er bezeichnet die mögliche Kürzung einer Zeichenfolge ohne Verlust von Information. (Kann man ein Wort aus einem Satz weglassen, ohne die Aussage des Satzes zu verändern, so ist dieses Wort redundant.)

(S.a. Information)

Reflex

R. ist eine unmittelbare Reaktion (Bewegung) auf einen Reiz unter Ausschaltung der bewußten (willentlichen) Einflußnahme (z.B. Lidreflex, Hustenreflex).

Reizgeneralisierung

Eine bedingte Reaktion erfolgt nicht nur auf einen eng abgegrenzten Reiz, sondern auf eine Reihe einander ähnlicher Reize.

Rollenspiel

In der Pädagogik ist das R. eine Lehrmethode, in der die → Adressaten gruppenweise oder einzeln bestimmte soziale Rollen imitieren (z.B. Kunde und Verkäufer, Arbeiter und Unternehmer). Dadurch werden den Teilnehmern Erfahrungen vermittelt, die sie im praktischen Leben nicht oder nicht kontrolliert erleben könnten.

Rückmeldung (Feedback)

R. bezeichnet den in einem → Regelkreis wieder zum Eingang führenden Nachrichtenfluß. Bei Lernvorgängen ist z.B. das Urteil des Ausbilders über eine Leistung des Lernenden eine Rückmeldung.

Sättigung, psychische

Mit p.S. bezeichnet man einen Zustand der gefühlshaften Abneigung gegen eine lang andauernde einförmige Situation oder eine wiederholt ausgeführte Handlung. Sie ähnelt in ihrer Erscheinungsform der Ermüdung, ist aber von ihr zu unterscheiden. P.S. kann ohne Erholungsphase z.B. durch Wechsel der Tätigkeit aufgehoben werden.

Selbstbild
→ Selbstkonzept

Selbsterfahrungsgruppe
→ Sensitivity Training

selbsterfüllende Prophezeiung (self-fulfilling prophecy)

Ein Phänomen, bei dem man dadurch, daß man fest an das Eintreten eines Ereignisses glaubt (es prophezeit), dieses selbst herbeiführt. (In einer Untersuchung wurde z. B. gezeigt, daß Lehrer, die experimentell dazu bewegt wurden, ein Kind als dumm einzuschätzen, die geistige Entwicklung dieses Kindes hemmten.)

Selbstkonzept

Die Summe von Einstellungen einer Person bezüglich seiner Merkmale, seiner Fähigkeiten und seiner Eigenschaften (auch Selbstbild genannt). Man unterscheidet das »Wunsch-Selbstbild« und das »Real-Selbstbild«, auch »Ideal-Selbstbeschreibung« und »Real-Selbstbeschreibung«.

Das Selbstkonzept oder Selbstbild ist die Vorstellung, die sich eine Person über sich selbst gebildet hat. Aufgabe des Selbstkonzeptes ist es, die täglichen Erfahrungen hinsichtlich ihrer Bedeutung für die eigene Person zu ordnen und zu verarbeiten und zur Aufrechterhaltung eines (möglichst hohen) Selbstwertgefühls beizutragen. Man kann dabei zwischen Selbstannahmen mit höherer situativer Flexibilität und höherer Änderungsbereitschaft auf der einen Seite und »Kann-Annahmen« auf der anderen Seite unterscheiden, die (relativ) situationsunabhängig sind und zum Erlebnis personaler Identität und Kontinuität beitragen.

Sensibilisierung

Empfindlich, empfänglich machen im psychologischen Bereich, vor allem für die eigenen Gefühle und Regungen.

Sensitivity Training

Eine Methode zur affektiven Beeinflussung Erwachsener. Im Sensitivity Training wird jeder einzelne einer Gruppe von Personen zu einer völlig freien Aussprache über die eigenen gefühlsmäßigen Reaktionen auf alle anderen Gruppenmitglieder ermutigt. Auf diese Weise lernen die Teilnehmer, wie sie wirken und wie andere Menschen auf sie reagieren. Das Ziel ist es, starre Reaktionsschemata (→ Übertragung) gegenüber anderen Menschen abzubauen und soziale Sensibilität zu gewinnen.

signifikant

Bedeutsam, mit Hilfe von statistischen Berechnungen wird es als sehr unwahrscheinlich angesehen, daß empirische Befunde zufällig zustandegekommen sind.

Sleeper-Effekt

Mittel- bis langfristige Wirkungszunahme (z.B. Einstellungsänderung, Meinungswandel) einer Kommunikation aus unglaubwürdiger Quelle. Man behält die Nachricht länger als die Quelle.

Soziales Lernen

Lernen 1. in und 2. für soziale Situationen.

Zu 1. dem Prozeß: Lernen durch soziale Interaktion, z.B. in Gruppen→ Sensitivity Training.

Zu 2. dem Resultat: z.B. Förderung der Handlungskompetenz in Gruppen, des sozialen Problembewußtseins, durch Selbsterkenntnis, Entwicklung von Kommunikationsfähigkeit.

Sozialisation

Prozeß der Übernahme von Verhaltensweisen, Werten, Einstellungen durch ein Individuum, das es befähigt, in der Gesellschaft, in der es lebt, zu bestehen. Die S. betrifft sowohl die Eigenschaften, die die Individuen erwerben, als auch die psychologischen Mechanismen, die ihnen zugrunde liegen.

Sozialphase

S. bezeichnet einen zeitlichen Abschnitt im Verlauf einer Ausbildungsmaßnahme, in dem unmittelbarer, sozialer Kontakt meist mit anderen Lernenden gegeben ist (Beispiel: Diskussion, Gruppenarbeit . . .), im Gegensatz zur Individualphase, bei der der Adressat in Einzelsituationen lernt (Beispiel: PU).

Soziometrie

Ein Verfahren der Sozialpsychologie zur Feststellung der sozialen Beziehungen von Personen einer Gruppe zueinander (z.B.Sympathie, Antipathie, Ausmaß des Kontaktes). Die Ergebnisse werden häufig in Form eines Soziogrammes dargestellt, wobei die Beziehungen zwischen Personen durch Pfeile zwischen Kreisen dargestellt werden.

Status

Position eines Individuums in der Gesellschaft. Der Status wird z.B. bestimmt durch Ausbildung, Beruf, Einkommen u.a.

Stereotyp

Als Stereotype werden Meinungen über bzw. Charakterisierungen von Individuen, Personengruppen und Gegenständen bezeichnet, in denen allgemeine Merkmale bei Vernachlässigung individueller Differenzen hervorgehoben werden. Zum anderen sind sie vorgefaßt, d.h., sie entstammen nicht neueren Beurteilungen, sondern sind schablonenhafte Weisen des Wahrnehmens und Urteilens. Z.B.: Die Deutschen sind tüchtig, die Neger sind dumm.

Das S. ist eigentlich nur eine spezielle Form der allgemeinen menschlichen Tendenz, die Umwelt zu kategorisieren, um so deren Komplexität zu verringern.

Ein Stereotyp steuert die Wahrnehmung nun derart, daß nur die darin festgehaltenen Merkmale der Umwelt (-dinge) beachtet und erfahren werden. Es bestätigt sich damit ständig selbst und erfährt dadurch seine Dauerhaftigkeit.

Stereotype werden allgemein als die kognitive Komponente von Einstellungen angesehen. Stereotype sind als Voraussetzung immer Bestandteil von Einstellungen.

→ Einstellung

Stimmung

Eine allgemeine, umfassende, diffuse Gesamtbefindlichkeit. Entweder als Dauertönung des Erlebnisfeldes eine Eigenart einer Person, oder als Erlebnistönung eine Reaktion der Person auf Erlebnisinhalte.

Im Gegensatz zur Stimmung wird Gefühl bezogen auf Objekte und Situationen der wahrgenommenen Umwelt erlebt.

Struktur

S. ist eine Eigenschaft eines Ganzen, und zwar sein Aufbau, die Anordnung seiner Teile oder Glieder einschließlich der geordneten Gesamtheit der Zusammenhangsverhältnisse zwischen ihnen. (W. Metzger, Lexikon der Psychologie, hrsg. von Arnold u.a.)

Taxonomie

Systematische Klassifizierung (→ Lernziel, Medientaxonomie).

Test

Ein Verfahren oder ein Mittel, um psychische Funktionen (Fähigkeiten, Leistungen, Kenntnisse u.a.) zu prüfen bzw. zu messen.

Transfer

Übertragung von Erfahrungen oder Wissen auf neue Situationen. Je nach positiver oder negativer Auswirkung eines Lernprozesses auf einen späteren (anderen) ähnlichen Lernprozeß spricht man von positivem oder negativem Transfer.

Trieb

Ursprünglich verstand man darunter angeborene Kräfte zur Aktivität in Richtung auf bestimmte Ziele. Heute spricht man auch von erlernten Trieben, sozialen Trieben, höheren Trieben u.a..

→ Bedürfnis

Übersprungshandlung

Eine Handlung, die außerhalb der Verhaltensfolge auftritt, für die sie ursprünglich entwickelt wurde. Dem Begriff liegt die Annahme zugrunde, daß zwei einander entgegengesetzte Verhaltenstendenzen (z.B. Angriff und Flucht) sich gegenseitig hemmen und die »Verhaltensenergie« auf einen dritten Funktionskreis »überspringt« (z.B. sich hinter dem Ohr kratzen).

Übertragung (in der Psychoanalyse)

Als Ü. bezeichnet man das Phänomen, bei dem gegenwärtige Situationen (fälschlich) im Lichte vergangener Erfahrungen bzw. ähnlicher vergangener Situationen wahrgenommen und interpretiert werden (z.B.: der Patient reagiert auf den Therapeuten wie früher auf seinen Vater).

Überzeugung

Darunter ist ein sachlich oder persönlich begründetes »Für-wahr«-Halten zu verstehen, das jedoch nicht vollständig abgesichert ist (im Gegensatz zu »Wissen«).

Überzeugungen können wesentliche Bestandteile von Einstellungen sein, sind aber nicht immer wertend, letztere jedoch immer.

→ Glauben, Meinung

Verhalten

Ursprünglich alle beobachtbaren Aktivitäten von Personen (oder Tieren). Forschungsgegenstand des → Behaviorismus.

Heute versteht man unter Verhalten im weiteren Sinne alle feststellbaren Phänomene psychischen Geschehens (auf allen operationalen Ebenen). Damit werden nicht nur die unmittelbar beobachtbaren, sondern auch die indirekt erfaßbaren physiologischen, motorischen, gefühlsmäßigen, verstandesmäßigen (z.B. verbalen) Aktivitäten mit einbezogen.

Verhaltensmodifikation

Alle Versuche, das Verhalten von Personen zu verändern, soweit sie auf der Erforschung des Verhaltens beruhen.

Verhaltenstherapie

Mit Verhaltenstherapie bezeichnet man eine Anzahl von therapeutischen Methoden zur Behandlung von unnormalem Verhalten. Die Verhaltenstherapie beruht auf dem Versuch, die Ergebnisse und Methoden der Lernpsychologie auf die Störungen menschlichen Verhaltens anzuwenden. Nach Auffassung der Verhaltenstherapeuten sind neurotische Störungen des Verhaltens gelernt und können daher nach den bekannten Lerngesetzen positiv beeinflußt werden.

Versuchsgruppe

→ Kontrollgruppe

Verstärkung

V. ist ein zentraler Begriff aus der behavioristischen Lerntheorie (→ Behaviorismus). V. ist ein Ereignis, das einem Verhalten folgt und das bewirkt, daß dieses Verhalten unter den gleichen Bedingungen mit erhöhter Wahrscheinlichkeit wieder auftritt.

Vorbild

Eine Person, der man ähnlich werden will. Das Vorbild wird verehrt, bewundert, man möchte ihm nachfolgen. Im allgemeinen entsteht ein Vorbild absichtslos und unreflektiert (z.B. Eltern gegenüber Kind, Lehrer gegenüber Schüler aber auch z.T. Chef gegenüber Mitarbeiter). Das Vorbildsein bezieht sich auf den ganzen Menschen, nicht nur auf einzelne Eigenschaften (s. auch Identifikation).

Vorurteil

Vorurteil bezeichnet eine ungünstige Einstellung gegen ein Objekt, die dazu tendiert, in hohem Maße stereotyp und emotional beladen zu sein. Vorurteile können nicht leicht durch entgegengesetzte Information geändert werden.

Werbung

Methoden der Beeinflussung von Konsumenten, meist mit Hilfe von→ Massenkommunikation zur Absatzförderung. Die Werbung hat den Umworbenen zu informieren und zu motivieren.

Wunsch

Eine konkrete, durch individuelle Erfahrung differenzierte Form eines → Triebes oder → Motives. Nach Freud können Wünsche auch verdrängt und unbewußt sein.

→ Bedürfnis

Zielgruppe

→ Adressaten

Literaturverzeichnis

Acker, A., Nann, O.-R.
Film-Fernsehen-Video
Ein Leitfaden für die Praxis
München 1986

Adelhoch, J., Diekmeyer, V. u. Lückert, H. R.
Über die Wirkung verschiedener Kommentarfassungen bei Unterrichtsfilmen.
AVA-Forschungsberichte, Heft 1,
S. 34–75
München 1968

Adorno, Th. u. a.
The authoritarian personality.
New York 1950

Asch, S. E.
Forming impressions of personality.
Journal of abnormal and social
psychology 41 (1946), S. 258–290

Bandura, A.
Lernen am Modell.
Stuttgart 1976

Bandura, A.
Social Foundations of Thought and Action
Englewood Cliffs, HJ: Prentice-Hall 1986

Bem, D. J.
An experimental analysis of self-persuasion.
Journal of Experimental Social
Psychology 1 (1965), S. 199–218

Bem. D. J.
Self-perception.
An alternative interpretation of cognitive
dissonance phenomena.
Psychological Review 74 (1967),
S. 183–200

Berelson, B. u. a.
Voting.
Chicago 1954

Berkowitz, L.
The frustration-aggression hypothesis revisited
In: L. Berkowitz (ed.), Roots of Aggression (pp. 1–28), New York: Atherton
Press 1969

Bloom, B. S. (Ed.)
Taxonomy of objectives. Handbook I: Cognitive domain.
New York 1956
Dt.: Taxonomie von Lernzielen im
kognitiven Bereich.
Weinheim 1972

Bower, G. H. u. Hilgard, E. R.
Theories of learning.
New York 1981

Brehm, J. W.
A theory of psychological reactance.
New York 1966

Brocher, T.
Gruppendynamik und Erwachsenenbildung.
Braunschweig 1967
S. 109

Broich, H.
Rollenspiele mit Erwachsenen.
Reinbek 1980

Cohn, R.
Von der Psychoanalyse zur Themenzentrierten Interaktion.
Stuttgart 1975

Cyphers, F. R.
Video Recordings: The Most Desirable Tool for a Specific Job.
1967 Aera Conference, New York

Darwin, Ch.
The expressions of the emotions in man and animals.
1872
übersetzt von Carus, J. V.
Stuttgart 1899

Endler, N. S.
The effects of verbal reinforcement on conformity and deviant behaviour.
Journal of social psychology 66 (1965),
S. 147–154

Evans, R. J., Rozelle, R. M., Lasater, T. M. u. a.
Fear arousal, persuasion and actual versus implied behavioural change.
Journal of personal and social
psychology 16 (1970), S. 220–227

Festinger, C.
A theory of cognitive dissonance.
New York 1957

Festinger, L. u. Maccoby, N.
On resistance to persuasive communications.
Journal of abnormal and social psychology Nr. 68 (1964), S. 359–366

Forsyth, D. R., Riess, M. u. Schlenker, B. R.
Impression management concerns governing reactions to a faulty decision.
Representative Research in Social Psychology 8 (1977), S. 12–22

Frey, D. u. Irle, M. (Hrsg.)
Theorien der Sozialpsychologie
Bd. III: Motivations- und Informationsverarbeitungstheorien
Bern, Stuttgart, Toronto 1985

Gagné, R. M.
Die Bedingungen des menschlichen Lernens.
Hannover 1969

Goffman, E.
Interaktionsrituale.
Frankfurt 1971

Gollin, E. S.
Forming impressions of personality.
Journal of personality 23 (1954), S. 65–76

Grewe-Partsch, M.
Emotionale Medienwirkungen
Unterrichtswissenschaft Nr. 2 (1986), S. 139–153

Haaland, G. A. u. Venkatesan, M.
Resistance to persuasive communication: an experiment of the distraction hypotheses
Journal of Personality and Social Psychology, 9, S. 167–170, 1968

Handelsblatt
Rühe gegen Berufsarmee – Werbekampagne für die Bundeswehr
Nr. 455, S. 2, 12. 8. 1997

Hermuth, S. E. (Hrsg.)
Sozialpsychologie der Einstellungsänderung
Königstein Ts. 1979

Helmreich, R. u. Collins, B. E.
Studies in forced compliance.
Journal of personal and social psychology 10 (1968), S. 75–81

Hess, E. H.
The tell-tale eye.
New York 1975

Hovland, C. I., Lumsdaine, A. A. u. Sheffield, F. D.
Experiments on mass communication.
Princeton 1949

Hovland, C. I. u. Weiss, W.
The influence of source credibility on communication effectiveness.
Public opinion quarterly 15 (1951), S. 822–832

Huxley, A. L.
Schöne neue Welt.
Frankfurt 1953
Johnson, H. H. u. Scileppi, J. A.
Effects of ego-involvement conditions on attitude change to high and low credibility communicators.
Journal of personality and social psychology Nr. 13, (1969), S. 31 - 36

Jones, M. C.
The elimination of children's fears.
Journal of experimental psychology 7 (1924), S. 382 ff.

Jones, R. A. u. Brehm, J. W.
Attitudinal effects of communicator when one chooses to listen.
Journal of personal and social psychology 6 (1967), S. 64–70

Katz, E. u. Lazarsfeld, P. F.
Personal influence.
Glencoe 1955

Keller, J. A.
Grundlagen der Motivation
München-Wien-Baltimore 1981

Kerpelman, J. P. u. Himmelfarb, S.
Partial reinforcement effects in attitudinal acquisition and counterconditioning.
Journal of personal and social psychology 19 (1971), S. 301–305

Klauer, K. J.
Methodik der Lehrzieldefinition und Lehrstoffanalyse.
Düsseldorf 1974

Knoll, J.
Gruppentherapie und pädagogische Praxis.
Bad Heilbrunn 1977

Krathwohl, D. R. u. a.
Taxonomy of educational objectives.
Handbook II: Affective domain.
New York 1964
Dt.: Taxonomie von Lernzielen im affektiven Bereich.
Weinheim 1975

Lazarus, R. S. u. McCleary, R. A.
Autonomic discrimination without awareness.
Psychological Review 58 (1951), S. 113

Lazarus, R., Averill, J. u. Opton, E. M.
Ansatz zu einer kognitiven Gefühls-theorie.
In:Birbaumer, N. (Hg): Psychophysiologie der Angst.
München 1977, S. 158–183

Lersch, Ph.
Aufbau der Person.
München 1964

Lewin, K.
Feldtheorie in den Sozialwissenschaften.
Bern und Stuttgart 1963

Mager, R. F.
Lernziele und Unterricht.
Weinheim 1971

Mager, R. F.
Motivation und Lernerfolg.
Weinheim, 1970

Mager, R. F.
Zielanalyse.
Weinheim 1973

Maletzke, M.
Ziele und Wirkungen der Massenkom-munikation.
Hamburg 1976

Management Wissen
Magazin der Führungskräfte,
Heft 3, (März 1987), S. 90
MP Management-Presse Verlag GmbH & Co. KG,
München

Mandel, H. u. Huber, G. L.
Emotion und Kognition.
München, Wien, Baltimore 1983

Martens, J.-U.
Praxis des Medienverbundes.
Stuttgart 1976

Martens, J.-U. u. Scharwächter, C.
Der Persönliche Berater
(Multimedia-Programm mit CD-ROM und Buch)
München 1997

Mauermann, L.
Emotionale Lernziele in der Unter-richtsplanung.
In: Oerter, R. und Weber, E. (Hg): Der

Aspekt des Emotionalen in Unterricht und Erziehung.
Donauwörth 1975, S. 296–339

McDonald, F. J., Allen, D. W. u. Orme, M. E.
The Effects of Self-Feedback and Reinforcement on the Acquisition of a Teaching Skill.
1966 Aera Conference, Chicago

McGinnies, E.
Studies in persuasion.
Journal of social psychology 70 (1966), S. 87–93

McGinnies, E. u. Rosenbaum, L. L.
A test of the selective-exposure hypothesis in persuasion.
Journal of psychology 61 (1965), S. 237–240

McGuire, W. J.
The nature of attitudes and attitude change
In: G. Lindzey and E. Aronson (eds) Handbook of Social Psychology (vol. 3, pp. 136–314). 2nd edn, Reading, MA: Addison Wesley 1969

McGuire, W. J.
Attitudes and attitude change
In: G. Lindzey and E. Aronson (eds) Handbook of Social Psychology, 3rd edn (vol. 2, pp. 233–346). New York: Random House 1985

McLuhan, M.
The medium is the message.
New York – London – Toronto 1967

Menzel, H. u. Katz, E.
Social relations and innovations in the medical profession.
Public opinion quarterly 19 (1956), S. 337–352

Messner, R.
Funktionen der Taxonomien für die Planung von Unterricht.
Zeitschrift für Pädagogik 16 (1970), S. 755–779

Meyrowitz, J.
Die Fernsehgesellschaft.
Weinheim 1987

Mills, J. u. Jellison, J. M.
Effect on opinion change of similarity between the communicator and the audience he adressed.
Journal of personality and social psychology 9 (1968), S, 153–156

Millenson, J. R.
Principles of behavioural analysis.
London 1967

Mishkin, M. u. Appenzeller, M.
The Anatomy of Memory
Scientific American, Feb. 1987

Mitnick, L. L. u. McGinnies, E.
Influencing ethnocentrism in small discussion groups through a film communication.
Journal of Abnormal and Social Psychology 56 (1958), S. 82–90

Morris, D.
Der Mensch, mit dem wir leben.
München 1978

Müller-Fohrbrodt, G.
Wie sind Lehrer wirklich?
Stuttgart 1973

Osterhouse, R. A. u. Brock, T. C.
Distraction increase yielding to propaganda by inhibiting counterarguing.
Journal of personal and social psychology 15 (1970), S. 344–358

Petty, R. E. u. Cacioppo, J. T.
Attitudes and Persuasion: classic and contemporary approaches
Dubuque, IA: Wm C. Brown 1981

Popper, K. u. Eccles, J. C.
Das Ich und sein Gehirn.
München 1982

Postman, N.
Wir amüsieren uns zu Tode.
Frankfurt 1986

Proust, M.
Auf der Suche nach der verlorenen Zeit.
Frankfurt 1972

Reykowski, J.
Psychologie der Emotionen.
Donauwörth 1973

Riemann, F.
Grundformen der Angst.
München 1975

Rose, C. u. Nicholl, M. J.
Accelerated Learning For The 21th Century
New York 1997

Schachter, S. u. Singer, J. E.
Cognitive, social and physiological determinants of emotional state.
Psychological Review 69 (1962), S. 379–399

Schachter, S.
The interaction of cognitive and physiological determinants of emotional state.
In: Berkowitz, L. (Ed.): Cognitive theories in social psychology.
New York 1978, S. 401–432

Schlenker, B. R.
Liking for a group following an initiation: impression management or dissonance reduction?
Soziometry 38 (1975), S. 99–118

Schlosberg, H.
Three dimensions of emotion.
Psychological Review 61 (1954), S. 81–88

Schwäbisch, L. u. Siems, M.
Anleitung zum sozialen Lernen für Paare, Gruppen und Erzieher.
Reinbek 1975

Seligman, M.
Erlernte Hilflosigkeit.
München 1977 (Original 1975)

Spitz, R.
Die Entstehung der ersten Objektbeziehungen.
Stuttgart 1957

Staats, A. W. u. Staats, C. K.
Attitudes established by classical conditioning
Journal of Abnormal and Social Psychology, 57, pp. 37–40, 1958

Stachiw, A. u. Spiel, G.
Entwicklung der Aggression bei Kindern.
Eine Untersuchung am Beispiel des Fernsehens.
München 1976/1984 Frankfurt a. M.

St. Exupéry
Der kleine Prinz.
Düsseldorf 1975

Taylor, G. R.
Die Geburt des Geistes.
Frankfurt 1982

404

Thomae, H. (Hrsg.)
Enzyklopädie der Psychologie
Theorien und Formen der Motivation
Motivation und Emotion 1
Psychologie der Motive
Motivation und Emotion 2
Psychologie der Emotion
Motivation und Emotion 3
Göttingen 1983/90

Triandis, H., C.
**Einstellungen und Einstellungsände-
rungen.**
Weinheim 1975 (Original 1971)

Ulrich, D.
Das Gefühl.
Eine Einführung in die Emotionspsycholo-
gie.
München-Wien-Baltimore 1982

Vitouch, P.
Emotion.
In: Kagelmann, H. J. u. Wenninger, G.
Medienpsychologie.
München 1982, S. 26–34

Watson, J. B. u. Rayner, R.
Conditioned emotional reactions.
Journal of experimental psychology 3
(1920), S.1–14

Watts, W. A.
**Relative persistence of opinion change
induced by active compared to passive
participation.**
Journal of personality and social
psychology Nr. 5 (1967), S. 4–15

Watzlawick, P.
Wie wirklich ist die Wirklichkeit?
München 1977

Weidenmann, B.
Medien in der Erwachsenenbildung
In: Weinert, F. E. und Mandl, H. (Hrsg.)
Psychologie der Erwachsenenbildung,
Göttingen 1997

Will/Winteler/Krapp
**Evaluation in der beruflichen Aus- und
Weiterbildung.**
Schriftenreihe Moderne Berufsbildung
Heidelberg 1987

Winterhoff-Spurk, P.
Fernsehen.
Psychologische Befunde zur Medien-
wirkung
Bern 1986

Zajonc, R. B.
Feeling and thinking.
American Psychologist 1980, Nr. 2,
S. 151–175

Zajonc, R. B.
**Cognitive theories in social psy-
chology**
In: G. Lindzey and E. Aronson (eds)
The Handbook of Social Psychology,
2nd edn (vol. 1, pp. 320–411), Reading,
MA: Addison Wesley 1968

Zimmer, D. E.
Die Vernunft der Gefühle.
2. Auflage
München 1984

Zinnecker, J.
Der heimliche Lehrplan.
Weinheim 1975

Register

A

Abwehrmechanismus, 156
Adressat, 46, 48, 89, 134, 220
Adressatenanalyse,148, 157, 213
Affekt, 30, 31
affektiv, 30, 31ff, 68
affektive Leistung, 48ff
affektive Lernziele, 16, 30
– Definition 45, 46
– Hauptkategorien, 67
– Problembestimmung, 16
– Verhaltensweisen, 49
affektive Reaktion, 79, 86
Aggression, 34, 58
Aggressivität, 119
Angeborener Auslöse-
   Mechanismus → Kindchenschema
Angst, 32ff, 153
 - experimentelle, 96
Annäherungstendenz, 51
Anpassung, 32
Assoziation, 75
Auslöser, 31
Ausweichverhalten, 196
autoritäre Persönlichkeit, 119

B

bedingter Reflex → Konditionieren
Bedürfnis, 22, 121, 182
Begriffslernen, 74
Behaviorismus, 48, 96
Belohnung 163ff, 185
Betriebsrat, 243
Bewertung
– affektive, 31
– kognitive, 28
Bewußtseinsinhalt, 30ff
Bezugsperson, 131, 163
Bezugsgruppe, 131, 133
Bild, bewegtes, 220

C

Computer, 220ff

D

Didaktik, 51

E

Eindrucksmanagement, 179ff
Einsicht, 150
Einstellung, 79, 90, 116ff, 220
– Differenziertheit, 117
– Funktionen, 120ff
– Intensität, 119
– Komponenten, 116
– Merkmale, 117
– Vernetzung, 119
Einstellungsfragen, 250ff
Einstellungslernen, 77ff, 81, 221
– Komponenten, 83
– Thesen, 122ff
Einstellungsmessung, 245ff
Emotion, 22, 31, 33
– reziproke, 99
Emotionalisierung, 153ff
Endverhalten, 38, 51
Erfahrung, 118, 120
Erfolgskontrolle, 232ff
Erregung, 29
– physiologische, 28
– unspezifische, 28
Experimentalgruppe, 140
Extinktion, 99, 110

F

Feedback, 188, 195ff, 220ff
– Geber, 197ff
– Nehmer, 198
– Prozeß, 196
Feinziel, 57
Fragebogen, 249ff
Fragen, 249
– geschlossene, 249, 267
– offene, 249, 267
Fremdbild, 179
Frustationstoleranz, 182

G

Gefühl, 22ff, 101
– anatomische Grundlagen, 26ff
– Ausdrucksverhalten, 23
– Beschreibung, 23
– Definition, 29
– Dimension, 29

– Entstehung, 28
– Erscheinungsformen, 23ff
– Lernen von, 36
– Messung, 24
– physiologische Veränderungen, 24ff
– subjektive Erfahrungen, 23, 25
Gefühlsreaktionen, unbewußte, 25
Gegenkonditionierung, 99, 106
Gehirn, 26ff
– Hypothalamus, 27
– Großhirn, 26
– Hirnrinde, 26ff
– Stammhirn, 26ff
– –wäsche, 126
Generalisierung, 97
Gruppenarbeit, 145
Gruppendynamik, 37, 192
Gruppenkonsens, 163

H
Hedonismus, 32
Hospitalismus, 181
Hypothese, 90
hypothetisches Konstrukt, 23, 117

I
Ich-Beteiligung, 89, 128, 136, 151
Identifikation, 139
Imitationslernen, 185
Imitationsmodell, 185
Information, 116, 118, 134ff
– zweiseitige, 146
instinktiv, 81
Intelligenz, 89
Interaktion, 80
– soziale, 188
Interaktivität, 220
Interesse, 53
Interview, 249
– strukturiertes, 249

K
Kindheits-Ich, 182
Kindchenschema, 103
Körpersprache, 29, 103
Kognition, 30ff
– heiße, 30ff
– kalte, 30ff
kognitiv, 22, 28, 31, 68
kognitive Dissonanz, 118, 127, 167
kognitive Prozesse, 28
Kommunikation, 194
Kommunikator, 131
Konditionieren,
– instrumentelles, 74

– klassisches, 74, 81
Konfliktsituation, 229
Kontrollgruppe, 134

L
Lehrsystem im Medienverbund, 211, 220
Lernen, 36
– ganzheitliches, 38
– multipler Diskrimination, 75
Lernform, 72
Lernprogramm, 220
Lernprozeß, 37, 74, 96
Lerntechnik, 70
Lerntypen, 70, 77ff
Lernweg, 72
Lernziele, 48ff, 68ff
– affektive, 50ff
– heimliche, 270
– Klassifikation, 68ff
– kognitive, 31, 68
– operationale Definition, 48
– psychomotorische, 68
Lernzielkatalog, 48, 57ff
Lernzielmatrix, 54
Limbisches System, 26
Lob, 199
Löschung → Extinktion
Lügenfragen, 257

M
Manipulation, 97, 281ff
Matrix → Lernzielmatrix
Medien, 137, 220
Mehrfachwahl-Aufgaben, 143ff
Mehrmediensystem, → Lehrsystem im Medienverbund
Meinung, 131ff
Meinungsführer, 125, 138, 221
Meßmethoden, 55
Meßvorschrift, 55
Modellernen (Lernen am Modell), 185ff
Motivation, 89
Motivationspsychologie, 32
Multimedia, 220ff
Multimedia-Programm, 220
Multimedia-System → Lehrsystem im Medienverbund

N
Nachahmung (Nachahmungslernen) → Imitationslernen
Nachricht → Information
Neurose, 182ff
Normkurve, 258

O
öffentliche Verpflichtung, 162
operationale Definition, 50, 55
Operationalisierung, 51

P
Pädagogik, kognitive, 15
Persönlicher Berater, 220ff
Persönlichkeit, 220
Persönlichkeitsentwicklung, 227
Persönlichkeitstest, 227
phänomenologische Psychologie,
    53
Phobie, 99
Polaritätenprofil, → semantisches
    Differential
Prestige, 135ff
Problemlösen, 75ff
Programmierte Unterweisung, 151,
    168
projektive Verfahren, 263ff
Psychoanalyse, 179
psychomotorisch, 68, 76
Psychotherapie, 33, 56

R
Rational-Emotive Therapie, 182
Reaktanz, 182
Regellernen, 75
Reiz, 78ff, 85ff, 96ff
    – bedingt, 96ff
    – unbedingt, 96ff
Reizdiskrimierung, 110
Reizgeneralisierung, 97, 110
Reiz-Reaktions-Verbindung, 74ff,
    96ff, 99, 102
Rhetorik, 141
Rollenspiel, 188ff
Rückmeldung → Feedback

S
Sättigung, psychische, 168
Schizophrenie, 125
Selbstbild, 125ff, 179, 227
Selbsterfahrungsgruppe, 56, 195
Selbstkonzept, 120, 125
Selbstwahrnehmungstheorie, 33
semantisches Differential, 258ff
Sensibilisierung, 201
Sensitivity Training, 194
Sleeper-Effekt, 136
Sicherheitstraining, 106
Signallernen, 77ff, 81, 110, 220
signifikant, 136, 140, 143
Simulation, 223
Sokratische Methode, 141, 146

Sokratischer Dialog, 223
Soziales Lernen, 77ff, 82, 176ff,
    195, 201, 228
Sprache, 29
Stereotyp, 117
Stimmung, 259ff
Stimmungsbarometer, 231, 259ff
Struktur, 75
Sympathie, 134

T
Taxonomie, 68
Teilziel, 70
Test, projektiver, 264
Themenzentrierte Interaktion, 192
Tiefenpsychologie, 85, 179, 263
Trainerhandbuch, 232
Transfer, 97, 186

U
Überzeugung, 201
Umkonditionieren, 99
Umwelteinflüsse, 237

V
Vegetatives Nervensystem, 77
Vergessen, 110, 167
Vergessenskurve, 246ff
Verhalten, 30
Verhaltensabweichung, 30
Verhaltensänderung, 230ff
Verhaltensbegriffe, 49
Verhaltensbeobachtung, 231, 266
Verhaltensmodifikation → Verhal-
    tensänderung
Verhaltens-Simualtion, 223
Verhaltenstherapie, 33, 99
Verhaltensweise, 49ff
Vermeidungstendenz, 51, 155
Verstärkung, 185, 195f
Versuchsgruppe, 134
Vorbild, 36, 159
Vortest, 252
Vorurteil, 161

W
Wahrnehmungsschwelle, 104
Werbung, 105, 120
Wunsch, 121

Z
Zwischentest, 252
Zwischenziel, 31

DER

persönliche

BERATER

Das eigene Leben gestalten

Ein Multimedia-Programm
zur Förderung
erfolgsbestimmender
Einstellungen
und Fertigkeiten

Weitere Informationen erhalten Sie über IWL Martens Lehrsysteme GmbH,
Türkenstr. 70, 80799 München, Telefon (0 89) 2 88 15 30

Diese Bücher qualifizieren Trainer und Seminarleiter

Einhard Schrader (Hrsg.)
DIE ERSTEN TAGE IM BERTIEB
Einführungsveranstaltungen für Auszubildende.
Fallbeispiele aus Industrie, Verwaltung, Handel
Überarb. und erw. Neuaufl., 172 S., zahlr. Abb.,
48.–DM, 350.–öS, 44,50 sFr
ISBN 3-922789-70-6

Rolf Rüttinger,
Reinhold Kruppa
ÜBUNGEN ZUR TRANSAKTIONSANALYSE
Praxis der Transaktionsanalyse in Beruf und Organisationen
Mit über 250 Übungen zur TA
166 Seiten,
39.– DM, 285.– öS, 36.– sFr
ISBN 3-922789-29-3

Doris Röschmann
111 x SPASS AM ABEND
Heitere Spiele
zur Auflockerung von Teilnehmern in Seminaren, Kursen und Freizeiten
Überarbeitete Neuauflage, 169 Seiten, zahlr. Abb.,
28.– DM, 204.– öS, 26.– sFr
ISBN 3-922789-72-2

Karl Köhl
SEMINAR FÜR TRAINER
Das Situative
Lehrtraining.
Trainer lernen lehren
Überarb. Neuauflage, 175 Seiten, geb.,
42.– DM, 307.– öS, 39.– sFr
ISBN 3-922789-60-9

Hermann Weber (Hrsg.)
LITERATUR FÜR DIE AUS - UND WEITERBILDUNG IN ORGANISATIONEN
Wichtige Fachbücher für Management, Training und Weiterbildung.
Mit Kurzrezensionen
5. Ausgabe,
338 Seiten, TB,
16.80DM, 123.–öS, 16.80 sFr
ISBN 3-922789-69-2

O. G. Wack, G. Detlinger,
H. Grothoff
KREATIV SEIN KANN JEDER
Kreativitätstechniken für Leiter von Projektgruppen, Arbeitsteams, Workshops und Seminaren. Ein Handbuch zum Problemlösen.
Überarbeitete Neuauflage, 159 Seiten, zahlr. Abb., geb.,
48.– DM, 350.– öS, 44.50 sFr
ISBN 3-922789-42-0

J. Dierichs, B. Helmes,
E. Schrader, W.G. Straub
WORKBOOK
Ein Methoden-Angebot als Anleitung zum aktiven Gestalten von Lern- und Arbeitsprozessen in Gruppen
520 Seiten, 4 Ringmechaniken, extra geb. Leitfaden, attraktiver Kunststofforder, 198.–DM, 1445.–öS, 176.–sFr
ISBN 3-922789-12-9

Band 1
Hermann Weber
Doris Röschmann
ARBEITSKATALOG DER ÜBUNGEN UND SPIELE
Ein Verzeichnis von über 800 Gruppenübungen und Rollenspielen
852 Seiten, geb., mit ausklappbarem Faltblatt,
98.– DM, 715.– öS, 89.– sFr
ISBN 3-922789-65-X

Band 2
Doris Röschmann
ARBEITSKATALOG DER ÜBUNGEN UND SPIELE
Ein Verzeichnis von 500 Gruppenübungen und Rollenspielen
Hrsg. Hermann Weber
ca. 625 Seiten, geb.,
ca. 68.–DM, 496.–öS, 62.–sFr
ISBN 3-922789-67-6

I. Brenner, H. Clausing,
M. Kura, B. Schulz,
H. Weber
DAS PÄDAGOGISCHE ROLLENSPIEL IN DER BETRIEBLICHEN PRAXIS
Konflikte bearbeiten
386 S., zahlr. Abb., geb.,
59.– DM, 431.– öS, 53.50 sFr
ISBN 3-922789-59-5

Dave Francis, Don Young
MEHR ERFOLG IM TEAM
Ein Trainingsprogramm mit 46 Übungen zur Verbesserung der Leistungsfähigkeiten in Arbeitsgruppen
275 S., zahlr. Abb., Checklisten und Tabellen, geb.,
68.– DM, 496.– öS, 62.– sFr
ISBN 3-922789-64-1

Klaus Lumma
DIE TEAMFIBEL
oder das Einmaleins der Gruppenqualifizierung im sozialen und betrieblichen Bereich.
215 S., zahlr. Abb., Tafeln, Checklisten, Übungen und Arbeitsblätter, geb.,
68.– DM, 496.– öS, 62.– sFr
ISBN 3-922789-54-4

Klaus Lumma
STRATEGIEN DER KONFLIKTLÖSUNG
Betriebliches Verhaltenstraining in Theorie und Praxis.
Mit 4 Seminarbeispielen
301 Seiten, geb.,
59.– DM, 431.– öS, 53.50 sFr
ISBN 3-922789-27-7

Windmühle GmbH Verlag und Vertrieb von Medien · Postfach 551080 · 22570 Hamburg · Tel 040-86 83 07 · Fax 040-86 63 123